Die Strafbarkeit der Verbreitung rassistischer, rechtsextremistischer und neonazistischer Inhalte

Criminalia

Herausgegeben von Klaus Volk

Band 34

Peter Lang
Frankfurt am Main · Berlin · Bern · Bruxelles · New York · Oxford · Wien

Angelika Laitenberger

Die Strafbarkeit der Verbreitung rassistischer, rechtsextremistischer und neonazistischer Inhalte

Unter besonderer Berücksichtigung der Verbreitung über Netzwerke

Ein Rechtsvergleich

Peter Lang
Europäischer Verlag der Wissenschaften

Bibliografische Information Der Deutschen Bibliothek
Die Deutsche Bibliothek verzeichnet diese Publikation in der Deutschen Nationalbibliografie; detaillierte bibliografische Daten sind im Internet über <http://dnb.ddb.de> abrufbar.

Gedruckt auf alterungsbeständigem,
säurefreiem Papier.

D 20
ISSN 0945-1811
ISBN 3-631-39959-6

Printed in Germany 1 2 3 4 5 7

www.peterlang.de

Meinen Eltern

Vorwort

Vorliegende Arbeit wurde im Sommersemester 2001 an der Juristischen Fakultät der Bayerischen Julius-Maximilians-Universität Würzburg als Dissertation angenommen. Das Manuskript wurde im Frühjahr 2001 abgeschlossen. Die der Arbeit zugrunde gelegten Übersetzungen der englischen, französischen und spanischen Texte sind größtenteils in Eigenarbeit erstellt worden.

Mein besonderer Dank gilt Herrn Prof. Dr. Sieber, der die Dissertation betreut und die Anregung zur Themenstellung gegeben hat. Bedanken möchte ich mich auch bei Herrn Prof. Dr. Zieschang für die schnelle und unproblematische Zweitkorrektur.

Inhaltsverzeichnis

Teil 1: Einleitung

Teil 2: Landesberichte

Teil 3: Rechtsvergleich

Teil 1: Einleitung

A. Aktueller Hintergrund

Die Anzahl der im Internet aufzufindenden rechtsextremistischen und rassistischen Websites steigt seit einigen Jahren in beunruhigendem Maße an. Nach einer Untersuchung des *Simon Wiesenthal Centers* wurden im Jahre 1999 1400 rassistische Webseiten registriert. Auf einer Mitte 2000 durch das *Simon Wiesenthal Center* veröffentlichten CD-Rom mit dem Titel „Digital Hate 2001" fanden sich bereits über 2000 derartige Seiten.[1] Auch der jährlich in Deutschland erscheinende Verfassungsschutzbericht verzeichnet ein deutliches Anwachsen der von deutschen Rechtsextremisten betriebenen Homepages von 200 im Jahre 1998 auf rund 330 im Jahre 1999.[2] Im Dezember 2000 zählte das Bundesamt für Verfassungsschutz – teilweise auch bedingt durch den Einsatz einer neuen Suchstrategie – bereits 800 einschlägige Homepages.[3]

Diese ernstzunehmende Entwicklung ist vor allem darauf zurückzuführen, daß rechtsextremistische und rassistische Gruppierungen in zunehmenden Maße die Vorteile des Mediums Internet erkannt haben und nunmehr für eigene Zwecke mißbrauchen. Das Internet ermöglicht es auch solchen Gruppierungen, aufwendig gestaltete Informationen kostengünstig und innerhalb kürzester Zeit einem größtmöglichen Publikum zukommen zu lassen und aktiv Propaganda zu treiben. Vor allem der Aspekt der Anonymität ist hierbei von Bedeutung: War die Verbreitung von Informations- und Propagandamaterial im Zeitalter der Printmedien häufig mit der Gefahr der Entdeckung durch Polizei und Verfassungsschutz verbunden, so erlaubt das Internet sowohl den genannten Gruppierungen als auch den Internetnutzern eine anonyme Vorgehensweise. Die Strafverfolgungstätigkeit wird weiterhin dadurch erheblich erschwert, daß die entsprechenden Websites auf ausländischen Servern abgelegt werden. Auf der Nutzerseite beinhaltet die mögliche Anonymität des Abrufs einschlägiger Inhalte eine wesentlich geringere Hemmschwelle bei der Informationsbeschaffung gegenüber dem Erwerb gedruckter Publikationen.

Am 26. und 27. Juni 2000 fand in Berlin eine durch die Friedrich-Ebert-Stiftung, das Bundesjustizministerium und das *Simon Wiesenthal Center* ins Leben geru-

---

1 *Nelson/Boyer*, 400 Hold Vigil for Jews Being Tried as Spied in Iran, Los Angeles Times vom 15.06.2000, unter: http://www.wiesenthal.com/itn/latimes061500.html (abgerufen am 07.12.2000).

2 Bundesministerium des Innern (Hrsg.), Verfassungsschutzbericht 1999, Bonn 2000, S. 82.

3 Verfassungsschutz zählt doppelt so viele Nazi-Sites wie bisher, Heise News vom 12.12.2000, unter: http://www.heise.de/newsticker/data/wst-12.12.00-001 (abgerufen am 08.04.2001).

fene Konferenz gegen die Verbreitung von Haß im Internet statt.[4] Der mit dem sprunghaften Anstieg von Haßseiten im Netz verbundene dringende Handlungsbedarf war Anlaß für die Veranstalter, namhafte Vertreter aller Bereiche aus In- und Ausland sowie von Nichtregierungsorganisationen zur Diskussion über das „Spannungsverhältnis zwischen Meinungsfreiheit und Menschenwürde" einzuladen. Aus den Ergebnissen dieser Konferenz ist die sogenannte „Berliner Erklärung" vom 27. Juni 2000 hervorgegangen, die ein wichtiges Signal in Richtung eines globalen Wertekonsenses setzen will.[5] Ein gemeinsamer strafrechtlicher internationaler Mindeststandard scheint dagegen noch „Zukunftsmusik". Die mit der Schaffung eines solchen Mindeststandards verbundenen Probleme liegen nicht erst seit dieser Konferenz auf der Hand: Da es die verfassungsrechtlich überragende Bedeutung der Meinungsfreiheit in einigen Staaten nahezu unmöglich macht, in diesem Bereich strafrechtliche Sanktionen zu erlassen, müssen viele der typischen Inhalte von Haßseiten, so z. B. die Aufstachelung zum Rassenhaß oder die Leugnung des Holocaust verfassungsrechtlich jedenfalls derzeit hingenommen werden. Dies ist in den Vereinigten Staaten von Amerika der Fall und hatte bereits in der Vergangenheit zur Konsequenz, daß ein Großteil der einschlägigen Haßseiten auf US-amerikanische Server verlagert wurde. Entsprechend schwach ist die Kooperationsbereitschaft solcher Staaten bei der Mitwirkung in Rechtshilfeangelegenheiten im Bereich der Strafverfolgung einzuschätzen. Dies manifestierte sich letztlich auch darin, daß US-Politiker der Einladung auf die obengenannte Konferenz nicht nachkamen.

In dem besonders sensiblen Bereich der Kinderpornographie begegnet die Bildung eines globalen Konsenses in Bezug auf deren Ächtung und Verfolgung wesentlich geringeren Schwierigkeiten politischer und rechtlicher Art. Erste Schritte sind hier bereits in Form der *Convention on Cyber Crime* getätigt worden, die der Europarat derzeit mit weiteren Staaten wie den USA, Japan, Kanada

---

4 Vgl. hierzu: *Krempl*, Konferenz gegen Verbreitung von Haß im Internet, Heise News-Ticker vom 23.06.2000, unter: http://www.heise.de/newsticker/data/ame-23.06.00-000/ (abgerufen am 07.12.00); *ders.*, Berliner Erklärung gegen den Haß im Netz, Heise News vom 27.06.2000, unter: http://www.heise.de/bin/nt.print/newsticker/data/fr-27.06. 00 002/?id=1d3bbe4a&todo=print (abgerufen am 07.12.2000).

5 Berliner Erklärung, unter: http://www.bmj.bund.de/misc/2000/m_inter2.htm (abgerufen am 27.05.2001).

oder Südafrika erarbeitet.[6] Ziel dieses Übereinkommens ist ein gemeinsamer strafrechtlicher Mindeststandard in den Mitgliedstaaten und gemeinsame Grundlagen für effektive und rasche strafrechtliche Ermittlungen.[7]

B. Gegenstand der rechtsvergleichenden Untersuchung

Das Dilemma der internationalen Staatengemeinschaft, sich – ähnlich wie im Falle der Verbreitung von Kinderpornographie über Datennetze – auf einen Mindeststandard zu einigen, ist nur allzu offensichtlich. Die Unterschiedlichkeit der einzelnen Rechtskulturen tritt hierbei mit großer Deutlichkeit zutage. Ein Konsens erscheint jedoch unumgänglich, um der zunehmenden Verbreitung von Haßseiten und rassistischen Webseiten über internationale Datennetze wirksam begegnen zu können. Nur die Aufhebung strafrechtlicher Grenzen vermag den derzeit für solche Straftäter in einigen Staaten bestehenden Vorteil der Straflosigkeit zu beseitigen.[8]

In der vorliegenden Untersuchung werden Strafvorschriften ausgewählter Staaten zur Verbreitung rassistischer, rechtsextremistischer und neonazistischer Informationen dargestellt und in einem Rechtsvergleich gegenübergestellt. Die Darstellung beschränkt sich hierbei nicht auf die Verbreitung solcher Informationen in elektronischen Datennetzen, sondern erfaßt alle Formen der Verbreitung. Die anschließende Gegenüberstellung der relevanten Vorschriften in einem Rechtsvergleich soll aufzeigen, inwiefern in der überwiegenden Anzahl der untersuchten Staaten ein gemeinsamer strafrechtlicher Mindeststandard existiert und ob eine Harmonisierung gegenwärtig überhaupt denkbar ist.

Um eine Eingrenzung der durch diese Arbeit strafrechtlich zu untersuchenden Äußerungsinhalte vornehmen zu können, ist zunächst eine terminologische Abgrenzung der Begriffe Rassismus, Rechtsextremismus und Neonazismus er-

---

6 Vgl. hierzu: *Schulzki-Haddouti*, Bundesregierung nimmt Stellung zu Cybercrime-Abkommen, Telepolis vom 27.06.2000, unter: http://www.heise.de/tp/ deutsch/inhalt/te/8290/1.html (abgerufen am 07.12.00); *Rötzer*, Der Europarat bastelt weiter am Abkommen über Cyberkriminialität, Telepolis vom 28.11.2000, unter: http://www.heise.de/tp/deutsch/inhalt/te/4352/1.html (abgerufen am 08.04.2001); *Krempl*, Nur kosmetische Korrekturen beim Cybercrime-Abkommen, Telepolis vom 23.12.2000, unter: http://www.heise.de/tp/deutsch/inhalt/te/4550/1.html (abgerufen am 12.03.2001); Eine Entwurfsfassung vom 22.12.2000 findet sich unter: http://conventions.coe.int/treaty/EN/projects/cybercrime25.htm (abgerufen am 08.04.2000).

7 *Schulzki-Haddouti*, Bundesregierung nimmt Stellung zu Cybercrime-Abkommen, a.a.O.

8 so auch *Klip*, Harmonisierung des Strafrechts – eine fixe Idee?, NStZ 2000, 626, 627.

forderlich. In der Praxis läßt sich eine genaue Abgrenzung zwischen rassistischer, rechtsextremistischer und neonazistischer Propaganda freilich oft nicht treffen, da die Äußerungsinhalte häufig miteinander verwoben sind und nicht streng einer Gruppe zuzuordnen sind.

Hinsichtlich des Begriffs *Rassismus* kann Bezug genommen werden auf das Internationale Übereinkommen zur Beseitigung jeder Form von Rassendiskriminierung aus dem Jahre 1966, welches in Art. 4 „(...) jegliche Propaganda und alle Organisationen, die auf Ideen oder Theorien hinsichtlich der Überlegenheit einer Rasse oder einer Personengruppe bestimmter Hautfarbe oder Volkszugehörigkeit beruhen oder die irgendeine Form von Rassenhaß und Rassendiskriminierung zu rechtfertigen oder zu fördern suchen" verurteilt. Unter *Rechtsextremismus* ist nach überwiegendem Verständnis eine Auffassung zu verstehen, welche den Wert eines Menschen von der ethnischen Zugehörigkeit zu einer Nation oder Rasse ableitet. Propagiertes Staatsmodell ist eine in der Regel biologisch fundierte autoritäre Volksgemeinschaft; entsprechend wird eine pluralistische, repräsentative Demokratie abgelehnt.[9] Rechtsextremistische Ideologie ist von nationalistischem und rassistischem Gedankengut beherrscht.[10] Der Begriff *Neonazismus* ist nicht gleichzusetzen mit Rechtsextremismus, vielmehr knüpft er an den historischen Nationalsozialismus und dessen Erscheinungsformen an, wobei Überschneidungsbereiche mit dem Rechtsextremismus gegeben sind. In Deutschland ist Hauptziel neonazistischer Ideologie die Schaffung eines totalitären Führerstaates auf rassistischer Grundlage.[11] Ein zentrales Element rechtsextremistischen oder neonazistischen Handelns stellt der sogenannte *Revisionismus* dar, welcher heute überwiegend mit der Leugnung des Holocaust oder der sogenannten Auschwitzlüge gleichgesetzt wird.[12] Die Aussagen revisionistischer Autoren erschöpfen sich jedoch nicht nur darin, den Holocaust schlichtweg zu leugnen, sondern erfassen auch dessen Verharmlosung oder

---

9 Bundesministerium des Innern (Hrsg.), Verfassungsschutzbericht 1998, Bonn 1999, S. 14; *ders.*, Verfassungsschutzbericht 1999, a.a.O., S. 14; *Neugebauer*, Vorwort, S. 7, 9, in: *Stiftung Dokumentationsarchiv des österreichischen Widerstandes (Hrsg.)*, Das Netz des Hasses, Rassistische, rechtsextreme und neonazistische Propaganda im Internet, Wien 1997.

10 Bundesministerium des Innern (Hrsg.), Verfassungsschutzbericht 1998, a.a.O., S. 14; *ders.*, Verfassungsschutzbericht 1999, a.a.O., S. 14.

11 Bundesministerium des Innern (Hrsg.), Verfassungsschutzbericht 1998, a.a.O., S. 14; *ders.*, Verfassungsschutzbericht 1999, a.a.O., S. 14.

12 *Bailer-Galanda*, „Revisionismus" als zentrales Element der internationalen Vernetzung des Rechtsextremismus, S. 106 ff., in: *Stiftung Dokumentationsarchiv des österreichischen Widerstandes* (Hrsg.), Das Netz des Hasses, Rassistische, rechtsextreme und neonazistische Propaganda im Internet, Wien 1997.

Rechtfertigung. Die Autoren bedienen sich hierbei der unterschiedlichsten, häufig wissenschaftlich getarnter Argumentationslinien.[13]

Die vorliegende Untersuchung konzentriert sich auf Äußerungs- und Verbreitungsdelikte; nicht erfaßt sind daher Tatbestände wie die Bildung einer kriminellen Vereinigung,[14] das Gründen einer nationalsozialistischen Nachfolgeorganisation[15] und ähnliche Organisationsdelikte. Bei den Verbreitungstatbeständen wird sowohl die Verbreitung eigener als auch fremder Inhalte einbezogen. Nur am Rande soll die Verbreitung von Informationen über Rundfunk und Fernsehen sowie im Rahmen öffentlicher Aufführungen angesprochen werden. Da rechtsextremistische und neonazistische Propaganda häufig Symbole, Melodien und dergleichen als Erkennungszeichen einsetzt, werden auch diejenigen Strafvorschriften analysiert, die das Verwenden, Verbreiten oder Zurschaustellen solcher Kennzeichen erfassen. Zuletzt werden Tatbestände untersucht, welche die öffentliche Aufforderung zu Straftaten und verwandte Erscheinungsformen enthalten.

Die Erfassung sämtlicher Erscheinungsformen extremistischen Handelns erscheint angesichts der großen Anzahl der zu untersuchenden Rechtsordnungen nicht sinnvoll. Auf nähere Ausführungen zu Straftatbeständen in Randbereichen[16] wie z. B. den im deutschen Strafrecht existierenden Tatbeständen des Aufstachelns zum Angriffskrieg, der Verunglimpfung des Bundespräsidenten, des Staates und seiner Symbole oder von Verfassungsorganen, der Störung des öffentlichen Friedens durch Androhung von Straftaten, Unterstützung und Werbung für eine terroristische Vereinigung, der Anleitung zu Straftaten, wurde daher zugunsten der oben genannten typischen Erscheinungsformen extremistischer Äußerungen verzichtet. Grundsätzlich nicht behandelt werden auch Ehrdelikte, sofern diese lediglich allgemeiner Art sind und ein rassistischer Hintergrund nicht tatbestandlich erfaßt ist.

Schließlich zielt diese Arbeit als strafrechtliche Untersuchung maßgeblich auf die Darstellung von Strafvorschriften ab. Einzelne Rechtsordnungen sehen in Teilbereichen jedoch auch inhaltlich einschlägige Übertretungs- oder Ordnungswidrigkeitentatbestände vor, deren Funktion es ist, das bestehende strafrechtliche Schutzniveau entweder zu ergänzen oder – in Ermangelung einschlägiger strafrechtlicher Vorschriften – ein Schutzniveau auf niedrigerer Ebene zu

---

13 Hierzu vgl. *Bailer-Galanda*, a.a.O., S. 112; Bundesministerium des Innern (Hrsg.), Verfassungsschutzbericht 1998, a.a.O., S. 67 ff.

14 Vgl. § 129 StGB.

15 Vgl. § 3a des österreichischen NSDAP-Verbotsgesetzes.

16 Vgl. die Zusammenstellung bei *Ringel*, Rechtsextremistische Propaganda aus dem Ausland im Internet, CR 1997, 302 ff.

sichern. Nicht zuletzt aufgrund ihrer hohen Praxisrelevanz werden diese Vorschriften – in Form von Exkursen – in die nachfolgende Darstellung aufgenommen. Hierbei ist anzumerken, daß manche Staaten das Recht der Übertretungen bzw. Ordnungswidrigkeiten sogar als Teil des Strafrechts und nicht nur als Verwaltungsunrecht ansehen.

C. Vorgehensweise

Die Untersuchung soll ein möglichst breit gefächertes Spektrum unterschiedlicher Rechtsordnungen abdecken. Dargestellt werden Rechtsordnungen der beiden großen Rechtskreise, also des kontinental-europäischen und des anglo-amerikanischen Rechtskreises. Als Vertreter des kontinental-europäischen Rechtskreises werden – in dieser Reihenfolge – Deutschland, Österreich und die Schweiz (sogenannte deutsche Gruppe), Frankreich und Spanien (sogenannte romanische Gruppe), als Vertreter des anglo-amerikanischen Rechtskreises das Vereinigte Königreich, Kanada und die Vereinigten Staaten von Amerika behandelt.

In Teil 2 der Arbeit werden zunächst die einzelnen Rechtsordnungen in Landesberichten vorgestellt. Der Aufbau der Landesberichte folgt hierbei im Wesentlichen einer einheitlichen Konzeption, welche nur im Einzelfall spezifischer Modifikationen bedurfte. Die parallele Gliederung der Landesberichte vereinfacht den unmittelbaren Vergleich einzelner Staaten und erleichtert beim Lesen des auf die Gliederung aufbauenden Rechtsvergleichs das Auffinden von Detailinformation. In einer Einführung (A) wird zunächst auf das Rechtssystem eines jeden Staates und die verfassungsrechtliche Verankerung der Meinungsfreiheit eingegangen. Dies erfolgt vor dem Hintergrund aktueller, einschlägiger Ereignisse, welche auf Erscheinungsformen des Rassismus, Rechtsextremismus etc. in seiner jeweiligen Ausprägung aufmerksam machen sollen. In einem weiteren Teil (B) erfolgt die Darstellung der einschlägigen Strafvorschriften, wobei diese, zum Zwecke der übersichtlicheren Gegenüberstellung, vier Gruppen zugeordnet werden: Rassismusvorschriften (I), Leugnungstatbestände (II), Kennzeichen und Propagandamittel verfassungsfeindlicher Organisationen (III) sowie Aufforderung zu Straftaten (IV). Ein dritter Teil (C) beschäftigt sich mit Fragen des Internationalen Strafrechts. Hier werden zunächst die Prinzipien des Internationalen Strafrechts in den einzelnen Rechtsordnungen vorgestellt und in einem weiteren Schritt grenzüberschreitende Fragen der elektronischen Datenverarbeitung behandelt.

Teil 3 der Arbeit widmet sich schließlich der Gegenüberstellung der zuvor dargestellten Strafvorschriften in einem Rechtsvergleich. Dabei sollen, insbesondere im Hinblick auf mögliche Mindeststandards, vorhandene Gemeinsamkeiten ebenso herausgearbeitet werden, wie extreme Abweichungen, die die Einführung entsprechender Standards erschweren. Die Bestimmung des gemeinsamen Mindeststandards auf der Basis der existierenden Strafvorschriften bildet den Abschluß der Arbeit.

Teil 2: Landesberichte

Landesbericht Deutschland

A. Einleitung

I. Aktueller Hintergrund

Die besondere Sensibilität der deutschen Bevölkerung gegenüber rechtsextremistischen und fremdenfeindlichen Aktivitäten hat auch mehr als fünfzig Jahre nach dem Ende des Zweiten Weltkriegs nicht nachgelassen. Gerade die an der jüdischen Bevölkerung begangenen Verbrechen werden auch weiterhin in den Köpfen der Deutschen unauslöschbar verhaftet bleiben und eine Wiederbelebung derartiger politischer Tendenzen wesentlich erschweren. Die regelmäßige Beobachtung verfassungsfeindlicher Bestrebungen im Sinne eines präventiven Tätigwerdens ist hierbei von großem öffentlichen Interesse. Das Bundesamt für Verfassungsschutz gibt im jährlich erscheinenden Verfassungsschutzbericht[1] die Ergebnisse seiner Beobachtungen der extremistischen Szene wieder. Hinsichtlich rechtsextremistischer Bestrebungen unterscheidet der Bericht ideologisch zwischen Neonazis und nationalistisch orientierten rechtsextremistischen Parteien.[2] Erstere streben danach den totalitären Führerstaat auf der Basis der Höherwertigkeit der deutschen Rasse und Ablehnung jeglicher Rassenvermischung an.[3] Rechtsextremistische Parteien verfolgen hingegen das Ziel der Nation, eines autoritären Staates, in dem die freiheitlich demokratische Grundordnung beseitigt wäre.[4]

Nach den Beobachtungen des Bundesamtes für Verfassungsschutz nahm das rechtsextreme Personenpotential gegenüber dem starken Zuwachs im Jahre 1998 im Jahre 1999 leicht ab, während die Zahl der rechtsextremistisch motivierten

1 Bundesministerium des Innern (Hrsg.), Verfassungsschutzbericht 1998, Bonn 1999 (im folgenden: Verfassungsschutzbericht 1998), auch unter: http://www.bmi.bund.de/publikationen/vsb1998 (abgerufen am 07.12.2000); *ders.*, Verfassungsschutzbericht 1999, Bonn 2000 (im folgenden: Verfassungsschutzbericht 1999), auch unter http://www.bmi.bund.de/publikationen/vsb1999 (abgerufen am 07.12.2000).

2 Verfassungsschutzbericht 1998, S. 14; Verfassungsschutzbericht 1999, S. 14.

3 Verfassungsschutzbericht 1998, S. 14; Verfassungsschutzbericht 1999, S. 14.

4 Verfassungsschutzbericht 1998, S. 14; Verfassungsschutzbericht 1999, S. 14.

Gewalttaten wieder anstieg.[5] Insbesondere in Ostdeutschland waren Rechtsextreme aktiv; dort werden die Hälfte dieser Straftaten begangen.[6] Die Skinhead-Szene genießt starken Zulauf, während in der neonazistischen Szene Stagnation herrscht.[7] Was die Agitationsthemen angeht, ist verstärkt die Tendenz erkennbar, die Tagespolitik sowie aktuelle sozialpolitische Phänomene wie Arbeitslosigkeit oder Globalisierung für eigene Zwecke zu instrumentalisieren. Im Vordergrund steht nicht mehr so sehr der historische Nationalsozialismus als politisches Modell, obwohl die Revisionismusdebatte, die Themen wie die Kriegsschuldfrage und die Leugnung des Völkermordes und damit die Entlastung und Idealisierung des Dritten Reiches umfaßt, immer noch zentrales Element des neonazistischen Gedankengutes sind.[8]

Das Internet stellt unter den Mitgliedern der rechten Szene seit Jahren schon ein wichtiges Agitations- und Kommunikationsmedium dar, das in immer größerem Ausmaß für solche Zwecke mißbraucht wird. Nach Auskunft des Bundesamtes für Verfassungsschutz waren im Jahr 1998 beispielsweise 200 Homepages deutscher Rechtsextremisten im WWW vertreten.[9] Der Verfassungsschutzbericht 1999 verzeichnete demgegenüber ein Jahr später bereits einen Anstieg auf 330 Homepages.[10] Ende 2000 wurden unter Einsatz einer neuen Suchstrategie schließlich 800 einschlägige Seiten ausfindig gemacht.[11]

Erstmals wurde im Jahre 1996 seitens der Staatsanwaltschaft Mannheim in Sachen *Ernst Zündel* wegen Verdachts der Volksverhetzung ermittelt.[12] Mittlerweile sind Verurteilungen wegen der Verbreitung strafbarer Inhalte über elek-

---

5 Verfassungsschutzbericht 1998, S. 18 ff.; Verfassungsschutzbericht 1999, S. 17 ff.

6 Verfassungsschutzbericht 1998, S. 23; Verfassungsschutzbericht 1999, S. 21.

7 Verfassungsschutzbericht 1998, S. 25 ff., 31 ff; Verfassungsschutzbericht 1999, S. 25 ff., 30 ff.

8 Verfassungsschutzbericht 1998, S. 16 f.

9 Verfassungsschutzbericht 1998, S. 75; Im Oktober 1999 sollen es bereits an die 300 gewesen sein, vgl. *Merey*, Neonazis – Hetztiraden im Netz, Spiegel Online vom 1.10.1999, unter: http://www.spiegel.de/netzwelt/politik/0,1518,44788,00.html (abgerufen am 07.12.2000).

10 Verfassungsschutzbericht 1999, S. 82.

11 Verfassungsschutz zählt doppelt so viele Nazi-Sites wie bisher, Heise News vom 12.12.2000, unter: http://www.heise.de/newsticker/data/wst-12.12.00-001 (abgerufen am 08.04.2001).

12 Der in Kanada lebende Deutsche Ernst Zündel, der als einer der bekanntesten Holocaust-Leugner gilt, verbreitet seine Thesen im Internet über die sogenannten „Zündel-Seiten“.

tronische Medien in Deutschland nichts Außergewöhnliches mehr.[13] Strafrechtlich relevantes Propagandamaterial, insbesondere die sogenannte Ausschwitzlüge, wird jedoch, um die Strafverfolgung zu erschweren, zunehmend über ausländische Provider anonym ins Internet eingestellt, überwiegend in Ländern, die keine entsprechenden Strafvorschriften vorsehen. Auch wenn sich der Bundesgerichtshof mit Urteil vom 12.12.2000[14] für den Fall der Verbreitung der Auschwitzlüge positiv zur Frage geäußert hat, ob deutsches Strafrecht Anwendung finden kann, wenn der Täter selbst Ausländer ist und über einen ausländischen Server agiert, bewegen sich die Probleme der Strafverfolgungsbehörden hier zum einen bereits auf der Ebene der Ermittlungstätigkeit und später dann bei der Strafvollstreckung.

II. Rechtssystem

Die Bedeutung der deutschen Rechtswissenschaft als Vorbild für Länder wie Österreich, die Schweiz, die Türkei, Griechenland, Japan etc. hat dazu geführt, daß innerhalb des kontinental-europäischen Rechtskreises, welcher vor allem durch seinen Rechtspositivismus geprägt ist, Deutschland als wichtigster Vertreter einer eigenen deutschen Gruppe hervorgegangen ist.[15] Die Vorbildfunktion Deutschlands gilt ganz besonders im Hinblick auf die Strafrechtswissenschaft, wie die vergleichende Darstellung der Länder Deutschland, Österreich und Schweiz zeigen wird.

Das Kernstück des deutschen Strafrechts ist das Strafgesetzbuch (StGB), welches aus dem Jahre 1871 herrührt. Die Kodifikation dieses einheitlichen Gesetzbuches erfolgte, nachdem 1871 die politischen Einheit der Nation hergestellt worden war. Das StGB gliedert sich in einen Allgemeinen Teil (§§ 1 ff.), welcher Grundlegendes zur Tat, zu ihrem Aufbau und ihren Rechtsfolgen enthält, und einen Besonderen Teil (§§ 80 ff.), welcher die einzelnen Vergehen und Verbrechen enthält. Das Strafgesetzbuch wird ergänzt durch eine Fülle von Nebengesetzen mit ihren Strafvorschriften, wie z. B. §§ 29 ff. Betäubungsmittelgesetz (BtMG), § 21 des Gesetzes über die Verbreitung jugendgefährdender Schriften und Medieninhalte (GjSM), § 12 des Gesetzes zum Schutze der Jugend in der Öffentlichkeit (JÖSchG), §§ 92 ff. Ausländergesetz (AuslG) oder

---

13 Vgl. z. B. OLG Nürnberg, CR 1998, 686 (Beschimpfung von Religionsgesellschaften); OLG Frankfurt a. M., NStZ 1999, 356 ff. (Verwenden verfassungswidriger Kennzeichen); LG Mannheim, Urt. v. 10.11.1999, Süddeutsche Zeitung vom 11.11.1999 (Volksverhetzung, Beleidigung und Verunglimpfung des Andenkens Verstorbener).

14 BGH NJW 2001, 624.

15 *Rheinstein/von Borries,* Einführung in die Rechtsvergleichung, 2. Auflage, München 1987, S. 78 f.

§§ 52a f. Waffengesetz (WaffG), um nur einige zu nennen. Der Allgemeine Teil des StGB gilt über Art. 1 EGStGB grundsätzlich auch für die strafrechtlichen Nebengesetze.

Das deutsche Strafrecht folgt einem dreistufigen Deliktsaufbau, wonach sich die Straftat aus einer tatbestandsmäßigen, rechtswidrigen und schuldhaften Handlung zusammensetzt.[16] Elemente des Tatbestands sind hiernach der objektive (äußere) Tatbestand, welcher die Umstände umschreibt, die das äußere Erscheinungsbild der Tat kennzeichnen, und der subjektive (innere) Tatbestand, der Vorstellung und Willen des Handelnden umfaßt.[17] Rechtswidrig ist eine Tat, wenn sie einen Unrechtstatbestand verwirklicht und nicht durch Rechtfertigungsgründe gedeckt ist.[18] Das Schuldelement befaßt sich im Wesentlichen mit Fragen der Schuldfähigkeit, der Schuldform (Vorsatz- und Fahrlässigkeitsschuldvorwurf), dem Unrechtsbewußtsein und dem Fehlen von Entschuldigungsgründen.[19]

III. Verfassungsrechtlicher Anknüpfungspunkt

Das Grundrecht der Meinungsfreiheit ist verfassungsrechtlich verbürgt in Art. 5 Abs. 1 GG.[20] Der Überbegriff der Meinungsfreiheit erfaßt insgesamt fünf Teilverbürgungen, nämlich die Meinungsäußerungsfreiheit, die Informationsfreiheit, die Pressefreiheit, die Freiheit der Rundfunkberichterstattung und die der

---

16 Vgl. z. B. *Tröndle/Fischer*, Strafgesetzbuch und Nebengesetze, 49. Auflage, München 1999 (im folgenden: *Tröndle/Fischer*, StGB), vor § 13 Rz. 2; *Roxin*, Strafrecht: Allgemeiner Teil, Band 1, 3. Auflage, München 1997, S. 146 f.

17 vgl. z. B. *Tröndle/Fischer*, StGB, vor § 13 Rz. 9.

18 Vgl. z. B. *Tröndle/Fischer*, StGB, vor § 13 Rz. 24 ff; *Roxin*, a.a.O., S. 148.

19 Vgl. z. B. *Tröndle/Fischer*, StGB, vor § 13 Rz. 28 ff.; *Roxin*, a.a.O., S. 148.

20 Art. 5 GG lautet:

(1) Jeder hat das Recht, seine Meinung in Wort, Schrift und Bild frei zu äußern und zu verbreiten und sich aus allgemein zugänglichen Quellen ungehindert zu unterrichten. Die Pressefreiheit und die Freiheit der Berichterstattung durch Rundfunk und Film werden gewährleistet. Eine Zensur findet nicht statt.

(2) Diese Rechte finden ihre Schranken in den Vorschriften der allgemeinen Gesetze, den gesetzlichen Bestimmungen zum Schutze der Jugend und in dem Recht der persönlichen Ehre.

(3) Kunst und Wissenschaft, Forschung und Lehre sind frei. Die Freiheit der Lehre entbindet nicht von der Treue zur Verfassung.

Filmberichterstattung.[21] Die freie Meinungsäußerung beinhaltet das Recht, eine Meinung frei zu äußern und zu verbreiten. Die Aufzählung „in Wort, Schrift und Bild“ ebenso wie die Formulierung „äußern und verbreiten“ sind hierbei nicht abschließend, sondern nur exemplarisch.[22] In den Schutzbereich fällt jede Form der Meinungskundgabe, insbesondere sind auch die sogenannten „neuen Medien“ erfaßt.[23] Eingriffe in die Meinungsfreiheit liegen nicht nur dann vor, wenn eine Meinung nach Inhalt oder Form verboten oder eine strafrechtliche Sanktion an sie geknüpft wird, sondern auch, wenn faktische Beeinträchtigungen erfolgen.[24]

Die Meinungsfreiheit findet ihre Schranken in den Vorschriften der allgemeinen Gesetze, den gesetzlichen Bestimmungen zum Schutze der Jugend und dem Recht der persönlichen Ehre (Art. 5 Abs. 2 GG). Neben der Eingriffsermächtigung des Art. 5 Abs. 2 GG finden sich auch solche in Art. 17a, 9 Abs. 2, 18, 21 Abs. 2 GG,[25] die vorliegend jedoch keine Rolle spielen sollen. Die Auslegung des Begriffs der „allgemeinen Gesetze“ (Art. 5 Abs. 2 GG) war lange Zeit umstritten.[26] Seit dem *Lüth*-Urteil des Bundesverfassungsgerichts versteht die Rechtsprechung hierunter nunmehr Gesetze, *„die nicht eine Meinung als solche verbieten, die sich nicht gegen die Äußerung der Meinung als solche richten, die vielmehr dem Schutze eines schlechthin, ohne Rücksicht auf eine bestimmte Meinung, zu schützenden Rechtsguts dienen, dem Schutze eines Gemeinschaftswerts, der gegenüber der Betätigung der Meinungsfreiheit den Vorrang hat“*[27] (sog. *Vereinigungslehre*). Dies hat zur Folge, daß neben dem ausdrücklich normierten Jugend- und Ehrschutz auch andere Rechtsgüter wie Leben, Freiheit, Gesundheit oder die öffentliche Sicherheit und Ordnung Vorrang gegenüber der Meinungsfreiheit haben können. Im Einzelfall hat jedoch eine Abwägung stattzufinden, bei der das einschränkende Gesetz im Lichte der Meinungsfreiheit zu

---

21 Aufgrund der Tatsache, daß all diese Teilaspekte gewissermaßen miteinander verbunden sind, herrscht Streit darüber, ob von einer einheitlichen Kommunikationsfreiheit auszugehen ist oder jeweils eigenständige Grundrechte vorliegen. Hierzu *Kühling*, Die Kommunikationsfreiheit als europäisches Gemeinschaftsgrundrecht, Berlin 1999, S. 212 f.

22 *Pieroth/Schlink*, Grundrechte, Staatsrecht II, 16 Auflage, Heidelberg 2000, Rz. 556.

23 *Pieroth/Schlink*, a.a.O., Rz. 556; *Kühling*, a.a.O., S. 217.

24 *Pieroth/Schlink*, a.a.O., Rz. 581; *Kühling*, a.a.O, S. 227 f.

25 *Pieroth/Schlink*, a.a.O., Rz. 585.

26 Hierzu wurden vornehmlich die sog. Sonderrechtslehre und die sog. Abwägungslehre vertreten, welche in die sog. Vereinigungslehre des BVerfG miteinander kombiniert wurden, *Pieroth/Schlink*, a.a.O., Rz. 586 ff.; *Kühling*, a.a.O., S. 230.

27 BverfGE 7, 189, 209 f. (Lüth).

betrachten ist.[28] Als sogenannte *Schranken-Schranken* sind schließlich das *Zensurverbot* des Art. 5 Abs. 1 S. 3 GG sowie der nach deutschem Verfassungsrecht generell zu beachtende *Grundsatz der Verhältnismäßigkeit* und die *Wesensgehaltsgarantie* des Art. 19 Abs. 2 GG zu wahren.[29]

Die Strafvorschriften zur Bekämpfung neonazistischer und rassistischer Propaganda stellen solche allgemeinen Gesetze dar, die primär dem öffentlichen Frieden oder der freiheitlich demokratischen Grundordnung dienen, und in zweiter Linie ehrschützend sind. Die Gefährdungslage, die von jugendgefährdenden Schriften und Medieninhalten ausgeht,[30] rechtfertigt weiterhin speziell jugendschützende Straftatbestände wie sie im Gesetz über die Verbreitung jugendgefährdender Schriften und Medieninhalte (GjSM) und im Gesetz zum Schutze der Jugend in der Öffentlichkeit (JÖSchG) enthalten sind.

B. Strafvorschriften

I. Rassismusvorschriften

1. Überblick

Mehrere Strafvorschriften in der deutschen Rechtsordnung befassen sich mit der Problematik des Rassenhasses. § 130 StGB stellt in seinen Absätzen 1 und 2 verschiedene Formen rassistischen Handelns unter Strafe. Auf das in den Absätzen 3 und 4 enthaltene Verbot der Auschwitzlüge wird unter der Kategorie der Leugnungstatbestände gesondert eingegangen. Mit dem Gesetz über die Verbreitung jugendgefährdender Schriften und Medieninhalte (GjSM) und dem Gesetz zum Schutz der Jugend in der Öffentlichkeit (JÖSchG) stellt die deutsche Rechtsordnung in diesem Zusammenhang auch den Jugendschutz als weiteres Rechtsgut in den Vordergrund. Speziell jugendschützende Vorschriften sind hiernach in § 21 GjSM und § 12 JÖSchG vorgesehen. Nach § 1 GjSM zählen zu den jugendgefährdenden Inhalten auch zum Rassenhaß anreizende Themen.

Auf Ordnungswidrigkeitentatbestände, wie sie in § 49 Rundfunkstaatsvertrag, § 20 Mediendienste-Staatsvertrag oder den Landesmediengesetzen[31] vorgesehen

---

28 BverfGE 7, 189, 209 f. (Lüth).

29 *Kühling*, a.a.O., S. 243 f., 244 f., 250 f.

30 So BverfGE 30, 336, 347 (Sonnenfreunde).

31 Z. B. Art. 42 BayMG (Bayerisches Mediengesetz).

sind, sowie auf Strafvorschriften in den Landespressegesetzen soll im Rahmen dieser Arbeit nicht eingegangen werden.[32]

2. § 130 Abs. 1 und Abs. 2 StGB (Volksverhetzung)

a) Normtext

§ 130 StGB

(1) Wer in einer Weise, die geeignet ist, den öffentlichen Frieden zu stören

1. zum Haß gegen Teile der Bevölkerung aufstachelt oder zu Gewalt- oder Willkürmaßnahmen gegen sie auffordert oder

2. die Menschenwürde anderer dadurch angreift, daß er Teile der Bevölkerung beschimpft, böswillig verächtlich macht oder verleumdet, wird mit Freiheitsstrafe von drei Monaten bis zu fünf Jahren bestraft.

(2) Mit Freiheitsstrafe bis zu drei Jahren oder mit Geldstrafe wird bestraft, wer

1. Schriften (§ 11 Abs. 3), die zum Haß gegen Teile der Bevölkerung oder gegen eine nationale, rassische, religiöse oder durch ihr Volkstum bestimmte Gruppe aufstacheln, zu Gewalt- oder Willkürmaßnahmen gegen sie auffordern oder die Menschenwürde anderer dadurch angreifen, daß Teile der Bevölkerung oder eine vorbezeichnete Gruppe beschimpft, böswillig verächtlich gemacht oder verleumdet werden,

a) verbreitet,

b) öffentlich ausstellt, anschlägt, vorführt oder sonst zugänglich macht,

c) einer Person unter achtzehn Jahren anbietet, überläßt oder zugänglich macht oder

d) herstellt, bezieht, liefert, vorrätig hält, anbietet, ankündigt, anpreist, einzuführen oder auszuführen unternimmt, um sie oder aus ihnen gewonnene Stücke im Sinne der Buchstaben a bis c zu verwenden oder einem anderen eine solche Verwendung zu ermöglichen, oder

2. eine Darbietung des in Nummer 1 bezeichneten Inhalts durch Rundfunk verbreitet.

(3) und (4) (...)

(5) In den Fällen des Absatzes 2, auch in Verbindung mit Absatz 4, und in den Fällen des Absatzes 3 gilt § 86 Abs. 3 entsprechend.

b) Normentstehung und Überblick

Der Tatbestand der Volksverhetzung, der ursprünglich die „Anreizung zum Klassenkampf" erfaßte, wurde durch das 6. StÄndG von 1960 als Reaktion des Gesetzgebers auf eine Welle antisemitischer und nazistischer Vorfälle neu gefaßt. Die derzeitige Fassung des § 130 StGB, die in Abs. 3 erstmals auch die so-

---

32 Vgl. zu diesen Vorschriften *Sieber*, in: *Hoeren/Sieber* (Hrsg.), Handbuch Multimedia-Recht, München 2000, Rz. 671, der auch die Anwendbarkeit der entsprechenden Vorschriften auf Computernetze untersucht (Rz. 677 f.).

genannte einfache Auschwitzlüge ausdrücklich pönalisiert, geht zurück auf das Verbrechensbekämpfungsgesetz von 1994.

§ 130 Abs. 1 StGB enthält einen Äußerungstatbestand, unter den sowohl die Aufstachelung zum Haß gegen Bevölkerungsteile, als auch die Aufforderung zu Gewalt- oder Willkürmaßnahmen gegen diese, sowie deren Beschimpfung, Verächtlichmachung und Verleumdung fallen. § 130 Abs. 1 StGB wird daher als der eigentliche Volksverhetzungstatbestand bezeichnet. § 130 Abs. 2 StGB enthält einen Schriftenverbreitungstatbestand, der verschiedene Tathandlungen im Zusammenhang mit der Verbreitung volksverhetzender Inhalte und Schriften unter Strafe stellt. Die Absätze 3 und 4 befassen sich mit der gesondert zu besprechenden Auschwitzlüge. In § 130 Abs. 5 StGB ist die sogenannte Sozialadäquanzklausel normiert.

c) Geschütztes Rechtsgut

Systematisch gesehen steht § 130 StGB im siebenten Abschnitt des Besonderen Teils des StGB, welcher die Straftaten gegen die öffentliche Ordnung enthält. § 130 StGB schützt in seinen Absätzen 1 und 2 wie sich aus dem Wortlaut bereits ergibt, vorrangig den öffentlichen Frieden.[33] Unter öffentlichem Frieden ist sowohl der Zustand der allgemeinen Rechtssicherheit als auch das Gefühl der öffentlichen Sicherheit zu verstehen, nämlich das Friedensgefühl der Bevölkerung, im Schutz der Rechtsordnung zu leben.[34] Daneben ist auch die Würde des Einzelmenschen geschützt.[35] Schließlich dient die Vorschrift auch dem Jugendschutz,[36] wie sich aus § 130 Abs. 2 Nr. 1c StGB ergibt; hierdurch soll gewaltaffinen und haßgesteuert-aggressiven Fehlentwicklungen entgegengesteuert werden.[37]

33 *Von Bubnoff* in: Leipziger Kommentar, 20. Lieferung (§§ 125-141), 11. Auflage, Berlin 1996 (im folgenden: LK-*von Bubnoff*), § 130 Rz. 4; *Tröndle/Fischer*, StGB, § 130 Rz. 1b.

34 LK-*von Bubnoff*, a.a.O., § 130 Rz. 4.

35 LK-*von Bubnoff*, a.a.O., § 130 Rz. 4; *Tröndle/Fischer*, StGB, § 130 Rz. 1b; *Lenckner* in: *Schönke/Schröder*, Strafgesetzbuch, Kommentar, 25. Auflage, München 1997 (im folgenden: *Schönke/Schröder-Lenckner*; StGB), § 130 Rz. 1.

36 LK-*von Bubnoff*, a.a.O., § 130 Rz. 32; *Tröndle/Fischer*, StGB, § 130 Rz. 1b.

37 LK-*von Bubnoff*, a.a.O., § 130 Rz. 32.

Abs. 1 ist seiner Natur nach ein sogenanntes potentielles Gefährdungsdelikt,[38] da es zur Tatbestandsverwirklichung genügt, daß das Vertrauen in die Rechtssicherheit erschüttert oder das psychische Klima aufgehetzt wird.[39] Erforderlich ist lediglich die konkrete Eignung der Äußerung, den öffentlichen Frieden zu stören. Bei Abs. 2 handelt es sich um ein (rein) abstraktes Gefährdungsdelikt.[40] Allein die Gefährlichkeit der Tathandlungen ist gesetzgeberischer Grund der Strafdrohung.

d) Tathandlungen

aa) Tathandlungen des Abs. 1

§ 130 Abs. 1 StGB umschreibt zwei Tathandlungskomplexe: zum einen das Aufstacheln zum Haß gegen Teile der Bevölkerung und das Auffordern zu Gewalt- oder Willkürmaßnahmen, zum anderen das Beschimpfen, böswillig Verächtlichmachen und Verleumden von Teilen der Bevölkerung in menschenwürdefeindlicher Weise. In beiden Fällen muß die Tathandlung in einer Weise erfolgen, die geeignet ist, den öffentlichen Frieden zu stören.

(a) Geschützter Personenkreis

Geschützter Personenkreis in Absatz 1 sind Teile der Bevölkerung. Hierunter versteht man eine *inländische*[41] Personenmehrheit, die sich nach inneren oder äußeren Merkmalen erkennbar vom Rest der Bevölkerung abhebt.[42] Hierbei kann es sich auch um im Inland lebende ausländische Bevölkerungsteile handeln. Allerdings findet keine Eingrenzung auf ethnische Gruppen statt; vielmehr ist der Begriff der Personenmehrheit weit zu fassen und erfaßt neben Katholiken, Protestanten und Juden usw. z. B. auch Richter und Staatsanwälte.[43] Die Tathandlungen müssen sich stets auf die Gruppe unmittelbar beziehen.[44]

---

38 Teilweise ist auch von abstrakt-konkreten Gefährdungsdelikten die Rede, vgl. BGH NJW 2001, 624, 626. Hierbei handelt es sich um eine Untergruppe der abstrakten Gefährdungsdelikte. Der Eintritt einer konkreten Gefahr ist nicht erforderlich, allerdings muß die jeweilige Handlung bei genereller Betrachtung konkret gefahrengeeignet sein.

39 BGHSt 29, 26; *Tröndle/Fischer*, StGB, § 130 Rz. 2.

40 LK-*von Bubnoff*, a.a.O., § 130 Rz. 32.

41 LK-*von Bubnoff*, a.a.O., § 130 Rz. 32.

42 LK-*von Bubnoff*, a.a.O., § 130 Rz. 9.

43 LG Göttingen, NJW 1979, 173, 174.

44 *Tröndle/Fischer*, StGB, § 130 Rz. 3.

(b) Aufstacheln zum Haß und Aufforderung zu Gewalt- oder Willkürmaßnahmen (§ 130 Abs. 1 Nr. 1 StGB)

Unter *Aufstacheln zum Haß* versteht man eine gezielte, auf den die Gefühle des Aufgestachelten abzielende Anreizung zu einer emotional gesteigerten feindseligen Haltung gegenüber einer bestimmten Bevölkerungsgruppe.[45] Hierdurch wird klargestellt, daß der Tatbestand bei sachlicher Berichterstattung nicht erfüllt sein kann. Eine Aufstachelung zum Haß liegt z. B. in der Bezeichnung von Asylbewerbern als „betrügerische Schmarotzer, die sich auf Kosten der Deutschen ein faules Leben machen und sich über die dumme deutsche, schwer arbeitende Bevölkerung auch noch lustig machen".[46]

Eine *Aufforderung zu Gewalt- oder Willkürmaßnahmen* liegt vor, wenn auf einen anderen ausdrücklich oder konkludent mit dem Ziel eingewirkt wird, in ihm den Entschluß zu bestimmten Handlungen hervorzurufen.[47] Die Aufforderung muß über die bloße Befürwortung hinausgehen.[48] *Gewaltmaßnahmen* sind dabei in Anlehnung an § 125 StGB und anders als im Rahmen des § 240 StGB nur solche, bei denen physische Gewalt aggressiv angewandt wird.[49] *Willkürmaßnahmen* sind diskriminierende Maßnahmen, welche dadurch charakterisiert sind, daß sie im Widerspruch zu elementaren Grundsätzen der Menschlichkeit und Gerechtigkeit stehen.[50] So fallen z. B. Pogrome, gewaltsame Vertreibung und Boykottaufrufe unter den Tatbestand, die bloße Parole „Juden" bzw. „Türken raus" dagegen nicht.

(c) Beschimpfen, böswillig verächtlich machen oder verleumden (§ 130 Abs. 1 Nr. 2 StGB)

Den drei Tatbestandsalternativen ist gemein, daß sie sich, anders als die Beleidigungstatbestände der §§ 185 ff. StGB, gegen einen Bevölkerungsteil richten, der kein beleidigungsfähiges Kollektiv sein muß. *Beschimpfen* ist die nach Inhalt oder Form besonders verletzende Mißachtenskundgebung, wobei es auf den Wahrheitsgehalt der Äußerung nicht ankommt.[51] Unter *böswillig verächtlich machen* versteht man das in besonders verwerflicher Gesinnung erfolgende Dar-

---

45 BGHSt 40, 97, 102; BayObLG NJW 1990, 2480.

46 OLG Frankfurt, NJW 1995, 143.

47 *Schönke/Schröder-Lenckner*, StGB, § 130 Rz. 5b.

48 *Tröndle/Fischer*, StGB, § 111 Rz. 2.

49 *Tröndle/Fischer*, StGB, § 125 Rz. 3.

50 *Schönke/Schröder-Lenckner*, StGB, § 130 Rz. 5b; LK-*von Bubnoff*, a.a.O., § 130 Rz. 19.

51 *Schönke/Schröder-Lenckner*, StGB, § 130 Rz. 5d; *Tröndle/Fischer*, StGB, § 90a Rz. 3.

stellen einer Bevölkerungsgruppe als der Achtung der Bürger unwert und unwürdig.[52] *Verleumden* ist in Anlehnung an § 187 StGB als das bewußte Behaupten von unwahren Tatsachen zu verstehen, die geeignet sind, die betroffene Gruppe in ihrem Ansehen herabzusetzen.[53]

Der einschränkende Zusatz des *Angriffs auf die Menschenwürde* ist als Begrenzung zu verstehen, da der Tatbestand an sich sehr weit gefaßt ist.[54] Ein Angriff auf die Menschenwürde liegt nur vor, wenn sich dieser nicht gegen einzelne Persönlichkeitsrechte, sondern gegen den Kern der Persönlichkeit eines Menschen richtet, indem dessen Lebensrecht als gleichwertige Persönlichkeit in der Gemeinschaft bestritten wird.[55] Dies kann z. B. in der Äußerung „Die Juden sind Untermenschen" liegen.[56] Die Bezeichnung „Jude" allein verletzt die Menschenwürde dagegen grundsätzlich noch nicht.[57]

(d) Eignung zur Friedensstörung

Mit der Voraussetzung, daß die Tat geeignet sein muß, den öffentlichen Frieden zu stören, normiert Abs. 1 eine weitere tatbestandliche Eingrenzung. Auf den Begriff des öffentlichen Friedens wurde unter Abschnitt B I 2 c) bereits eingegangen. Eine bloß abstrakt friedensstörende Eignung der Äußerung reicht angesichts der Deliktsqualität (potentielles Gefährdungsdelikt) nicht aus. Erforderlich ist vielmehr die konkrete Eignung, die durch Inhalt, Art der Begehung und den Umständen der Tat im Einzelfall begründet sein kann.[58] Abzustellen ist hierbei insbesondere auf die konkrete Empfänglichkeit der Öffentlichkeit und die Umstände der Begehung im Hinblick auf die Breitenwirkung der Äußerung. Es muß mit dem Bekanntwerden in einer breiteren Öffentlichkeit zu rechnen sein,[59] so daß Äußerungen, die nach dem Teilnehmerkreis voraussichtlich nicht in die

---

52 BGHSt 3, 346; *Schönke/Schröder-Lenckner*, StGB, § 130 Rz. 5d; *Tröndle/Fischer*; § 90a Rz. 4 f.

53 *Tröndle/Fischer*, StGB, § 130 Rz. 7.

54 *Tröndle/Fischer*, StGB, § 130 Rz. 8.

55 *Schönke/Schröder-Lenckner*, StGB, § 130 Rz. 6; OLG Frankfurt NJW 1995, 143; BayObLG NJW 1995, 145.

56 BGHSt 16, 49, 56.

57 BVerfG NStZ 2001, 26. Danach kann eine Verletzung der Menschenwürde allerdings angesichts der Begleitumstände des Gebrauchs des Begriffs im Einzelfall vorliegen, wenn sich der Äußernde z. B. mit der nationalsozialistischen Rassenideologie identifiziert oder seine Äußerungen sonst damit in Zusammenhang stehen.

58 *Schönke/Schröder-Lenckner*, StGB, § 130 Rz. 11; LK-*von Bubnoff*, a.a.O., § 130 Rz. 13.

59 BGHSt 29, 26.

Öffentlichkeit gelangen werden, tatbestandlich nicht erfaßt werden.[60] Eine öffentliche Begehung wird indes nicht vorausgesetzt, lediglich eine sogenannte Öffentlichkeitsfähigkeit der Äußerung.[61] Zu beachten ist auch, daß der öffentliche Friede im Inland gefährdet sein muß.

(e) Anwendbarkeit auf die elektronische Datenübertragung

Bei den genannten Alternativen (aufstacheln, auffordern, beschimpfen, verächtlich machen, verleumden) handelt es sich um sogenannte Äußerungsdelikte und damit um typische Delikte, die für den jeweiligen Autor einer Äußerung in Frauge kommen.[62] Auf das jeweils in Anspruch genommene Kommunikationsmedium kommt es hierbei nicht an, so daß eine Anwendbarkeit auf die elektronische Datenübertragung zu bejahen ist.

Aufgrund des Erfordernisses der *Eignung zur Störung des öffentlichen Friedens* ist jedoch eine einschränkende Betrachtung angezeigt. Ansatzpunkte für eine Differenzierung nach der Art der Dienste im Rahmen des Internet finden sich in Rechtsprechung und Literatur bislang kaum. Entscheidendes Kriterium muß sein, ob mit einem Bekanntwerden durch eine breitere Öffentlichkeit zu rechnen ist.[63] So hat der Bundesgerichtshof in seiner Entscheidung vom 12.12.2000 die Eignung zur Störung des öffentlichen Friedens in einem Fall bejaht, in dem Publikationen über das Internet jedermann zugänglich waren.[64] Damit dürften E-mails, die ausschließlich an Einzelpersonen gerichtet sind, aus dem Anwendungsbereich herausfallen, wenn eine Weitergabe nicht zu erwarten ist. WWW-Seiten, Mailing-Lists und Newsgroups, denen sich beliebige Personen anschließen dürfen, werden hingegen erfaßt. Im Grenzbereich der Punkt-zu-Viele-Kommunikation ist darauf abzustellen, ob es sich um einen Benutzerkreis handelt, der nicht um beliebige Personen erweitert werden kann.

bb) Tathandlungen des Abs. 2

Der Schriftenverbreitungstatbestand des Abs. 2 stellt auf Schriften ab, die zum Rassenhaß aufstacheln, zu Gewalt- oder Willkürmaßnahmen gegen bestimmte Gruppen auffordern oder die in menschenwürdefeindlicher Weise solche Gruppen oder Teile der Bevölkerung beschimpfen, böswillig verächtlich machen oder verleumden. Der in § 11 Abs. 3 StGB legaldefinierte Begriff der Schriften erfaßt

---

60 LK-*von Bubnoff*, a.a.O., Rz. 13.

61 LK-*von Bubnoff*, a.a.O., Rz. 14.

62 *Altenhain*, CR 1997, 485, 496.

63 So auch BGH NJW 2001, 624, 626.

64 BGH NJW 2001, 624, 626.

neben Schriften im herkömmlichen Sinne auch Ton- und Bildträger, Datenspeicher, Abbildungen und andere Darstellungen.

Bezüglich der Auslegung der mit Abs. 1 teilweise wortlautgleichen Tatbestandsmerkmale wird auf die vorstehenden Ausführungen verwiesen. Zu beachten ist, daß Absatz 2 neben *Teilen der Bevölkerung* auch bestimmte Volksgruppen („nationale, rassische, religiöse oder durch ihr Volkstum gestimmte Gruppen") nennt. Im Gegensatz zu den bereits definierten Teilen der Bevölkerung ist dieser Begriff insofern weiter, als er auch Volksgruppen im Ausland erfaßt. Das Tatbestandsmerkmal der *friedensstörenden* Ausführung der Tathandlung entfällt hingegen bei Abs. 2.

Auf die Tathandlungen des § 130 Abs. 2 Nr. 1d StGB wird angesichts der Zielsetzung dieser Arbeit nicht näher eingegangen. Es handelt sich dabei um Vorbereitungshandlungen des Verbreitens oder Zugänglichmachens,[65] wobei das *Anbieten, Ankündigen* und *Anpreisen* besondere Formen der Werbung darstellen. Nicht relevant ist auch § 130 Abs. 2 Nr. 2 StGB: Diese Alternative erfaßt das Verbreiten durch Rundfunk. Unter Rundfunk versteht man Bild- und Hörfunk,[66] nicht jedoch die modernen Kommunikationsmedien.

(a) Verbreiten (§ 130 Abs. 2 Nr. 1a StGB)

Unter *Verbreiten* versteht man die Weitergabe an andere mit dem Ziel, die Schrift einem größeren Personenkreis zugänglich zu machen.[67] Die hier vorausgesetzte Breitenwirkung ist gegeben, wenn der Personenkreis im Einzelfall für den Täter nicht mehr kontrollierbar ist.[68] Es reicht die Aushändigung an eine Person aus, wenn diese den Gegenstand nicht vertraulich behandeln soll, sondern vielmehr damit gerechnet wird, daß sie ihn ihrerseits an weitere Personen mitteilen werde.[69] Weiterhin ist erforderlich, daß die Schrift körperlich, das heißt in ihrer Substanz, und nicht nur dem Inhalt nach übertragen wird.[70]

(b) Öffentlich zugänglich machen (§ 130 Abs. 2 Nr. 1b StGB)

Wie sich aus der Systematik ergibt, stellt das *öffentlich zugänglich machen* gegenüber den übrigen Tatmodalitäten (öffentlich ausstellen, anschlagen, vorführen) den Überbegriff dar. Wie beim Verbreiten muß auch bei der Variante des

---

65 *Tröndle/Fischer*, StGB, § 184 Rz. 40.

66 *Tröndle/Fischer*, StGB, § 131 Rz. 8.

67 *Tröndle/Fischer*, StGB, § 74d Rz. 4.

68 BGHSt 13, 257, 258; BGHSt 19, 63, 70 f.

69 BGHSt 19, 63, 71.

70 LK-*von Bubnoff*, a.a.O., § 111 Rz. 17; *Tröndle/Fischer*, StGB, § 74d Rz. 4, BGHSt 13, 257; st. Rspr. vgl. zuletzt etwa BayObLG, 5St RR 122/00.

Zugänglichmachens die Möglichkeit der Wahrnehmung durch unbestimmt viele Personen bestehen.[71] Unter *öffentlich* ist hierbei nicht die Öffentlichkeit des Ortes zu verstehen, sondern gerade diese Wahrnehmungsmöglichkeit durch einen unbestimmten Personenkreis.[72] Im Gegensatz zur Verbreitungsalternative setzt öffentliches Zugänglichmachen nicht die gegenständliche Übertragung einer Schrift voraus. Ausreichend ist vielmehr, daß lediglich der Inhalt der Schrift zugänglich gemacht wird.[73]

(c) Einer Person unter 18 Jahren anbieten, überlassen oder zugänglich machen (§ 130 Abs. 2 Nr. 1c StGB)

Unter *Anbieten* ist eine Handlung zu verstehen, bei der einer anderen Person ein Gegenstand zur entgeltlichen oder unentgeltlichen Überlassung angeboten wird,[74] wobei *Überlassen* die Übertragung des Besitzes, also der tatsächlichen Gewalt über die Schrift zur eigenen Verfügung beinhaltet.[75] Der noch nicht Achtzehnjährige braucht bei der Tathandlung noch nicht bestimmt sein, so daß die konkrete Möglichkeit der Kenntnisnahme durch eine irgendeine Person aus der Altersklasse ausreicht.[76] Hinsichtlich des Zugänglichmachens an eine Person unter 18 Jahren kann auf die vorstehenden Ausführungen verwiesen werden.

(d) Anwendbarkeit auf die elektronische Datenübertragung

Von Bedeutung ist hier zunächst die Anwendbarkeit des Tatobjekts „Schriften". Vor Inkrafttreten des IuKDG umfaßte der Schriftenbegriff, auf den außer § 130 Abs. 2 und 4 StGB auch andere Vorschriften des StGB verweisen, neben Schriften im herkömmlichen Sinne lediglich „Ton- und Bildträger, Abbildungen und andere Darstellungen". Dabei sollte es sich bei den genannten *Darstellungen*, die als Überbegriff verstanden wurden,[77] um körperliche Gebilde von gewisser Dauer handeln müssen, welche sinnlich wahrnehmbar einen gedanklichen Inhalt vermitteln.[78] Nach der Auffassung von *Sieber* war dies auch damit zu begründen, daß nur körperliche Gegenstände der Einziehung nach § 74d StGB

---

71 *Tröndle/Fischer*, StGB, § 74d Rz. 6.

72 *Tröndle/Fischer*, StGB, § 74d Rz. 6.

73 *Tröndle/Fischer*, StGB, § 74d Rz. 4; *Schönke/Schröder-Lenckner*, StGB, § 184 Rz. 9; *Sieber*, JZ 1996, 429, 494, 495.

74 *Tröndle/Fischer*, StGB, § 184 Rz. 13.

75 *Tröndle/Fischer*, StGB, § 184 Rz. 14; LK-*Laufhütte*, § 184 Rz. 21.

76 *Tröndle/Fischer*, StGB, § 184 Rz. 14.

77 *Tröndle/Fischer*, StGB, § 11 Rz. 44.

78 *Tröndle/Fischer*, StGB, § 11 Rz. 44; *Sieber*, JZ 1996, 429, 494, 495; a. A. *Altenhain*, CR 1997, 485, 495.

unterliegen können. Die bloße Anzeige auf dem Bildschirm sollte hiernach nicht darunter fallen,[79] wohl aber Datenspeicher, wobei je nach Funktion Abstufungen zu erfolgen hatten.[80] Nach Art. 4 IuKDG, welcher eine Änderung von § 11 Abs. 3 StGB beinhaltet, gelten nunmehr ausdrücklich *Datenspeicher* als Schriften im Sinne dieser Vorschrift. Damit wird nunmehr einerseits klargestellt, daß auch elektronische, elektromagnetische, optische, chemische oder sonstige Datenspeicher, die gedankliche Inhalte verkörpern, erfaßt werden.[81] Auch Inhalte in elektronischen Arbeitsspeichern, welche nur der vorübergehenden Vorhaltung dienen, sind eingeschlossen.[82] Nach der Neuregelung bleibt es andererseits dabei, daß solche Inhalte nicht umfaßt sind, die in Echtzeit oder Echtzeit-entsprechend übermittelt werden, ebenso wie kurzfristige Zwischenspeicher, die einer solchen Übermittlung dienen.[83] Keinen Niederschlag in Art. 4 IuKDG fand daher der weitergehende Vorschlag, auch Bildschirmanzeigen einzubeziehen.[84] Nach *Sieber* verliert diese rechtspolitische Frage jedoch an Bedeutung, wenn man sich vergegenwärtigt, daß Bildschirmanzeigen grundsätzlich über den Arbeitsspeicher miterfaßt werden.[85]

Bei der Frage nach der Anwendbarkeit der Tathandlungen auf Vorgänge der elektronischen Datenübertragung ist zu beachten, daß das *Verbreiten* einer Schrift nach h. M. eine körperliche Übertragung derselben voraussetzt.[86] Daher reicht es beispielsweise nicht aus, daß die entsprechende Datei nur kopiert oder ausgedruckt wird, so daß ein Verbreiten auch nicht bezüglich Daten angenommen werden kann, die auf einem Server gespeichert sind.[87] Eine körperliche

---

79 *Sieber,* JZ 1996, 429, 494, 495; a. A. *Altenhain,* CR 1997, 485, 495 mit der Begründung, daß eine Bildschirmanzeige - anders als Liveübertragungen - unbegrenzt lange angesehen werden könne, es also es nicht darauf ankommen dürfe, daß der Fortbestand der Bildschirmanzeige vom weiteren Betrieb des Rechners des Nutzers abhängt.

80 Zu den Einzelheiten: *Sieber*, JZ 1996, 429, 494, 495; *Beisel/Heinrich*, CR 1997, 360, 362.

81 *Bröhl*, CR 1997, 73, 77; *Sieber*, in: *Hoeren/Sieber* (Hrsg.), a.a.O., Rz. 604.

82 *Bröhl*, CR 1997, 73, 77; *Sieber*, in: *Hoeren/Sieber* (Hrsg.), a.a.O., Rz. 604; Nach *Sieber,* JZ 1996, 429, 494, 495 (bereits zu § 11 Abs. 3 a.F.) dürfte bei Cache- oder Proxy-Servern eine ausreichend lange Speicherung anzunehmen sein.

83 *Bröhl*, CR 1997, 73, 77; *Sieber*, in: *Hoeren/Sieber* (Hrsg.), a.a.O., Rz. 605.

84 Hierzu ausführlich *Sieber*, in: *Hoeren/Sieber* (Hrsg.), a.a.O., Rz. 603 (Fn. 5).

85 *Sieber*, in: *Hoeren/Sieber* (Hrsg.), a.a.O., Rz. 604.

86 Vgl. hierzu Abschnitt B I 2 d bb (b); BayObLG, 5St RR 122/00; *Sieber*, JZ 1996, 429, 494, 495; *ders*., in: *Hoeren/Sieber* (Hrsg.), a.a.O., Rz. 606; unsicher *Walther*, NStZ 90, 523, 524 f.

87 *Sieber*, JZ 1996, 429, 494, 495; a.a.O., Rz. 606.

Überlassung läge nur vor, wenn z. B. die Datei auf Diskette tatsächlich übergeben wird. Eine Begehung des Verbreitungstatbestandes (§ 130 Abs. 2 Nr. 1a StGB) im Wege der elektronischen Datenübertragung ist daher nicht möglich.

Somit kommt allein die Alternative des *sonst öffentlich Zugänglichmachens* (§ 130 Abs. 2 Nr. 1b StGB) in Betracht. Da lediglich der Inhalt einer Schrift und nicht diese selbst zugänglich gemacht werden muß, ist das bloße Erscheinen einer Darstellung auf dem Monitor hierfür bereits ausreichend.[88] Daß die bloße Anzeige auf dem Monitor dabei den Schriftenbegriff des § 11 Abs. 3 StGB nicht erfüllt, ist unbeachtlich. Schließlich wird nicht die bloße Anzeige, sondern eine Darstellung, die den Schriftenbegriff gemäß den oben gemachten Ausführungen erfüllt, zugänglich gemacht.

Das Kriterium der *Öffentlichkeit* wird man verneinen müssen, wenn Daten im Sinne der Punkt-zu-Punkt-Kommunikation nur an Einzelpersonen übertragen werden, während bei WWW-Seiten die Möglichkeit der Kenntnisnahme durch einen unbestimmten Personenkreis außer Frage stehen dürfte. Hinsichtlich der Weitergabe in „geschlossenen Benutzergruppen" ist Öffentlichkeit dann zu bejahen, wenn jedermann sich diesen ohne Schwierigkeiten anschließen kann.[89] Da es im Falle der Weitergabe an einzelne Personen weiterhin nicht ausreicht, daß der Täter nur mit einer Weiterverbreitung rechnet,[90] wäre bei einem kleineren Adressatenkreisen zudem positiv festzustellen, ob dessen Bereitschaft zur Weitergabe an andere Interessenten tatsächlich bestand.[91] Diese Fragen müßten im Falle der Punkt-zu-Viele-Kommunikation, insbesondere bei Newsgroups und Mailing-lists im Einzelfall entschieden werden.

Die in § 130 Abs. 2 Nr. 1 c) StGB erstgenannten Tatmodalitäten scheiden für die Begehung im Internet aus, da sie körperliche Gegenstände voraussetzen. Allerdings ist, wie bei Nr. 1 b), auch hier die Alternative des *Zugänglichmachens* anwendbar.

---

88 *Sieber*, JZ 1996, 429, 494, 495; a.a.O., Rz. 606.

89 *Sieber*, in: *Hoeren/Sieber* (Hrsg.), a.a.O., Rz. 607.

90 BGHSt 13, 257, 258.

91 Vgl. hierzu auch die Ausführungen in BayObLG, 5St RR 122/00. Im gegenständlichen Fall waren per E-mail kinderpornographische Darstellungen an fünf Empfänger versandt worden, von denen jeweils nur die Deckadressen bekannt waren. Das BayObLG rügte in seinem Revisionsbeschluß zunächst die Anwendung der Tathandlung des Verbreitens auf Vorgänge der elektronischen Datenübertragung. Darüber hinaus wies es darauf hin, daß das Amtsgericht unzureichend festgestellt habe, ob sich unter den genannten Deckadressen jeweils ein großer Personenkreis verbarg oder die Empfänger ihrerseits bereit waren, ihre elektronische Post an andere Interessenten weiterzugeben.

e) *Tatbestandsausschluß*

Die tatbestandsausschließende[92] Sozialadäquanzklausel hat die Funktion eines Korrektivs im Rahmen des Absatzes 2. Danach scheidet gemäß § 130 Abs. 5 StGB i.V.m. § 86 Abs. 3 StGB eine Strafbarkeit nach den genannten Absätzen aus, wenn das Propagandamittel oder die Handlung der staatsbürgerlichen Aufklärung, der Abwehr verfassungswidriger Bestrebungen, der Kunst, der Wissenschaft, der Forschung, der Lehre, der Berichterstattung über Vorgänge des Zeitgeschehens oder der Geschichte, oder ähnlichen Zwecken dient. Die Sozialadäquanzklausel stellt hierbei eine verfassungsrechtliche Absicherung der Straflosigkeit dar, insbesondere im Hinblick auf Art. 5 GG. Die von der Sozialadäquanzklausel erfaßten anerkennenswerten Zwecke sind in § 86 Abs. 3 StGB nicht abschließend umschrieben. *Ähnliche Zwecke* im Sinne dieser Vorschrift sind solche, die ihrem Gewicht nach einem der vorgenannten Zwecke gleichkommen.[93] Ob das in Frage stehende Propagandamittel oder die Handlung tatsächlich den genannten Zwecken dient, ist aus einer Zusammenschau von Sinn und Zweck der Abbildung im Zusammenhang der Gesamtdarstellung zu ermitteln.[94] So ist z. B. die kommentar- und kritiklose Verbreitung von Propagandamitteln zu Aufklärungszwecken ohne Distanzierung des Verantwortlichen nicht geschützt. Nicht geschützt ist auch ein Verhalten, bei dem z. B. künstlerische oder Lehrzwecke lediglich Deckmantel sind. Nach der Rechtsprechung des Bundesgerichtshofs ist der Tatbestandsausschluß jedoch auf Handlungen des Verteidigers anwendbar, wenn dem verteidigten Mandanten seinerseits Volksverhetzung zur Last liegt und die Erklärungen des Verteidigers nur in Bezug auf die Verteidigung erfolgen.[95]

Nach zutreffender Ansicht von *von Bubnoff* verbleibt für die Sozialadäquanzklausel im Rahmen des § 130 Abs. 2 StGB aber in der Regel schon deshalb kaum ein Anwendungsbereich, weil die in § 86 Abs. 3 StGB genannten privilegierten Zwecke sich nicht mit den feindselig formulierten Tatbestandsalternativen des § 130 StGB vertragen dürften.[96]

---

92 Daß es sich hierbei um einen Tatbestandsausschluß handelt, ist nahezu unbestritten, vgl. *Tröndle/Fischer*, StGB, § 86 Rz. 11b; *Schönke/Schröder-Stree*, StGB, § 86 Rz. 17; LK-*Laufhütte*, § 86 Rz. 19.

93 LK-*Laufhütte*, a.a.O., § 86 Rz. 21.

94 *Tröndle/Fischer*, StGB, § 86 Rz. 11.

95 BGH NStZ 2000, 530, wobei dieses Urteil maßgebend auf § 130 Abs. 3 StGB abzielt.

96 LK-*von Bubnoff*, a.a.O., § 130 Rz. 53.

f) Vorsatzformen

Die Tathandlungen des § 130 StGB verlangen vorsätzliche Begehungsweise, wobei nach den Regeln des Allgemeinen Teils bedingter Vorsatz ausreichend ist. Der Vorsatz muß sich im Falle des Abs. 1 auch auf die Eignung zur Friedensstörung beziehen. Ein unbeachtlicher Subsumtionsirrtum wird in der Regel vorliegen, wenn der Täter die vielfach normativen Tatbestandsmerkmale falsch beurteilt.[97]

g) Strafen und sonstige Rechtsfolgen

Der eigentliche Volksverhetzungstatbestand in Abs. 1 weist die höchste Strafandrohung auf: er gibt einen Strafrahmen vom erhöhten Mindestmaß von 3 Monaten bis zu 5 Jahren Freiheitsstrafe vor. Der Schriftenverbreitungstatbestand in Abs. 2 bietet einen Strafrahmen von bis zu 3 Jahren oder Geldstrafe. Ob Abs. 2 von Abs. 1 verdrängt wird, sofern sich die Äußerung nur gegen Teile der inländischen Bevölkerung richtet, ist umstritten.[98] Zu beachten ist weiterhin die kurze Presseverjährung von einem halben Jahr, sofern es sich um ein Presseinhaltsdelikt handelt.[99]

Die Einziehung von Schriften nach § 130 Abs. 2 StGB erfolgt nach §§ 74 bis 76a StGB. Einziehungsgegenstand sind nach dem Wortlaut des § 74 StGB *Gegenstände*. Aus einer Zusammenschau von § 74 StGB und § 74d StGB folgt, daß auch Schriften im Sinne des § 11 Abs. 3 StGB und damit auch *Darstellungen* unter den Begriff des Gegenstands fallen. In Betracht kommt hierbei insbesondere die Variante, daß der Gegenstand als Tatmittel verwendet wurde, also *zur Begehung gebraucht* worden ist. § 74d StGB ermöglicht hierbei eine erweiterte Einziehung aller Schriften gleichen Inhalts, sobald eine von ihnen durch eine rechtswidrige Tat verbreitet wurde, dazu bestimmt war (§ 74 Abs. 1 StGB) oder öffentlich zugänglich gemacht wurde (§ 74 Abs. 4 StGB). Ob der Computer als Tatmittel eingezogen werden darf, ist fraglich. Zwar unterliegen auch Gegenstände, die die Durchführung der Tat nur mittelbar gefördert haben, der Einziehung.[100] Die Rechtsprechung hat dies jedoch für einen Computer, mit dem ein Schriftsatz beleidigenden Inhalts geschrieben wurde, verneint, da er

---

97 *Tröndle/Fischer*, StGB, § 130 Rz. 21.

98 So BGH NJW 2001, 624, 626; *Schönke/Schröder-Lenckner*, StGB, § 130 Rz. 27; a. A. LK-*von Bubnoff*, a.a.O., § 130 Rz. 50.

99 *Tröndle/Fischer*, StGB, § 78 Rz. 8; ein Presseinhaltsdelikt ist hiernach bei Druckwerken gegeben, die selbst die nach dem jeweils maßgeblichen Straftatbestand erforderliche Erklärung enthalten.

100 *Schönke/Schröder-Eser*, StGB, § 74 Rz. 12.

nicht als eigentliches Mittel der Beleidigung eingesetzt wurde.[101] Möglicherweise ist dies anders zu beurteilen im Falle von Computern, auf denen strafbare Inhalte zum Abruf über Internet bereitgestellt werden. Die Anordnung der Unbrauchbarmachung nach § 74d Abs. 1 S. 2 StGB kommt für den Computer als Tatmittel jedenfalls nicht in Betracht. Eine solche erfolgt nach dem Wortlaut der Vorschrift bei Vorrichtungen, die zur Herstellung der Schriften gebraucht wurden oder dazu bestimmt waren. Nach der Entstehungsgeschichte zielt diese Vorschrift nicht auf die Tatwerkzeuge ab, sondern nur auf solche Gegenstände, die bereits den Inhalt des späteren Endprodukts in einem Vorstadium enthalten, wie z. B. Negative, Matrizen oder Drucksätze.[102]

3. § 21 GjSM (Jugendgefährdende Schriften)

a) Normtexte

§ 1 [Aufnahme in die Liste]

(1) Schriften, die geeignet sind, Kinder oder Jugendliche sittlich zu gefährden, sind in eine Liste aufzunehmen. Dazu zählen vor allem unsittliche, verrohend wirkende, zu Gewalttätigkeit, Verbrechen oder Rassenhaß anreizende sowie den Krieg verherrlichende Schriften. Die Aufnahme ist bekanntzumachen.

(2) Eine Schrift darf nicht in die Liste aufgenommen werden

1. allein wegen ihres politischen, sozialen, religiösen oder weltanschaulichen Inhalts;

2. wenn sie der Kunst oder der Wissenschaft, der Forschung oder der Lehre dient;

3. wenn sie im öffentlichen Interesse liegt, es sei denn, daß die Art der Darstellung zu beanstanden ist.

(3) Den Schriften stehen Ton- und Bildträger, Datenspeicher, Abbildungen und andere Darstellungen gleich. Schriften im Sinne dieses Gesetzes sind nicht Rundfunksendungen nach § 2 des Rundfunkstaatsvertrages sowie inhaltliche Angebote bei Verteildiensten und Abrufdiensten, soweit die redaktionelle Gestaltung der Meinungsbildung für die Allgemeinheit im Vordergrund steht, nach § 2 des Mediendienste-Staatsvertrages in der Fassung vom 20. Januar bis 7. Februar 1997.

(4) Kind im Sinne des Gesetzes ist, wer noch nicht vierzehn, Jugendlicher, wer vierzehn, aber noch nicht achtzehn Jahre alt ist.

§ 3 [Vertrieb an Jugendliche]

(1) Eine Schrift, deren Aufnahme in die Liste bekanntgemacht ist, darf nicht

1. einem Kind oder Jugendlichen angeboten, überlassen oder zugänglich gemacht werden,

---

101 Düsseldorf NJW 1992, 3050, 1993, 1485.

102 *Tröndle/Fischer*, StGB, § 74d Rz. 9.

2. an einem Ort, der Kindern oder Jugendlichen zugänglich ist oder von ihnen eingesehen werden kann, ausgestellt, angeschlagen, vorgeführt oder sonst zugänglich gemacht werden,

3. im Wege gewerblicher Vermietung oder vergleichbarer gewerblicher Gewährung des Gebrauchs, ausgenommen in Ladengeschäften, die Kindern und Jugendlichen nicht zugänglich sind und von ihnen nicht eingesehen werden können, einem anderen angeboten oder überlassen werden.

4. Durch elektronische Informations- und Kommunikationsdienste verbreitet, bereitgehalten oder sonst zugänglich gemacht werden.

(2) Absatz 1 Nr. 3 gilt nicht, wenn die Handlungen im Geschäftsverkehr mit gewerblichen Entleihern erfolgen. Absatz 1 Nr. 4 gilt nicht, wenn durch technische Vorkehrungen Vorsorge getroffen ist, daß das Angebot oder die Verbreitung im Inland auf volljährige Nutzer beschränkt werden kann.

§ 4 [Weitere Vertriebsverbote]

(1) Eine Schrift, deren Aufnahme in die Liste bekanntgemacht ist, darf nicht

1. im Einzelhandel außerhalb von Geschäftsräumen,

2. in Kiosken oder anderen Verkaufsstellen, die der Kunde nicht zu betreten pflegt,

3. im Versandhandel oder

4. in gewerblichen Leihbüchereien oder Lesezirkeln

vertrieben, verbreitet oder verliehen oder zu diesen Zwecken vorrätig gehalten werden.

(2) Verleger und Zwischenhändler dürfen eine solche Schrift nicht an Personen liefern, soweit diese einen Handel nach Absatz 1 Nr. 1 betreiben oder Inhaber von Betrieben der in Absatz 1 Nr. 2 bis 4 bezeichneten Art sind. Soweit die Lieferung erfolgen darf, haben Verleger, Zwischenhändler und Personen, die Schriften in den räumlichen Geltungsbereich dieses Gesetzes einführen, ihre Abnehmer auf die Vertriebsbeschränkungen hinzuweisen.

(3) Eine Schrift, deren Aufnahme in die Liste bekanntgemacht ist, darf nicht im Wege des Versandhandels in den räumlichen Geltungsbereich dieses Gesetzes eingeführt werden.

§ 21 [Strafen und Maßnahmen]

(1) Wer eine Schrift, deren Aufnahme in die Liste bekanntgemacht ist, oder eine der in § 6 bezeichneten Schriften

1. entgegen § 3 Abs. 1 Nr. 1 einem Kind oder Jugendlichen anbietet, überläßt oder zugänglich macht,

2. entgegen § 3 Abs. 1 Nr. 2 an den dort bezeichneten Orten ausstellt, anschlägt, vorführt oder sonst zugänglich macht,

3. entgegen § 3 Abs. 1 Nr. 3 im Wege gewerblicher Vermietung oder vergleichbarer gewerblicher Gewährung des Gebrauchs einem anderen anbietet oder überläßt,

3a. entgegen § 3 Abs. 1 Nr. 4 verbreitet, bereithält oder sonst zugänglich macht,

4. entgegen § 4 Abs. 1 in den dort bezeichneten Fällen vertreibt, verbreitet, verleiht oder vorrätig hält,

5. entgegen § 4 Abs. 2 Satz 1 an die dort bezeichneten Personen liefert,

6. entgegen § 4 Abs. 3 einzuführen unternimmt oder

7. entgegen § 5 Abs. 2 anbietet, ankündigt oder anpreist,

wird mit Freiheitsstrafe bis zu einem Jahr oder mit Geldstrafe bestraft.

(2) Ebenso wird bestraft, wer

1. entgegen § 5 Abs. 1 geschäftlich wirbt oder

2. in die Liste zum Zwecke der geschäftlichen Werbung abdruckt oder veröffentlicht.

(3) Handelt der Täter fahrlässig, so ist die Strafe Freiheitsstrafe bis zu sechs Monaten oder Geldstrafe bis zu einhundertachtzig Tagessätzen.

(4) Die Absätze 1 bis 3 sind nicht anzuwenden, wenn der zur Sorge für die Person Berechtigte die Schrift einem Kind oder Jugendlichen anbietet, überläßt oder zugänglich macht.

(5) Das Gericht kann von einer Bestrafung nach den Absätzen 1 bis 3 absehen, wenn der Täter, der die Schrift einem Kind oder Jugendlichen angeboten, überlassen oder zugänglich gemacht hat, ein Jugendlicher oder ein Angehöriger im Sinne des § 11 Abs. 1 Nr. 1 des Strafgesetzbuches ist.

(6) Hat ein Kind oder Jugendlicher die Schrift einem anderen Kind oder Jugendlichen angeboten, überlassen oder zugänglich gemacht, so leitet das Jugendamt die auf Grund bestehender Vorschriften zulässigen Maßnahmen ein. Der Vormundschaftsrichter kann auf Antrag des Jugendamtes oder von Amts wegen Weisungen erteilen.

b) Normentstehung und Überblick

Das *Gesetz über die Verbreitung jugendgefährdender Schriften und Medieninhalte* (im folgenden: GjSM) rührt in seiner heutigen Fassung aus dem Jahre 1985 her und nannte sich ursprünglich nur *Gesetz über die Verbreitung jugendgefährdender Schriften.* [103] Im Jahre 1997 fand durch Art. 6 IuKDG die Erweiterung auf Medieninhalte statt.

Nach dem GjSM ist eine mit speziell ernannten Mitgliedern besetzte Bundesprüfstelle befugt, auf Antrag (§ 11 Abs. 1 GjSM) über die Aufnahme jugendgefährdender Schriften (§ 1, 2 GjSM) in eine Liste zu entscheiden. Schwer gefährdende Schriften bedürfen keiner Aufnahme in die Liste (§ 6 GjSM); hierzu zählen insbesondere volksverhetzende Schriften nach § 130 Abs. 2 StGB sowie sonstige, die offensichtlich geeignet sind, Kinder oder Jugendliche sittlich schwer zu gefährden (§ 6 Nr. 1, 3 GjSM). Die Indizierung bewirkt ein zum Schutz von Kindern und Jugendlichen begrenztes Abgabe-, Vertriebs- und Werbeverbot (§§ 3 f. GjSM). Der vorsätzliche oder fahrlässige Verstoß hiergegen ist gemäß § 21 GjSM strafbar. Die in § 21a GjSM beschriebene Ordnungswidrig-

---

103 Die Bundesprüfstelle war jedoch schon vor dieser Zeit tätig. Zur geschichtlichen Entwicklung: *Becker*, Film und Recht 1980, 469 ff.

keit ist für die vorliegende Arbeit nicht relevant, da sie lediglich den Verstoß gegen die Hinweispflicht bezüglich Vertriebsbeschränkungen sanktioniert.

c) Geschütztes Rechtsgut

Die Vorschriften des GjSM dienen speziell dem Schutz der Jugend. Es handelt sich um hierbei um eine Form spezialgesetzlichen Jugendmedienschutzes.

d) Tathandlungen

Der Prüfung durch die Bundesprüfstelle und damit den strafrechtlich sanktionierten Vertriebs- und Werbeverboten unterliegen Schriften, die geeignet sind, Kinder oder Jugendliche sittlich zu gefährden. Dazu zählen nach der Legaldefinition in § 1 Abs. 1 S. 1 GjSM neben unsittlichen, verrohend wirkenden unter anderem auch Schriften, die zum Rassenhaß anreizen. Die Formulierung in § 1 Abs. 1 S. 1 GjSM zeigt bereits, daß es sich nicht um eine abschließende Aufzählung handelt („vor allem"). Aus Verfassungsgründen dürfen Schriften jedoch nicht schon wegen ihres politischen, sozialen, religiösen oder weltanschaulichen Inhalts in die Liste aufgenommen werden; ebensowenig solche, die der Kunst, Wissenschaft, Forschung oder Lehre dienen oder grundsätzlich im öffentlichen Interesse liegen (§ 1 Abs. 2 GjSM). Nach § 1 Abs. 3 S.1 GjSM stehen den Schriften Ton- und Bildträger, Datenspeicher, Abbildungen und andere Darstellungen gleich, wobei nach § 1 Abs. 3 S. 2 GjSM Rundfunksendungen nach § 2 Rundfunkstaatsvertrag sowie inhaltliche Angebote bei Verteil- und Abrufdiensten nach § 2 Mediendienste-Staatsvertrag, soweit die redaktionelle Gestaltung der Meinungsbildung für die Allgemeinheit im Vordergrund steht, ausgenommen sind.[104]

Tathandlungen des § 21 GjSM sind die dort beschriebenen Zuwiderhandlungen gegen §§ 3 bis 5 GjSM. Indizierte Schriften dürfen also einem Kind oder Jugendlichen nicht angeboten, überlassen oder zugänglich gemacht werden

---

104 Hier spiegelt sich die auch zwischen Bund und Ländern hinsichtlich Teledienstegesetz (TDG) und Mediendienste-Staatsvertrag (MDStV) ungelöste Abgrenzungsproblematik zwischen Tele- und Mediendiensten wider. Mediendiensteangebote können, anders als Teledienste, als solche nicht indiziert werden, da dem Bund insoweit die Gesetzgebungskompetenz fehlt. Auch die Straftatbestände in § 21 GjSM sind insoweit unanwendbar. § 20 MDStV hält demgegenüber eigene Ordnungswidrigkeitentatbestände bereit. Hierzu: *Schulz* MMR 1998, 182, 184; *Sieber*, in: *Hoeren/Sieber* (Hrsg.), a.a.O., Rz. 649. Zur Abgrenzungsproblematik TDG – MDStV allgemein vgl. auch z. B. *Engel-Flechsig/Maennel/Tettenborn*, NJW 1997, 2981 ff.; *dies.*, Neue gesetzliche Rahmenbedingungen für Multimedia: die Regelungen des IuKDG und des MDStV, Heidelberg 1998, S. 12 ff.; *Waldenberger*, MMR 1998, 124 ff; *Gounalakis*, NJW 1997, 2993 ff.; *Spindler*, NJW 1997, 3193 ff.; *Müller-Terpitz*, MMR 1998, 478.

(§ 3 Abs. 1 Nr. 1 GjSM), nicht an einem Ort, der Kindern oder Jugendlichen zugänglich ist oder von ihnen eingesehen werden kann, ausgestellt, angeschlagen, vorgeführt oder sonst zugänglich gemacht werden (§ 3 Abs. 1 Nr. 2 GjSM), im Wege gewerblicher Vermietung oder vergleichbarer gewerblicher Gewährung des Gebrauchs, ausgenommen in Kindern und Jugendlichen nicht zugänglichen oder einsehbaren Ladengeschäften, angeboten oder überlassen werden (§ 3 Abs. 1 Nr. 3 GjSM) oder durch elektronische Informations- und Kommunikationsdienste verbreitet, bereitgehalten oder sonst zugänglich gemacht werden (§ 3 Abs. 1 Nr. 4 GjSM). Indizierte Schriften dürfen auch nicht im Einzelhandel außerhalb von Geschäftsräumen (§ 4 Abs. 1 Nr. 1 GjSM), in Kiosken oder anderen Verkaufsstellen, die der Kunde nicht zu betreten pflegt (§ 4 Abs. 1 Nr. 2 GjSM), im Versandhandel (§ 4 Abs. 1 Nr. 3 GjSM) oder in gewerblichen Leihbüchereien oder Lesezirkeln (§ 4 Abs. 1 Nr. 4 GjSM) vertrieben, verbreitet oder verliehen oder zu diesem Zwecke vorrätig gehalten werden. § 4 Abs. 2 GjSM enthält Sonderregelungen für Verleger und Zwischenhändler. § 4 Abs. 3 GjSM enthält ein Einfuhrverbot für indizierte Schriften.

e) Anwendbarkeit auf die elektronische Datenübertragung

Im Jahre 1996 indizierte die Bundesprüfstelle erstmals Homepages, die über das Internet abgerufen werden konnten, durch die Bundesprüfstelle. Es handelte sich dabei um die volksverhetzenden Zündel-Sites, die von dem in Kanada lebenden und als Holocaust-Leugner bekannten Ernst Zündel angeboten werden.[105]

Nachdem jedoch im Schrifttum nach wie vor unklar war, ob die Tathandlungen des GjS a. F. auch auf die elektronische Datenübertragung anzuwenden seien,[106] reagierte der Gesetzgeber im Jahre 1997 mit Art. 6 IuKDG, durch den in dieser Hinsicht verbleibende Zweifel ausgeräumt wurden. Den Schriften ausdrücklich gleichgestellt sind nun auch Datenspeicher (§ 1 Abs. 3 S. 1 GjSM). Insofern kann auf die vorstehenden Ausführungen zu § 11 Abs. 3 StGB Bezug genommen werden. Als neue Tathandlung wurde konsequenterweise § 3 Abs. 1 Nr. 4 iVm § 21 Abs. 1 Nr. 3a GjSM eingeführt. Strafbar ist danach das Verbreiten, Bereithalten oder sonst Zugänglichmachen durch elektronische Informations- und Kommunikationsdienste.

f) Tatbestandsausschluß

Zwei Tatbestandsausschlußgründe werden im Rahmen des GjSM relevant: Einen neuen, mit dem IuKDG eingeführten und auf die modernen Informations-

---

105 Bundesanzeiger Nr. 184 vom 28.9.1996, 11122, 11123, Nr. 17 bis 23.

106 Vgl. *Sieber*, JZ 1996, 429, 496, 497; *Beisel/Heinrich*, CR 1997, 360 ff.; *Walther*, NStZ 1990, 523 ff.

und Kommunikationsdienste abstellenden Tatbestandsausschluß enthält § 3 Abs. 2 S. 2 GjSM. Danach gilt das Verbreitungsverbot des § 3 Abs. 1 Nr. 4 GjSM nicht, wenn durch technische Vorkehrungen Vorsorge getroffen ist, daß das Angebot oder die Verbreitung im Inland auf volljährige Nutzer beschränkt werden kann.[107] Besondere Beachtung verdient hierbei die vom Gesetzgeber gewählte Formulierung, wonach lediglich erforderlich ist, daß eine Beschränkung erfolgen *kann*. Der Gesetzgeber bezweckte hiermit zwar eine gegenüber technischen Neuerungen offene Regelung,[108] inwiefern er sich jedoch mit Systemen zufrieden geben wollte, die eine Beschränkung nur ermöglichen, ist fraglich.[109] Nach der Formulierung würden sogenannte Rating-Systeme[110] ausreichen, unter der Voraussetzung, daß der Anbieter die Indizierung selbst vornimmt.[111]

§ 21 Abs. 4 GjSM enthält darüber hinaus ein Erzieherprivileg, nachdem sich ein Täter nicht strafbar macht, der das Sorgerecht über das Kind bzw. die jugendliche Empfangsperson ausübt.

---

107 Nach § 7a GjSM werden gewerbsmäßige Anbieter, die ihre Dienste allgemein anbieten und jugendgefährdende Inhalte enthalten können, nunmehr verpflichtet, einen Jugendschutzbeauftragten zu bestellen, welcher Ansprechpartner für Nutzer und Berater für den Anbieter sein soll. Er ist auch an der Angebotsplanung und der Gestaltung der Allgemeinen Nutzungsbedingungen zu beteiligen. Statt der Bestellung eines Jugendschutzbeauftragten besteht jedoch auch die Möglichkeit, eine Organisation der freiwilligen Selbstkontrolle mit diesen Aufgaben zu betrauen. Der Verstoß hiergegen begründet eine Ordnungswidrigkeit nach § 21a Abs. 1 Nr. 2 GjSM.

108 BT-Drucks. 13/7385, S. 38.

109 *Sieber*, in: *Hoeren/Sieber* (Hrsg.), a.a.O., Rz. 656; *Schulz*, MMR 1998, 182, 187.

110 Rating-Systeme ermöglichen dem Nutzer eine Selektion bestimmter Angebote. In der Regel trifft der Anbieter selbst die Vorauswahl und ordnet sein Angebot bestimmten Kategorien zu. Dem Nutzer kann dann über die Rating-Software die Einstellungen, entsprechend der vom Anbieter gewählten Kriterien, vornehmen. So können Erziehungsberechtigte nach Wunsch bestimmte Angebotskategorien für ihre Kinder ausschließen. Der erfolgreiche Einsatz solcher Rating-Systeme hängt allerdings maßgeblich von der Mitwirkung der Erziehungsberechtigten ab, vgl. *Sieber*, in: *Hoeren/Sieber* (Hrsg.), a.a.O., Rz. 612.

111 *Sieber*, in: *Hoeren/Sieber* (Hrsg.), a.a.O., Rz. 655; kritisch *Schulz*, MMR 1998, 182, 187. Nach *Engel-Flechsig/Maennel/Tettenborn*, NJW 1997, 2981, 2991 kommt es lediglich darauf an, daß entsprechende Systeme zuverlässig umsetzbar sind und keine unzumutbaren Anforderungen an die Diensteanbieter stellen.

g) *Vorsatzformen*

Unter Strafe gestellt sind sowohl vorsätzliche als auch fahrlässige Zuwiderhandlungen (§ 21 Abs. 3 GjSM). Die Strafbarkeit fahrlässigen Handelns ist in diesem Bereich einzigartig. Die Rechtsprechung stellt indes strenge Kriterien für Sorgfaltspflichten auf. Nach der Rechtsprechung des Bundesgerichtshofes trifft die Händler hinsichtlich der von ihnen vertriebenen Schriften eine Prüfungs- und Informationspflicht, die gegebenenfalls auch die Kenntnisverschaffung über die Veröffentlichungen der Bundesprüfstelle umfaßt.[112]

h) *Strafen und sonstige Rechtsfolgen*

Die Strafe lautet im Falle der vorsätzlichen Begehung Freiheitsstrafe bis zu einem Jahr oder Geldstrafe, im Falle der fahrlässigen Begehung sechs Monate oder Geldstrafe bis 180 Tagessätze. Das Gericht kann bei jugendlichen Tätern oder Angehörigen nach § 11 Abs. 1 Nr. 1 StGB von Strafe absehen (§ 21 Abs. 5 GjSM).

4. § 12 JÖSchG (Schutz der Jugend in der Öffentlichkeit)

a) *Normtexte*

§ 1 [Orte der Gefährdung]

Halten sich Kinder oder Jugendliche an Orten auf, an denen ihnen eine unmittelbare Gefahr für ihr körperliches, geistiges oder seelisches Wohl droht, so haben die zuständigen Behörden oder Stellen die zur Abwendung der Gefahr erforderlichen Maßnahmen zu treffen. Wenn nötig, haben sie die Kinder oder Jugendlichen

1. zum Verlassen des Ortes anzuhalten,

2. einem Erziehungsberechtigten zuzuführen oder, wenn kein Erziehungsberechtigter erreichbar ist, in die Obhut des Jugendamtes zu bringen.

In schwierigen Fällen haben die zuständigen Behörden oder Stellen das Jugendamt über den jugendgefährdenden Ort zu unterrichten.

§ 2 [Begriffsbestimmungen]

(1) Kind im Sinne dieses Gesetzes ist, wer noch nicht vierzehn, Jugendlicher, wer vierzehn, aber noch nicht achtzehn Jahre als ist.

(2) Erziehungsberechtigter im Sinne dieses Gesetzes ist

1. jede Person, der allein oder gemeinsam mit einer anderen Person nach den Vorschriften des Bürgerlichen Gesetzbuches die Personensorge zusteht,

2. jede sonstige Person über achtzehn Jahre, soweit sie auf Grund einer Vereinbarung mit dem Personensorgeberechtigten Aufgaben der Personensorge wahrnimmt oder so-

112 BGHSt 8, 80, 88 ff.

weit sie das Kind oder den Jugendlichen im Rahmen der Ausbildung oder mit Zustimmung des Personensorgeberechtigten im Rahmen der Jugendhilfe betreut.

(3) Soweit es nach diesem Gesetz auf die Begleitung durch einen Erziehungsberechtigten ankommt, haben die in Absatz 2 Nr. 2 genannten Personen ihre Berechtigung auf Verlangen darzulegen. Veranstalter und Gewerbetreibende haben in Zweifelsfällen die Berechtigung zu überprüfen.

(4) Soweit nach diesem Gesetz Altersgrenzen zu beachten sind, haben Kinder und Jugendliche ihr Lebensalter auf Verlangen in geeigneter Weise nachzuweisen. Veranstalter und Gewerbetreibende haben in Zweifelsfällen das Lebensalter zu überprüfen.

(5) Dieses Gesetz gilt nicht für verheiratete Jugendliche.

§ 6 [Öffentliche Filmveranstaltungen]

(1) Die Anwesenheit bei öffentlichen Filmveranstaltungen darf Kindern und Jugendlichen nur gestattet werden, wenn die Filme von der obersten Landesbehörde zur Vorführung vor ihnen freigegeben worden sind. Kindern unter sechs Jahren darf die Anwesenheit nur gestattet werden, wenn sie von einem Erziehungsberechtigten begleitet sind.

(2) Filme, die geeignet sind, das körperliche, geistige oder seelische Wohl von Kindern und Jugendlichen zu beeinträchtigen, dürfen nicht zur Vorführung vor ihnen freigegeben werden.

(3) Die oberste Landesbehörde kennzeichnet die Filme mit

1. „Freigegeben ohne Altersbeschränkung",
2. „Freigegeben ab sechs Jahren",
3. „Freigegeben ab zwölf Jahren",
4. „Freigegeben ab sechzehn Jahren",
5. „Nicht freigegeben unter achtzehn Jahren".

Kommt in Betracht, daß ein nach Satz 1 Nr. 5 gekennzeichneter Film den Tatbestand des § 130 Abs. 2, § 131 oder des § 184 des Strafgesetzbuches erfüllt, ist dies der zuständigen Strafverfolgungsbehörde mitzuteilen.

(4) Im Rahmen der Absätze 1 und 3 Satz 1 darf die Anwesenheit bei öffentlichen Filmveranstaltungen ohne Begleitung eines Erziehungsberechtigten nur gestattet werden

1. Kindern, wenn die Vorführung bis 20 Uhr,
2. Jugendlichen unter sechzehn Jahre, wenn die Vorführung bis 22 Uhr,
3. Jugendlichen über sechzehn Jahre, wenn die Vorführung bis 24 Uhr beendet ist.

(5) Die Absätze 1 bis 4 gelten für die öffentliche Vorführung von Filmen unabhängig von der Art der Aufzeichnung und Wiedergabe. Sie gelten auch für Werbevorspanne und Beiprogramme.

(6) Die Absätze 1 bis 5 gelten nicht für Filme, die zu nichtgewerblichen Zwecken hergestellt werden, solange die Filme nicht gewerblich genutzt werden.

(7) Auf Filme, die von der obersten Landesbehörde nach Absatz 3 Satz 1 gekennzeichnet worden sind, finden die §§ 1 und 11 des Gesetzes über die Verbreitung jugendgefährdender Schriften keine Anwendung.

§ 7 [Bespielte Bildträger]

(1) Bespielte Videokassetten, Bildplatten und vergleichbare Bildträger dürfen Kindern und Jugendlichen in der Öffentlichkeit nur zugänglich gemacht werden, wenn die Programme von der obersten Landesbehörde für ihre Altersstufe freigegeben und gekennzeichnet worden sind.

(2) Für die Freigabe und Kennzeichnung findet § 6 Abs. 2 und 3 Satz 1 und Abs. 6 entsprechende Anwendung. Auf die Alterseinstufung ist mit einem fälschungssicheren Zeichen hinzuweisen. Das Zeichen ist vom Inhaber der Nutzungsrechte auf dem Bildträger und auf der Hülle in einer deutlich sichtbaren Form anzubringen, bevor der Bildträger an den Handel geliefert oder in sonstiger Weise gewerblich verwertet wird.

(3) Bildträger, die von der obersten Landesbehörde nicht oder mit „Nicht freigegeben unter achtzehn Jahren" gekennzeichnet worden sind, dürfen

1. einem Kind oder Jugendlichen nicht angeboten, überlassen oder sonst zugänglich gemacht werden,

2. nicht im Einzelhandel außerhalb von Geschäftsräumen, in Kiosken oder anderen Verkaufsstellen, die der Kunde nicht zu betreten pflegt oder im Versandhandel angeboten oder überlassen werden.

(4) In der Öffentlichkeit dürfen bespielte Bildträger nicht in Automaten angeboten werden.

(5) Auf Bildträger, die von der obersten Landesbehörde nach Absatz 2 in Verbindung mit § 6 Abs. 3 Satz 1 Nr. 1 bis 4 gekennzeichnet worden sind, finden die §§ 1 und 11 des Gesetzes über die Verbreitung jugendgefährdender Schriften keine Anwendung.

(6) § 6 Abs. 3 Satz 2 findet entsprechende Anwendung.

§ 12 [Ordnungswidrigkeiten, Strafvorschrift]

(1) Ordnungswidrig handelt, wer als Veranstalter oder Gewerbetreibender vorsätzlich oder fahrlässig

1. – 4 (...)

5. entgegen § 6 Abs. 1 oder 4 einem Kind oder einem Jugendlichen die Anwesenheit bei einer öffentlichen Filmveranstaltung gestattet,

6. entgegen § 7 Abs. 1 einem Kind oder einem Jugendlichen einen bespielten Bildträger, der nicht für seine Altersstufe freigegeben ist, zugänglich macht,

7. entgegen § 7 Abs. 2 Satz 2 und 3 ein Zeichen nicht, nicht in der dort bezeichneten Form oder in einer der Alterseinstufung durch die oberste Landesbehörde nicht entsprechenden Weise anbringt,

8. entgegen § 7 Abs. 3 Nr. 2 einen nicht freigegebenen Bildträger anbietet oder überläßt,

9. entgegen § 7 Abs. 4 einen bespielten Bildträger in einem Automaten anbietet,

10. – 18. (...)

(2) Ordnungswidrig handelt auch, wer als Person über achtzehn Jahre ein Verhalten eines Kindes oder eines Jugendlichen herbeiführt oder fördert, das durch ein in Absatz 1 Nr. 1 bis 14 bezeichnetes oder in § 7 Abs. 3 Nr. 1 enthaltenes Verbot oder durch eine

vollziehbare Anordnung nach § 10 verhindert werden soll. Hinsichtlich des Verbots in § 7 Abs. 3 Nr. 1 gilt dies nicht für den Personensorgeberechtigten.

(3) (...)

(4) Mit Freiheitsstrafe bis zu einem Jahr oder mit Geldstrafe wird bestraft, wer als Veranstalter oder Gewerbetreibender

1. eine in Absatz 1 bezeichnete vorsätzliche Zuwiderhandlung begeht und dadurch wenigstens leichtfertig ein Kind oder einen Jugendlichen in seiner körperlichen, geistigen oder sittlichen Entwicklung schwer gefährdet oder

2. eine in Absatz 1 bezeichnete vorsätzliche Zuwiderhandlung aus Gewinnsucht begeht oder beharrlich wiederholt.

b) Normentstehung und Überblick

Das JÖSchG stammt, wie das GjSM, aus dem Jahre 1985 und wurde zum Schutz Jugendlicher an bestimmten gefährdenden Orten und Situationen in der Öffentlichkeit erlassen. Es erfaßt neben Regelungen zum Gaststättenbesuch oder etwa zum Rauchen in der Öffentlichkeit Bestimmungen zur Anwesenheit Jugendlicher bei öffentlichen Filmveranstaltungen (§ 6 JÖSchG) und zum Zugänglichmachen von bespielten Bildträgern (§ 7 JÖSchG) an Kinder und Jugendliche.

Das JÖSchG sieht für Filme im Rahmen öffentlicher Filmveranstaltungen und für bespielte Bildträger, die Kindern und Jugendlichen in der Öffentlichkeit zugänglich gemacht werden, eine mit einer Vorprüfung verbundene Freigabe nach Altersklassen durch die oberste Landesbehörde vor (§§ 6 Abs. 3 S. 1, 7 Abs. 2 S. 1 JÖSchG). Eine Freigabe darf nicht stattfinden, wenn diese Gegenstände geeignet sind, das körperliche, geistige oder seelische Wohl von Kindern und Jugendlichen zu beeinträchtigen (§§ 6 Abs. 2, 7 Abs. 2 S. 1 JÖSchG). Steht die Anwendbarkeit des § 130 Abs. 2 StGB im Raum, so ist dies den Strafverfolgungsbehörden mitzuteilen (§ 6 Abs. 3 S. 2 JÖSchG).

Das JÖSchG sieht für Zuwiderhandlungen überwiegend Ordnungswidrigkeitentatbestände vor (§ 12 Abs. 1 bis 3 JÖSchG). Straftatbestände finden sich in § 12 Abs. 4 JÖSchG nur für die Fälle vorsätzlicher Zuwiderhandlungen, die durch Gewinnsucht motiviert oder beharrlich wiederholt werden (§ 12 Abs. 4 Nr. 2 JÖSchG) oder durch die Kinder oder Jugendliche wenigstens leichtfertig in ihrer Entwicklung schwer gefährdet werden (§ 12 Abs. 4 Nr. 1 JÖSchG).

c) Geschütztes Rechtsgut

Das JÖSchG wurde speziell zum Schutz der Jugend erlassen. Der Jugendschutz als Gut von Verfassungsrang rechtfertigt auch die oben angesprochene Vorprüfung durch die oberste Landesbehörde, welche grundsätzlich einen Eingriff in Art. 5 Abs. 1 GG darstellt. Hierbei wird der Eingriff durch die Differenzierung nach Altersklassen auf das notwendige Maß beschränkt.

d) Tathandlungen

Als einschlägige Tathandlungen kommen im Hinblick auf die Zielsetzung dieser Arbeit lediglich zweierlei in Betracht: Zum einen das *Gestatten* der Anwesenheit eines Kindes oder Jugendlichen bei einer öffentlichen Filmveranstaltung (§ 12 Abs. 4, Abs. 1 Nr. 5 JÖSchG), zum anderen das *Zugänglichmachen* von bespielten Bildträgern an diese (§ 12 Abs. 4, Abs. 1 Nr. 6 JÖSchG), jeweils ohne entsprechende Freigabe.

Es muß sich also um Filme oder bespielte Bildträger handeln. *Bespielte Bildträger* ist im Rahmen des § 7 Abs. 1 JÖSchG der Überbegriff. Wie sich aus dem Wortlaut ergibt, ist entscheidend, ob die betreffenden Gegenstände mit Videokassetten oder Bildplatten vergleichbar sind. Daß auch rassistische, rechtsextremistische Inhalte oder Nazipropaganda erfaßt werden, ergibt sich bereits aus § 6 Abs. 3 S. 2 JÖSchG, welcher auf § 130 Abs. 2 StGB verweist.

Im Falle des § 12 Abs. 4 Nr. 1 JÖSchG muß zudem die durch die Zuwiderhandlung verursachte schwere Gefährdung eines Kindes oder Jugendlichen in seiner körperlichen, geistigen oder sittlichen Entwicklung hinzukommen. Ist die Tat im Falle des § 12 Abs. 4 Nr. 2 JÖSchG nicht aus gewinnsüchtigen Motiven begangen, so genügt die beharrliche Wiederholung der Zuwiderhandlung.

e) Anwendbarkeit auf die elektronische Datenübertragung

Das JÖSchG ist auf die elektronische Datenübertragung grundsätzlich nicht anwendbar. Dies zeigt schon die Eingrenzung des Tatbestands auf Filme und bespielte Bildträger. Auch enthält das JÖSchG keine den §§ 11 Abs. 3 StGB, 1 Abs. 3 GjSM vergleichbaren Vorschriften. Schließlich sprechen auch praktische Erwägungen gegen eine Anwendbarkeit des JÖSchG auf das Internet. Eine Vorprüfung aller Dateninhalte auf jugendgefährdende Inhalte dürfte schon rein tatsächlich nicht durchführbar sein und selbst im Falle der altersmäßigen Freigabe würde sich die Frage stellen, wie eine solche technisch durchzuführen wäre.[113] Ein letztes Argument gegen die Anwendbarkeit des JÖSchG auf die Kommunikation im Internet liefert die Anregung des Bundesrates, § 7 JÖSchG auf Datenträger zu erweitern, welche von der Bundesregierung mangels Regelungsbedarfes abgelehnt wurde.[114]

---

113 *Sieber*, in *Hoeren/Sieber* (Hrsg.), a.a.O., Rz. 643; a. A. *Altenhain*, in *Hoeren/Sieber* (Hrsg.), a.a.O., Teil 20, Jugendschutz, Rz. 27 f. (Fn. 1); hiernach sollen auch Angebote in IuK-Diensten Bildträger darstellen, sofern es sich um zur körperlichen Verbreitung bestimmte Datenträger handelt, die mit filmischen Sequenzen bespielt sind.

114 BT-Drucks. 13/7385, S. 63.

f) Vorsatzformen

Die Straftatbestände des § 12 Abs. 4 JÖSchG verlangen vorsätzliche Zuwiderhandlungen. Nr. 1, welcher eine Vorsatz-Fahrlässigkeitskombination darstellt, verlangt zusätzlich die mindestens leichtfertige, kausale Verursachung der genannten besonderen Folge. Nr. 2 erfordert das Motiv der Gewinnsucht, wenn keine beharrliche Wiederholung der Zuwiderhandlung gegeben ist.

g) Strafen und sonstige Rechtsfolgen

Als Strafen sind Freiheitsstrafe von bis zu einem Jahr oder Geldstrafe vorgesehen.

II. Leugnungstatbestände

1. Überblick

Von den nachfolgend darzustellenden Straftatbeständen befaßt sich nur einer ausdrücklich mit der Verbreitung der sogenannten Auschwitzlüge. Es handelt sich hierbei um § 130 Abs. 3 und 4 StGB, welcher durch das Verbrechensbekämpfungsgesetz im Jahre 1994 in das StGB eingeführt wurde. Vor diesem Zeitpunkt dienten die §§ 185, 189, 194 StGB nach der Rechtsprechung des Bundesgerichtshofes der Schließung der im Rahmen des Volksverhetzungstatbestandes (§ 130 Abs. 1 und 2 StGB) bestehenden Strafbarkeitslücke. Aus diesen Gründen werden auch diese Vorschriften in die Darstellung einbezogen. Auf eine erneute Darstellung von § 130 Abs. 1 und 2 StGB wird allerdings verzichtet.

2. § 130 Abs. 3 und Abs. 4 StGB (Leugnen des nationalsozialistischen Völkermordes)

a) Normtext

§ 130 StGB

(3) Mit Freiheitsstrafe bis zu fünf Jahren oder mit Geldstrafe wird bestraft, wer eine unter der Herrschaft des Nationalsozialismus begangene Handlung der in § 220a Abs. 1 bezeichneten Art in einer Weise, die geeignet ist, den öffentlichen Frieden zu stören, öffentlich oder in einer Versammlung billigt, leugnet oder verharmlost.

(4) Absatz 2 gilt auch für Schriften (§ 11 Abs. 3) des in Absatz 3 bezeichneten Inhalts.

b) Normentstehung und Überblick

§ 130 Abs. 3 StGB erfaßt die Verbreitung der sogenannten *Auschwitzlüge.*[115] Abs. 4 erweitert die Tathandlungen des Abs. 3 auf Schriften, indem auf Abs. 2 Bezug genommen wird. Die in Abs. 5 normierte Sozialadäquanzklausel gilt auch für die Auschwitzlüge.

c) Geschütztes Rechtsgut

Nach dem Vorschlag des Bundesjustizministeriums im Gesetzgebungsverfahren zur Einführung des Abs. 3 sollte geschütztes Rechtsgut das Allgemeininteresse an der Nichtvergiftung des politischen Klimas sein.[116] Die Rechtsgutsqualität eines derart vagen Allgemeininteresses ist jedoch fraglich und führte auch zu einer Kontroverse im Bundestag. Der Aspekt der politischen Klimavergiftung wird heute daher allenfalls als partieller Gesichtspunkt angesehen[117] Nach seiner Hauptzielsetzung sollte vielmehr der vermehrt festzustellenden Tendenz entgegengewirkt werden, nazistisches aber auch neonazistisches Gedankengut zu verbreiten und damit das friedliche Zusammenleben zu stören. Schutzgut des Absatzes 3 ist daher auch hier, wie bereits der Wortlaut andeutet, vordergründig der öffentliche Friede.[118] Weiterhin sollte aber auch der hiermit verbundenen Diskriminierung und Kränkung der Betroffenen Rechnung getragen werden. Ob daneben aber auch die persönliche Würde und der besondere Achtungsanspruch der Betroffenen als Schutzgüter in Betracht kommen, ist umstritten.[119]

Auch bei § 130 Abs. 3 StGB handelt es sich, wie auch bei Abs. 1, um ein potentielles Gefährdungsdelikt. § 130 Abs. 4 StGB ist, entsprechend dem Schriftenverbreitungstatbestand des Abs. 2, rein abstraktes Gefährdungsdelikt.

---

115 Rechtspolitische Bedenken zur Neuregelung der Auschwitzlüge: *Beisel,* NJW 1995, 997 ff. Zur geschichtlichen Entwicklung und zugleich zur Rechtslage vor 1994: *Stegbauer,* Der Straftatbestand gegen die Auschwitzleugnung – eine Zwischenbilanz, NStZ 2000, 281 ff.; *Wetzel,* The Judicial Treatment of Incitement against Ethnic Groups and of the Denial of National Socialist Mass Murder in the Federal Republic of Germany, S. 83, 95 ff., in: *Greenspan/Lewitt,* Under the shadow of Weimar, Westport, Connecticut 1993.

116 BT-Drucks. 12/8588, S. 8.

117 LK-*von Bubnoff,* a.a.O., § 130 Rz. 43.

118 *Schönke/Schröder-Lenckner*, StGB, § 130 Rz. 16.

119 so LK-*von Bubnoff,* a.a.O., § 130 Rz. 43, *Stegbauer*, NStZ 2000, 281, 283 (Schutzgut nur der persönliche Achtungsanspruch der Betroffenen).

d) *Tathandlungen*

Nach Abs. 3 macht sich strafbar, wer eine unter der Herrschaft des Nationalsozialismus begangene Handlung der in § 220a Abs. 1 StGB bezeichneten Art in einer Weise, die geeignet ist, den öffentlichen Frieden zu stören, öffentlich oder in einer Versammlung billigt, leugnet oder verharmlost.

Erfaßt werden durch die Verweisung auf § 220a Abs. 1 StGB lediglich NS-Völkermordtaten, nicht diejenigen anderer, insbesondere ausländischer Gewalt- und Willkürherrschaften. Das Leugnen des nationalsozialistischen Völkermordes (insbesondere an Juden) wird als sogenannte *Auschwitzlüge*[120] bezeichnet. Hierbei ist das Konzentrationslager Auschwitz nur eine exemplarisch gewählte Örtlichkeit, die stellvertretend für alle Holocaust-Verbrechen steht. Die Auschwitzlüge stellt – auch mehr als 50 Jahre nach dem Ende der NS-Zeit – immer noch ein zentrales Element der Aktivitäten rechtsradikaler Kreise dar.

Strafrechtlich wird differenziert zwischen der sogenannten einfachen und qualifizierten Auschwitzlüge. Als *einfache Auschwitzlüge* bezeichnet man das schlichte Bestreiten der Gaskammermorde.[121] Unter der *qualifizierten Auschwitzlüge* versteht man das Leugnen des systematischen Massenmords an Juden, insbesondere wenn deren Schicksal unter dem Nationalsozialismus als "Erfindung" oder als "zur Knebelung und Ausbeutung Deutschlands erfundene Lügengeschichte" dargestellt wird, um Deutschland angeblich damit zu erpressen.[122] Prozeßrechtlich ist zu beachten, daß es sich bei den Gaskammermorden um eine offenkundige und damit nicht beweisbedürftige Tatsache handelt.[123]

Nach Auffassung des Bundesgerichtshofes erfaßte der Tatbestand der Volksverhetzung in der Fassung vor dem Verbrechensbekämpfungsgesetz von 1994 die einfache Auschwitzlüge nicht.[124] Der nach dem damaligen Wortlaut der Vorschrift für den Aufstachelungstatbestand erforderliche Angriff auf die Menschenwürde war danach beim bloßen Bestreiten der Judenvernichtung nicht gegeben. Eine bloße Ehrverletzung wurde hierfür nicht als ausreichend angesehen, da vom Begriff der Menschenwürde nicht die einzelnen Persönlichkeitsrechte erfaßt seien, sondern die Menschenwürde als solche.[125] Diese ist z. B. verletzt, wenn die Angehörigen einer Bevölkerungsgruppe im unverzichtbaren Kernbereich ihrer Persönlichkeit getroffen werden, sie als minderwertige Personen

---

120 Vgl. hierzu eingehend *Beisel*, NJW 1995, 997ff.

121 BGH NJW 1994, 1421.

122 *Tröndle/Fischer*, StGB, § 130 Rz. 20; BGH NJW 1994, 1421.

123 BGH NJW 1994, 1421.

124 BGH NJW 1994, 1421.

125 BGH NJW 1994, 1421.

behandelt werden oder ihr Lebensrecht abgestritten wird.[126] Im Zusammenhang mit der Auschwitzlüge war diese Voraussetzung gegeben, wenn sich der Täter mit der NS-Rassenideologie identifizierte oder seine Äußerung sonst mit ihr im Zusammenhang stand,[127] so z. B., wenn die Juden als Lügner dargestellt wurden. Nach Auffassung des Bundesgerichtshofes lag hinsichtlich der einfachen Auschwitzlüge im Rahmen der Volksverhetzungsparagraphen eine Gesetzeslücke vor.

Nach Auffassung des Bundesgerichtshofs[128] fiel die einfache Auschwitzlüge jedoch unter den Beleidigungstatbestand nach § 185 StGB, postmortal als Verunglimpfung Verstorbener nach § 189 StGB, welche beide mit dem Tatbestand der Volksverhetzung in der Regel tateinheitlich verwirklicht werden.[129]

Nach der aktuellen Rechtslage ist die einfache Auschwitzlüge sowohl unter den Tatbestand des § 130 Abs. 3 StGB, als auch unter die §§ 185, 189 StGB zu subsumieren, wobei tateinheitliche Begehung in Betracht kommt.[130] Hinsichtlich anderer Gewalt- und Willkürherrschaften als der nationalsozialistischen verbleibt es wohl bei den Beleidigungstatbeständen.

Die qualifizierte Auschwitzlüge hingegen erfüllte schon vor dem Verbrechensbekämpfungsgesetz den Tatbestand der Volksverhetzung, und zwar nach § 130 Abs. 1 StGB. Der erforderliche Angriff auf die Menschenwürde ist in der Darstellung der Juden als Lügner zu sehen, die die Gaskammermorde zur Knebelung Deutschlands erfunden haben sollen. Nach der derzeitigen Rechtslage ist sowohl Abs. 1 als auch Abs. 3 einschlägig, wobei eine tateinheitliche Verurteilung möglich ist.[131]

Tathandlungen des Abs. 3 sind das Billigen, Leugnen oder Verharmlosen des nationalsozialisitschen Völkermordes. Unter *Billigen* ist ein Gutheißen zu verstehen, bei dem die Taten als richtig, akzeptabel oder notwendig hingestellt werden.[132] Mit *Leugnen* ist ein Inabredestellen oder bloßes Bestreiten umschrie-

---

126 OLG Frankfurt NJW 1995, 143; BayObLG NJW 1995, 145.

127 BGH NJW 1994, 1421.

128 BGH NJW 1994, 1421, 1422f.; im Anschluß daran auch BayObLG JR 1997, 341 ff. mit krit. Anm. *Jakobs.*

129 So *Beisel* NJW 1995, 997, 1001; LK-*von Bubnoff*, a.a.O., § 130 Rz. 50.

130 *Stegbauer*, NStZ 2000, 281, 286, bezeichnet § 130 Abs. 3 StGB insofern als ein „Paradebeispiel symbolischer Gesetzgebung“, wenn er auch nicht verkennt, daß die einfache Auschwitzlüge nunmehr auf dogmatisch sicherer Grundlage steht.

131 LK-*von Bubnoff*, a.a.O., § 130 Rz. 50.

132 LK-*von Bubnoff*, a.a.O., § 130 Rz. 44

ben.[133] Das *Verharmlosen* ist bei einem Herunterspielen, Beschönigen oder Verschleiern erfüllt.[134]

Die Begehung muß öffentlich oder in einer Versammlung erfolgen. *Öffentlich* ist die Tathandlung dann, wenn sie von einer tatsächlich vorhandenen größeren, zahlenmäßig unbestimmten Anzahl individuell nicht bestimmter Personen wahrgenommen werden kann.[135] Unter *Versammlung* versteht man eine räumlich zu einem bestimmten Zweck vereinigte Personenmehrheit, die eine nicht allzu kleine Zahl von Personen erfaßt.[136] Die Reichweite des Begriffs der Versammlung ist umstritten. Selbständige Bedeutung erlangt dieses Tatbestandsmerkmal neben demjenigen der öffentlichen Tathandlung nur in den Fällen, in denen eine Versammlung privaten Charakter hat.[137] Über die Verweisung in Abs. 4 kommen des weiteren auch sämtliche Tathandlungen des *Schriftenverbreitungstatbestandes* des Abs. 2 in Betracht, soweit derartige Inhalte in Schriften enthalten sind. Auf die zu Abs. 2 bereits gemachten Ausführungen wird hiermit verwiesen.

Hinzukommen muß – wie im Rahmen des Abs. 1 – die Eignung zur Störung des öffentlichen Friedens. Bezüglich der Einzelheiten kann daher hierauf verwiesen werden. Anders als im Falle des Abs. 1 ist dieses Tatbestandsmerkmal angesichts der in den Abs. 3 und 4 geforderten Umstände (öffentlich, in einer Versammlung, durch Verbreiten von Schriften etc.) jedoch regelmäßig gegeben.[138] Eine Gesamtwürdigung kann allerdings ergeben, daß im Einzelfall der Grad der Strafwürdigkeit mangels friedensstörender Eignung unterschritten ist, so z. B. im Hinblick auf den gegenüber derartigen Äußerungen „immunen" Zuhörerkreis einer geschlossenen Versammlung, wenn auch keine Gefahr des Bekanntwerdens an eine größere Öffentlichkeit besteht.[139]

e) Anwendbarkeit auf die elektronische Datenübertragung

Abs. 3 erscheint auf die elektronische Datenübertragung anwendbar, sofern es sich um die *öffentliche* Begehungsweise handelt. Hinsichtlich dieses Kriteriums wird jedoch nach der Art der Internetdienste zu unterscheiden sein. Auf die zu § 130 Abs. 2 StGB erfolgten Ausführungen wird verwiesen. Die Begehungs-

---

133 LK-*von Bubnoff*, a.a.O., § 130 Rz. 44; *Tröndle/Fischer*, StGB, § 130 Rz. 20.

134 LK-*von Bubnoff*, a.a.O., § 130 Rz. 44; *Tröndle/Fischer*, StGB, § 130 Rz. 20.

135 LK-*von Bubnoff*, a.a.O., § 111 Rz. 13.

136 LK-*von Bubnoff*, a.a.O., § 111 Rz. 14.

137 LK-*von Bubnoff*, a.a.O., § 111 Rz. 14.

138 LK-*von Bubnoff*, a.a.O., § 130 Rz. 46; Nach *Stegbauer*, NStZ 2000, 281, 283, ist dieses Tatbestandsmerkmal daher als überflüssig anzusehen.

139 Beispiel bei *Schönke/Schröder-Lenckner*, StGB, § 130 Rz. 22.

weise *in einer Versammlung* erscheint hingegen nicht auf die elektronische Datenübertragung anwendbar zu sein, da sie eine räumlich vereinigte Personenmehrheit voraussetzt.[140]

Im Rahmen des Schriftenverbreitungstatbestandes (Abs. 4) wird die Anwendbarkeit über das Merkmal *öffentlich zugänglich macht* (Abs. 2 Nr. 1b) ermöglicht. Auch hier wird auf die Ausführungen zu § 130 Abs. 2 StGB verwiesen.

f) Tatbestandsausschluß

Die Ausführungen zu § 130 Abs. 2 StGB hinsichtlich der Sozialadäquanzklausel des Abs. 5 gelten entsprechend, da diese auch auf die Absätze 3 und 4 anwendbar ist.[141]

g) Vorsatzformen

Für die Tatbestandsverwirklichung ist, den Grundsätzen des allgemeinen Strafrechts entsprechend, Vorsatz erforderlich, wobei bedingter Vorsatz ausreicht. Besonderheiten hinsichtlich des Vorsatzes wirft Abs. 3 (auch i.V.m. Abs. 4) insofern auf, als ein Leugnen seinem Wortsinn nach nur in Betracht kommen könnte, wenn der Täter die Unwahrheit seiner Äußerungen zumindest in Kauf nimmt. Indes herrscht bei den meisten Personen, welche die Auschwitzlüge propagieren, die Überzeugung von der Wahrheit ihrer Äußerungen. Abs. 3 würde bei dieser Interpretation praktisch leerlaufen.[142] Die Vorschrift ist daher so auszulegen, daß sich der Äußernde bewußt sein muß, daß er sich mit seiner Überzeugung im Widerspruch zu der „herrschenden Meinung" befindet, welche die von ihm negierte Tatsache für unbestreitbar hält.[143]

h) Strafen und sonstige Rechtsfolgen

Der Leugnungstatbestand in Abs. 3 kann mit Freiheitsstrafe bis zu 5 Jahren oder Geldstrafe bestraft werden. Der Schriftenverbreitungstatbestand in Abs. 2 gibt einen Strafrahmen von bis zu 3 Jahren oder Geldstrafe vor. Hinsichtlich der sonstigen Rechtsfolgen kann auf die zu § 130 Abs. 1 und Abs. 2 StGB erfolgten Ausführungen verwiesen werden.

---

140 Vgl. Abschnitt B I 2 d).

141 Vgl. Abschnitt B I 2 e).

142 Sehr kritisch *Schönke/Schröder-Lenckner*, StGB, § 130 Rz. 20.

143 *Schönke/Schröder-Lenckner*, StGB, § 130 Rz. 20.

3. §§ 185, 189, 194 StGB (Beleidigung, Verunglimpfung des Andenkens Verstorbener)

a) Normtexte

§ 185 StGB

Die Beleidigung wird mit Freiheitsstrafe bis zu einem Jahr oder mit Geldstrafe und, wenn die Beleidigung mittels einer Tätlichkeit begangen wird, mit Freiheitsstrafe bis zu zwei Jahren oder mit Geldstrafe bestraft.

§ 189 StGB

Wer das Andenken eines Verstorbenen verunglimpft, wird mit Freiheitsstrafe bis zu zwei Jahren oder mit Geldstrafe bestraft.

§ 194 StGB

(1) Die Beleidigung wird nur auf Antrag verfolgt. Ist die Tat durch Verbreiten oder öffentliches Zugänglichmachen einer Schrift (§ 11 Abs. 3), in einer Versammlung oder durch die Darbietung im Rundfunk begangen, so ist ein Antrag nicht erforderlich, wenn der Verletzte als Angehöriger einer Gruppe unter der nationalsozialistischen oder einer anderen Gewalt- und Willkürherrschaft verfolgt wurde, diese Gruppe Teil der Bevölkerung ist und die Beleidigung mit dieser Verfolgung zusammenhängt. Die Tat kann jedoch nicht von Amts wegen verfolgt werden, wenn der Verletzte widerspricht. Der Widerspruch kann nicht zurückgenommen werden. Stirbt der Verletzte, so gehen das Antragsrecht und das Widerspruchsrecht auf die in § 77 Abs. 2 bezeichneten Angehörigen über.

(2) Ist das Andenken eines Verstorbenen verunglimpft, so steht das Antragsrecht den in § 77 Abs. 2 bezeichneten Angehörigen zu. Ist die Tat durch Verbreiten oder öffentliches Zugänglichmachen einer Schrift (§ 11 Abs. 3), in einer Versammlung oder durch eine Darbietung im Rundfunk begangen, so ist ein Antrag nicht erforderlich, wenn der Verstorbene sein Leben als Opfer der nationalsozialistischen oder einer anderen Gewalt- und Willkürherrschaft verloren hat und die Verunglimpfung damit zusammenhängt. Die Tat kann jedoch nicht von Amts wegen verfolgt werden, wenn ein Antragsberechtigter der Verfolgung widerspricht. Der Widerspruch kann nicht zurückgenommen werden.

(3) und (4) (...)

b) Normentstehung und Überblick

Die Tatbestände der Beleidigung und der Verunglimpfung Verstorbener ergänzen sich insofern, als § 185 StGB das Leben, § 189 StGB den Tod des Betroffenen voraussetzt. Nach der Rechtsprechung des Bundesgerichtshofs dienten diese Tatbestände vor 1994 der Erfassung der sogenannten einfachen Auschwitzlüge.[144] Seit der Neuregelung der Auschwitzlüge durch § 130 Abs. 3 StGB haben sie jedoch hierfür maßgeblich an Relevanz verloren.

---

144 Zur einfachen Auschwitzlüge vgl. Abschnitt B II 2 d).

Es handelt sich um Antragsdelikte, die als Prozeßvoraussetzung einen Strafantrag (§ 194 StGB) erfordern, der nicht durch die Bejahung des besonderen öffentlichen Interesses an der Strafverfolgung (wie z. B. bei § 303c StGB) ersetzt werden kann. Dieses Strafantragserfordernis wurde durch das 21. StÄndG im Jahre 1985 mit dem Ziel gelockert, die Beleidigung und die Verunglimpfung Verstorbener und von Opfern des Nazi-Regimes oder einer anderen Gewalt- und Willkürherrschaft besser zu schützen. Daß diese sogenannte verfahrensrechtliche Lösung[145] sich als unzulänglich erwies, zeigt letztlich die Einführung des § 130 Abs. 3 StGB durch das Verbrechensbekämpfungsgesetz im Jahre 1994. Bei den genannten Tatbeständen der §§ 185 ff. StGB handelt es sich weiterhin um Privatklagedelikte (§ 374 Abs. 1 Nr. 2 StPO), welche zur Erhebung der öffentlichen Klage eines öffentlichen Interesses bedürfen (§ 376 StPO). Dieses ist nur dann gegeben, wenn der Rechtsfrieden über den Lebenskreis des Verletzten hinaus gestört und die Strafverfolgung ein gegenwärtiges Anliegen der Allgemeinheit ist.[146]

c) Geschütztes Rechtsgut

§ 185 StGB erfüllt maßgeblich die Funktion des Ehrschutzes, welcher sowohl einen inneren (Würde des Menschen) als auch einen äußeren Aspekt (Ruf in der Gesellschaft) umfaßt.[147] Zielrichtung des § 189 StGB ist der postmortale Schutz der Menschenwürde, sowie das Pietätsempfinden der Angehörigen.[148]

d) Tathandlungen

Tathandlung des § 185 StGB ist die im Tatbestand nicht näher umschriebene *Beleidigung*, welche die Kundgabe der Miß- oder Nichtachtung gegenüber einem anderen voraussetzt.[149] In Abgrenzung zu den Tatbeständen der üblen Nachrede und der Verleumdung muß es sich um die Kundgabe eines Werturteils handeln.[150] Der Verunglimpfung Verstorbener nach § 189 StGB kann die Beleidigung, üble Nachrede oder Verleumdung eines Verstorbenen zugrunde liegen. Im Falle der einfachen Beleidigung müssen jedoch besonders häßliche Begleitumstände hinzukommen, damit von einer Verunglimpfung die Rede sein

---

145 LK-*von Bubnoff*, a.a.O., § 130 Rz. 42.

146 *Kleinknecht/Meyer-Goßner*, Strafprozeßordnung, 43. Auflage, München 1997, § 376 Rz. 1.

147 *Tröndle/Fischer*, StGB, § 185 Rz. 2 m.w.N. (str.).

148 *Tröndle/Fischer*, StGB, § 189 Rz. 1.

149 *Tröndle/Fischer*, StGB, § 185 Rz. 1.

150 *Tröndle/Fischer*, StGB, § 186 Rz. 2.

kann.[151] Eine Beleidigung bzw. Verunglimpfung von Einzelpersonen kann auch unter einer Kollektivbezeichnung erfolgen. Die in Deutschland lebenden Juden wurden auch bereits früh als beleidigungsfähiges Kollektiv anerkannt[152], später wurden durch die Rechtsprechung auch die nach dem Ende des 2. Weltkriegs geborenen Juden einbezogen.[153]

Nach der Rechtsprechung des Bundesgerichtshofs erfüllt das Leugnen der Massenvernichtung von Juden, also die sogenannte *einfache Auschwitzlüge* in den Konzentrationslagern, die Tatbestände der Beleidigung und der Verunglimpfung Verstorbener.[154] Derartige Äußerungen seien geeignet, das Verfolgungsschicksal der betroffenen Juden, welches Teil ihrer persönlichen Würde ist, verächtlich zu machen.[155] Obwohl es sich bei der Massenvernichtung um eine Tatsache handelt, so tritt doch das tatsächliche Vorbringen hinter dem Werturteil zurück, das zum Ausdruck gebracht werden soll.[156]

e) Anwendbarkeit auf die elektronische Datenübertragung

Als Äußerungsdelikte sind die beschriebenen Tatbestände unproblematisch auf die elektronische Datenübertragung anzuwenden. Eine Differenzierung zwischen öffentlicher und nichtöffentlicher Begehungsweise erfolgt nicht. Zu beachten ist jedoch auch hier der Wegfall des Strafantragserfordernisses, wenn das Zugänglichmachen einer Schrift (§ 11 Abs. 3) öffentlich erfolgt (§ 194 Abs. 1 S. 2, 3 und Abs. 2 S. 2, 3 StGB). In solchen Fällen ist eine Differenzierung nach der Art der in Anspruch genommenen Internetdienste erforderlich.

f) Vorsatzformen

Beide Straftatbestände erfordern Vorsatz. Eine Beleidigungs- bzw. Verunglimpfungsabsicht ist nicht erforderlich.[157] Nach der Rechtsprechung des BayObLG liegt bedingter Vorsatz nahe, wenn sich der Angeklagte im Klaren darüber ist, daß die Tatsache der Massentötung als unbestreitbar gilt und ihr Leugnen strafbar ist.[158]

---

151 *Tröndle/Fischer*, StGB, § 189 Rz. 2.

152 BGH NJW 1952, 1183.

153 BGH NJW 1980, 45.

154 BGH NJW 1994, 1421; im Anschluß daran auch BayObLG JR 1997, 341 ff.

155 BGH NJW 1994, 1421, 1422.

156 BGH NJW 1994, 1421, 1422; *Beisel*, NJW 1995, 997, 1001.

157 BayObLG JR 1997, 341, 343.

158 BayObLG JR 1997, 341, 343.

g) Strafen und sonstige Rechtsfolgen

Die Strafe für Beleidigung ist Freiheitsstrafe bis zu einem Jahr oder Geldstrafe, bei tätlicher Beleidigung bis zu zwei Jahren oder Geldstrafe. Für Verunglimpfung Verstorbener lautet die Strafdrohung bis zu zwei Jahre Freiheitsstrafe oder Geldstrafe. Beleidigung und Verunglimpfung können zueinander im Verhältnis der Tateinheit stehen. Tateinheit ist im Falle der *einfachen Auschwitzlüge* auch mit § 130 Abs. 3 StGB gegeben.

Wie bereits erwähnt, ist als Prozeßvoraussetzung grundsätzlich ein Strafantrag nach § 194 Abs. 1 S. 1 StGB erforderlich. Eine Strafverfolgung von Amts wegen erfolgt bei der Beleidigung, wenn die Tat durch Verbreiten oder öffentliches Zugänglichmachen einer Schrift (§ 11 Abs. 3), in einer Versammlung oder durch eine Darbietung im Rundfunk begangen wurde und der Verletzte als Angehöriger einer Gruppe unter der nationalsozialistischen oder einer anderen Gewalt- und Willkürherrschaft verfolgt wurde, diese Gruppe Teil der Bevölkerung ist und die Beleidigung mit dieser Verfolgung zusammenhängt (§ 194 Abs. 1 S. 2 StGB). Der Verletzte hat ein Widerspruchsrecht bezüglich der Strafverfolgung (§ 194 Abs. 1 S. 3 StGB), dem jedoch im Fall der Verbreitung der Auschwitzlüge kaum Bedeutung zukommen dürfte, da es sich hierbei um eine Kollektivbeleidigung mit einer unbestimmten Vielzahl von Verletzten handelt. Bezüglich der Verunglimpfung Verstorbener enthält § 194 Abs. 2 S. 2 und 3 StGB eine Parallelvorschrift, die darauf abstellt, daß der Verstorbene sein Leben als Opfer der nationalsozialistischen oder einer anderen Gewalt- und Willkürherrschaft verloren hat. Das Widerspruchsrecht haben in diesem Fall die Angehörigen nach § 77 Abs. 2 StGB.

III. Propagandamittel und Kennzeichen verfassungswidriger Organisationen

1. Überblick

Im Bereich der Propagandamittel und Kennzeichen verfassungswidriger Organisationen verfügt das deutsche Strafgesetzbuch über zwei sich ergänzende Strafvorschriften. § 86 StGB befaßt sich dem Verbreiten von Propagandamitteln, § 86a StGB mit dem Verbreiten und Verwenden von Kennzeichen verfassungswidriger Organisationen.

2. § 86 StGB (Verbreiten von Propagandamitteln verfassungswidriger Organisationen)

a) Normtext

§ 86 StGB

(1) Wer Propagandamittel

1. einer vom Bundesverfassungsgericht für verfassungswidrig erklärten Partei oder einer Partei oder Vereinigung, von der unanfechtbar festgestellt ist, daß sie Ersatzorganisation einer solchen Partei ist,

2. einer Vereinigung, die unanfechtbar verboten ist, weil sie sich gegen die verfassungsmäßige Ordnung oder gegen den Gedanken der Völkerverständigung richtet, oder von der unanfechtbar festgestellt ist, daß sie Ersatzorganisation einer solchen verbotenen Vereinigung ist,

3. einer Regierung, Vereinigung oder Einrichtung außerhalb des räumlichen Geltungsbereichs dieses Gesetzes, die für die Zwecke einer der in den Nummern 1 und 2 bezeichneten Parteien oder Vereinigungen tätig ist, oder

4. Propagandamittel, die nach ihrem Inhalt dazu bestimmt sind, Bestrebungen einer ehemaligen nationalsozialistischen Organisation fortzusetzen, im Inland verbreitet oder zur Verbreitung im Inland oder Ausland herstellt, vorrätig hält, einführt oder ausführt oder in Datenspeichern öffentlich zugänglich macht, wird mit Freiheitsstrafe bis zu drei Jahren oder mit Geldstrafe bestraft.

(2) Propagandamittel im Sinne des Absatzes 1 sind nur solche Schriften (§ 11 Abs. 3), deren Inhalt gegen die freiheitliche demokratische Grundordnung oder den Gedanken der Völkerverständigung gerichtet ist.

(3) Absatz 1 gilt nicht, wenn das Propagandamittel oder die Handlung der staatsbürgerlichen Aufklärung, der Abwehr verfassungswidriger Bestrebungen, der Kunst oder der Wissenschaft, der Forschung oder der Lehre, der Berichterstattung über Vorgänge des Zeitgeschehens oder der Geschichte oder ähnlichen Zwecken dient.

(4) Ist die Schuld gering, so kann das Gericht von einer Bestrafung nach dieser Vorschrift absehen.

Art. 296 EGStGB

Einfuhr von Zeitungen und Zeitschriften

§ 86 Abs. 1 des Strafgesetzbuches ist nicht anzuwenden auf Zeitungen und Zeitschriften, die außerhalb des räumlichen Geltungsbereiches dieses Gesetzes in ständiger, regelmäßiger Folge erscheinen und dort allgemein und öffentlich vertrieben werden.

b) Normentstehung und Überblick

§ 86 StGB erhielt seine derzeitige Fassung durch das 8. StÄndG, wobei Absatz 3 in seiner heute stark erweiterten Form, durch das 14. StÄndG von 1976 neugefaßt wurde.[159] Änderungen des Abs. 1 erfolgten durch das Verbrechensbekämpfungsgesetz (VerbrBekG) von 1994 und das Informations- und Kommunikationsdienstegesetz (IuKDG) von 1997. Durch letzteres erfolgte insbesondere die Erweiterung der Tathandlungen auf das in Datenspeichern öffentlich Zugänglichmachen.

§ 86 Abs. 1 StGB stellt das Verbreiten von Propagandamitteln bestimmter verfassungswidriger Organisationen sowie gewisse Vorbereitungshandlungen des Verbreitens unter Strafe. Was unter einem Propagandamittel zu verstehen ist, ergibt sich aus Abs. 2. § 86 Abs. 3 enthält die sogenannte Sozialadäquanzklausel. Gemäß Abs. 4 kann bei geringer Schuld von Strafe abgesehen werden.

c) *Geschütztes Rechtsgut*

Die Schutzrichtung des § 86 StGB läßt sich aus Abs. 2 ableiten. Danach trägt diese Vorschrift der freiheitlichen demokratischen Grundordnung und dem Gedanken der Völkerverständigung Sorge und stellt insoweit ein abstraktes Gefährdungsdelikt dar.[160]

d) *Tathandlungen*

Tathandlungen des § 86 Abs. 1 StGB sind das Verbreiten von Propagandamitteln, bestimmte Vorbereitungshandlungen des Verbreitens (herstellen, vorrätig halten, einführen, ausführen) und das in Datenspeichern öffentlich Zugänglichmachen. Relevant werden hier lediglich die Tathandlungen des Verbreitens und das in Datenspeichern öffentlich Zugänglichmachen. Da diese bereits im Rahmen des § 130 Abs. 2 StGB erörtert wurde, wird hierauf Bezug genommen.

Tatobjekt der Vorschrift ist das in Abs. 3 legaldefinierte *Propagandamittel.* Es muß sich um eine Schrift im Sinne des § 11 Abs. 3 StGB handeln, deren Inhalt gegen die freiheitliche demokratische Grundordnung oder den Gedanken der Völkerverständigung gerichtet ist. Abzustellen ist damit maßgeblich auf den Inhalt der Schrift, wobei eine ergänzende Auslegung mit Hilfe allgemeinkundiger Tatsachen unschädlich ist.[161] Inhaltlich muß eine „aktiv kämpferische, aggressive Tendenz" erkennbar sein.[162] Das Verwenden von Emblemen, Abzeichen (z. B. des Hakenkreuzes), oder Buchstabenkombinationen (z. B. NSDAP) erfüllt

---

159 *Tröndle/Fischer*, StGB, § 86 Rz. 1; LK-*Laufhütte*, Leipziger Kommentar, 4. Lieferung (§§ 80-92b), 11. Auflage, Berlin 1992, § 86 vor Rz. 1.

160 *Schönke/Schröder-Stree*, StGB, § 86 Rz. 5.

161 BGHSt 23, 64, 73.

162 BGHSt 23, 64, 72.

diese Voraussetzungen nicht. Es handelt sich hierbei um Kennzeichen, die § 86a StGB unterfallen.[163]

Umstritten ist, ob vorkonstitutionelle Schriften, insbesondere nationalsozialistische Propagandamittel nach Sinn und Zweck von § 86 StGB erfaßt werden. Dagegen spricht, daß die freiheitlich demokratische Grundordnung und der Gedanke der Völkerverständigung in Bezug auf die Verfassung der Bundesrepublik Deutschland zu sehen sind. Vorkonstitutionelle Schriften können gegen diese nicht gerichtet sein. Die herrschende Meinung verneint daher die Anwendbarkeit der Vorschrift auf vorkonstitutionelle Schriften und unveränderte Nachdrucke. Anders verhalte es sich nur, wenn der Bezug zur Bundesrepublik beim Nachdruck einer solchen Schrift durch Zusätze wie einem Vorwort oder einer Kommentierung hergestellt werde.[164] Dieselben Grundsätze gelten auch für im Ausland hergestellte Schriften, sofern nicht ein Bezug zur Bundesrepublik ersichtlich ist.[165]

Bei den Propagandamitteln muß es sich um solche im Sinne des Abs. 1 handeln. Erfaßt sind also Propagandamittel verbotener Parteien (Nr. 1) und Vereinigungen (Nr. 2), auswärtiger Regierungen, Vereinigungen und Einrichtungen, die Zwecke von Parteien oder Vereinigungen nach Nr. 1 und 2 verfolgen (Nr. 3) und solche, die ihrem Inhalt nach dazu bestimmt sind, Bestrebungen einer ehemaligen nationalsozialistischen Organisation fortzusetzen (Nr. 4). Letzterer Alternative soll hier ein besonderes Augenmerk gelten. Festzuhalten ist zunächst, daß sich die Bestimmung, Bestrebungen einer ehemaligen nationalsozialistischen Organisation fortzusetzen, aus dem Inhalt der Schrift ergeben muß. Daß eine Schrift lediglich NS-Gedankengut enthält, ist damit nicht ausreichend.[166] Auch ist unerheblich, welchen Zweck der Verfasser oder Verbreiter mit ihr verfolgt.[167] Schließlich muß es sich um eine bestimmte nationalsozialistische Organisation handeln. Es reicht nicht aus, daß nationalsozialistische Bestrebungen als solche mit einer Schrift verfolgt werden.[168] Hieraus wird bereits ersichtlich, mit welchen Schwierigkeiten die Anwendbarkeit von § 86 Abs. 1 Nr. 4 StGB ver-

---

163 *Schönke/Schröder-Stree*, StGB § 86 Rz. 6.

164 BGHSt 29, 73, 78; *Schönke/Schröder-Stree*, StGB, § 86 Rz. 3; LK-*Laufhütte*, a.a.O., § 86 Rz. 6; a. A. *Tröndle/Fischer*, StGB, § 86 Rz. 5.

165 BGHSt 19, 245, 252; BGHSt 16, 49, 55; LK-*Laufhütte*, a.a.O., § 86 Rz. 7.

166 *Schönke/Schröder-Stree*, StGB, § 86 Rz. 11.

167 *Tröndle/Fischer*, StGB, § 86 Rz. 8; *Schönke/Schröder-Stree*, § 86 Rz. 11; LK-*Laufhütte*, a.a.O., § 86 Rz. 10.

168 LK-*Laufhütte*, a.a.O., § 86 Rz. 10.

bunden ist. Dies hat die Konsequenz nach sich gezogen, daß bislang nur wenige Entscheidungen auf § 86 Abs. 1 Nr. 4 StGB gestützt werden konnten.[169]

e) *Anwendbarkeit auf die elektronische Datenübertragung*

Die Nichtanwendbarkeit der Tathandlung des Verbreitens auf Daten wurde bereits im Rahmen des § 130 Abs. 2 StGB erörtert. Seit der Einführung durch Art. 4 Nr. 3 des IuKDG im Jahre 1997 erfaßt § 86 Abs. 1 StGB jedoch auch das in Datenspeichern öffentlich Zugänglichmachen. Diesbezüglich darf auf die zu § 130 Abs. 2 StGB gemachten Ausführungen verwiesen werden. Das gegenüber § 130 Abs. 2 StGB zusätzliche Tatbestandsmerkmal *in Datenspeichern* erscheint hingegen überflüssig, wenn man davon ausgeht, daß die Formulierung *zugänglich machen* bereits Vorgänge der elektronischen Datenübertragung erfaßt.

f) *Tatbestandsausschluß*

Die Sozialadäquanzklausel (Abs. 3) formuliert einen Tatbestandsausschluß für die Fälle, in denen mit einem Propagandamittel anerkennenswerte Zwecke verfolgt werden. Auf die ausführliche Erläuterung der Sozialadäquanzklausel im Rahmen des § 130 Abs. 2 StGB wird hier Bezug genommen.

Ein weiterer Tatbestandsausschluß[170] ist in Art. 296 EGStGB normiert. Danach ist § 86 Abs. 1 StGB nicht anzuwenden auf in den Geltungsbereich des StGB eingeführte periodisch erscheinende Zeitungen oder Zeitschriften, die im Ausland sowohl erscheinen als auch dort allgemein und öffentlich vertrieben werden. Die Zeitungen oder Zeitschriften müssen mit den im Geltungsbereich des StGB verbreiteten identisch sein. Der Tatbestandsausschluß des Art. 296 EGStGB gilt also nicht für solche Exemplare einer ausländischen Auflage, die übersetzt ins Inland gelangen.

g) *Vorsatzformen*

Alle Alternativen des § 86 StGB erfordern, den Grundsätzen des allgemeinen Teils des Strafrechts entsprechend, vorsätzliches Handeln (§ 15 StGB), wobei *dolus eventualis* genügt. Der Täter muß wissen, daß es sich um ein Propagandamittel der in Abs. 1 bezeichneten Art handelt, wofür er den Inhalt erkennen, aber nicht notwendigerweise billigen muß.[171] Bedingter Vorsatz hinsichtlich der Weiterleitung einer Schrift an einen größeren Personenkreis durch den/die Empfänger ist ausreichend.[172] Ein Irrtum über das Eingreifen der Sozialadäquanz-

---

169 LK-*Laufhütte*, a.a.O., § 86 Rz. 10.

170 LK-*Laufhütte*, a.a.O., § 86 Rz. 22; *Schönke/Schröder-Stree*, § 86 Rz. 20.

171 LK-*Laufhütte*, a.a.O., § 86 Rz. 23.

172 LK-*Laufhütte*, a.a.O., § 86 Rz. 12.

klausel oder Art. 296 EGStGB ist Tatbestandsirrtum, ein solcher über deren Reichweite ein Verbotsirrtum.[173]

h) Strafen und sonstige Rechtsfolgen

Verhaltensweisen, die den Tatbestand des § 86 Abs. 1 StGB erfüllen, werden mit Freiheitsstrafe bis zu drei Jahren oder Geldstrafe sanktioniert. Bei geringer Schuld kann das Gericht von einer Bestrafung absehen (Abs. 4). Ab einer Freiheitsstrafe von mindestens 6 Monaten kann das Gericht die Fähigkeit, öffentliche Ämter zu bekleiden, die Fähigkeit, Rechte aus öffentlichen Wahlen zu erlangen und das Recht, in öffentlichen Angelegenheiten zu wählen oder zu stimmen, aberkennen (§ 92a StGB). Gegenstände, die durch die Tat hervorgebracht oder zu ihrer Begehung oder Vorbereitung gebraucht worden oder bestimmt gewesen sind, sowie solche, auf die sich die Straftat bezog, können eingezogen werden (§ 92b StGB). Eine Dritteinziehung ist über § 92b S. 2 i.V.m. § 74a StGB möglich.

3. § 86a StGB (Verwenden von Kennzeichen verfassungswidriger Organisationen)

a) Normtext

§ 86a StGB

(1) Mit Freiheitsstrafe bis zu drei Jahren oder mit Geldstrafe wird bestraft, wer

1. im Inland Kennzeichen einer der in § 86 Abs. 1 Nr. 1, 2 und 4 bezeichneten Parteien oder Vereinigungen verbreitet oder öffentlich, in einer Versammlung oder in von ihm verbreiteten Schriften (§ 11 Abs. 3) verwendet oder

2. Gegenstände, die derartige Kennzeichen darstellen oder enthalten, zur Verbreitung oder Verwendung im Inland oder Ausland in der in Nummer 1 bezeichneten Art und Weise herstellt, vorrätig hält, einführt oder ausführt,

(2) Kennzeichen im Sinn des Absatzes 1 sind namentlich Fahnen, Abzeichen, Uniformstücke, Parolen und Grußformen. Den in Satz 1 genannten Kennzeichen stehen solche gleich, die ihnen zum Verwechseln ähnlich sind.

(3) § 86 Abs. 3 und 4 gilt entsprechend.

b) Normentstehung und Überblick

Auch § 86a StGB geht in seiner geltenden Fassung maßgeblich auf das 8. StÄG zurück. Abs. 1 wurde durch das VerbrBekG von 1994 neugefaßt, Abs. 2 S. 2 hierdurch angefügt.

---

173 *Schönke/Schröder-Stree*, StGB, § 86 Rz. 16; LK-*Laufhütte*, a.a.O., § 86 Rz. 23.

§ 86a Abs. 1 StGB enthält in Nr. 1 den Tatbestand des Verbreitens und öffentlichen Verwendens von Kennzeichen und in Nr. 2 bestimmte Vorbereitungshandlungen des Verbreitens. Aus Abs. 2 folgt die Legaldefinition des Begriffs Kennzeichen. Abs. 3 enthält Verweisungen auf die Sozialadäquanzklausel des § 86 Abs. 3 StGB, sowie auf die Möglichkeit des Absehens von Strafe bei geringer Schuld in § 86 Abs. 4 StGB.

c) *Geschütztes Rechtsgut*

Bei § 86a StGB handelt es sich um ein Staatsgefährdungsdelikt.[174] Geschützt werden soll der demokratische Rechtsstaat und der politische Friede.[175] Insbesondere soll einer Wiederbelebung verfassungsfeindlicher Organisationen und dem hierdurch beim Betrachter entstehenden entsprechenden Eindruck entgegengesteuert werden. Es handelt sich um ein abstraktes Gefährdungsdelikt.

d) *Tathandlungen*

Tathandlungen des Abs. 1 Nr. 1 sind das *Verbreiten* und das *Verwenden* von Kennzeichen. Hinsichtlich des Verbreitens wird auf die bei § 130 Abs. 2 StGB erfolgten Ausführungen verwiesen. Unter Verwenden ist jeder Gebrauch zu verstehen, der das Kennzeichen optisch oder akustisch wahrnehmbar macht.[176] Eine spezielle Gesinnung muß bei der Tat nicht zum Ausdruck kommen.[177] Aus dem Tatbestand fällt jedoch eine Verwendung heraus, die dem Schutzzweck der Norm erkennbar nicht zuwider läuft,[178] so z. B. bei Verwendung im Rahmen einer Satire. Das Verwenden muß öffentlich, in einer Versammlung oder durch Verbreiten von Schriften im Sinne des § 11 Abs. 3 StGB erfolgen. *Öffentlich* ist eine Verwendung, bei der die Wahrnehmungsmöglichkeit durch einen größeren, durch persönliche Beziehungen nicht zusammenhängenden Personenkreis besteht.[179] Das öffentliche Verwenden setzt jedoch mehr voraus als das öffentlich

---

174 *Tröndle/Fischer*, StGB, § 86a Rz. 1; *Schönke/Schröder-Stree*, StGB, § 86a Rz. 1; LK-*Laufhütte*, a.a.O., § 86a Rz. 1.

175 *Tröndle/Fischer*, StGB, § 86a Rz. 1; LK-*Laufhütte*, a.a.O., § 86a Rz. 1.

176 *Tröndle/Fischer*, StGB, § 86a Rz. 4; BGHSt 23, 267, 269; zu eng dagegen *Schönke/Schröder-Stree*, StGB, § 86a Rz. 6, der verlangt, daß das Verwenden den Umständen nach als Bekenntnis zu den Zielen der verbotenen Organisation aufgefaßt werden kann, weil nur dann die mit der Vorschrift ins Auge gefaßte Gefährdungslage vorliege.

177 OLG Frankfurt a.M., NStZ 1999, 356, 357.

178 BGHSt 25, 30, 32 ff; BGHSt 25, 133, 136; *Tröndle/Fischer*, StGB, § 86a Rz. 2b.

179 *Tröndle/Fischer*, StGB, § 86a Rz. 4a.

Zugänglichmachen.[180] Abs. 1 Nr. 2 erfaßt Vorbereitungshandlungen des Verbreitens und Verwendens.

Die Tatobjekte des § 86a StGB sind legaldefiniert in Abs. 2. Dort wird ersichtlich, daß es sich bei *Kennzeichen* um einen Überbegriff handelt, der durch Begriffe wie Fahnen, Abzeichen, Uniformstücke, Parolen oder Grußformen exemplarisch belegt wird. Kennzeichen sind damit verkörperte, aber auch nichtkörperliche Charakteristika verbotener Organisationen.[181] In Betracht kommen neben den aufgezählten Objekten auch Lieder, Melodien oder Hitler-Bilder.[182] Auch abgewandelte Symbole werden erfaßt, wie sich aus Abs. 2 S. 2 ergibt. Dies ist der Fall, wenn ein unbefangener Betrachter ein solches Symbol ohne weiteres für ein Kennzeichen einer verfassungswidrigen Organisation halten kann,[183] so z. B. bei Hakenkreuzen, die nur ab einer gewissen Entfernung als solche erkennbar sind,[184] oder hakenkreuzähnlichen Abbildungen[185]. Es muß sich weiterhin um Kennzeichen der in § 86 Abs. 1 Nr. 1, 2 oder 4 StGB bezeichneten Art handeln. Von Bedeutung ist auch hier die Alternative der Kennzeichen, die dazu bestimmt sind, Bestrebungen einer ehemaligen nationalsozialistischen Organisation fortzusetzen.

e) Anwendbarkeit auf die elektronische Datenübertragung

Hinsichtlich der Nichtanwendbarkeit der Tathandlung des Verbreitens auf die elektronische Datenübertragung wird Bezug genommen auf die Ausführungen zu § 130 Abs. 2 StGB.

Der Begriff des Verwendens erscheint dagegen weit genug, um auch auf die elektronische Datenübertragung angewandt zu werden, zumal er auf die optische und akustische Wahrnehmbarkeit durch eine Empfangsperson abstellt und keine Einschränkungen hinsichtlich der Übertragungsform vornimmt.[186] Dieser Ansicht hat sich offenbar auch das OLG Frankfurt a. M. angeschlossen, das in dem Anbieten eines Computerspiels mit Hakenkreuzen und Hitlerbildern durch einen

---

180 LK-*Laufhütte*, a.a.O., § 86a Rz. 11.

181 *Schönke/Schröder-Stree*, StGB, § 86a Rz. 3.

182 *Tröndle/Fischer*, StGB, § 86a Rz. 2, 2a; *Schönke/Schröder-Stree*, StGB, § 86a Rz. 3.

183 *Schönke/Schröder-Stree*, StGB, § 86a Rz. 4.

184 OLG Hamburg, NStZ 81, 393.

185 BGH MDR 86, 177.

186 Vgl. das Ermittlungsverfahren der Staatsanwaltschaft Schwerin gegen den registrierten Inhaber der Domain "heil-hitler.de", ZDNet News vom 10.08.2000, unter: http://zdnet.de/news/artikel/2000/08/10012-wc.html (abgerufen am 09.04.2001).

Mailbox-Betreiber ein Verwenden annahm.[187] Das OLG Frankfurt machte auch Ausführungen zu der Frage, wann ein Verwenden öffentlich sei. Im dortigen Strafverfahren hatte der Betreiber einer Mailbox einem Kreis von etwa 120 -130 Nationalisten und deren Sympathisanten die nicht im Telefonbuch eingetragene Telefonnummer zu seiner Mailbox gegeben. Bestimmte Bereiche der Mailbox konnten auch über das Paßwort „Gast“ anonym abgerufen werden. Ausgehend vom Erfordernis, daß die Daten von einem größeren, durch persönliche Beziehungen nicht zusammenhängenden Personenkreis wahrnehmbar sein müssen, sah das Gericht das Kriterium *öffentlich* bereits im Fall der Weitergabe der Telefonnummer als erfüllt an, da der Angeklagte jedenfalls keine Vorkehrungen dagegen getroffen hatte bzw. treffen konnte, daß seine Nummer aus dem genannten Personenkreis an andere interessierte Personen weitergegeben würde. Das Gericht ließ hierbei offen, ob es sich hier überhaupt um einen geschlossenen Personenkreis gehandelt hatte.[188] Im Fall der Möglichkeit des Gastzuganges sprach schon die mögliche anonyme Kontaktaufnahme für ein öffentliches Verwenden.[189]

f) Tatbestandsausschluß

Über § 86a Abs. 3 StGB gilt die Sozialadäquanzklausel entsprechend. Auf die zu § 130 Abs. 2 StGB erfolgten Ausführungen darf daher verwiesen werden.[190]

g) Vorsatzformen

Erforderlich ist Vorsatz, wobei bedingter Vorsatz ausreichend ist.[191] Für den Fall der zum Verwechseln ähnlichen Kennzeichen genügt der Vorsatz, daß ein

---

187 OLG Frankfurt a. M., NStZ 1999, 356, 357; a. A. *Kienle*, Internationales Strafrecht und Straftaten im Internet; Zum Erfordernis der Einschränkung des Ubiquitätsprinzips des § 9 Abs. 1 Var. 3 StGB, Konstanz 1998, S. 68, der auf eine körperliche Verwendung abstellt. Zwar könnte man die Auffassung vertreten, daß § 86a StGB durch das IuKDG gerade nicht auf Datenspeicher ausgedehnt wurde. Andererseits stellt das Verwenden, anders als die geänderten Tatbestände, auch nicht auf Schriften im Sinne von § 11 Abs. 3 StGB ab.

188 OLG Frankfurt a. M., NStZ 1999, 356, 357.

189 OLG Frankfurt a. M., NStZ 1999, 356, 357.

190 Vgl. hierzu auch das Ermittlungsverfahren gegen den Journalisten und Rechtsextremismus-Experten Burkhard Schröder, der auf der Seite burks.de/nazis.html unter der Bezeichnung “Informationsportal Rassismus & Antisemitismus” eine Linksammlung von ca. 100 Internetseiten rechter Gruppen zusammengestellt hat, vgl. http://www.burks.de/kafka.html (abgerufen am 10.03.2001); krit. Hierzu *Rötzer*, Sind Links auf.Nazi-Seiten selbst strafbar?, Telepolis vom 04.11.2000, unter: http://www.heise.de/tp/deutsch/inhalt/te/4184/1.html (abgerufen am 09.04.2001).

unbefangener Betrachter sie möglicherweise für Kennzeichen einer verfassungswidrigen Organisation hält.[192]

h) Strafen und sonstige Rechtsfolgen

Als Strafe sind Freiheitsstrafe bis zu drei Jahren oder Geldstrafe vorgesehen. Weitere Rechtsfolgen ergeben sich aus § 92a und b StGB, auf den im Rahmen des § 86 StGB bereits eingegangen wurde. Bei geringer Schuld kann von Strafe abgesehen werden (§ 86a Abs. 3 i.V.m. § 86 Abs. 4 StGB). Mit § 86 StGB ist Tateinheit möglich.[193]

IV. Aufforderung zu Straftaten

1. Überblick

Im Bereich der Aufforderung zu Straftaten verfügt das Strafgesetzbuch lediglich über eine Strafvorschrift. Es handelt sich um den nachfolgend darzustellenden § 111 StGB. Weiterhin zu nennen sind jedoch auch die bereits besprochenen Vorschriften des GjSM. Zu den jugendgefährdenden Schriften zählen nämlich nach § 1 Abs. 1 GjSM auch solche, die zu Verbrechen anreizen. Auf die Darstellung unter B I 3 wird verwiesen.

2. § 111 StGB (Öffentliche Aufforderung zu Straftaten)

a) Normtext

§ 111 StGB

(1) Wer öffentlich, in einer Versammlung oder durch Verbreiten von Schriften (§ 11 Abs. 3) zu einer rechtswidrigen Tat auffordert, wird wie ein Anstifter (§ 26) bestraft.

(2) Bleibt die Aufforderung ohne Erfolg, so ist die Strafe Freiheitsstrafe bis zu fünf Jahren oder Geldstrafe. Die Strafe darf nicht schwerer sein als die, die für den Fall angedroht ist, daß die Aufforderung Erfolg hat (Absatz 1); § 49 Abs. 1 Nr. 2 ist anzuwenden.

b) Normentstehung und Überblick

§ 111 StGB baut auf den Vorschriften des Allgemeinen Teils auf, indem er die Vorschriften über die Anstiftung (§§ 26, 30 StGB) ergänzt. Es wird unterschieden zwischen der erfolgreichen (Absatz 1) und der erfolglosen (Absatz 2) Aufforderung.

---

191 OLG Frankfurt a. M., NStZ 1999, 356, 357.

192 *Schönke/Schröder-Stree*, StGB, § 86a Rz. 11.

193 LK-*Laufhütte*, a.a.O., § 86a Rz. 18.

c) *Geschütztes Rechtsgut*

Geschütztes Rechtsgut ist zum einen dasjenige, das der Tat zugrunde liegt, zu der aufgefordert wird. Weiterhin wird jedoch nach herrschender Meinung auch der innere Gemeinschaftsfrieden geschützt.[194] Es handelt sich um ein abstraktes Gefährdungsdelikt. Strafgrund ist die besondere Gefährlichkeit, die von einer öffentlichen Aufforderung ausgeht, deren Auswirkungen aufgrund des unbestimmten Adressatenkreises nicht mehr steuerbar ist.

d) *Tathandlung*

aa) *Tathandlung des Abs. 1*

Tathandlung ist die Aufforderung an unbestimmt viele Personen zur Begehung einer Straftat. Eine *Aufforderung* in dem Sinne ist eine bestimmte, über die bloße Befürwortung hinausgehende Erklärung an Andere, strafbare Handlungen zu begehen.[195] Die Aufforderung muß sich also an unbestimmt viele Menschen richten; richtet sie sich (auch) an bestimmte Personen, so kommt tateinheitliche Verurteilung wegen Anstiftung zur jeweiligen Straftat in Betracht.[196] Es muß sich um eine rechtswidrige Tat handeln, zu der aufgefordert wird. *Rechtswidrige Tat* ist nach § 11 Abs. 1 Nr. 5 StGB eine solche, die den Tatbestand eines Strafgesetzes verwirklicht; Ordnungswidrigkeiten sind daher nicht erfaßt. Es muß sich jedoch hierbei um eine bestimmte Tat handeln, wobei die Voraussetzungen an deren Konkretisierung weniger streng sind als bei der Anstiftung; eine Kennzeichnung nach der Art der Tat genügt.[197] Die Aufforderung muß die rechtswidrige Tat weiterhin unmittelbar verursacht haben.[198]

Weiterhin sieht die Vorschrift vor, daß die Begehung öffentlich, in einer Versammlung oder durch Verbreiten von Schriften erfolgt. Hier kann auf die zu § 130 Abs. 3 StGB erfolgten Ausführungen verwiesen werden.

---

194 LK-*von Bubnoff*, Leipziger Kommentar, 12. Lieferung (§§ 110-122), 11. Auflage, Berlin 1994; *Schönke/Schröder-Eser*, a.a.O., § 111 Rz. 1; *Tröndle/Fischer*, StGB, § 111 Rz. 1.

195 *Schönke/Schröder-Eser*, a.a.O., § 111 Rz. 3; *Tröndle/Fischer*, StGB, § 111 Rz. 2.

196 Sehr str., vgl. hierzu z. B. LK-*von Bubnoff*, a.a.O., § 111 Rz. 7; *Schönke/Schröder-Eser*, a.a.O., § 111 Rz. 4; *Tröndle/Fischer*, StGB, § 111 Rz. 3.

197 LK-*von Bubnoff*, a.a.O., § 111 Rz. 7a; *Schönke/Schröder-Eser*, a.a.O., § 111 Rz. 13; *Tröndle/Fischer*, StGB, § 111 Rz. 4.

198 *Tröndle/Fischer*, StGB, § 111 Rz. 6.

bb) Tathandlung des Abs. 2

Die Tathandlung des Absatz 2 unterscheidet sich von derjenigen des Absatzes 1 lediglich darin, daß die Aufforderung erfolglos ist. Dies ist der Fall, wenn es nicht einmal zu einer Versuchshandlung gekommen ist.[199] Jedoch ist auch der Fall erfaßt, daß die Aufforderung für die Begehung einer rechtswidrigen Tat nicht kausal war, weil entweder der Ausführende bereits zur Tat entschlossen war oder die Ursächlichkeit der Aufforderung für die Tatausführung nicht bewiesen werden kann.[200]

e) Anwendbarkeit auf die elektronische Datenübertragung

Hinsichtlich der Variante *öffentliches* Auffordern erscheint die Begehung im Wege der elektronischen Datenübertragung möglich. Differenziert werden muß aber auch hier nach der Art der Dienste.

f) Vorsatzformen

§ 111 StGB erfordert zumindest bedingten Vorsatz. Zu beachten ist jedoch, daß der Täter, anders als im Falle der Anstiftung, die Vollendung der rechtswidrigen Tat nicht wollen muß.[201] Es reicht, wenn er billigend in Kauf nimmt, daß seine Aufforderung ernst genommen wird.[202]

g) Strafen und sonstige Rechtsfolgen

Das System der Strafen differenziert nach Abs. 1 und 2. Im Falle der erfolgreichen Aufforderung wird der Täter gleich einem Anstifter bestraft. Dies bedeutet, er wird gemäß § 26 StGB gleich dem Täter bestraft. Im Verhältnis zu §§ 26, 30 StGB kann im Einzelfall Tateinheit bestehen, so z. B., wenn sich die Aufforderung an bestimmte und unbestimmte Personen zugleich richtet.[203]

Im Falle des Abs. 2 ist die Strafe Freiheitsstrafe bis fünf Jahre oder Geldstrafe. Allerdings ist die Strafe durch die Höhe der nach § 49 Abs. 1 Nr. 2 StGB gemilderten Strafe begrenzt, die den Täter einer erfolgreichen Aufforderung (Abs. 1) träfe.

---

199 LK-*von Bubnoff*, a.a.O., § 111 Rz. 28; *Tröndle/Fischer*, StGB, § 111 Rz. 7.

200 LK-*von Bubnoff*, a.a.O., § 111 Rz. 28; *Schönke/Schröder*-Eser, a.a.O., § 111 Rz. 21; *Tröndle/Fischer*, StGB, § 111 Rz. 7.

201 LK-*von Bubnoff*, a.a.O., § 111 Rz. 30; *Tröndle/Fischer*, StGB, § 111 Rz. 8; a. A. *Schönke/Schröder-Eser*, a.a.O., § 111 Rz. 17.

202 LK-*von Bubnoff*, a.a.O, § 111 Rz. 30.

203 LK-*von Bubnoff*, a.a.O., § 111 Rz. 33; *Tröndle/Fischer*, StGB, § 111 Rz. 8; *Schönke/Schröder-Eser*, a.a. O., § 111 Rz. 23 (sehr str.).

C. Internationales Strafrecht

I. Normtexte

§ 3 StGB

Das deutsche Strafrecht gilt für Taten, die im Inland begangen werden.

§ 9 StGB

(1) Eine Tat ist an jedem Ort begangen, an dem der Täter gehandelt hat oder im Falle des Unterlassens hätte handeln müssen oder an dem der zum Tatbestand gehörende Erfolg eingetreten ist oder nach der Vorstellung des Täters eintreten sollte.

(2) Die Teilnahme ist sowohl an dem Ort begangen, an dem die Tat begangen ist, als auch an jedem Ort, an dem der Teilnehmer gehandelt hat oder im Falle des Unterlassens hätte handeln müssen oder an dem nach seiner Vorstellung die Tat begangen werden sollte. Hat der Teilnehmer an einer Auslandstat im Inland gehandelt, so gilt für die Teilnahme das deutsche Strafrecht, auch wenn die Tat nach dem Recht des Tatorts nicht mit Strafe bedroht ist.

II. Prinzipien des internationalen Strafrechts

Gemäß § 3 StGB gilt das deutsche Strafrecht für Taten, die im Inland begangen werden. Damit ist das in Deutschland geltende Territorialitätsprinzip angesprochen, welches die Begrenzung des staatlichen Strafanspruchs auf das eigene Hoheitsgebiet verdeutlicht. Ob eine Tat im Inland begangen ist, richtet sich nach § 9 StGB, der vom Ubiquitätsgedanken beherrscht ist. Danach ist eine Tat sowohl an jedem Ort begangen, an dem der Täter gehandelt hat oder im Falle des Unterlassens hätten handeln müssen, als auch an dem Ort, an dem der tatbestandliche Erfolg eingetreten ist oder aus Tätersicht eintreten sollte (§ 9 Abs. 1 StGB). Es kommt damit als Tatort neben dem Handlungsort auch der Erfolgsort in Betracht. Für den Fall der Teilnahme sieht § 9 Abs. 2 S. 2 StGB zusätzlich vor, daß auch dann deutsches Strafrecht anwendbar ist, wenn die Haupttat nach dem Tatortrecht nicht mit Strafe bedroht ist.

Ausnahmen vom Territorialitätsprinzip sind in §§ 4 bis 7 StGB normiert. So gilt z. B. für international geschützte Rechtsgüter gemäß § 6 StGB das Weltrechtsprinzip, wonach die Tat ohne Rücksicht auf den Tatort in Deutschland verfolgbar ist. Das Weltrechtsprinzip erfaßt allerdings keine der in diesem Rechtsvergleich untersuchten Straftaten. Weiterhin gilt das deutsche Strafrecht gemäß § 7 Abs. 1 StGB für Auslandstaten gegen Deutsche, wenn die Tat am Tatort mit Strafe bedroht ist oder der Tatort keiner Strafgewalt unterliegt. Schließlich gemäß § 7 Abs. 2 StGB auch für Auslandtaten gegen Nicht-Deutsche, wenn der Täter Deutscher ist oder wird (Nr. 1) bzw. wenn der Täter als Ausländer im Inland betroffen ist und nicht ausgeliefert wird (Nr. 2).

III. Internetstraftaten

Für im Inland handelnde Täter gilt unproblematisch deutsches Strafrecht, da in diesem Fall der Handlungsort im Sinne des § 9 StGB in Deutschland ist. Wer also auf einen in Deutschland befindlichen Server illegale Internetseiten einstellt, macht sich nach deutschem Recht strafbar. Problematisch stellt sich die Situation jedoch dann dar, wenn die betreffende Internetseite sich auf einem ausländischen Server befindet und in Deutschland lediglich abrufbar ist.

Ausgangspunkt dieser Fragestellung ist der Begriff des Erfolges im Sinne des § 9 StGB. Es läge nahe, bei WWW-Seiten jeden Ort als Erfolgsort im Sinne des § 9 StGB anzusehen, an dem die Seite abgerufen werden kann. Dies wäre sicherlich unstreitig, soweit es sich bei den in Frage stehenden Straftatbeständen um Erfolgsdelikte im engeren Sinne handeln würde, also solchen, bei denen die Erfüllung des objektiven Tatbestandes den Eintritt eines Erfolges voraussetzt. Wie die Beschreibung der für diese Arbeit maßgeblichen Tatbestände jedoch gezeigt hat, handelt es sich zumeist um abstrakte Gefährdungsdelikte, welche einen derartigen tatbestandlichen Erfolg nicht kennen. Differenziert werden muß daher in jedem Falle nach dem Deliktscharakter der Strafnorm. In Literatur und Lehre werden zu der Frage, wie der Begriff des Erfolgs in diesem Zusammenhang auszulegen ist, unterschiedliche Positionen vertreten.

Nach einer engen Auffassung ist unter Erfolg im Sinne von § 9 StGB nur der tatbestandliche Erfolg im Sinne der Erfolgsdelikte sowie die Gefährdungslage im Falle der konkreten Gefährdungsdelikte zu verstehen.[204] Diese Auffassung hat zur Folge, daß z. B. WWW-Seiten oder Newsgroups des hier einschlägigen strafbaren Inhalts in Deutschland nur dann verfolgt werden können, wenn sie sich auf einem inländischen Server befinden.

Der Bundesgerichtshof hatte in seiner jüngeren Rechtsprechung, allerdings bezüglich anderer Deliktsgruppen, bereits Tendenzen in Richtung einer weiten Auslegung des Begriffs Erfolg erkennen lassen.[205] Übertragen auf die in Frage

---

204 *Tröndle/Fischer*, StGB, § 9 Rz. 3; *Schönke/Schröder-Eser*, a.a.O., § 9 Rz. 6; *Ringel*, CR 1997, 302, 303; *Cornils*, JZ 1999, 394, 396. Nach *Cornils* habe deshalb eine Anknüpfung an den Handlungsort zu erfolgen. Hierunter falle sowohl der Ort, an dem der Täter körperlich anwesend sei als auch der Standort des Servers, auf den der Täter ungeachtet seines Standortes gezielt Daten übermittle, vgl. S. 397.

205 Vgl. BGH NJW 1997, 138 (hinsichtlich der Rauschtat als obj. Bedingung der Strafbarkeit bei § 323a StGB); BGH NStZ 1990, 36, 37; im Anschluß daran auch *Martin*, JZ 1992, 41 ff., welcher sich im Bereich der grenzüberschreitenden Umweltbeeinträchtigungen für die Anwendbarkeit des deutschen Strafrechts schon dann ausspricht, wenn die im Ausland vorgenommene Handlung in Deutschland lediglich zu einer abstrakten Gefahr führt.

stehenden Äußerungsdelikte, träte der Erfolg an jedem Ort ein, an dem sich die abstrakte Gefahr realisieren kann, d. h. die Möglichkeit der Kenntnisnahme eines rechtswidrigen Inhalts besteht. Dieser Lösungsweg wird von einigen Stimmen der Strafrechtswissenschaft begangen.[206] Die hiermit verbundenen ausufernden Konsequenzen liegen auf der Hand: Die Staatsanwaltschaften wären gezwungen, jede auf einem Bildschirm in Deutschland erscheinende Seite rechtswidrigen Inhalts zu verfolgen, auch wenn diese sich auf einem ausländischen Server befindet. Autoren, die einen Beitrag ins Netz stellen wollten, müßten sich darüber vergewissern, ob sie nicht gegen die Strafrechtsordnung irgendeines Staates auf der Welt verstoßen.

Aus diesen Gründen wird für den Internet-Bereich verschiedentlich eine Begrenzung des in diesem Sinne verstandenen Ubiquitätsprinzips postuliert.[207] Nach *Hilgendorf*[208], *Collardin*[209] und *Breuer*[210] sei § 9 StGB dergestalt auszulegen, daß die Tat einen besonderen Bezug zur Bundesrepublik aufweisen muß. *Hilgendorf*[211] schlägt das Erfordernis eines objektiv erkennbaren Anknüpfungspunktes, also einer „territorialen Spezifizierung" vor. Nach *Collardin*[212] soll es auf das finale Interesse des Handelnden ankommen. Der Täter muß „zielgerichtet mit direktem Vorsatz über das Internet in Deutschland wirken wollen". *Breuer*[213] schlägt vor, für diesen Bezug entsprechend allgemeiner völkerrechtlicher Regelungen einen „vernünftigen Anknüpfungspunkt" in Anlehnung an § 7 StGB zu fordern.

---

206 *Collardin*, CR 1995, 618, 620 f.; Kuner, CR 1996, 453, 455 f.; *Beisel/Heinrich*, JR 1996, 95, 96; *Flechsig/Gabel*, CR 1998, 351 ff., *Conradi/Schlömer*, NStZ 1996, 366, 368f; ursprünglich auch *Sieber*, JZ 1996, 429, 430 (Fn. 10).

207 Vgl. z. B. *Conradi/Schlömer*, NStZ 1996, 366, 369; *Hilgendorf*, NJW 1997, 1873 ff., *Collardin*, CR 1995, 618 ff.; *Breuer*, MMR 1998, 141, 145; *Derksen*, NJW 1997, 1878, 1880.

208 *Hilgendorf*, NJW 1997, 1873, 1876 f.

209 *Collardin*, CR 1995, 618, 621.

210 *Breuer*, MMR 1998, 141, 145.

211 *Hilgendorf*, NJW 1997, 1873, 1876 f.; ihm zustimmend *Römer*, Verbreitungs- und Äußerungsdelikte im Internet: eine Untersuchung zur strafrechtlichen Bewältigung von Normanwendungs- und Normauslegungsproblemen eines neuen Kriminialitätsfeldes, Frankfurt am Main 2000, S. 130.

212 *Collardin*, CR 1995, 618, 621. Auf das finale Interesse stellt auch die Antwort der Bundesregierung auf die Kleine Anfrage des Abgeordneten Dr. Manuel Kiper und der Fraktion BÜNDNIS 90/DIE GRÜNEN ab, BT-Drucks. 13/4800, S. 8.

213 *Breuer*, MMR 1998, 141, 145.

Der neueste Vorschlag von *Sieber* fordert eine eigenständige Auslegung des Begriffs Erfolg im Sinne des § 9 StGB.[214] Danach sei als Erfolg auch ein sogenannter „Tathandlungserfolg“ anzuerkennen, dessen Inhalt sich nach den jeweils maßgeblichen Straftatbeständen bestimme.[215] Im Hinblick auf das in den Schriftenverbreitungstatbeständen zumeist einschlägige „Zugänglichmachen“ sei für den Tathandlungserfolg maßgebend, an welchem Ort der Täter die Möglichkeit der Kenntnisnahme eines Inhaltes eröffne.[216] Es sei daher wesentlich, nach „Push“-[217] und „Pull“-Technologien“[218] zu unterscheiden. Im ersten Fall trete ein Tathandlungserfolg in Deutschland ein, im letzten nicht.[219]

Der Bundesgerichtshof hat nunmehr mit Urteil vom 12.12.2000[220] zu den hier angesprochenen Fragen im Zusammenhang mit der Verbreitung der Auschwitzlüge und konkret zu §§ 130 Abs. 1, Abs. 3, 185, 189 StGB Stellung genommen. Im konkreten Fall hatte ein australischer Staatsbürger auf einem australischen Server einschlägige Publikationen abgelegt, die von Internetnutzern in Deutschland abgerufen werden konnten. Das Landgericht Mannheim hatte in erster Instanz die Anwendbarkeit des deutschen Strafrechts auf diesen Sachverhalt abgelehnt. In seiner Urteilsbegründung führt der Bundesgerichtshof dagegen aus, daß der Begriff des Erfolgs im Sinne von § 9 Abs. 1 3. Alt. StGB nicht auf reine Erfolgsdelikte im Sinne der Tatbestandslehre zu beschränken sei. Der dort bezeichnete „zum Tatbestand gehörende Erfolg“ müsse in enger Beziehung zum jeweiligen Tatbestand gesehen werden. So besäßen beispielsweise auch konkrete Gefährdungsdelikte als Untergruppe der Erfolgsdelikte einen Erfolgsort.[221] Sogenannte abstrakt-konkrete[222] Gefährdungsdelikte wie § 130 Abs. 1 und 3 StGB, bei denen der Gesetzgeber eine bestimmte Gefährdung tatbestandlich normiere, seien insofern mit konkreten Gefährdungsdelikten vergleichbar.[223] Im Falle des § 130 Abs. 1 und 3 StGB bestehe der „zum Tatbestand

214 *Sieber*, NJW 1999, 2065, 2068 ff.

215 *Sieber*, NJW 1999, 2065, 2068, 2070.

216 *Sieber*, NJW 1999, 2065, 2071.

217 Hierbei werden Daten aktiv aus dem Ausland auf inländische Server übermittelt, vgl. hierzu *Sieber*, NJW 1999, 2065, 2071.

218 Hier wird lediglich die Möglichkeit eröffnet, Daten aus dem Ausland abzurufen, vgl. hierzu *Sieber*, NJW 1999, 2065, 2071.

219 *Sieber*, NJW 1999, 2065, 2071.

220 BGH NJW 2000, 624.

221 BGH NJW 2000, 624, 627.

222 In dieser Arbeit als potientielle Gefährdungsdelikte bezeichnet.

223 BGH NJW 2001, 624, 627.

gehörende Erfolg" in der konkreten Eignung der Äußerung, den öffentlichen Frieden in der Bundesrepublik zu stören. Der Bundesgerichtshof beruft sich für diese Betrachtungsweise insbesondere auch auf einen völkerrechtlich legitimierenden Anknüpfungspunkt, welcher in dem durch die Tat betroffenen gewichtigen inländischen Rechtsgut zu sehen sei.[224]

Da sich die einschlägigen Publikationen auf einem ausländischen Server befanden, war von entscheidender Bedeutung und bedurfte daher auch besonderer Begründung, aufgrund welcher Umstände der inländische Friede betroffen sei. Dies wurde aus dem Inhalt der Äußerungen geschlossen, welche im konkreten Fall einen nahezu ausschließlichen Bezug zur Bundesrepublik hatten.[225] Das Tatbestandsmerkmal der „Eignung zur Friedensstörung" wird damit in vergleichbaren Auslandsfällen zum Dreh- und Angelpunkt der Strafbarkeit, weshalb der Bundesgerichtshof den Anwendungsbereich dieser neuen Rechtsprechung zunächst ausdrücklich auf § 130 Abs. 1 und 3 StGB beschränkt.

Aus der soeben erläuterten Entscheidung wird deutlich, daß der Bundesgerichtshof bewußt keine internetspezifische Auslegung des § 9 StGB erwogen hat, wie von Literatur und Rechtslehre teilweise gefordert war. In seiner Argumentation erscheint das Urteil dennoch dogmatisch konsequent und überzeugend. Auch wenn es im Ergebnis deutliche wünschenswerte Signale an potentielle, im Ausland agierende Straftäter sendet, darf indessen nicht verkannt werden, daß seine Umsetzung für die deutschen Strafverfolgungsbehörden aufgrund des Auslandsbezugs sowohl ermittlungs- als auch vollstreckungstechnisch mit erheblichen praktischen Schwierigkeiten behaftet ist. Nicht zuletzt aufgrund dieser problematischen Konsequenzen sieht sich diese Entscheidung mitunter heftiger Kritik ausgesetzt.[226]

Die Deliktsnatur der bei der Auschwitzlüge in der Regel tateinheitlich verwirklichten Beleidigung[227] führt zu einer anderen Betrachtungsweise als bei § 130 Abs. 1 und 3 StGB. Ausgehend von der Tatsache, daß eine Beleidigung erst dann vollendet ist, sobald sie mit Willen des Täters einer Person zur Kenntnis gelangt ist,[228] wird hier die Auffassung vertreten, daß die Kenntnisnahme zum Erfolg im Sinne des § 9 StGB zähle und daher bei Kenntnisnahme in

---

224 BGH NJW 2001, 624, 628.

225 BGH NJW 2001, 624, 626 f.

226 Vgl. z. B. *Sieber*, Die Bekämpfung von Hass im Internet, ZRP 2001, 97 ff.; *Krempl*, Wachsende Besorgnis über BGH-Urteil gegen Holocaust-Leugner, Telepolis vom 21.12.2000, unter: http://www.heise.de/tp/deutsch/inhalt/te/4527/1.html (abgerufen am 11.04.2001).

227 Für die Verunglimpfung des Andenkens Verstorbener dürfte dasselbe gelten.

228 *Tröndle/Fischer*, StGB, § 185 Rz. 15.

Deutschland ein inländischer Erfolgsort gegeben sei.[229] Dem ist auch der Bundesgerichtshof in seiner Entscheidung vom 12.12.2000 mit der Begründung beigetreten, daß es sich hierbei um ein Erfolgsdelikt handle.[230] *Ringel* stellt bei der Verbreitung der Auschwitzlüge im Rahmen der §§ 185, 189 StGB allerdings auf § 7 Abs. 1 StGB (Tat gegen Deutsche) ab, sofern Deutsche als Einzelpersonen oder ein beleidigungsfähiges Kollektiv betroffen sind, was im Einzelfall zu prüfen sei.[231]

Im Falle der §§ 86, 86a StGB handelt es sich um rein abstrakte Gefährdungsdelikte. Für solche Delikte hat der Bundesgerichtshof in seiner bereits zitierten grundlegenden Entscheidung offen gelassen, ob ein Erfolgsort jedenfalls dann anzunehmen sei, wenn sich die Gefahr realisiert hat.[232] Er hat damit deutlich zu erkennen gegeben, daß ein inländischer Erfolg im Sinne von § 9 StGB in solchen Fällen nicht bereits bei Verwirklichung des gesetzlichen Tatbestandes angenommen werden kann. Damit scheint nach der Rechtsprechung des Bundesgerichtshofs – anders als nach den in Literatur und Lehre teilweise diskutierten Lösungsvorschlägen – die Anwendbarkeit der §§ 86, 86a StGB auf Auslandssachverhalte grundsätzlich verwehrt.[233]

---

229 *Kienle*, a.a.O., S. 81, 82; *Hilgendorf*, NJW 1997, 1873, 1876; i. E. auch *Cornils*, JZ 1999, 394, 396; a. A. *Ringel*, CR 1997, 302, 307, mit der Begründung, daß es sich nicht um ein Erfolgsdelikt im engeren Sinne handelt.

230 BGH NJW 2001, 624, 628, wobei die Kenntniserlangung durch den ermittelnden Polizeibeamten für ausreichend erachtet wurde. *Römer*, Verbreitungs- und Äußerungsdelikte im Internet, a.a.O., S. 140, bemerkt in diesem Zusammenhang zu Recht, daß eine aus dem Ausland verbreitete Auschwitzlüge über diesen "Umweg" einfacher verfolgt werden könnte.

231 *Ringel*, CR 1997, 302, 307, der darauf abstellt, daß nur die in Deutschland, nicht aber in aller Welt lebenden Juden, ein beleidigungsfähiges Kollektiv seien.

232 BGH NJW 2001, 624, 627.

233 Nicht entgegenstehen dürfte der Anwendbarkeit deutschen Strafrechts auf Auslandssachverhalte bereits die Tatsache, daß die §§ 86, 86a StGB dem tatbestandlichen Wortlaut nach auf Taten "im Inland" beschränkt sind; so aber *Ringel*, CR 1997, 302, 304; *Römer*, Verbreitungs- und Äußerungsdelikte im Internet, a.a.O., S. 143; a.A. zu Recht LK-*Laufhütte*, § 86 Rz. 25 unter Verweis auf § 91 StGB, der für die §§ 86, 86a StGB gerade nicht gelte.

Landesbericht Österreich

A. Einführung

I. Aktueller Hintergrund

Österreich stand nach dem Ergebnis der Nationalratswahlen des Jahres 1999[1] und der Debatte um die Bildung einer neuen Regierung mit der als rechtsextrem geltenden FPÖ (Freiheitliche Partei Österreich) monatelang im Blickpunkt der gesamten Europäischen Union. Die Regierungsbeteiligung der FPÖ, insbesondere ihres umstrittenen Chefs Jörg Haider, erweckte in den Augen vieler die Befürchtung, Rechtsextremismus, Antisemitismus und Neonazismus könnten in Österreich wieder salonfähig werden. Nicht zuletzt aus diesen Gründen war die Bildung der Koalition zwischen ÖVP und FPÖ am 04.02.2000 auch von massiven innenpolitischen Protesten und Demonstrationen begleitet.[2] Die EU verhängte als unmittelbare Reaktion hierauf – rechtlich umstrittene – Sanktionen gegen Österreich. Die direkten politischen Beziehungen zu Österreich wurden ab dem Tage der Regierungsbildung vorläufig eingefroren. Angesichts der heftigen innen- und außenpolitischen Diskussionen um die Regierungsbildung äußerte der österreichische Bundespräsident „Sorge und Betroffenheit".[3]

Im Internet tauchte österreichische rechtsextremistische Propaganda erstmals Anfang 1996 auf. Urheber der Homepage, über welche die sogenannte Auschwitzlüge und weitere antisemitische Propaganda verbreitet wurden, waren die unter dem Namen *Bürgerschutz* agierenden bekannten Rechtsextremisten *Peter Kurt Weiß* und der Wiener Computerexperte *Frank Swoboda*.[4] Auf der

---

1 Ergebnis der Nationalratswahlen 1999 unter: http://wienerzeitung.at/frameless/wahlen.htm?1D=M24 (abgerufen am 07.12.2000).

2 vgl. Süddeutsche Zeitung vom 07.02.2000.

3 Fernsehansprache von Bundespräsident Thomas Klestil „Mit Sorge und Betroffenheit", Wiener Zeitung vom 07.02.2000, unter: http://wienerzeitung.at/frameless/staat.htm?1D=M16&Menu=94987 (abgerufen am 07.12.2000).

4 Informationsquelle: *Zellhofer*, Österreichs rechtsextreme Internet-Premiere, S. 162, 166, in: *Stiftung Dokumentationsarchiv des österreichischen Widerstandes* (Hrsg.), Das Netz des Hasses, Wien 1997.

Homepage fanden sich auch Links zu den Internetseiten des in den USA mit pseudowissenschaftlichem Hintergrund Geschichtsfälschungen betreibenden *Institute for Historical Review* und des in Kanada lebenden Ernst Zündel. Die Staatsanwaltschaft stellte das auf Anzeige des *Dokumentationsarchivs des österreichischen Widerstandes* im Februar 1996 eingeleitete Ermittlungsverfahren zunächst wieder ein, da die vom Gesetz geforderte „öffentliche" Begehungsweise fehle. Auf Weisung des Justizministeriums wurde das Verfahren gegen Swoboda von der Staatsanwaltschaft wieder aufgenommen.[5]

Frank Swoboda, der als der zur Zeit bekannteste Rechtsextremist in Österreich gilt, betreibt auch die sogenannte *Ostara*-Homepage, von der aus die verschiedenen österreichischen Internetseiten einschlägigen Inhalts aufgerufen werden können.[6] Peter Kurt Weiß wurde 1996 bereits in anderem Zusammenhang aufgrund antisemitischer Äußerungen in der Publikation *Bürgerschutz Österreich* vom Oberlandesgericht Linz wegen Verhetzung verurteilt.[7] Im einzelnen hatte er von einer „Rasse der Hebräer" gesprochen, die „schonungslos über Leichen aller Völker, notfalls sogar über die der eigenen hebräischen Leichen" gehe.[8]

Nach einer schriftlichen Auskunft des Leiters der Staatsanwaltschaft Wien scheitert die Einleitung von Ermittlungsverfahren gegen im Internet agierende Täter überwiegend bereits daran, daß die Täter unbekannt sind. So wurden bis Oktober 1999 lediglich drei Verfahren gegen bekannte Täter wegen volksverhetzender oder nationalsozialistischer Inhalte mit unmittelbarem Bezug zum Internet durchgeführt.

Der Ende 1998 gemachte Vorschlag der österreichischen Vereinigung der Internetzugangsanbieter ISPA (Internet Service Provider Association), durch Sperrung Beiträge in den Diskussionsforen des Usenet mit rassistischem und kinderpornographischem Inhalt auf den österreichischen Newsservern zu unterbinden, stellt insofern einen Modus dar, um ohne die Hilfe von Gerichten der illegalen Inhalte Herr zu werden. Dennoch sorgte dieser Vorschlag für Aufsehen unter den Internetnutzern, da nach Meinung vieler eine Zensur im eigentlichen Sinne nicht in den Händen einer privatrechtlichen Vereinigung liegen dürfe.[9]

---

5 Hierzu: *Zellhofer*, a.a.O., S. 166.

6 *Zellhofer*, a.a.O., S. 166.

7 *Zellhofer*, a.a.O., S. 166.

8 Zitiert bei *Zellhofer*, a.a.O., S. 166.

9 *Stark*, Aufruhr in der Alpenrepublik, Computerworld vom 14.12.1998, unter: http://www.computerworld.ch (Archiv, abgerufen am 07.12.2000).

II. Rechtssystem

Österreich ist mit seinen neun Bundesländern ein föderalistisch organisierter Staat. Entsprechend existieren Rechtsvorschriften auf Bundes- und Landesebene. Österreich gehört dem deutschen Rechtskreis an.

Das österreichische Strafrecht ist im Wesentlichen kodifiziert durch das Bundesgesetz vom 23. Jänner 1974 über die mit gerichtlicher Strafe bedrohten Handlungen (StGB). Außerdem existieren zahlreiche Nebengesetze wie das Mediengesetz, das Suchtmittelgesetz oder das noch zu besprechende Verbotsgesetz. Die Straftat setzt sich nach österreichischem Strafrecht aus fünf Elementen zusammen: Erforderlich ist zunächst ein menschliches Verhalten mit objektiven und subjektiven Merkmalen. Dieses muß sodann tatbestandsmäßig, rechtswidrig und schuldhaft sein sowie die zusätzlichen, je nach Delikt erforderlichen Voraussetzungen erfüllen.[10] An Strafen hält das österreichische Strafrecht die Freiheitsstrafe (§ 18 StGB), die Geldstrafe (§ 19 StGB), sowie Nebenstrafen wie den Verfall (§ 20 StGB) oder die Abschöpfung der Bereicherung (§ 20a StGB) bereit. Vergleichbar den Maßregeln der Besserung und Sicherung im deutschen Recht existieren auch sogenannte vorbeugende Maßnahmen (§§ 21 ff. StGB).

III. Verfassungsrechtlicher Anknüpfungspunkt

Das österreichische Verfassungsrecht kennt keinen einheitlichen Grundrechtskatalog; vielmehr existieren mehrere Rechtsgrundlagen nebeneinander.[11] Die allgemeine Meinungsäußerungsfreiheit ist zunächst normiert in Art. 13 des Staatsgrundgesetzes über die allgemeinen Rechte der Staatsbürger vom 21. Dezember 1867 (StGG), welches 1920 in das Bundesverfassungsgesetz (B-VG) der ersten österreichischen Republik gemäß Art. 149 Abs. 1 B-VG aufgenommen wurde.[12] Kumulativ gilt daneben Art. 10 der Europäischen Menschen-

---

10 *Fuchs*, Österreichisches Strafrecht, Allgemeiner Teil I, Grundlagen und Lehre von der Straftat, 3. Auflage, Wien 1998, S. 52 f.

11 *Kühling*, Die Kommunikationsfreiheit als europäisches Gemeinschaftsgrundrecht, Berlin 1999, S. 322.

12 Die Vorschrift lautet:
Art. 13 StGG
Jedermann hat das Recht, durch Wort, Schrift, Druck oder durch bildliche Darstellung seine Meinung innerhalb der gesetzlichen Schranken frei zu äußern.

rechtskonvention (EMRK),[13] welche als völkerrechtlicher Vertrag in Österreich unmittelbar wirksames Verfassungsrecht ist.[14] Aus beiden Vorschriften leitet sich eine umfassende Meinungsäußerungsfreiheit her.[15] Die durch Art. 10 EMRK herbeigeführte Schutzbereichsausweitung hat dazu geführt, daß von der Meinungsäußerungsfreiheit neben Meinungs- auch Tatsachenmitteilungen, ebenso wie besonders anstößige Äußerungsinhalte erfaßt werden.[16] Entgegen der Formulierung in Art. 13 StGG „durch Wort, Schrift, Druck oder durch bildliche Darstellungen" werden sämtliche Äußerungsmittel geschützt.[17] Hinsichtlich der Schranken der Meinungsäußerungsfreiheit gilt zunächst der Gesetzesvorbehalt, wobei Art. 10 Abs. 2 EMRK[18] zusätzlich verlangt, daß bestimmte legitime Ziele verfolgt werden müssen und das Gesetz in einer demokratischen Gesellschaft notwendig sein muß. Zu diesen Zielen zählen unter anderem die nationale Sicherheit, die territoriale Unversehrtheit, die öffentliche Sicherheit und Ordnung, die Verbrechensverhütung, Gesundheit, Moral, der gute Ruf und Rechte anderer.

---

13 Die Vorschrift lautet:

Art. 10 EMRK

Jeder hat Anspruch auf freie Meinungsäußerung. Dieses Recht schließt die Freiheit der Meinung und die Freiheit zum Empfang und zur Mitteilung von Nachrichten oder Ideen ohne Eingriffe öffentlicher Behörden und ohne Rücksicht auf Landesgrenzen ein. Dieser Artikel schließt nicht aus, daß die Staaten Rundfunk-, Lichtspiel- oder Fernsehunternehmen einem Genehmigungsverfahren unterwerfen.

14 *Kühling*, a.a.O., S. 322.

15 *Kühling*, a.a.O., S. 324.

16 *Kühling*, a.a.O., S. 325.

17 *Kühling*, a.a.O., S. 325.

18 Die Vorschrift lautet:

Art. 10 Abs. 2 EMRK

Da die Ausübung dieser Freiheiten Pflichten und Verantwortung mit sich bringt, kann sie bestimmten, vom Gesetz vorgesehenen Formvorschriften, Bedingungen, Einschränkungen oder Strafdrohungen unterworfen werden, wie sie vom Gesetz vorgeschrieben und in einer demokratischen Gesellschaft im Interesse der nationalen Sicherheit, der territorialen Unversehrtheit oder der öffentlichen Sicherheit, der Aufrechterhaltung der Ordnung und der Verbrechensverhütung, des Schutzes der Gesundheit und der Moral, des Schutzes des guten Rufes oder der Rechte anderer, um die Verbreitung von vertraulichen Nachrichten zu verhindern oder das Ansehen und die Unparteilichkeit der Rechtsprechung zu gewährleisten, unentbehrlich sind.

B. Strafvorschriften

I. Rassismusvorschriften

1. Überblick

In Österreich befassen sich mehrere Strafvorschriften mit dem Phänomen des Rassismus. Zunächst finden sich Strafbestimmungen im Verfassungsgesetz vom 8. Mai 1945 über das Verbot der NSDAP (sogenanntes Verbotsgesetz). Dieses stellt die unterschiedlichsten Formen nationalsozialistischer Wiederbetätigung unter Strafe und ist grundsätzlich als lex specialis gegenüber den Strafnormen des StGB anzusehen. § 3g VerbotsG erfaßt die Betätigung in sonstiger nationalsozialistischer Weise und läßt sich sowohl in die Gruppe der Rassismustatbestände, der Leugnungstatbestände als auch der Tatbestände zu verfassungswidrigen Kennzeichen und Propagandamittel einordnen. Das österreichische StGB sieht in § 283 StGB weiterhin den Tatbestand der Verhetzung vor. Subsidiär anwendbar ist die Verwaltungsstrafnorm des Art. IX Abs. 1 Z 4 EGVG, welche die Verbreitung nationalsozialistischen Gedankengutes als Verwaltungsübertretung mit Geldstrafe bedroht. Da es sich hierbei lediglich um eine Übertretung handelt, wird diese in einem Exkurs behandelt werden.

Erwähnt sei schließlich noch § 33 Nr. 5 StGB, eine Vorschrift aus dem Allgemeinen Teil, die einen besonderen Straferschwerungsgrund enthält:

> ***§ 33 StGB***
>
> Ein Erschwerungsgrund ist es insbesondere, wenn der Täter
>
> 1. - 4. (...)
>
> 5. aus rassistischen, fremdenfeindlichen oder anderen besonders verwerflichen Beweggründen gehandelt hat;
>
> 6. - 7. (...)

2. § 3g Verbotsgesetz (Betätigung in sonstiger nationalsozialistischer Weise)

a) Normtext

> ***§ 3g Verbotsgesetz***
>
> Wer sich auf andere als die in den §§ 3a bis 3f bezeichnete Weise im nationalsozialistischen Sinne betätigt, wird, sofern die Tat nicht nach einer anderen Bestimmung strenger strafbar ist, mit Freiheitsstrafe von einem bis zu zehn Jahren, bei besonderer Gefährlichkeit des Täters oder der Betätigung bis zu 20 Jahren bestraft.

b) *Normentstehung und Überblick*

Das NSDAP-Verbotsgesetz stammt aus dem Jahre 1945 und wurde durch die provisorische österreichische Bundesregierung als Sonderrecht für die Nationalsozialisten erlassen.[19] Die Straftatbestände in den §§ 3 ff. VerbotsG wurden mit der Verbotsgesetzesnovelle von 1947 eingeführt, damals noch mit den Rechtsfolgen der Todesstrafe und des schweren Kerkers.[20]

Das Verbotsgesetz enthält Strafbestimmungen in § 3a bis i VerbotsG, welche die unterschiedlichsten Formen der Betätigung im nationalsozialistischen Sinne beschreiben. § 3g VerbotsG stellt sich gegenüber §§ 3a bis f als Auffangtatbestand dar. Im Jahre 1992 wurde der Strafrahmen des § 3g VerbotsG von fünf bis zehn Jahren auf ein bis zehn Jahre herabgesetzt.[21] Der hohe Strafrahmen hatte sich für die Geschworenen als Hemmschwelle erwiesen, um zu einer Verurteilung zu gelangen.[22]

c) *Geschütztes Rechtsgut*

Die §§ 3 ff. VerbotsG dienen dem Zwecke, die unterschiedlichsten Formen nationalsozialistischer Wiederbetätigung strafrechtlich zu erfassen. Hierdurch soll der Staat vor dem Wiedererstehen des Nationalsozialismus geschützt werden.[23] Es handelt sich daher um ein politisches Delikt.

d) *Tathandlungen*

Bei § 3g Verbotsgesetz handelt es sich um eine Auffangvorschrift,[24] die nicht in den §§ 3a bis f enthaltene Betätigungsformen erfaßt. Hierzu ist ein kurzer Überblick über diese Normen erforderlich.

In § 3a VerbotsG werden verschiedene Formen der NS-Wiederbetätigung bestraft, so in Z 1 der Versuch der Aufrechterhaltung oder Wiederherstellung einer gesetzlich aufgelösten nationalsozialistischen Organisation, wobei im Einzelnen aufgezählt ist, welche Organisationen als nationalsozialistisch gelten. Auch die Gründung einer Vereinigung mit dem Zweck nationalsozialistischer Betätigung der Mitglieder, um die Selbständigkeit und Unabhängigkeit Österreichs zu untergraben oder die öffentliche Ruhe und den Wiederaufbau Österreichs zu

---

19 *Jahn*, Das Verbotsgesetz, Salzburg 1997, S. 14.

20 *Jahn*, a.a.O., S. 19.

21 Einführungserlaß des Bundesministers der Justiz, JABl. (Amtsblatt der österreichischen Justizverwaltung), 1992/18, 75.

22 JABl. 1992/18, 75.

23 Verfassungsgerichtshof vom 07.03.1989, ÖJZ 1990, 499.

24 *Ruess*, Die Verbotsgesetzesnovelle 1992 und ihre Auswirkungen, Graz 1995, S. 65.

stören, sowie die führende Betätigung in einer solchen Verbindung ist strafbar (Z 2). Nach Z 3 wird die Förderung, Ermöglichung und Unterstützung einer solchen Organisation bestraft, wobei als Mittel beispielshaft („oder in ähnlicher Weise") die Anwerbung von Mitgliedern, Bereitstellungen von Geldmitteln, die Ausrüstung mit Kampfmitteln, Verkehrsmitteln oder Einrichtungen zur Nachrichtenübermittlung aufgezählt werden. Schließlich kann eine strafbare NS-Wiederbetätigung nach Z 4 im Herstellen, Sichverschaffen oder Bereithalten von Kampfmitteln, Verkehrsmitteln oder Einrichtungen zur Nachrichtenübermittlung liegen.

§ 3b VerbotsG pönalisiert die Teilnahme an derartigen Organisationen und deren Unterstützung durch Geldzuwendungen oder auf andere Weise. Hierbei ist anzumerken, daß sich bereits aus einer Zusammenschau von § 3a und b VerbotsG ergibt, daß die in § 3b VerbotsG umschriebenen „anderen" Unterstützungshandlungen ein geringeres Gewicht haben müssen als die bereits unter § 3a Z 3 VerbotsG mit der Formulierung „in ähnlicher Weise" beschriebenen. Dies ist auch aus der Subsidiarität der Vorschrift („wenn die Handlung nicht nach § 3a VerbotsG strafbar ist") zu folgern. Die Strafbarkeit nach §§ 3a und b VerbotsG erlischt, wenn der Schuldige aus eigenem Antrieb rechtzeitig der Behörde Mitteilung macht (§ 3c VerbotsG).

Nach § 3d VerbotsG macht sich strafbar, wer zu einer der nach § 1 oder § 3 verbotenen Handlungen auffordert, aneifert oder zu verleiten sucht.

§ 3e Abs. 1 VerbotsG bestraft die Verabredung eines Mordes, eines Raubes, einer Brandlegung, eines Verbrechens nach §§ 85, 87 oder 89 des Sprengstoffgesetzes als Mittel der nationalsozialistischen Betätigung, § 3f VerbotsG den Versuch oder die Vollbringung einer solchen Tat. Vom Vorwurf des § 3e Abs. 1 VerbotsG befreien und zur Straffreiheit verhelfen kann sich derjenige, der eine Verabredung im Sinne der Vorschrift rechtzeitig und aus eigenem Antrieb der Behörde anzeigt (§ 3e Abs. 2 VerbotsG).

Die Generalklausel des § 3g VerbotsG erfaßt die Strafbarkeit von Handlungen unterschiedlichster Bedeutung.[25] Es muß sich hierbei um eine „Betätigung im nationalsozialistischen Sinn" handeln, die darauf abzielt, in Österreich wieder ein Naziregime zu installieren. Beispiele hierfür sind Gewaltakte, propagandistische Aktionen oder die Werbetätigkeit von Neonazis.[26] Da der Einzeltäter dieses Endziel naturgemäß nicht alleine erreichen kann, genügen sämtliche Hand-

---

25 *Heller/Loebenstein/Werner*, Das Nationalistengesetz, Das Verbotsgesetz von 1947, Die damit zusammenhängenden Spezialgesetze, Wien 1948, S. II/115; *Ruess*, a.a.O., S. 69.

26 *Platzgummer*, Die strafrechtliche Behandlung des Neonazismus in Österreich, ÖJZ 1994, 753, 760; *Jahn*, a.a.O., S. 62; *Ruess*, a.a.O., S. 71.

lungen, die in der Absicht gesetzt werden, diesem Endziel näher zu kommen.[27] Dieses Verhalten muß durch andere Menschen wahrnehmbar sein, wobei es auf eine Öffentlichkeit bestimmter Größe nicht ankomme.[28] Der Täter muß hierbei nicht sämtliche nationalsozialistischen Ziele verfolgen, ausreichend ist bereits die Förderung einiger typischer Programmpunkte.[29] Der Begriff der „Betätigung" im nationalsozialistischen Sinne stellt nicht auf einen Erfolg ab, weshalb auch ein tätiges Bemühen ohne den erhofften Erfolg tatbestandsmäßig ist.[30] Für einen Versuch bleibt deshalb kein Raum mehr.[31]

In den Anwendungsbereich der Vorschrift fällt z. B. das ausdrückliche Gutheißen und Verherrlichen nationalsozialistischer Einrichtungen und Ziele.[32] Erfaßt ist auch die Verbreitung von Streitschriften, in denen die Person Hitlers und der Anschluß von 1938 glorifiziert wird und der Widerstand gegen das Naziregime als Verrat gebrandmarkt wird.[33] Weiterhin sind auch die bloße Anweisung zu einer entsprechenden Plakat- und Sprühaktion[34] und das Werben für eine Propagandaschrift tatbestandsmäßig.[35] Nach dem Urteil des Obersten Gerichtshofs vom 11.03.1993 fällt auch das Anbringen von Aufklebern an öffentlichen Orten mit den Parolen „Gib Nazis eine Chance", „Schluß mit dem Holocaust! Oder Deutscher willst Du ewig zahlen?" ebenso hierunter wie das Verteilen von Flugblättern mit dem Inhalt, bei den Gaskammern handle es sich um miserable Attrappen der Alliierten, welche im nachhinein zu musealen und propagandistischen Zwecken eingebaut worden seien und man möge dies weitersagen.[36]

Auch fiel hierunter das Verteilen einer Zeitschrift an einer Schule, in welcher die Massenvernichtung im Konzentrationslager Mauthausen geleugnet wurde,[37] oder das Vertreiben einer Zeitschrift, in der die Massenvernichtung als mögli-

---

27 *Ruess*, a.a.O., S. 70.

28 *Ruess*, a.a.O., S. 70.

29 *Jahn*, a.a.O., S. 64; *Ruess*, a.a.O., S. 71.

30 *Jahn*, a.a.O., S. 62.

31 OGH 09.12.1993, 12 Os 155/93; *Jahn*, a.a.O., S. 65.

32 *Jahn*, a.a.O., S. 64.

33 *Moser*, Der Vergleich zwischen den §§ 3g und 3h Verbotsgesetz – zur Entscheidung des OGH 11.03.1993, 12 Os 72/92, Innsbruck 1995, S. 10.

34 *Jahn*, a.a.O., S. 63.

35 *Ruess*, a.a.O., S. 72.

36 OGH 11.03.1993, 12 Os 72/92.

37 OGH 11.03.1993, 12 Os 72/92.

cherweise nur auf einer Propagandalüge beruhend in Frage gestellt wird.[38] Hieraus wird bereits erkennbar, daß unter § 3g VerbotsG auch Sachverhalte subsumiert werden, die gleichermaßen dem Straftatbestand des § 3h VerbotsG, (Leugnung des nationalsozialistischen Völkermordes), zugeordnet werden könnten. In Abgrenzung zu § 3h sollen jedoch nur solche Verhaltensweisen unter § 3g VerbotsG fallen, in denen der „besondere" Vorsatz des Täters, sich im nationalsozialistischen Sinne zu betätigen – in Abgrenzung zum bloßen Inabredestellen des § 3h VerbotsG –, nachgewiesen werden kann.[39]

Ein Tatbestandsausschluß für Fälle, in denen nationalsozialistische Propaganda zu wissenschaftlichen, künstlerischen oder ähnlichen sozialadäquaten Zwecken eingesetzt wird, ist nicht vorgesehen. Derartige Zwecke dürften jedoch schon deshalb nicht tatbestandsmäßig sein, da sie keine Betätigung im nationalsozialistischen Sinne darstellen. Anders ist natürlich der Fall zu beurteilen, in dem ein Wissenschaftler das NS-Regime in ein positives Licht rückt.[40]

e) Anwendbarkeit auf die elektronische Datenübertragung

Da eine Beschränkung auf bestimmte Medien nicht existiert,[41] erscheint die Anwendbarkeit auf die Übertragung im Datenwege unproblematisch möglich.[42] Eine Unterscheidung zwischen öffentlicher und nichtöffentlicher Begehungswiese wird nach dem Wortlaut nicht vollzogen. Allerdings ist – wie oben erläutert – der Tatbestand insoweit begrenzt, als eine typische Propagandahandlung nur dann vorliegt, wenn sie durch andere Menschen wahrnehmbar ist. Ein gewisser Öffentlichkeitsbezug ist damit Voraussetzung, wenn es auch auf die Größe der Öffentlichkeit nicht ankommt. Somit dürften zwar Vorgänge der Punkt-zu-Punkt-Kommunikation aus dem Anwendungsbereich herausfallen, eine Kommunikation innerhalb eines kleineren und geschlossenen Teilnehmerkreises hingegen bereits erfaßt sein. Bei Newsgroups und Mailing-Lists, die jedem Interessenten offenstehen sowie WWW-Seiten erscheint die Anwendbarkeit jedenfalls unproblematisch.

---

38 Urteil des OGH vom 17.07.1992, Juristische Blätter 1993, 598 ff.

39 *Moser*, a.a.O., S. 27; *Jahn*, a.a.O., S. 70; *Ruess*, a.a.O., S. 57 f.; JABl. 1992/18, 75.

40 JABl. 992/18, 76; *Moser*, a.a.O., S. 13.

41 Nach *Ruess*, a.a.O., S. 70, ist das Tatbild nicht auf einzelne menschliche Kommunikationsmöglichkeiten festgelegt.

42 *Ruess*, a.a.O., S. 70 f.: „Auch stellt das Tatbild nicht nur auf einzelne menschliche Kommunikationsmöglichkeiten wie etwa Sprechen oder Schreiben ab, sondern ihm unterliegt jede menschliche Ausdrucksmöglichkeit; (...)".

f) Vorsatzformen

Erforderlich ist zumindest bedingt vorsätzliches Handeln. Dieses muß darauf gerichtet sein, den historischen Nationalsozialismus wiederzuerwecken. Es ist damit also der sogenannte besondere Vorsatz, sich im nationalsozialistischen Sinne zu betätigen, erforderlich.[43]

g) Strafen

Nach § 3g VerbotsG ist Freiheitsstrafe von einem bis zu zehn Jahren zu verhängen; bei besonderer Gefährlichkeit erhöht sich der Strafrahmen auf zwanzig Jahre. Die Einziehung von Gegenständen, die der Täter zur Begehung der mit Strafe bedrohten Handlung verwendet hat oder von solchen, die von ihm dazu bestimmt worden waren, bei der Handlung verwendet zu werden oder die durch diese Handlung hervorgebracht wurden, erfolgt nach § 26 StGB.[44]

3. § 283 StGB (Verhetzung)

a) Normtext

§ 283 StGB

(1) Wer öffentlich auf eine Weise, die geeignet ist, die öffentliche Ordnung zu gefährden, zu einer feindseligen Handlung gegen eine im Inland bestehende Kirche oder Religionsgesellschaft oder gegen eine durch ihre Zugehörigkeit zu einer solchen Kirche oder Religionsgesellschaft, zu einer Rasse, zu einem Volk, einem Volksstamm oder einem Staat bestimmte Gruppe auffordert oder aufreizt, ist mit Freiheitsstrafe bis zu zwei Jahren zu bestrafen.

(2) Ebenso ist zu bestrafen, wer öffentlich gegen eine der im Abs. 1 bezeichneten Gruppen hetzt oder sie in einer die Menschenwürde verletzenden Weise beschimpft oder verächtlich zu machen sucht.

---

43 Verfassungsgerichtshof vom 07.03.1989, ÖJZ 1990, 499, 500; *Platzgummer*, ÖJZ 1994, 753, 761.

44 Die Vorschrift lautet:

§ 26 StGB

(1) Gegenstände, die der Täter zur Begehung der mit Strafe bedrohten Handlung verwendet hat, die von ihm dazu bestimmt worden waren, bei Begehung dieser Handlung verwendet zu werden, oder die durch diese Handlung hervorgebracht worden sind, sind einzuziehen, wenn dies nach der besonderen Beschaffenheit der Gegenstände geboten erscheint, um der Begehung mit Strafe bedrohter Handlungen entgegenzuwirken.

(2) – (3) (...).

b) *Normentstehung und Überblick*

Die Strafbestimmung der Verhetzung trägt den Vorgaben des internationalen Übereinkommens über die Beseitigung aller Formen rassischer Diskriminierung Rechnung.[45] § 283 StGB wurde zuletzt 1996 durch das Strafrechtsänderungsgesetz geändert; die Strafdrohung der Freiheitsstrafe wurde verdoppelt und beträgt nunmehr bis zu zwei Jahre.

§ 283 StGB erfaßt zwei verschiedene Tatbestandsalternativen: § 283 Abs. 1 StGB enthält die Aufforderung oder Anreizung zu feindseligen Handlungen gegen bestimmte Bevölkerungsgruppen, § 283 Abs. 2 StGB die Verhetzung im engeren Sinne.

c) *Geschütztes Rechtsgut*

§ 283 StGB dient dem öffentlichen Frieden.[46] Es handelt sich um ein abstraktes Gefährdungsdelikt.[47] Abs. 2 hingegen ist in seiner Variante *verächtlich zu machen sucht* ein Versuchsdelikt.[48]

d) *Tathandlungen*

aa) *Geschützte Bevölkerungsgruppen*

In § 283 Abs. 1 und Abs. 2 StGB nehmen die Tathandlungen Bezug auf eine im Inland bestehende Kirche oder Religionsgesellschaft oder eine durch ihre Zugehörigkeit zu einer solchen Kirche oder Religionsgesellschaft, zu einer Rasse, einem Volk, einem Volksstamm oder einem Staat bestimmte Gruppe. Zu differenzieren ist also nach Kirchen bzw. Religionsgesellschaften und bestimmten Bevölkerungsgruppen. Da die geschützten Bevölkerungsgruppen ausdrücklich im Inland bestehen müssen, werden ausländische Bevölkerungsgruppen von § 283 StGB nicht erfaßt.[49] Herauszuheben ist auch, daß es sich bei der pauscha-

---

45 *Foregger/Serini*, a.a.O., Kurzkommentar, 4. Auflage, Wien 1988, § 283 Anm. I; *Schmölzer*, Strafrechtliche Aspekte zum Thema Rassismus, Neonazismus und Rechtsextremismus im Internet (im folgenden: Strafrechtliche Aspekte), S. 246, 264, in: *Stiftung Dokumentationsarchiv des österreichischen Widerstandes* (Hrsg.), a.a.O. Zur Inhaltlichen Umsetzung des VN-Rassismusübereinkommens vgl. auch *Marschik*, Die UN-Rassendiskriminierungskonvention im österreichischen Recht, Wien 1999, S. 115 f.

46 *Leukauf/Steininger*, Kommentar zum Strafgesetzbuch (im folgenden: Strafgesetzbuch), 3. Auflage, Eisenstadt 1992, § 283 Rz. 1; *Schmölzer*, a.a.O., S. 261.

47 *Foregger/Serini*, a.a.O., § 283 Anm. II; *Schmölzer*, a.a.O., S. 264.

48 *Schmölzer*, Strafrechtliche Aspekte, a.a.O., S. 264; *Mayerhofer/Rieder* (Hrsg.), Das österreichische Strafrecht, Erster Teil: Strafgesetzbuch, Wien 1989, § 283 Anm. 5.

49 *Bertel/Schwaighofer*, Österreichisches Strafrecht, 3. Auflage, Wien 1997, § 283 Rz. 2.

len Bezeichnung „Ausländer" nach österreichischem Verständnis mangels Zugehörigkeit zu einem bestimmten Staat nicht um eine Gruppe im Sinne dieser Vorschrift handelt.[50]

bb) § 283 Abs. 1 StGB

In der ersten Tatbestandsalternative fordert oder reizt der Täter zu feindseligen Handlungen gegen die geschützten Bevölkerungsgruppen auf. Unter *feindseligen Handlungen* sind nicht nur strafbare Handlungen zu verstehen, sondern auch andere, von einer emotionalen Haltung gegen die Angehörigen einer anderen Gruppe geprägte, wie z. B. Boykotte und Diskriminierungen.[51] Mit dem Begriff *Aufreizen* ist ein leidenschaftliches Auffordern umschrieben.[52] *Aufreizen* ist damit mehr als *Auffordern*.[53]

Diese Vorgehensweise muß *öffentlich* sein. Öffentlich im Sinne von § 69 StGB bedeutet, daß die Äußerung für einen größeren Personenkreis, wobei als Richtwert zehn Personen angenommen wird, unmittelbar wahrnehmbar ist.[54] Auf eine tatsächliche Wahrnehmung wird nicht abgestellt. Es genügt auch, daß nur wenige Personen aus dem größeren Personenkreis, jedoch unbestimmt welche, die Handlung wahrnehmen können.[55] Die Wahrnehmungsmöglichkeit muß jedoch unmittelbar und konkret sein.[56] Äußerungen, die vertraulichen Charakter haben, scheiden aus, wobei für eine Vertraulichkeit die Beziehung des Handelnden zum wahrnehmenden Personenkreis maßgeblich ist.[57]

Schließlich muß die Vorgehensweise in einer Weise erfolgen, die geeignet ist, *die öffentliche Ordnung zu gefährden*. Dies ist dann der Fall, wenn die Handlungen geeignet sind, das „Ordnungsgefüge" zu stören bzw. wenn die Handlung oder die Diskriminierung in einem zivilisierten Land unerträglich erscheint.[58]

---

50 *Bertel/Schwaighofer*, a.a.O., § 283 Rz. 2.

51 *Foregger/Serini*, a.a.O., § 283 Anm. I; *Bertel/Schwaighofer*, a.a.O., § 283 Rz. 3; *Leukauf/Steininger*, Strafgesetzbuch, § 283 Rz. 4.

52 *Bertel/Schwaighofer*, a.a.O., § 283 Rz. 3; *Foregger/Serini*, a.a.O., § 283 Anm. I.

53 *Foregger/Serini*, a.a.O., § 283 Anm. I.

54 *Leukauf/Steininger*, Strafgesetzbuch, § 69 Rz. 3; *Foregger/Serini*, a.a.O., § 69 Anm. I.

55 *Leukauf/Steininger*, Strafgesetzbuch, § 69 Rz. 5.

56 *Leukauf/Steininger*, Strafgesetzbuch, § 69 Rz. 5.

57 *Leukauf/Steininger*, Strafgesetzbuch, § 69 Rz. 5.

58 *Bertel/Schwaighofer*, a.a.O., § 283 Rz. 5.

cc) § 283 Abs. 2 StGB

Der zweite Absatz von § 283 StGB unterscheidet zwischen dem Aufhetzen und dem Beschimpfen bzw. böswillig Verächtlichmachen. Das *Beschimpfen* bzw. *böswillig Verächtlichmachen* läßt sich zusammenfassend umschreiben als eine derbe Kundgabe von Mißachtung.[59] Unter *Aufhetzen* ist dabei ein in einem Appell an Gefühle und Leidenschaften bestehenden Aufreizen zu Haß und Verachtung zu verstehen, wobei bloße abwertende Äußerungen nicht genügen.[60] In dieser Variante ist zusätzlich erforderlich, daß die Äußerung in einer Weise erfolgt, die geeignet ist, die Menschenwürde der Bevölkerungsgruppe zu verletzen, das heißt, die Betroffenen müssen als minderwertige Menschen dargestellt werden.[61] § 283 Abs. 2 StGB schreibt in beiden Fällen die öffentliche Begehung (§ 69 StGB) vor.

e) Anwendbarkeit auf die elektronische Datenübertragung

Da es sich beim untersuchten Straftatbestand um ein Äußerungsdelikt handelt, dürfte die grundsätzliche Anwendbarkeit auf eine Begehung im Wege der elektronischen Datenübertragung außer Frage stehen. Das Tatbestandsmerkmal *öffentlich* verlangt jedoch eine Differenzierung zwischen Individual- und Massenkommunikation,[62] die zu einer Unterscheidung nach der in Anspruch genommenen Internetdienste zwingt. Eine Kasuistik hat sich in Österreich bislang nicht entwickelt. Da die Wahrnehmbarkeit durch mindestens zehn Personen erforderlich und ausreichend ist, ist die Anwendbarkeit bei öffentlichen Teilen von Netzwerken, wie WWW-Seiten, jedenfalls unproblematisch gegeben.[63] Heraus-

---

59 *Bertel/Schwaighofer*, a.a.O., § 283 Rz. 7.

60 *Bertel/Schwaighofer*, a.a.O., § 283 Rz. 7; *Foregger/Serini*, a.a.O., § 283 Anm. III.

61 *Bertel/Schwaighofer*, a.a.O., § 283 Rz. 7; *Foregger/Serini*, a.a.O., § 283 Anm. III.

62 *Schmölzer*, Strafrechtliche Aspekte, a.a.O., S. 253.

63 *Stabentheiner*, Straf- und zivillegislativer Handlungsbedarf durch Datenhighway und Internet, ecolex 1996, 748, 750; *Schmölzer* Rechtliche Situation der Informationsregulierung, S. 97 ff., in: *Maier-Rabler/Mayer-Schönberger/Nening-Schönbanker/Schmölzer* (Hrsg.), Netz ohne Eigenschaften, Nationale und internationale Netzkommunikation im Spannungsfeld von Meinungsfreiheit, informationeller Selbstbestimmung und staatlicher Reglementierung, Salzburg 1995. *Schmölzer* problematisiert, ob hierbeidas bei § 69 StGB geforderte Kriterium der „Unmittelbarkeit" der Wahrnehmbarkeit durch einen größeren Personenkreis gegeben ist. Für eine Anwendbarkeit wohl auch der Bundesminister für Justiz, *Michalek*, Anfragebeantwortung vom 12.2.1997, S. 279 f., in: *Stiftung Dokumentationsarchiv des österreichischen Widerstandes* (Hrsg.), a.a.O. Vgl. auch *Reindl*, Strafbarkeit von verbotenen Inhalten im Internet, unter: http://www.dicle.edu.tr/dictur/suryayin/khuka/suzan.htm (abgerufen am 07.12.2000); *Marschik*, a.a.O., S. 120 f.

fallen dürften E-mails als Hauptanwendungsfall der Individualkommunikation. Im Falle von Mailing-lists und Newsgroups müßte zunächst danach gefragt werden, ob die Nachricht durch mindestens zehn Personen wahrnehmbar ist. Ist der Teilnehmerkreis kleiner als zehn Personen, so käme es darauf an, ob sich jedermann solchen Gruppen anschließen kann; auch dann läge eine öffentliche Begehung vor.

f) Vorsatzformen

§ 283 StGB verlangt eine zumindest bedingt vorsätzliche Tatbegehung. In den Fällen des Abs. 2 muß der Täter das Bewußtsein haben, zu Haß und Verachtung gegen die betroffene Bevölkerungsgruppe aufzurufen.[64]

g) Strafen

In sämtlichen Tatbestandsalternativen des § 283 StGB ist als Rechtsfolge Freiheitsstrafe bis zu zwei Jahren vorgesehen. Die Einziehung richtet sich wiederum nach § 26 StGB.

§ 283 StGB tritt zurück hinter §§ 3g und h VerbotsG.[65] Eine tateinheitliche Verwirklichung mit § 282 StGB ist möglich, wenn die feindselige Handlung, zu der aufgefordert wird, gleichzeitig eine strafbare ist.[66]

4. Exkurs: Der Übertretungstatbestand Art. IX Abs. 1 Z 4 EGVG (Verbreitung nationalsozialistischen Gedankenguts)

a) Normtext

Art. IX EGVG 1991

Wer

(1) 1. bis 3. (...)

4. nationalsozialistisches Gedankengut im Sinne des Verbotsgesetzes, StGBl. Nr. 13/1945, in der Fassung des Bundesverfassungsgesetzes BGBl. Nr. 25/1947, verbreitet, begeht, hinsichtlich der Tat nach Z 4 dann, wenn sie nicht gerichtlich strafbar ist, eine Verwaltungsübertretung und ist von der Bezirksverwaltungsbehörde, im Wirkungsbereich einer Bundespolizeibehörde in den Fällen der Z 2 und 4 von dieser, mit Geldstrafe bis zu 3000 S, im Fall der Z 3 mit einer Geldstrafe bis zu 15000 S und im Fall der Z 4 mit einer Geldstrafe bis zu 30 000 S und mit dem Verfall der Gegenstände,

---

64 *Foregger/Serini*, a.a.O., § 283 Anm. IV.

65 *Bertel/Schwaighofer*, a.a.O., § 283 Rz. 9.

66 *Foregger/Serini*, a.a.O., § 283 Anm. II; *Mayerhofer/Rieder*, a.a.O., § 283 Anm. 2; *Leukauf/Steininger*, Strafgesetzbuch, § 283 Rz. 9.

mit denen die strafbare Handlung begangen wurde, zu bestrafen. Im Fall der Z 4 ist der Versuch strafbar.

(2) – (4) (...)

(5) Wird die Anzeige wegen einer Tat nach Abs. 1 Z 4 vom öffentlichen Ankläger zurückgelegt oder ein gerichtliches Verfahren wegen einer solchen Tat rechtskräftig ohne Schuldspruch des Angezeigten beendet, so ist dies der Bezirksverwaltungsbehörde, im örtlichen Wirkungsbereich einer Bundespolizeibehörde dieser, mitzuteilen. Die Mitteilung obliegt bei Zurücklegung der Anzeige dem öffentlichen Ankläger, in allen anderen Fällen dem Gericht.

(6) Die Zeit von der Erstattung der Anzeige wegen einer Tat nach Abs. 1 Z 4 bis zum Einlangen der in Abs. 5 genannten Mitteilung bei der zuständigen Verwaltungsbehörde ist in die Verjährungsfrist (§ 31 Abs. 2 VStG) nicht einzurechnen.

b) Normentstehung und Überblick

Im Jahre 1986 wurde mit Art. IX Abs. 1 Z 4 des Einführungsgesetzes zu den Verwaltungsverfahrensgesetzen (EGVG)[67] eine Vorschrift eingeführt, wonach derjenige eine Verwaltungsübertretung begeht, der nationalsozialistisches Gedankengut im Sinne des Verbotsgesetzes verbreitet, wenn die Tat nicht gerichtlich strafbar ist. Nach ihrer Zielsetzung sollte diese Verwaltungsstrafbestimmung gegenüber den gerichtlichen Strafbestimmungen des Verbotsgesetzes, insbesondere § 3g VerbotsG, subsidiär sein.[68] Der Zielsetzung der Vorschrift entsprechend sollte hierdurch eine erleichterte Handhabe bei der Verfolgung und Bestrafung der Verbreitung nationalsozialistischer Propaganda erreicht werden. Insbesondere sollte in den Fällen, die nach dem Verbotsgesetz ohne Schuldspruch endeten, die Tat so zumindest als Verwaltungsübertretung geahndet werden können.[69]

c) Geschütztes Rechtsgut

Zweck dieses Tatbestandes ist – anders als im Rahmen des Verbotsgesetzes – nicht, den Staat vor der Wiedererweckung des Nationalsozialismus zu schützen, sondern, „ärgerniserregenden Unfug hintanzuhalten“.[70]

---

67 BG vom 19.02.1986, in Kraft getreten mit 08.05.1986.

68 Erlaß des BKA vom 06.05.1986, GZ 600.519/6-V/1/86, mitgeteilt mit Erlaß des BMJ vom 24.06.1986, GZ 710.000/24-II 1/86, zitiert nach: *Leukauf/Steininger*, Strafrechtliche Nebengesetze, 2. Auflage, Eisenstadt 1986, S. 81.

69 Erlaß des BKA, a.a.O., S. 82.

70 Verfassungsgerichtshof vom 07.03.1998, ÖJZ 1990, 499.

d) *Tathandlungen*

Die Tathandlung besteht im Verbreiten von nationalsozialistischem Gedankengut im Sinne des VerbotsG. Verbreiten ist ein Verhalten, bei dem das jeweilige Gedankengut einem größeren Personenkreis zugänglich gemacht wird, wobei dies auch mündlich oder durch das Verteilen von Druckwerken erfolgen kann.[71] Als Richtwert gelten auch hier zehn Personen. Straflose Vorbereitungshandlungen, die nach der Vorstellung des BKA nicht unter den Tatbestand fallen sollen, sind das Herstellen solcher Druckwerke, das Konzipieren deren Inhalts und deren Beförderung.[72]

Unter nationalsozialistischem Gedankengut im Sinne des Verbotsgesetzes ist nur der historische Nationalsozialismus der Jahre 1920 bis 1945 zu verstehen. Hierbei ist zu beachten, daß nicht historische Druckwerke oder andere Gegenstände aus dieser Zeit, sondern vielmehr nur neue Druckwerke etc. erfaßt sein sollen.[73]

e) *Anwendbarkeit auf die elektronische Datenübertragung*

Über die Anwendbarkeit auf die elektronische Datenübertragung liegen keine Erkenntnisse vor; eine Anwendbarkeit der Tathandlung Verbreiten erscheint jedoch unproblematisch möglich. Hier scheinen sich in Österreich, anders als in Deutschland, wo der Begriff des Verbreitens eine Übertragung körperlicher Gegenstände voraussetzt, keine Probleme zu ergeben. Da das Verbreiten jedoch ein Zugänglichmachen an einen größeren Personenkreis voraussetzt, wird auch hier eine Differenzierung erforderlich sein, wobei sich eine ähnliche Betrachtungsweise wie im Rahmen des § 283 StGB anbietet. Lediglich im Bereich der Individual- bzw. Punkt-zu-Punkt-Kommunikation dürfte eine Anwendbarkeit des § 3d VerbotsG also ausscheiden, da z. B. E-mails in der Regel nur an den Empfänger gerichtet und durch diesen wahrnehmbar sind.[74] Nach *Schmölzer*[75] soll der Verbreitungstatbestand möglicherweise die verwaltungsstrafrechtliche Verantwortlichkeit des Internet-Providers begründen.

---

71 Erlaß des BKA, a.a.O., S. 82.

72 Erlaß des BKA, a.a.O., S. 82.

73 Erlaß des BKA, a.a.O., S. 82.

74 *Schmölzer*, Strafrechtliche Aspekte, a.a.O., S. 253.

75 *Schmölzer*, Strafrechtliche Aspekte, a.a.O., S. 261.

f) Vorsatzformen

Da Art. IX Abs. 1 Z 4 EGVG keine besondere Schuldform vorsieht, genügt nach § 5 Abs. 1 VStG fahrlässiges Verhalten. Dies gilt dann zu beachten, wenn ein Verteiler behauptet, er habe den von ihm verbreiteten Inhalt nicht gekannt.[76]

g) Strafen

Die Vorschrift sieht Geldstrafe bis zu 30.000 Schilling vor. Daneben ordnet sie auch den Verfall der Gegenstände, mit denen die strafbare Handlung begangen wurde, an.

II. Leugnungstatbestände

1. Überblick

Gleich zwei Strafvorschriften hält das österreichische Strafrecht zur Erfassung der sogenannten Auschwitzlüge bereit. Zum einen kommt hier die bereits untersuchte Vorschrift § 3g VerbotsG in Betracht, welche die Betätigung in sonstiger nationalsozialistischer Weise erfaßt. Primär anwendbar ist jedoch § 3h VerbotsG, der sich speziell mit der Leugnung des nationalsozialistischen Völkermordes befaßt. Subsidiär anwendbar ist auch hier der im Exkurs behandelte Art. IX Abs. 1 Z 4 EGVG (Verbreitung nationalsozialistischen Gedankenguts), der in diesem Zusammenhang nicht mehr gesondert aufgeführt werden soll.

2. § 3g Verbotsgesetz (Betätigung in sonstiger nationalsozialistischer Weise)

Wie bereits unter B I 2 erwähnt, erfaßt § 3g VerbotsG auch die Leugnung des nationalsozialistischen Völkermordes. Zur Tatbestandsverwirklichung erforderlich ist jedoch ein über das reine Inabredestellen hinausgehendes Leugnen in propagandistischer Absicht und mit Wiederbetätigungsvorsatz.[77] Auf die Ausführungen zu § 3g VerbotsG wird verwiesen.

---

76 Erlaß des BKA, a.a.O., S. 82.

77 *Jahn*, a.a.O., S. 70; *Platzgummer*, ÖJZ 1994, 753, 761.

3. § 3h Verbotsgesetz (Leugnen des nationalsozialistischen Völkermordes)

a) *Normtext*

§ 3h Verbotsgesetz

Nach § 3g wird auch bestraft, wer in einem Druckwerk, im Rundfunk oder in einem anderen Medium oder wer sonst öffentlich auf eine Weise, daß es vielen Menschen zugänglich wird, den nationalsozialistischen Völkermord oder andere nationalsozialistische Verbrechen gegen die Menschlichkeit leugnet, gröblich verharmlost, gutheißt oder zu rechtfertigen sucht.

b) *Normentstehung und Überblick*

Mit der Verbotsgesetzes-Novelle von 1992 wurde der Katalog der Strafbestimmungen auf die sogenannte Auschwitzlüge in § 3h VerbotsG erweitert. Mit der Einführung dieses Tatbestandes sollte vor allem den Schwierigkeiten begegnet werden, die – für eine Verurteilung nach § 3g VerbotsG – der Nachweis des *besonderen* Vorsatzes, sich im nationalsozialistischen Sinne zu betätigen, mit sich brachte.[78]

c) *Geschütztes Rechtsgut*

Auf die Ausführungen zu B I 2 wird verwiesen.

d) *Tathandlung*

§ 3h VerbotsG enthält die Strafbarkeit der sogenannten Auschwitzlüge. Konkret macht sich danach strafbar, wer den nationalsozialistischen Völkermord oder andere nationalsozialistische Verbrechen gegen die Menschlichkeit leugnet, gröblich verharmlost, gutheißt oder zu rechtfertigen sucht. Die Vorschrift stellt klar, daß der nationalsozialistische Völkermord und die anderen nationalsozialistischen Verbrechen gegen die Menschlichkeit als historische Tatsachen notorisch sind und im Strafprozeß keiner Beweiserhebung bedürfen.[79]

Unter *Leugnen* ist das Inabredestellen der nationalsozialistischen Verbrechen, also z. B. das Verneinen der Existenz von Vernichtungslagern, in denen planmäßige Massenvernichtungen stattfanden, zu verstehen.[80] Unter *gröblich Verharmlosen* ist ein Verhalten zu subsumieren, das nur die wesentlichen Kernbereiche des nationalsozialistischen Völkermordes und der nationalsozialistischen

---

78 Einführungserlaß des Bundesministers der Justiz, JABl. (Amtsblatt der Justizverwaltung) 1992/18, 75.

79 JABl. 1992/18, 75.

80 JABl. 1992/18, 76; *Moser*, a.a.O., S. 18.

Verbrechen gegen die Menschlichkeit abstreitet.[81] *Zu rechtfertigen Suchen* bedeutet das Infragestellen der Verwerflichkeit.[82] Hinsichtlich Äußerungen in wissenschaftlichen Arbeiten wird Bezug genommen auf die Ausführungen zu § 3g VerbotsG. In Abgrenzung zu § 3g VerbotsG muß die Tathandlung keine Betätigung im nationalsozialistischen Sinne darstellen.[83] Bereits das reine Inabredestellen ohne konkreten Wiederbetätigungsvorsatz ist nach diesem Tatbestand strafbar.

Im Gegenzug hierzu werden erhöhte Anforderungen an den Öffentlichkeitsbezug gestellt. Es muß sich hierbei um eine sogenannte qualifizierte Öffentlichkeit handeln.[84] Als Begehungsmittel werden aufgezählt: Druckwerke, Rundfunk und andere Medien sowie „sonst öffentlich auf eine Weise, daß es vielen Menschen zugänglich wird".

Druckwerk wird durch § 1 Abs. 1 Z 4 Mediengesetz (MedG) definiert als „ein Medienwerk, durch das Mitteilungen oder Darbietungen ausschließlich in Schrift oder in Standbildern verbreitet werden", wobei Medienwerk nach § 1 Abs. 1 Z 3 MedG „ein zur Verbreitung an einen größeren Personenkreis bestimmter, in einem Massenherstellungsverfahren in Medienstücken vervielfältigter Träger von Mitteilungen oder Darbietungen mit gedanklichem Inhalt" ist. Hierunter fallen z. B. Bücher, Zeitungen, Flugblätter, Plakate,[85] jedoch sollen nicht nur Stand-, sondern auch Laufbilder erfaßt sein.[86] Unter Rundfunk sind Hörfunk und Fernsehen (§ 3 Abs. 1 RundfunkG) zu verstehen.[87]

Zur Erläuterung des Begriffs *andere Medien* kann wieder zurückgegriffen werden auf § 1 Abs. 1 Z 1 MedG, welcher auch eine Definition des Begriffs *Medium* enthält: jedes Mittel zur Verbreitung von Mitteilungen oder Darbietungen mit gedanklichem Inhalt in Wort, Schrift, Ton oder Bild an einen größeren Personenkreis im Wege der Massenherstellung oder der Massenverbreitung, z. B. Videokassetten, Schallplatten, elektronische Medien, Disketten.[88]

Der Begriff *öffentlich* wurde bereits definiert (§ 69 StGB). Danach muß die Tathandlung unmittelbar von einem größeren Personenkreis wahrgenommen wer-

---

81 JABl. 1992/18, 76; *Moser*, a.a.O., S. 18; *Ruess*, a.a.O., S. 60.

82 *Moser*, a.a.O., S. 18.

83 *Moser*, a.a.O., S. 23.

84 JABl. 1992/18, 76.

85 JABl. 1992/18, 76; *Moser*, a.a.O., S. 19.

86 *Ruess*, a.a.O., S. 55.

87 JABl. 1992/18, 76; *Moser*, a.a.O., S. 19.

88 *Moser*, a.a.O., S. 19.

den können, wobei als Richtwert zehn Personen angenommen werden.[89] Gleichzeitig muß sie im Rahmen von § 3h VerbotsG jedoch auch *vielen Menschen zugänglich* sein, was der Fall ist, wenn etwa 30 Personen, auch sukzessive, Kenntnis erlangen können.[90] Eine tatsächliche Verbreitung an 30 oder mehr Personen ist nicht erforderlich; die Äußerung muß nur nach der allgemeinen Lebenserfahrung vielen Menschen zur Kenntnis gelangen können.[91] Gespräche im privaten Kreis oder in einer kleineren, vertrauten Gruppe sind nicht erfaßt.[92]

e) Anwendbarkeit auf die elektronische Datenübertragung

§ 3h VerbotsG ist nach der Verbotsgesetzesnovelle von 1992 dergestalt gefaßt, daß er neben der Begehung in einem Druckwerk und im Rundfunk auch diejenige in einem anderen Medium oder auf sonst öffentliche Weise, daß es vielen Menschen zugänglich wird, erfaßt. Der Begriff des *anderen Mediums* ist hierbei so umfassend, daß er die Begehung im Wege elektronischer Datenübertragung für die Fälle der Massenverbreitung einschließt.[93] Dieser Auffassung ist auch der *Bundesminister für Justiz Dr. Michalek* in einer parlamentarischen Anfragebeantwortung beigetreten.[94]

Auch die Variante *sonst öffentlich auf eine Weise, daß es vielen Menschen zugänglich wird* kommt in Betracht.[95] Wenn die unmittelbare Wahrnehmbarkeit durch mindestens zehn und eine weitere Kenntniserlangungsmöglichkeit durch 30 Personen gegeben ist, dürfte die Anwendbarkeit unproblematisch gegeben

---

89 *Moser*, a.a.O., S. 20.

90 JABl. 1992/18, 77; *Jahn*, a.a.O., S. 43; *Ruess*, a.a.O., S. 60.

91 JABl. 1992/18, 77; *Moser*, a.a.O., S. 21.

92 *Ruess*, a.a.O., S. 60.

93 Nach dem Einführungserlaß des Bundesministers der Justiz (JABl. 1992/18, 76) ist „auch die Weitergabe derartiger Äußerungen in elektronischen Medien, beispielsweise über Bildschirmtext, Teletext, im Rahmen von Kabelübertragungen oder aber in zur Wieterverbreitung bestimmten Computer-Disketten" erfaßt; für die Erfassung auch: *Schmölzer* in: *Maier-Rabler/Mayer-Schönberger/Nening-Schönbanker/Schmölzer*, a.a.O., S. 149; *Stabentheiner*, ecolex 1996, 748, 750; *Jaburek/Wölfl*, Cyber-Recht, Wien 1997, S. 60 f.; *Ruess*, a.a.O., S. 59.

94 BM für Justiz, Dr. Michalek, a.a.O., S. 279 f.

95 *Stabentheiner*, ecolex 1996, 748, 750; *Riendl*, a.a.O.

sein.[96] Diese Auffassung vertritt auch der *Bundesminister für Justiz Dr. Michalek* ausweislich der bereits genannten parlamentarischen Anfragebeantwortung.[97] Das unter Berufung auf die mangelnde Öffentlichkeit durch die Staatsanwaltschaft eingestellte Ermittlungsverfahren hinsichtlich der Homepage des *Bürgerschutzes Österreich*[98] wurde auf Weisung des Bundesministers für Justiz entsprechend auch wiederaufgenommen. Für den Anwendungsbereich des § 3h VerbotsG dürften daher nur private Vorgänge wie E-mail und geschlossene Newsgroups oder Mailing-lists mit weniger als zehn Beteiligten ausscheiden, sofern sich nicht jedermann anschließen kann.

f) Vorsatzformen

§ 3h VerbotsG erfordert zur Tatbestandsverwirklichung mindestens bedingten Vorsatz. Der Täter muß wissen, daß er wesentliche Elemente des nationalsozialistischen Verbrechens leugnet, verharmlost, gutheißt oder zu rechtfertigen sucht (sog. *gefärbter* Vorsatz).[99] Im Gegensatz zu § 3g VerbotsG ist kein *besonderer* Vorsatz der nationalsozialistischen Betätigung erforderlich. Hinsichtlich des Erfordernisses der qualifizierten Öffentlichkeit ist eine Parallelwertung in der Laiensphäre ausreichend.[100] Der Täter muß z. B. ernstlich für möglich halten, daß seine Äußerung von etwa 10 Personen unmittelbar wahrgenommen werden kann und von dieser Personengruppe ausgehend etwa 30 Personen zugänglich wird.[101]

g) Strafen

Die Strafdrohung richtet sich nach § 3g VerbotsG, auf den § 3h VerbotsG verweist. Als Strafen sind Freiheitsstrafe von einem bis zu zehn Jahren, bei besonderer Gefährlichkeit des Täters oder der Betätigung bis zu zwanzig Jahre vorgesehen. Dies gilt auch hier nur für den Fall, daß die Tat nicht nach einer anderen Bestimmung strenger strafbar ist. Die Einziehung richtet sich wiederum nach § 26 StGB.

---

96 *Stabentheiner*, ecolex 1996, 748, 750; bejahend auch *Jahn*, a.a.O., S. 66, für das Internet: *Schmölzer*, in *Maier-Rabler/Mayer-Schönberger/Nening-Schönbanker/Schmölzer* (Hrsg.), a.a.O., S. 151, problematisiert, ob das bei § 69 StGB geforderte Kriterium der *Unmittelbarkeit* der Wahrnehmbarkeit durch einen größeren Personenkreis gegeben ist.

97 BM für Justiz, Dr. Michalek, a.a.O., S. 279 f.

98 hierzu vgl. bereits unter A I des Landesberichts.

99 *Jahn*, a.a.O., S. 70; *Platzgummer*, ÖJZ 1994, 753, 762.

100 *Jahn*, a.a.O., S. 70.

101 JABl. 1992/18, 77.

III. Propagandamittel und Kennzeichen verfassungswidriger Organisationen

1. Überblick

Keine Strafvorschrift der österreichischen Rechtsordnung befaßt sich unmittelbar mit dem Verwenden oder Verbreiten von Propagandamitteln und Kennzeichen verfassungswidriger Organisationen. Nach der Rechtsprechung des OGH fallen entsprechende Verhaltensweisen jedoch unter die Generalklausel des § 3g VerbotsG, sofern es sich hierbei um eine nationalsozialistische Wiederbetätigung handelt. Eine gesonderte Behandlung erfährt die hier zu untersuchende Rubrik allerdings durch das Abzeichengesetz, welches in Übertretungstatbeständen das Tragen, Zurschaustellen, Darstellen oder Verbreiten von Abzeichen verbotener Organisationen allgemeiner Art erfaßt.

2. § 3g VerbotsG (Betätigung in sonstiger nationalsozialistischer Weise)

a) Normtext, Normentstehung und geschütztes Rechtsgut

Auf die Ausführungen zu B I 2 wird verwiesen.

b) Tathandlungen

Wie oben unter B I 2 bereits beschrieben, handelt es sich bei § 3g um einen Auffangtatbestand, der die unterschiedlichsten Formen nationalsozialistischer Wiederbetätigung erfaßt. Daher ist dieser Tatbestand nicht auf bestimmte Äußerungsformen beschränkt und erfaßt auch jegliches Verhalten, das im Zusammenhang mit nationalsozialistischen Propagandamitteln und Kennzeichen steht.

So fällt hierunter z. B. das Aussprechen des Hitlergrußes („Heil Hitler!"), sowie das Bemalen einer Plakatfläche mit Hakenkreuzen.[102] In letzterem Fall ist jedoch die Abgrenzung zu § 3f VerbotsG zu beachten, wenn der Schaden am fremden Eigentum 25.000 Schilling übersteigt.[103] Erfaßt ist auch das Inumlaufbringen von Grablichtern mit Hakenkreuzen und Klebevignetten mit der Aufschrift „Kauft nicht bei Juden" und „Jetzt NSDAP"[104] und das bereits erwähnte Anbringen von Aufklebern an öffentlichen Orten mit Parolen wie „Gib Nazis eine Chance" oder „Schluß mit dem Holocaust! Oder Deutscher willst Du ewig zahlen?".[105]

---

102 OGH 09.12.1993, 15 Os 155/93.

103 *Moser*, a.a.O., S. 12.

104 *Jahn*, a.a.O., S. 63.

105 OGH 11.03.1993, 15 Os 72/92.

c) *Anwendbarkeit auf die elektronische Datenübertragung, Vorsatzform und Strafen*

Auf die Ausführungen zu B I 2 wird verwiesen.

3. Exkurs: Übertretungstatbestand § 3 Abs. 1 AbzeichenG

a) *Normtext*

§ 1 Abs. 1

Abzeichen, Uniformen oder Uniformteile einer in Österreich verbotenen Organisation dürfen öffentlich weder getragen noch zur Schau gestellt, dargestellt oder verbreitet werden. Als Abzeichen sind auch Embleme, Symbole und Kennzeichen anzusehen.

§ 1 Abs. 2

Das Verbot des Abs. 1 erstreckt sich auch auf Abzeichen, Uniformen und Uniformteile, die auf Grund ihrer Ähnlichkeit oder ihrer offenkundigen Zweckbestimmung als Ersatz eines der in Abs. 1 erwähnten Abzeichen, Uniformen oder Uniformteile gebraucht werden.

§ 1 Abs. 3

Orden und Ehrenzeichen, die eines der im Abs. 1 oder 2 erwähnten Embleme aufweisen, dürfen weder öffentlich getragen, noch zur Schau gestellt werden.

§ 2 Abs. 1

Die Verbote des § 1 finden, wenn nicht das Ideengut einer verbotenen Organisation gutgeheißen oder propagiert wird, keine Anwendung auf Druckwerke, bildliche Darstellungen, Aufführungen von Bühnen und Filmwerken sowie Ausstellungen, bei denen Ausstellungsstücke, die unter § 1 fallen, keine wesentlichen Bestandteile der Ausstellung darstellen.

§ 2 Abs. 2

Auf sonstige Ausstellungen finden die Verbote des § 1 dann keine Anwendung, wenn sich die Ausstellung und deren Zweckbestimmung eindeutig gegen das Ideengut der betreffenden verbotenen Organisation richten.

§ 3 Abs. 1

Wer einem Verbot des § 1 zuwiderhandelt, begeht eine Verwaltungsübertretung und ist von der Bezirksverwaltungsbehörde, im Amtsbereich einer Bundespolizeibehörde von dieser, mit Geldstrafe bis zu 10.000 Schilling oder mit Arrest bis zu einem Monat zu bestrafen. Überwiegen erschwerende Umstände, so können Geld- und Arreststrafe auch nebeneinander verhängt werden.

§ 3 Abs. 2

Abzeichen, die den Gegenstand einer strafbaren Handlung im Sinne des § 1 bilden, sind soweit dies nach der Beschaffenheit der Abzeichen möglich ist, für verfallen zu erklären.

§ 3 Abs. 3

Der Versuch ist strafbar.

§ 4

Mit der Vollziehung dieses Bundesgesetzes ist der Bundesminister für Inneres betraut.

b) Normentstehung und Überblick

Das Abzeichengesetz wurde vom Nationalrat am 05.04.1960 beschlossen.[106] Das Gesetz hat das Ziel, zu verhindern, daß Abzeichen verbotener Organisationen öffentlich getragen, zur Schau gestellt oder verbreitet werden.[107] Durch die Novelle von 1980 fand eine Erweiterung auf Uniformen und Uniformteile statt.

c) Geschütztes Rechtsgut

Verhindert werden soll die Erregung öffentlichen Ärgernisses sowie die Schädigung des Rufes Österreichs durch das Tragen, Zurschaustellen, Darstellen oder Verbreiten von Abzeichen verbotener Organisationen.[108]

d) Tathandlungen

Tathandlungen sind das öffentliche Tragen, Zurschaustellen, Darstellen oder Verbreiten von Abzeichen, Uniformen oder Uniformteilen in Österreich verbotener Organisationen (§ 1 Abs. 1 S. 1, 3 Abs. 1 Abzeichengesetz). Abzeichen sind auch Embleme, Symbole und Kennzeichen (§ 1 Abs. 1 S. 2 Abzeichengesetz). Erfaßt sind auch solche Tatobjekte, die auf Grund ihrer Ähnlichkeit oder ihrer offenkundigen Zweckbestimmung als Ersatz der genannten Gegenstände gebraucht werden (§ 1 Abs. 2 Abzeichengesetz). Weitere Tathandlungen sind das öffentliche Tragen oder Zurschaustellen von Orden und Ehrenzeichen, die eines der in Abs. 1 oder 2 erwähnten Embleme aufweisen (§ 1 Abs. 3 Abzeichengesetz).

Tatbestandlich ausgenommen sind Druckwerke, bildliche Darstellungen, Aufführungen von Bühnen und Filmwerken sowie Ausstellungen, bei denen Ausstellungsstücke nach § 1 keine wesentlichen Bestandteile der Ausstellung darstellen (§ 2 Abs. 1 Abzeichengesetz). Ausgenommen sind auch Ausstellungen, die sich selbst oder ihrer Zweckbestimmung nach eindeutig gegen das Ideengut der betreffenden verbotenen Organisation richten (§ 2 Abs. 2 Abzeichengesetz).

---

106 *Jahn*, a.a.O., S. 36.

107 *Jahn*, a.a.O., S. 36.

108 *Jahn*, a.a.O., S. 36.

e) Anwendbarkeit auf die elektronische Datenübertragung

Die grundsätzliche Anwendbarkeit des Übertretungstatbestandes erscheint unproblematisch. In Betracht kommen insbesondere die Tatbestände des öffentlich Darstellens, Zurschaustellens und des Verbreitens.[109] Zu beachten ist auch hier die Einschränkung auf eine öffentliche Begehungsweise[110] bzw. im Falle des Verbreitens auf ein Zugänglichmachen an einen unbestimmten Personenkreis.

f) Vorsatzformen

Die Tat kann fahrlässig begangen werden.[111]

g) Strafen

Die Strafen sind Geldstrafe bis zu 10.000 Schilling oder Arrest bis zu einem Monat, wobei bei Überwiegen erschwerender Umstände auch beide Strafen nebeneinander verhängt werden können (§ 3 Abs. 1 Abzeichengesetz). Der Verfall kann nach § 3 Abs. 2 Abzeichengesetz erklärt werden.

IV. Aufforderung zu Straftaten

1. Überblick

Im Bereich der Aufforderung zu Straftaten existieren drei Strafvorschriften. § 3d VerbotsG steht hierbei speziell im Zusammenhang mit nationalsozialistischen Betätigungsformen. Als Tatbestände allgemeiner Art sind § 281 StGB (Aufforderung zum Ungehorsam gegen Gesetze) und § 282 StGB (Aufforderung zu mit Strafe bedrohten Handlungen und Gutheißung mit Strafe bedrohter Handlungen) zu nennen.

2. § 3d VerbotsG

a) Normtext

§ 3d Verbotsgesetz

Wer öffentlich oder vor mehreren Leuten, in Druckwerken, verbreiteten Schriften oder bildlichen Darstellungen zu einer der nach § 1 oder § 3 verbotenen Handlungen auffordert, aneifert oder zu verleiten sucht, insbesondere zu diesem Zweck die Ziele der NSDAP, ihre Einrichtungen oder Maßnahmen verherrlicht oder anpreist, wird, sofern

---

109 Hierzu dürfte dasselbe gelten wie bezüglich des Übertretungstatbestandes Art. IX Abs. 1 Z 4 EGVG.

110 Auch hier wird ein Richtwert von zehn Personen angenommen, vgl. bereits oben.

111 *Jahn*, a.a.O., S. 37.

sich darin nicht eine schwerer verpönte gerichtlich strafbare Handlung darstellt, mit Freiheitsstrafe von fünf bis zu zehn Jahren, bei besonderer Gefährlichkeit des Täters oder der Betätigung bis zu zwanzig Jahren, bestraft.

b) Normentstehung und Überblick

Zum Verbotsgesetz allgemein wird auf die Ausführungen zu B I 2 b) verwiesen.

c) Geschütztes Rechtsgut

Zur Zielrichtung des Verbotsgesetzes wird auf die Ausführungen unter B I 2 c) Bezug genommen.

d) Tathandlung

Nach § 3d VerbotsG macht sich strafbar, wer öffentlich oder vor mehreren Leuten, in Druckwerken, verbreiteten Schriften oder bildlichen Darstellungen zu einer nach § 1 oder § 3 verbotenen Handlung auffordert,[112] aneifert oder zu verleiten sucht,[113] insbesondere zu diesem Zweck die Ziele der NSDAP, ihre Einrichtungen oder Maßnahmen verherrlicht oder anpreist. Strafgrund ist, daß es sich hierbei um Vorbereitungshandlungen zur Neugründung der NSDAP handelt, welchen nach der Zielsetzung des VerbotsG entgegengewirkt werden soll.[114] Erfaßt ist jede öffentliche Aufforderung zu nach § 3 VerbotsG verbotenen Handlungen.[115] Wie der Wortlaut („sofern“) bereits zeigt, ist die Vorschrift subsidiär gegenüber Straftatbeständen, welche die Tat strenger bestrafen. Da die Anstiftung zu Straftaten bereits nach § 12 StGB strafbar ist, kommt § 3d VerbotsG vor allem in den Fällen Bedeutung zu, in denen die Strafdrohung für den Bestimmungstäter niedriger wäre oder in denen die Tat, zu der aufgefordert wurde, nicht zur Ausführung gelangt.[116]

Bezüglich der Begriffe *Druckwerk* und *öffentlich* wird auf die Ausführungen zu § 3h VerbotsG verwiesen. Unter *mehreren Leuten* versteht man herkömmlicherweise, daß außer dem Täter mindestens zwei Personen anwesend sind. Im

---

112 Vgl. hierzu die noch folgenden Ausführungen zu §§ 281, 282 StGB.

113 Hierbei ist nicht der Versuch im strafrechtlichen Sinne angesprochen, es genügt vielmehr jede Vorbereitungshandung, vgl. *Ruess*, a.a.O., S 56.

114 *Platzgummer*, ÖJZ 1994, 752, 759.

115 *Platzgummer*, ÖJZ 1994, 753, 759.

116 *Ruess*, a.a.O., S. 54.

Falle der Beleidigung (§ 115 StGB)[117] wird hierbei der Beleidigte nicht mitgerechnet, so daß insgesamt drei Personen anwesend sein müssen.[118] Da es bei § 3d VerbotsG keinen eigentlich Betroffenen bzw. Opfer gibt, reicht hier die Anwesenheit von zwei Personen.[119]

Zur Definition des Begriffs der *Schriften* wird in der Literatur mangels Legaldefinition überwiegend Bezug genommen auf den Urkundsbegriff nach § 74 Z 7 StGB,[120] der das Kriterium der Schriftlichkeit enthält. [121] Danach sind Schriften alle Zeichen, die dazu dienen, einen Gedanken für andere lesbar zu machen.[122] Tonträger, Bilder und ähnliches können hierunter nicht fallen, da sie Gedankeninhalte nicht schriftlich verkörpern. Unerheblich ist das verwendete Schreibmaterial; allerdings muß die Verkörperung des Gedankeninhalts von einiger Dauerhaftigkeit sein.[123] *Verbreiten* ist jede Tätigkeit, durch die der betreffende Gegenstand einem größeren Personenkreis zugänglich gemacht wird.[124]

Der Begriff *bildliche Darstellungen* ist denkbar weit zu fassen. Er umfaßt jede Art der Wiedergabe von Vorgängen der Wirklichkeit.[125] Nach dem Justizausschußbericht zu § 207a StGB, welcher im Jahre 1994 ins österreichische

---

117 Die Vorschrift lautet:
§ 115 StGB
(1) (...)
(2) Eine Handlung wird vor mehreren Leuten begangen, wenn sie in Gegenwart von mehr als zwei vom Täter und vom Angegriffenen verschiedenen Personen begangen wird und diese sie wahrnehmen können.
(3) (...).

118 *Leukauf/Steininger*, Strafgesetzbuch, § 69 Rz. 9.

119 *Heller/Loebenstein/Werner*, a.a.O., S. II/113; a.A. *Ruess*, a.a.O., S. 55, unter Berufung auf § 115 StGB.

120 Die Vorschrift lautet:
§ 74 StGB
Im Sinne dieses Bundesgesetzes ist
(1) – (6) (...)
(7) Urkunde: eine Schrift, die errichtet worden ist, um ein Recht oder ein Rechtsverhältnis zu begründen, abzuändern oder aufzuheben oder eine Tatsache von rechtlicher Bedeutung zu beweisen.

121 *Schmölzer* in: *Maier-Rabler/Mayer-Schönberger/Nening-Schönbanker/Schmölzer* (Hrsg.), a.a.O., S. 145; *Leukauf/Steininger*, Strafgesetzbuch, § 223 Rz. 7.

122 *Leukauf/Steininger*, Strafgesetzbuch, § 223 Rz. 8.

123 *Leukauf/Steininger*, Strafgesetzbuch, § 223 Rz. 10.

124 *Freund*, Die Strafbarkeit von Internetdelikten, Wien 1998, S. 41.

125 *Ruess*, a.a.O., S. 55.

StGB eingeführt wurde und denselben Begriff verwendet, fallen hierunter neben sonstigen Abbildungen zum Beispiel auch Fotos, Dias und Filme, insbesondere Videofilme.[126] Der Wortsinn legt weiterhin nahe, daß textliche und wörtliche Darbietungen ausgeklammert sein sollen.[127]

e) *Anwendbarkeit auf die elektronische Datenübertragung*

§ 3d VerbotsG erfaßt die Begehungsalternativen *öffentlich oder vor mehreren Leuten, in Druckwerken, verbreiteten Schriften oder bildlichen Darstellungen.* Die Begehungsweisen dieses Tatbestandes, welcher andere Erscheinungsformen nationalsozialistischer Betätigung pönalisiert als § 3h VerbotsG, wurden hierbei 1992 nicht wie dort akkordiert, das heißt, eine Erstreckung auf *andere Medien* fand hier nicht statt. Dies läßt dennoch nicht den zwingenden Schluß darauf zu, daß eine Anwendung auf die neuen Medien ausscheiden sollte.[128] Schließlich dachte der Gesetzgeber 1992 eher an die Einbeziehung von Videokassetten denn an das Internet selbst.[129] Fraglich ist lediglich, ob eine Subsumtion unter den Begriff der *Schriften* oder der *bildlichen Darstellungen* möglich ist. Ob der Begriff der *Schrift* eine Anwendbarkeit im Internet zuläßt, ist nach dem derzeitigen Erkenntnisstand noch völlig unklar. In der Literatur wird in Ermangelung von Rechtsprechung oder Gesetzesmatierialien kontrovers diskutiert, allerdings für den Anwendungsbereich von § 1 und § 2 des Pornographiegesetzes (PornG). § 1 PornG enthält hierbei die Formulierung „Schriften (...) oder andere unzüchtige Gegenstände“, § 2 PornG „Schrift (...) oder sonstige Darstellung“. Hier wird eine Subsumtion unter den Begriff der Schrift teilweise als „wohl problemlos“ angesehen,[130] teilweise nur in Erwägung gezogen,[131] teilweise mit guten Argumenten für § 1 verneint, für § 2 dagegen bejaht.[132] Die hier in letzterem Fall von *Freund* vorgetragenen Argumente lassen sich kurz dergestalt zusammenfassen, daß bei § 1 PornG aus der Formulierung *andere Gegenstände* ersichtlich wird, daß nur körperliche Gegenstände erfaßt seien.[133] Anders sei dies bei

---

126 JAB 1848 BlgStenProt NR 18. GP, 1.

127 *Freund*, a.a.O., S. 32.

128 A. A. unter Berufung auf den Wortlaut: *Ruess*, a.a.O., S. 55. Hiernach sei eine Angleichung 1992 versäumt worden.

129 *Schmölzer*, in *Maier-Rabler/Mayer-Schönberger/Nening-Schönbanker/Schmölzer* (Hrsg.), a.a.O., S. 149, Fn. 249.

130 *Stabentheiner*, ecolex 1996, 748, 750.

131 *Schmölzer*, in *Maier-Rabler/Mayer-Schönberger/Nening-Schönbanker/Schmölzer* (Hrsg.), a.a.O., S. 146.

132 *Freund*, a.a.O., S. 24 ff., dessen Untersuchung nur das Pornographiegesetz betrifft.

133 *Freund*, a.a.O., S. 26 f.

§ 2 PornG zu beurteilen, welcher mangels Einschränkung auch bloße Anzeigen auf dem Bildschirm erfasse. Eine Ausdehnung des Schriftenbegriffs auf Dateien sei jedoch mangels unmittelbarer Lesbarkeit nicht möglich.[134] Nach *Schmölzer* dürfe es auf die unmittelbare Lesbarkeit wohl nicht ankommen, weshalb vom Begriff der Schrift nicht nur bereits aufgerufene Bildschirmanzeigen, sondern auch bloß gespeicherte Textdateien erfaßt seien.[135] Hinsichtlich des Tatbestandsmerkmals Verbreiten wird auf unter B I 4 e) erfolgte Ausführungen verwiesen.

In jedem Falle dürfte allerdings, wie auch schon bei § 3h VerbotsG angenommen, eine *öffentliche* Begehung vorliegen, wobei auch hier die Wahrnehmbarkeit durch mindestens zehn Personen erforderlich ist.

Auch der Begriff *bildliche Darstellungen* ist auf die elektronische Datenübertragung anwendbar.[136] Dies wurde vom Justizausschußbericht bei der Einführung des § 207a StGB im Jahre 1994 ausdrücklich bestätigt.[137] Danach erfaßt der Begriff *bildliche Darstellungen* neben den oben bezeichneten Objekten auch „sonstige Bild- oder Datenträger wie z. B. Computerdisketten, CD-Roms oder interaktive Computerspiele".[138] Damit fällt auch der bloße Datenträger, sei es, daß er auf Diskette oder Festplatte gespeichert ist, darunter. Die Übertragung der Motive des Justizausschusses bezüglich des Kinderpornographietatbestandes auf das VerbotsG ist nicht unproblematisch, da davon auszugehen ist, daß bei Verabschiedung der hier untersuchten Strafbestimmungen wohl noch nicht an eine Anwendbarkeit auf das Internet gedacht worden war. Allerdings läßt die einheitliche Verwendung des Begriffs *bildliche Darstellungen* in beiden Strafgesetzen durch den Gesetzgeber den Schluß zu, daß dieser auch einheitlich interpretiert werden soll. Es erscheint auch nicht unzulässig, die Vorschriften des VerbotsG nachträglich einer Interpretation zuzuführen, an die zunächst nicht gedacht war, da die Auslegung von Gesetzen naturgemäß einem Wandel unterliegen kann.

f) Vorsatzformen

§ 3d VerbotsG erfordert Vorsatz.

---

134 *Freund*, a.a.O., S. 29.

135 Ohne eingehendere Begründung: *Schmölzer* in: *Maier-Rabler/Mayer-Schönberger/Nening-Schönbanker/Schmölzer* (Hrsg.), a.a.O., S. 145 f; *dies.*, Strafrechtliche Aspekte, a.a.O, S. 259 f.

136 *Freund*, a.a.O., S. 30 ff.

137 JAB 1848 BlgStenProt NR 18. GP, 1.

138 JAB 1848 BlgStenProt NR 18. GP, 1.

g) *Strafen*

§ 3d VerbotsG ist, wie bereits angedeutet („sofern sich darin nicht eine schwerer verpönte gerichtlich strafbare Handlung darstellt"), subsidiär gegenüber anderen Strafvoschriften, die die Tat mit schwererer Strafe bedrohen. § 3d VerbotsG sieht Freiheitsstrafe von fünf bis zehn Jahren, bei besonderer Gefährlichkeit der Tat oder des Täters bis zwanzig Jahren vor. Die Einziehung von Gegenständen kann wiederum erfolgen nach § 26 StGB.

3. § 281 StGB (Aufforderung zum Ungehorsam gegen Gesetze)

a) *Normtext*

§ 281 StGB

Wer in einem Druckwerk, im Rundfunk oder sonst auf eine Weise, daß es einer breiten Öffentlichkeit zugänglich wird, zum allgemeinen Ungehorsam gegen ein Gesetz auffordert, ist mit Freiheitsstrafe bis zu einem Jahr zu bestrafen.

b) *Normentstehung und Überblick*

Der Tatbestand des § 281 StGB stellt die Organisierung des sogenannten allgemeinen zivilen Ungehorsams unter Strafe. Handelt es sich um den Ungehorsam gegen das Verbotsgesetz, so ist § 3d Verbotsgesetz vorrangig.

c) *Geschütztes Rechtsgut*

Geschützt wird durch § 281 StGB der öffentliche Friede.[139] Es handelt sich um ein abstraktes Gefährdungsdelikt.

d) *Tathandlungen*

Tathandlung ist die Aufforderung zum allgemeinen Ungehorsam gegen ein Gesetz in einem Druckwerk, im Rundfunk oder sonst auf eine Weise, daß es einer breiteren Öffentlichkeit zugänglich wird.

Auffordern ist eine Äußerung, die auf das Hervorrufen eines Entschlusses in anderen abzielt.[140] Aufgefordert werden muß zum *allgemeinen* Ungehorsam gegen ein Gesetz. Dies bedeutet, daß sich die Aufforderung darauf richten soll, generell, und nicht nur in bestimmten oder einzelnen Fällen, gegen wesentliche Bestimmungen eines Gesetzes zu verstoßen.[141] Dies ist z. B. nicht der Fall,

---

139 *Leukauf/Steininger*, Strafgesetzbuch, § 281 Rz. 2; *Foregger/Serini*, a.a.O., § 281 Anm. I; *Schmölzer*, a.a.O., S. 261.

140 *Foregger/Serini*, a.a.O., § 281 Anm. II; *Mayerhofer/Rieder*, a.a.O., § 281 Anm. 3.

141 *Bertel/Schwaighofer*, a.a.O., § 281 Rz. 1; *Foregger/Serini*, a.a.O., § 281 Anm. II; *Leukauf/Steininger*, Strafgesetzbuch, § 281 Rz. 2.

wenn der Täter dazu auffordert, nur für den kommenden Feiertag die Ladenschlußzeiten nicht zu beachten.[142] Auch muß sich die Nichtbefolgung auf ein *Gesetz*, nicht auf eine Verordnung oder behördliche Entscheidung beziehen.[143] Erfolgt die Aufforderung nicht in einem Druckwerk[144] oder im Rundfunk,[145] ist erforderlich, daß sie auf sonst eine Weise erfolgt, daß sie einer breiten Öffentlichkeit zugänglich wird. Hiermit ist die sogenannte qualifizierte Öffentlichkeit im Sinne von § 111 StGB gemeint, welche eine „medienähnliche Publizität" erfordert.[146] Als Beispiele hierfür werden von der Literatur vorgebracht: Lautsprecherwagen, Mitführen von Transparenten bei einer Demonstration oder die Plakatierung in großer Zahl an belebten Orten. Gegenbeispiele sind Äußerungen vor einer Schulklasse oder im Hörsaal.[147]

e) Anwendbarkeit auf die elektronische Datenübertragung

Da die Tathandlungsalternative *sonst auf eine Weise einer breiteren Öffentlichkeit zugänglich macht* nicht auf bestimmte Tatmittel begrenzt ist und einigen Diensten des Internet durchaus eine medienähnliche Publizität zuzuerkennen ist, erscheint die Anwendbarkeit der Vorschrift auf die elektronische Datenübertragung grundsätzlich unproblematisch.[148] Auf der Hand liegt, daß dies – wie bereits angesprochen – nicht für die über Internet erfolgende Individualkommunikation, sondern nur für öffentliche Teile im Netz wie Homepages gelten kann. Fraglich ist lediglich, wie Grenzfälle der Massenkommunikation wie z. B. Mailing-lists einzuordnen sind. Während diese unter den Begriff *öffentlich*, der eine Personenanzahl von etwa zehn erfordert, in der Regel noch zu subsumieren sind, wird man ihnen eine *breitere Öffentlichkeit* wohl absprechen müssen.

f) Vorsatzformen

Bestraft wird nur die vorsätzliche Begehung (§ 5 StGB).

---

142 Beispiel bei *Bertel/Schwaighofer*, a.a.O., § 281 Rz. 1.

143 *Bertel/Schwaighofer*, a.a.O., § 281 Rz. 1; *Foregger/Serini*, a.a.O., § 281 Anm. II.

144 Zum Begriff des Mediums nach § 1 Abs. 1 Z 4 MedG vgl. bereits unter B II 3 d.

145 Hiervon ist Hörfunk und Fernsehen erfaßt, vgl. *Kienapfel*, Grundriß des österreichischen Strafrechts, Besonderer Teil, Band I: Delikte gegen Personenwerte, 4. Auflage, Wien 1997, § 111 Rz. 40.

146 *Kienapfel*, a.a.O., § 111 Rz. 41.

147 Beispiele bei *Kienapfel*, a.a.O., § 111 Rz. 41.

148 *Kienapfel*, a.a.O., § 111 Rz. 41; *Schmölzer*, Strafrechtliche Aspekte, a.a.O., S. 262; i. E. auch *Stabentheiner*, ecolex 1996, 748, 750.

g) *Strafen*

Als Rechtsfolge ist Freiheitsstrafe bis zu einem Jahr angedroht. Die Einziehung richtet sich nach § 26 StGB.

4. § 282 StGB (Aufforderung zu mit Strafe bedrohten Handlungen und Gutheißung mit Strafe bedrohter Handlungen)

a) *Normtext*

§ 282 StGB

(1) Wer in einem Druckwerk, im Rundfunk oder sonst auf eine Weise, daß es einer breiten Öffentlichkeit zugänglich wird, zu einer mit Strafe bedrohten Handlung auffordert, ist, wenn er nicht als an dieser Handlung Beteiligter (§ 12) mit strengerer Strafe bedroht ist, mit Freiheitsstrafe bis zu zwei Jahren zu bestrafen.

(2) Ebenso ist zu bestrafen, wer auf die im Abs. 1 bezeichnete Weise eine vorsätzlich begangene, mit einer ein Jahr übersteigenden Freiheitsstrafe bedrohte Handlung in einer Art gutheißt, die geeignet ist, das allgemeine Rechtsempfinden zu empören oder zur Begehung einer solchen Handlung aufzureizen.

b) *Normentstehung und Überblick*

§ 282 StGB erfaßt im Gegensatz zu § 281 StGB die Aufforderung zu mit gerichtlicher Strafe bedrohten Handlungen, sowie deren Gutheißung. Bei Abs. 1 handelt es sich, wie bereits der Wortlaut zeigt, um eine Art Auffangtatbestand zur Anstiftung. Zu beachten ist allerdings auch hier der Vorrang von § 3d Verbotsgesetz bei einer Aufforderung zu Straftaten im Sinne des Verbotsgesetzes.

c) *Geschütztes Rechtsgut*

§ 282 StGB schützt den öffentlichen Frieden, nicht unmittelbar das durch die Tat verletzte Rechtsgut.[149] Es handelt sich um ein abstraktes Gefährdungsdelikt.[150]

d) *Tathandlungen*

Tathandlung in Abs. 1 ist die Aufforderung zu einer mit Strafe bedrohten Handlung in einem Druckwerk, im Rundfunk oder sonst auf eine Weise, daß es einer breiten Öffentlichkeit zugänglich wird.[151] Die Aufforderung kann sich auf viele unbestimmte, aber auch bloß auf eine einzige, gerichtlich strafbare Tat be-

---

149 *Schmölzer*, Strafrechtliche Aspekte, a.a.O., S. 262 f.

150 *Foregger/Serini*, StGB, § 282 Anm. II; *Mayerhofer/Rieder*, a.a.O., § 282 Anm. 2.

151 Zum Begriff der Aufforderung und den Arten von deren Verbreitung siehe bereits die Ausführungen zu § 281 StGB.

ziehen. Außerdem genügt, daß nur eine bestimmte Person dazu aufgefordert wird. In letzterem Fall ist jedoch abzugrenzen von einer Anstiftung (§ 12 StGB). Ist die Tat, zu der aufgefordert werden soll, mit strengerer Strafe bedroht als § 282 StGB, so soll nur nach § 12 StGB vorgegangen werden. Ist sie mit gleicher oder geringerer Strafe bedroht, so kommt § 282 StGB daneben zur Anwendung.[152] Der Grund für eine tateinheitliche Behandlung sind die unterschiedlichen Schutzgüter, die durch die Tat betroffen sind.[153]

Tathandlung in Abs. 2 ist das auf eine der in Abs. 1 beschriebenen Weisen erfolgende Gutheißen von vorsätzlich begangenen Straftaten mit einer Strafdrohung von über einem Jahr in einer Art, die geeignet ist, das allgemeine Rechtsempfinden zu empören oder zur Begehung solcher Taten aufzureizen. Unter *Gutheißen* versteht man ein über das bloße Beschönigen hinausgehendes ausdrückliches Billigen, als richtig, rühmlich oder nachahmenswert Hinstellen.[154] Gutheißen kann sich nur auf bereits begangene Taten beziehen.[155] Die in Rede stehende Straftat muß nicht zu einer Verurteilung geführt haben.[156] *Empören* ist eine nicht unerhebliche und berechtigte Entrüstung; *Aufreizen* ein leidenschaftliches Nahelegen.[157]

e) Anwendbarkeit auf die elektronische Datenübertragung

Bezüglich der Anwendbarkeit der Tatbestände auf die elektronische Datenübertragung gelten die bereits zu § 281 StGB gemachten Ausführungen.

f) Vorsatzformen

Der Tatbestand erfordert eine vorsätzliche Begehung.

g) Strafen

Als Rechtsfolge ist Freiheitsstrafe bis zu zwei Jahren vorgesehen.

---

152 *Leukauf/Steininger*, Strafgesetzbuch, § 282 Rz. 5; *Foregger/Serini*, StGB, § 282 Anm. II; *Mayerhofer/Rieder*, a.a.O., § 282 Anm. 4; *Bertel/Schwaighofer*, a.a.O., § 282 Rz. 5.

153 *Foregger/Serini*, StGB, § 282 Anm. II.

154 *Foregger/Serini*, StGB, § 282 Anm. II; *Leukauf/Steininger*, Strafgesetzbuch, § 282 Rz. 7.

155 *Foregger/Serini*, StGB, § 282 Anm. II.

156 *Foregger/Serini*, StGB, § 282 Anm. II.

157 *Foregger/Serini*, StGB, § 282 Anm. II; *Mayerhofer/Rieder*, a.a.O., § 282 Anm. 5, 8.

Ist in einer der Tathandlungen gleichzeitig eine nationalsozialistische Wiederbetätigung zu sehen, kommt allein § 3 VerbotsG als lex specialis zur Anwendung.[158] Die Einziehung richtet sich nach § 26 StGB.

5. Exkurs: Strafvorschriften des Mediengesetzes

Auch das Mediengesetz (MedG) enthält Strafvorschriften (§§ 28 bis 42 MedG); diese verweisen jedoch inhaltlich grundsätzlich auf die allgemeinen Strafgesetze.[159] Das Mediengesetz betrifft vielmehr die Haftung von neben dem Autor involvierten Personen.[160] Das Mediengesetz ist prinzipiell auch auf die modernen Medien anwendbar, da unter dem bereits definierten Begriff des *Mediums* gemäß § 1 Abs. 1 Z 1 MedG jedes Mittel zur Verbreitung von Mitteilungen oder Darbietungen mit gedanklichem Inhalt in Wort, Schrift, Ton oder Bild an einen größeren Personenkreis im Wege der Massenherstellung oder der Massenverbreitung verstanden wird. Massenverbreitung ist hierbei gegeben, wenn die Wahrnehmungsmöglichkeit für einen größeren Personenkreis besteht.[161] Daher fallen öffentlich zugängliche Bereiche in Netzwerken unter den Begriff des

---

158 *Leukauf/Steininger*, Strafgesetzbuch, § 282 Rz. 11; *Schmölzer*, Strafrechtliche Aspekte, a.a.O., S. 263.

159 Die Vorschrift lautet:
§ 28 MedG
Die strafrechtliche Verantwortlichkeit für Medieninhaltsdelikte bestimmt sich, soweit im folgenden nichts anderes bestimmt ist, nach den allgemeinen Strafgesetzen.

160 Die Vorschrift lautet:
§ 35 MedG
(1) Im Strafurteil wegen eines Medieninhaltsdelikts ist die Haftung des Medieninhabers (Verlegers) eines periodischen Mediums zur ungeteilten Hand mit dem Verurteilten für die Geldstrafe und die Kosten des Verfahrens einschließlich der Kosten der Urteilsveröffentlichung auszusprechen.
(2) Wenn nach Fällung des Urteils, mit dem diese Haftung ausgesprochen wird, oder eines Urteils im selbständigen Entschädigungsverfahren in der Person des Medieninhabers (Verlegers) ein Wechsel eintritt, haftet der neue Medieninhaber (Verleger) zur ungeteilten Hand mit dem früheren.
(3) Eine Ersatzfreiheitsstrafe (§ 19 Abs. 3 StGB) ist nur zu vollziehen, soweit die Geldstrafe auch bei dem Medieninhaber (Verleger) nicht eingebracht werden kann.

161 *Schmölzer* in: *Maier-Rabler/Mayer-Schönberger/Nening-Schönbanker/Schmölzer* (Hrsg.), a.a.O., S. 152; *Pilz*, Neue rechtliche Herausforderungen – Ein Überblick, in: *Mayer-Schönberger/Schneider-Manns-Au*, Der Jurist am Info-Highway, Über die Zukunft eines Berufsstandes, Wien 1997, S. 188, 193; *Ederer*, Medienrecht und telematische Medien, S. 273, 274, in: *Stiftung Dokumentationsarchiv des österreichischen Widerstandes* (Hrsg.), a.a.O.

Mediums.[162] Das Oberlandesgericht Wien hat in einem Beschluß vom 12.06.1996 ausgeführt, daß „die Mitteilungen der Mediendienste ohne Rücksicht auf die technische Form, in der sie geliefert werden, als Medien“ gelten und daß das Mediengesetz „nicht nur für die sogenannten Druckmedien, sondern auch für die elektronischen Medien, (...) grundsätzlich aber auch für die sogenannten neuen Medien“ Anwendung finde.[163] Daher kommen die mit gerichtlicher Strafe bedrohten Handlungen, die durch den Inhalt eines Mediums begangen werden und an einen größeren Personenkreis gerichtet sind als „Medieninhaltsdelikte“ nach § 1 Abs. 1 Z 12 MedG in Betracht.

Die Strafvorschriften des Mediengesetzes betreffen Medienunternehmer und Medieninhaber als Verantwortliche. Bislang herrscht Unklarheit, inwiefern es solche Personen im Internet geben kann. Möglicherweise könnte damit der Internet-Provider erfaßt sein.[164] Hiervon geht auch *Schmölzer* unter der Prämisse aus, daß dieser neben der Herstellung und Verbreitung eines Mediums auch dessen inhaltliche Gestaltung besorgt.[165] Die damalige Bundesgeschäftsführerin der SPÖ stellte am 20. Juni 1996 aufgrund der Befürchtung, daß durch das Mediengesetz Provider belangt werden könnten, die lediglich die technischen Möglichkeiten zur Veröffentlichung bestimmter Inhalte im Internet zur Verfügung stellten, einen Entwurf zur Anpassung des Medienrechts an Neue Medien vor.[166] Die hierdurch entfachte Diskussion hat bislang nicht zu einer Gesetzesänderung geführt. Nach *Laga* bestehen jedoch schon an der Medieninhaberqualität der Provider Zweifel, da diese in der Regel nicht an der inhaltlichen Gestaltung des Mediums teilnehmen.[167]

C. Internationales Strafrecht

I. Normtexte

§ 62 StGB

Die österreichischen Strafgesetze gelten für alle Taten, die im Inland begangen worden sind.

---

162 *Stabentheiner*, ecolex 1996, 748, 790.

163 Beschluß des Oberlandesgerichts Wien vom 12.06.1996, 18 Bs 102/96.

164 *Pilz*, a.a.O., S. 194.

165 *Schmölzer*, Strafrechtliche Aspekte, a.a.O., S. 256.

166 Abgedruckt bei *Ederer*, a.a.O., S. 275 ff.

167 *Laga*, Internet im rechtsfreien Raum?, Wien 1998, unter: http://www.laga.at/Disser tation/Diss.html (abgerufen am 07.12.2000).

§ 67 StGB

(1) (...)

(2) Eine mit Strafe bedrohte Handlung hat der Täter an jedem Ort begangen, an dem er gehandelt hat oder hätte handeln sollen oder ein dem Tatbild entsprechender Erfolg ganz oder zum Teil eingetreten ist oder nach der Vorstellung des Täters hätte eintreten sollen.

II. Prinzipien des internationalen Strafrechts („Strafanwendungsrecht")

In Österreich gilt – wie in Deutschland – gemäß § 62 StGB das Territorialitätsprinzip, das heißt, österreichisches Strafrecht ist auf alle Straftaten anwendbar, die im Inland begangen wurden. Was unter dem Ort der Begehung zu verstehen ist, richtet sich nach § 67 Abs. 2 StGB. Danach ist Tatort jeder Ort, an dem der Täter gehandelt hat oder hätte handeln müssen, oder an dem ein tatbestandlicher Erfolg eingetreten ist oder hätte eintreten sollen. Es ist also zu unterscheiden zwischen dem Handlungs- und dem Erfolgsort, wobei beide als Tatort in Frage kommen. Damit ist der Grundsatz der Einheits- oder Kombinationstheorie angesprochen.[168]

§ 63 StGB enthält das sogenannte Flaggenprinzip, welches das Territorialitätsprinzip auf österreichische Schiffe und Flugzeuge als Begehungsort erweitert. Ausnahmen vom Territorialitätsprinzip sind normiert in § 64 und 65 StGB, welche Ausprägungen des Real- oder Schutzprinzips, des Weltrechtsprinzips sowie des Personalitätsprinzips und des Prinzips der stellvertretenden Strafrechtspflege enthalten.

III. Internetstraftaten

Von Interesse ist auch hier, ob sich derjenige, der eine Internetseite strafbaren Inhalts im Ausland auf einem ausländischen Server ins Internet einspeist, bereits deshalb nach österreichischem Strafrecht strafbar macht, weil die Seite im Inland abgerufen bzw. gespeichert werden kann. Dies richtet sich maßgeblich danach, ob aufgrund dieser Handlung ein Erfolg im Inland eintritt. Der in § 67 Abs. 2 StGB genannte *Erfolg* muß kein tatbestandlicher, sondern nur ein „dem Tatbild entsprechender" sein.[169] Der Bundesminister für Justiz hat in Beantwortung einer schriftlichen parlamentarischen Anfrage die Ansicht vertreten, „daß mit dem 'Einstellen' strafgesetzwidrigen Materials in das Internet und dem

---

168 *Leukauf/Steininger*, Strafgesetzbuch, § 67 Rz. 4; *Thiele*, Straftaten im Cyberspace, Medien und Recht 1998, S. 219, 223.

169 *Thiele*, a.a.O., S. 219, 223 (Fn. 55).

folgenden Abruf und Speichern dieses Materials in Österreich zufolge § 67 Abs. 2 StGB auch ein österreichischer Tatort begründet wird, was nach § 62 StGB die Geltung österreichischen Strafrechts mit sich bringt".[170] Der Tatortbegriff des § 67 Abs. 2 StGB sei weit auszulegen.[171] Diese Ansicht vertreten auch *Schmölzer*[172] und *Auer/Loimer*[173], wobei letztere eine teleologische Reduktion des durch eine derartige Interpretation ausufernden § 67 Abs. 2 StGB dergestalt anregen, daß der Täter mit zumindest bedingtem Vorsatz über das Internet in Österreich einwirken wollen muß. Nach dem Ansatz von *Thiele*[174], welcher ebenfalls eine teleologische Reduktion des § 67 Abs. 2 StGB fordert, ist auf das finale Interesse des Täters abzustellen. Hiermit sei jedoch nur direkter Vorsatz, nicht bedingter Vorsatz gemeint, da schließlich jeder, der sich im Internet oder WWW bewege, aufgrund der Natur der Sache mit einer globalen Wirkung seines Handelns rechne. *Freund*[175] interpretiert § 67 Abs. 2 StGB anders, und zwar streng nach dem Wortlaut. Nach ihm kann ein tatbestandlicher Erfolg naturgemäß nur bei Erfolgsdelikten im engeren Sinne eintreten. Oben wurde bereits im Einzelnen dargelegt, welcher Deliktsnatur die untersuchten Straftatbestände sind; um Erfolgsdelikte im engeren Sinne handelt es sich hierbei nicht. Daher sei nach *Freund*[176] allein durch den Abruf einer im Ausland eingestellten Internetseite in Österreich noch kein inländischer Tatort begründet.

---

170 BM für Justiz, Dr. Nikolaus Michalek, a.a.O., S. 279 f. Ähnlich i. E. auch *Reindl*, a.a.O., welche § 3h VerbotsG als Erfolgsdelikt ansieht.

171 BM für Justiz, a.a.O. S. 280.

172 *Schmölzer*, a.a.O., S. 272.

173 *Auer/Loimer*, Zur Strafbarkeit der Verbreitung von Kinderpornographie über das Internet, ÖJZ 1997, 613, 616.

174 *Thiele*, a.a.O., S. 219, 224.

175 *Freund*, a.a.O., S. 75.

176 *Freund*, a.a.O., S. 75.

Landesbericht Schweiz

A. Einführung

I. Aktueller Hintergrund

Das Rassismus-Phänomen ist auch in der Schweiz längst zu einem Thema allgemeinen Interesses geworden. Dies ist nicht zuletzt darauf zurückzuführen, daß im Jahr 1994 erfolglos ein Referendum gegen die Einführung einer Anti-Rassismus-Strafnorm (Art. 261bis StGB) betrieben wurde.[1] Dies zeigt, daß seitens der Schweiz ein legislativer Handlungsbedarf zur Bekämpfung von verschiedenen Ausprägungen des Rassismus gesehen worden war.[2] Die Bevölkerung der Schweiz wurde in den letzten Jahren zudem, was das Thema Antisemitismus anbelangt, durch die schweren Vorwürfe gegenüber Schweizer Banken wegen ichres Verhaltens während des Zweiten Weltkrieges ausreichend sensibilisiert. Nach dem jüngsten Bericht der *Eidgenössischen Kommission gegen Rassismus* habe sich der Antisemitismus seit 1996 neu manifestiert. Es existiere ein Sockel von etwa 10% „harter“ Antisemiten; ca. ein Drittel der Bevölkerung werde leicht Opfer von Propaganda. Hinsichtlich des Verhaltens verantwortlicher Kreise im 2. Weltkrieg scheue rund die Hälfte der Bevölkerung das Tragen von Konsequenzen in der Gegenwart.[3]

---

1 Bei einer Wahlbeteiligung von nur 50 % stimmten knappe 54,6 % für die Strafrechtsrevision, vgl. *Niggli*, Rassendiskriminierung, Ein Kommentar zu Art. 261bis StGB und Art. 171c MStG, Zürich 1996, XXVII; SwissLawNet, 2. Archiv Pressemeldungen: Entscheidungen kantonaler Gerichtsbehörden (1998), 18.08.98 SG: Kanntonsgericht bestätigt Urteil im Fall Fischbacher: Zwei Monate bedingt für antisemitische Propaganda, unter: http://www.swisslawnet.ch/lib/1324/14239d.htm.

2 *Riklin*, zitiert in einer Pressemeldung in SwissLawNet vom 13.02.98; danach diene das Antirassismusgesetz nur der Bekämpfung von Exzessen und Auswüchsen, es sei daher nicht geeignet, den Rassismus in der Schweiz abzuschaffen, http://www.swisslawnet.ch/lib/1324/14030d.htm (abgerufen am 15.04.1999).

3 Neue Züricher Zeitung, Dossier vom 06.11.1998, Freigesetzter Antisemitismus in der Schweiz, Ein Bericht der Kommission gegen Rassismus, NZZ online, unter: http://www.nzz.ch/dossiers/schatten/scha981106sc.htm (abgerufen am 07.12.2000).

Bereits im Oktober 1995 erstattete das Bundesamt für Informatik gegen einen Anbieter von Nazi-Propaganda aus Kanada[4] Strafanzeige beim Untersuchungsrichteramt in Bern. Der betreffende Text war auf einer schweizerischen Info-Seite (Newsgroup ch.general) abgelegt worden.[5]

Ende Juli 1998 forderte die für die präventive Bekämpfung des Gewaltextremismus in der Schweiz zuständige Bundespolizei rund hundert Schweizer Internet-Service-Anbieter dazu auf, zehn rassistische und in der Schweiz strafbare Internetseiten im Ausland zu sperren.[6] Mit dieser Aufforderung verbunden wurde die Androhung gegenüber den Providern, mit einer Bestrafung wegen „Gehilfenschaft zur Verbreitung strafbarer Inhalte" rechnen zu müssen.[7] Dies löste, sowohl seitens der Provider, als auch seitens der Nutzer, eine Welle der Empörung aus. Die Sperrung bestimmter Adressen auf großen Servern hat nämlich, je nach Art ihrer Durchführung, oft zur Folge, daß andere, insbesondere unverdächtige Angebote auf diesen Servern auch nicht mehr zugänglich sind.[8]

Ein weiteres Dilemma stellt in diesem Zusammenhang die als mangelhaft erachtete Kooperation der Bundespolizei mit den für die Strafverfolgung zuständigen Polizei- und Justizbehörden der Kantone dar, die zu einer erheblichen

---

4 Bestimmte Formen von Nazi-Propaganda sind in Kanada nicht strafbar, was dazu führt, daß solche Seiten mit Vorliebe auf kanadischen Servern eingespeist werden.

5 *Widmer & Partner*, Strafanzeige des Bundesamtes für Informatik gegen Nazi-Propaganda aus Kanada, Online-News III/96 4/16.

6 *Rosenthal*, Bundespolizei bekämpft Rassismus im Internet, NZZ online, unter: http://www.nzz.ch/online/01_nzz_aktuell/internet/hintergrund/nzz989731rosenthal.htm (abgerufen am 06.08.1998); Heise News-Ticker vom 05.08.1998, unter: http://www.heise.de/newsticker/data/em-05.08.98-000/ (abgerufen am 06.08.1998); *Schulzki-Haddouti*, Schweizer Provider in der Verantwortung, Telepolis, unter: http://www.heise.de/tp/deutsch/inhalt/te/1512/1.html (abgerufen am 07.12.2000).

7 Hier wurde offenbar auf das Urteil *Rosenberg* des Bundesgerichtes (BGE 121 IV 109 ff.) Bezug genommen, in dem der damalige Generaldirektor der PTT (heute Swisscom) wegen Beihilfe zur Verbreitung von Pornographie verurteilt wurde. Es ist jedoch streitig, ob diese Rechtsprechung auch dann Anwendung finden kann, wenn sich die beanstandeten Websites außerhalb der Landesgrenzen befinden; vgl. hierzu: *Rosenthal*, Bundespolizei bekämpft Rassismus im Internet, a.a.O., und *Steiner*, Rassistische Webseiten, Computerworld vom 10.08.1998, unter: http://www.computerworld.ch (Archiv, abgerufen am 07.12.2000).

8 So wurde z. B. auf der Webseite des Symphonieorchesters San José ein Verbotsschild eingeblendet mit dem Hinweis „ Die von Ihnen gewählte Website verstößt gegen das Schweizerische Strafgesetzbuch", vgl. Heise News-Ticker vom 05.08.1998, unter: http://www.heise.de/newsticker/data/em-05.08.98_000/ (abgerufen am 06.08.1999).

Rechtsunsicherheit bei den Providern geführt hat.[9] In den Augen der Bundespolizei ist die Zuständigkeit der Kantone für die Ermittlungen bei rassistischen Internetstraftaten in gewissem Maße hinderlich,[10] da die kantonalen Strafverfolgungsbehörden nur bei Vorliegen eines klaren Bezugs zu einem bestimmten Kanton tätig werden, was sich bei Internetseiten recht selten eindeutig begründen läßt.[11] Anfang 1998 wurde im Bundesamt für Polizeiwesen eine eigene „Internet-Polizei" eingerichtet, welche jedoch nur in originären Zuständigkeitsbereichen des Bundes, wie z. B. illegalen Internet-Spielbanken, tätig wird.[12] Im Bereich Rassismus, Kinderpornographie oder Kinderprostitution muß sich dagegen erst ein Kanton und ein Untersuchungsrichter zur Durchführung der Ermittlungen bereit erklären.[13] Die Strafverfolgung in diesem Bereich scheint damit in der Schweiz auch ein organisatorisches Problem zu sein.

II. Rechtssystem

Die Schweiz gehört, wie auch Österreich, dem deutschen Rechtskreis an. Es handelt sich um einen Bundesstaat, der sich aus 26 Kantonen zusammensetzt. Seit 1937 existiert auf Bundesebene das *Schweizerische Strafgesetzbuch*[14], welches das zuvor geltende kantonale Strafrecht ablöste. Es kodifiziert den überwiegenden Teil der in der Schweiz existierenden Straftatbestände. Normen des Nebenstrafrechts finden sich z. B. im Militärstrafgesetz, dem Straßenverkehrsgesetz, dem Bundesgesetz über das Verwaltungsstrafrecht oder dem Betäubungsmittelgesetz. Kantonales Strafrecht ist im Bereich des Übertretungs- und

---

9 *Rosenthal*, Bundespolizei bekämpft Rassismus im Internet, NZZ online, unter: http://www.nzz.ch/online/01_nzz_aktuell/internet/hintergrund/nzz989731rosenthal.htm (abgerufen am 06.08.1998).

10 *Rosenthal*, Schweizer Polizisten auf Patrouille im Internet, NZZ online, unter: http://www.nzz.ch/online/01_nzz_aktuell/internet/internet1998/nzz98022/patrouille.htm (abgerufen am 15.04.1999).

11 *Rosenthal*, a.a.O.

12 *Rosenthal*, a.a.O.

13 *Rosenthal*, a.a.O.

14 Im folgenden als StGB bezeichnet.

des kantonalen Steuerstrafrechts in dem durch Art. 335 StGB gesteckten Rahmen zulässig.[15]

Die allgemeine Verbrechenslehre ist im Wesentlichen mit derjenigen des deutschen Strafrechts vergleichbar. Die Straftat setzt sich zusammen aus einer tatbestandsmäßigen, rechtswidrigen und schuldhaften Handlung.[16] An strafrechtlichen Sanktionen sind Freiheitsstrafe (in Form der Zuchthaus-, Gefängnis- und Haftstrafe, vgl. Art. 35 ff. StGB), sichernde Maßnahmen (Art. 42 ff. StGB), Buße (Art. 48 ff. StGB) und weitere Maßnahmen (Art. 57 ff. StGB) vorgesehen.

III. Verfassungsrechtlicher Anknüpfungspunkt

Die Meinungsfreiheit ist in der schweizerischen Verfassung nicht ausdrücklich gewährleistet. Art. 55 der *Bundesverfassung der Schweizerischen Eidgenossenschaft* vom 29. Mai 1874 garantiert lediglich einen Teilaspekt der Meinungsfreiheit, nämlich die Pressefreiheit. Die Meinungsfreiheit wird jedoch unbestritten als ungeschriebenes Verfassungsrecht des Bundes anerkannt.[17] Der Schutzbereich der Meinungsfreiheit ist weit zu verstehen. Er erfaßt Stellungnahmen, Wertungen, Anschauungen, Auffassungen und andere rational faßbar gemachte Mitteilungen und Überzeugungen.[18] Da der Einsatz von technischen Hilfsmitteln der Kommunikation eingeschlossen ist,[19] fallen auch die sogenannten neuen Medien als Kommunikationsmittel in den Anwendungsbereich des Grundrechts.

Die grundsätzliche Zulässigkeit eines Eingriffs in den Schutzbereich der Meinungsfreiheit beurteilt sich zunächst nach der Zulässigkeit des Motivs der Frei-

---

15 Die Vorschrift lautet:
Art. 335 StGB
1. Den Kantonen bleibt die Gesetzgebung über das Übertretungsstrafrecht insoweit vorbehalten, als es nicht Gegenstand der Bundesgesetzgebung ist.
Sie sind befugt, die Übertretung kantonaler Verwaltungs- und Prozessvorschriften mit Strafe zu bedrohen.
2. Die Kantone sind befugt, Strafbestimmungen zum Schutze des kantonalen Steuerrechts aufzustellen.

16 *Trechsel/Noll*, Schweizerisches Strafrecht, Allgemeiner Teil I, 5. Auflage, Zürich 1998, S. 67.

17 BGE 96 I 224; *Hangartner*, Grundzüge des schweizerischen Staatsrechts, Band II: Grundrechte, Zürich 1982, S. 109; *Müller*, Die Grundrechte der schweizerischen Bundesverfassung, 2. Auflage, Bern 1991, S. 89.

18 *Hangartner*, a.a.O., S. 109; *Müller*, a.a.O., S. 89.

19 *Müller*, a.a.O., S. 93.

heitsbeschränkung.[20] Die allgemeinen Gesetze wie Strafgesetze sind hierbei als zulässig motiviert anzusehen.[21] Sodann ist zu prüfen, ob die Freiheitsbeschränkung im Einzelfall verhältnismäßig ist und der Wesensgehalt des eingeschränkten Grundrechts gewahrt bleibt.[22]

B. Strafvorschriften

I. Rassismusvorschriften

1. Überblick

Die bereits erwähnte Anti-Rassismus-Strafnorm der Schweiz ist in Art. 261bis StGB verankert. Sie enthält in den Absätzen 1 bis 3 und 5 verschiedene Rassismustatbestände. Eine nur in den Rechtsfolgen modifizierte, weitere Anti-Rassismus-Strafnorm findet sich in Art. 171c des Militärstrafgesetzbuches (MStG). Bei diesen Vorschriften handelt es sich um sogenannte Gedankenäußerungsdelikte, deren strafbare Handlung in der Veröffentlichung, Bekanntgabe an Dritte oder Weitergabe rechtswidriger Inhalte liegt.[23] Spezielle Rassismusstrafvorschriften zum Schutze der Jugend existieren in der Schweiz nicht.

2. Art. 261bis Abs. 1, 2, 3 und 4 StGB (Rassendiskriminierung)

a) Normtext

Art. 261bis StGB

1. Wer öffentlich gegen eine Person oder eine Gruppe von Personen wegen ihrer Rasse, Ethnie oder Religion zu Hass oder Diskriminierung aufruft,

2. wer öffentlich Ideologien verbreitet, die auf die systematische Herabsetzung oder Verleumdung der Angehörigen einer Rasse, Ethnie oder Religion gerichtet sind,

3. wer mit dem gleichen Ziel Propagandaaktionen organisiert, fördert oder daran teilnimmt,

4. wer öffentlich durch Wort, Schrift, Bild, Gebärden, Tätlichkeiten oder in anderer Wiese eine Person oder eine Gruppe von Personen wegen ihrer Rasse, Ethnie oder Religion in einer gegen die Menschenwürde verstossenden Weise herabsetzt oder diskrimi-

---

20 *Hangartner*, a.a.O., S. 81.

21 *Hangartner*, a.a.O., S. 82.

22 Zu den Einzelheiten: *Hangartner*, a.a.O., S. 85, 87.

23 *Riklin*, Information Highway und Strafrecht, in: *Hilty* (Hrsg.), Information Highway: Beiträge zu rechtlichen und tatsächlichen Fragen, Bern 1996, S. 559, 567 f.

niert oder aus einem dieser Gründe Völkermord oder andere Verbrechen gegen die Menschlichkeit leugnet, gröblich verharmlost oder zu rechtfertigen sucht,

5. wer eine von ihm angebotene Leistung, die für die Allgemeinheit bestimmt ist, einer Person oder einer Gruppe von Personen wegen ihrer Rasse, Ethnie oder Religion verweigert,

wird mit Gefängnis oder Busse bestraft.

b) Normentstehung und Überblick

Art. 261bis StGB wurde mit Bundesgesetz vom 18.6.1994 ins schweizerische Strafgesetzbuch eingeführt und trat am 01.01.1995 in Kraft. Die Einführung einer derartigen Vorschrift stellte vor allem eine völkerrechtliche Verpflichtung dar, nachdem die Schweiz am 29.11.1994 die Ratifikationsurkunde zum Internationalen Übereinkommen zur Beseitigung jeder Form von Rassendiskriminierung vom 7. März 1966 hinterlegt hatte.[24] Das noch im Jahre 1994 gegen die Einführung des Art. 261bis StGB betriebene Referendum scheiterte knapp; im September erfolgte die Gutheißung der Vorschrift durch das Staatsvolk.[25]

Die in den fünf Absätzen des Art. 261bis StGB genannten Tathandlungen lassen sich in drei Gruppen unterteilen.[26] zum einen in verschiedene Erscheinungsformen rassistischer Propaganda (Absätze 1 bis 3), weiterhin in menschenwürdefeindliche Diskriminierungen (Absatz 4) und drittens die eigentliche Diskriminierung (Absatz 5).[27] Da letztere nicht im Zusammenhang mit der Verbreitung rassistischer Informationen steht, soll auf sie nicht weiter eingegangen. Der in Absatz 4 Alt. 2 enthaltene Leugnungstatbestand wird gesondert erörtert.

c) Geschütztes Rechtsgut

Obwohl Art. 261bis StGB im Abschnitt über die Straftaten gegen den öffentlichen Frieden zu finden ist, herrscht Streit, ob dieser auch das mit der Norm pri-

---

24 Eingehend: *Strauss*, Das Verbot der Rassendiskriminierung, Zürich 1991. Die Schweiz hat einen Vorbehalt zu Art. 4 des Übereinkommens abgegeben. Dieser hat folgenden Wortlaut: *„Die Schweiz behält sich vor, die notwendigen gesetzgeberischen Massnahmen zur Umsetzung von Artikel 4 in gebührender Berücksichtigung der Meinungsäusserungs- und der Vereinsfreiheit zu ergreifen, welche unter anderem in der Allgemeinen Erklärung der Menschenrechte verankert sind.“*

25 SwissLawNet, 2. Archiv Pressemeldungen: Entscheidungen kantonaler Gerichtsbehörden (1998), 18.08.98 SG: Kantonsgericht bestätigt Urteil im Fall *Fischbacher*: Zwei Monate bedingt für antisemitische Propaganda, unter: http://www.swisslawnet.ch/lib/1324/14239d.htm (abgerufen am 15.04.1999).

26 Diese Unterteilung nimmt *Stratenwerth*, Strafrecht Besonderer Teil II (im folgenden abgekürzt als BT II), Bern 1995, § 39 Rz. 29 ff., vor.

27 *Stratenwerth*, BT II, a.a.O., § 39 Rz. 29.

mär beabsichtigte Schutzgut ist oder ob nicht vielmehr das Interesse des Einzelnen vor Diskriminierung als Ausprägung der Menschenwürde im Vordergrund steht.[28] Es handelt sich um ein abstraktes Gefährdungsdelikt.[29]

d) Tathandlungen

Bei der Auslegung dieser relativ neuen, sehr offen und diffus gestalteten Vorschrift bestehen in der Praxis noch viele Schwierigkeiten. Als Faustregel kann jedoch festgehalten werden, daß nicht jede Handlung mit einem rassistischen Anhauch, sondern nur der „Exzeß" bestraft werden soll.[30] Eine gewisse Schwere ist also vorausgesetzt, was bereits aus der Kollision der Vorschrift mit dem Recht auf freie Meinungsäußerung zu folgern ist.

aa) Geschützter Personenkreis

In allen Tatbestandsalternativen der Rassendiskriminierung wird als Tatmotiv oder Bezugsobjekt auf die Zugehörigkeit einer Person oder einer Personengruppe zu einer bestimmten *Rasse, Ethnie oder Religion* abgestellt. Unter dem Begriff der *Rasse* im Sinne dieser Vorschrift versteht man, in Anlehnung an die soziologische Betrachtung, eine Gruppe von Menschen, die auf Grund unveränderlicher physischer und/oder kultureller Merkmale als unterschiedlich von anderen Gruppen angesehen wird.[31] Dem Begriff der *Ethnie* kommt nach überwiegender Ansicht neben dem Begriff der Rasse keine selbständige Bedeutung zu.[32] Der Begriff der *Religion* erfaßt sämtliche Weltreligionen, sowie solche, die über eine gewisse eigene Tradition verfügen und einige Stabilität bekundet haben.[33] Abgrenzungsfragen stellen sich bei pseudoreligiösen Gruppierungen und

---

28 Für das Schutzgut öffentlicher Friede: *Trechsel*, Schweizerisches Strafgesetzbuch, Kurzkommentar, 2. Auflage, Zürich 1997, Art. 261bis Rz. 1; *Rom*, a.a.O., S. 107; a.A. *Rehberg*, a.a.O., Art. 261bis; *Stratenwerth*, BT II, a.a.O., § 39 Rz. 22; *Niggli*, a.a.O., Rz. 211 (Menschenwürde).

29 *Stratenwerth*, BT II, a.a.O., § 39 Rz. 22; *Trechsel*, a.a.O., Art. 261bis Rz. 6; a.A. *Niggli*, a.a.O., Rz. 234 (Verletzungsdelikt, da die Menschenwürde nicht lediglich gefährdet werde).

30 *Riklin*, zitiert in einer Pressemeldung in SwissLawNet vom 13.02.98, unter: http://www.swisslawnet.ch/lib/1324/14030d.htm (abgerufen am 15.04.1999).

31 *Stratenwerth*, BT II, a.a.O., § 39 Rz. 26; *Trechsel*, a.a.O., Art. 261bis Rz. 11, *Rom*, a.a.O., S. 112.

32 *Stratenwerth*, BT II, a.a.O., § 39 Rz. 26; a. A. *Rom*, a.a.O., S. 112f; *Niggli*, a.a.O., Rz. 431, 443: Rasse ist ein Unterbegriff von Ethnie.

33 *Rehberg*, a.a.O., Art. 261bis.

Sekten.[34] Unter die religiösen Gruppierungen fallen auch Juden,[35] selbst wenn in antisemitischen Äußerungen gemeinhin von einer „Rasse" die Rede sein mag.

Stets muß sich die Tathandlung auf eine bestimmte Rasse, Ethnie oder Religion beziehen, so daß das Abstellen auf die Kollektivbezeichnung „Ausländer" oder „Asylanten" grundsätzlich nicht tatbestandsmäßig ist.[36] Ob jemand tatsächlich einer der in der Norm genannten Gruppen zugehörig ist, spielt keine Rolle, die bloße Zuschreibung zu einer solchen durch andere ist ausreichend.[37]

bb) Art. 261bis Absatz 1 StGB

In der ersten Tatbestandsalternative (Abs. 1) ruft der Täter öffentlich gegen eine Person oder Gruppe von Personen wegen ihrer Rasse, Ethnie oder Religion zu Hass oder Diskriminierung auf.

Unter *Aufrufen* ist eine Äußerung von gesteigerter Eindringlichkeit zu verstehen, die dazu geeignet ist, den Willen eines unbefangenen Adressaten zu beeinflussen.[38] Verschiedentlich wird hierbei kritisiert, daß der Begriff „Aufreizen" an dieser Stelle der richtige gewesen wäre.[39] Ein Auffordern lasse sich nur schwierig einer einzunehmenden Geisteshaltung zuordnen.[40] Zum anderen bestehen auch aufgrund der relativ hohen Schwelle beim Begriff des Aufrufs Strafbarkeitslücken, insbesondere bezüglich nur allgemeiner Hetze.[41] Das Bundesgericht hat nun klargestellt, daß „aufrufen" als „aufreizen" zu verstehen sei.[42]

Mit *Haß* bezeichnet man eine fundamental feindliche Grundhaltung, die über bloße Ablehnung, Verachtung oder Antipathie hinausgeht.[43] Unter *Diskriminierung* ist nicht jede Ungleichbehandlung schlechthin zu verstehen, sondern nur

---

34 Hierzu *Rehberg*, a.a.O., Art. 261bis; *Trechsel*, a.a.O., Art. 261bis Rz. 13; *Stratenwerth*, BT II, a.a.O., § 39 Rz. 27; *Niggli*, a.a.O., Rz. 475 ff.

35 *Niggli*, a.a.O., Rz. 515; *Trechsel*, a.a.O., Art. 261bis Rz. 13.

36 *Rehberg*, a.a.O., Art. 261bis; *Niggli*, a.a.O., 495 ff., 498 ff.; a.A. *Trechsel*, a.a.O., Art. 261bis Rz. 11.

37 *Stratenwerth*, BT II, a.a.O., § 39 Rz. 28, nunmehr bestätigt durch BGE 123 IV 202 ff., wonach auf den Beweggrund abzustellen sei, zitiert bei *Donatsch*, Entwicklungen im Strafrecht und Strafprozessrecht, SJW 1998, 490, 491.

38 *Rehberg*, a.a.O., Art. 261bis.

39 *Niggli*, a.a.O., S. 763.

40 *Rehberg*, a.a.O., Art. 261bis; *Stratenwerth*, BT II, a.a.O., § 39 Rz. 32.

41 *Stratenwerth*, BT II, a.a.O., § 39 Rz. 32; *Niggli*, a.a.O., Rz. 767.

42 BGE 123 IV 202 ff.; *Donatsch*, SJW 1998, 490, 491.

43 *Niggli*, a.a.O., Rz. 758.

eine solche, die mit einem Grundrechtseingriff verbunden ist.[44] Die Diskriminierung muß allerdings aus Gründen der Rasse, Ethnie oder Religion erfolgen.

Der Aufruf muß *öffentlich* sein; es muß also die Möglichkeit der Wahrnehmung durch unbestimmt viele Menschen bestehen.[45] Es muß sich um einen größeren Personenkreis handeln, der nicht durch persönliche Beziehungen zusammenhängt.[46] Entscheidendes Kriterium ist, ob der Täter mit einer Weitergabe rechnen muß, er also die Kontrolle über den Wirkungskreis der Äußerungen innehat oder nicht.[47] Daher fallen Äußerungen im privaten Rahmen heraus, weil hier der Äußernde davon ausgehen kann, daß nichts nach außen getragen wird.[48] Zu Grenzfällen führt *Niggli* folgendes aus: Stammtischäußerungen gelten dann als öffentlich, wenn sie unproblematisch von Dritten wahrgenommen werden können.[49] Äußerungen gegenüber Freunden dürften nur im engsten Freundeskreis nichtöffentlich sein, da bei sonstigen „Freunden und Bekannten" mit einer Weitergabe gerechnet werden muß.[50] Auch Schreiben an unbekannte, aber bestimmte Personen sind als öffentlich anzusehen, wenn nicht ein minimales Vertrauensverhältnis zwischen den Beteiligten besteht, aufgrund dessen erwartet werden kann, daß das Schreiben als Privatsache behandelt wird.[51] Ein Verbreiten durch die Medien, bei Veranstaltungen, auf Plätzen und in Lokalen ist von der Vorschrift in jedem Falle erfaßt.[52]

cc) Art. 261bis Absatz 2 StGB

Abs. 2 enthält als Tathandlung das Verbreiten von rassistischen Ideolgien, die auf die systematische Herabsetzung oder Verleumdung der Angehörigen einer Rasse, Ethnie oder Religion gerichtet sind.

Ideologie ist ein in sich geschlossenes oder scheinbar geschlossenes Gedankengebäude, welches einer Grundhaltung entspricht, die für absolut erklärt wird.[53]

---

44 Zu den Einzelheiten und m.w.N. vgl. *Trechsel*, a.a.O., Art. 261bis Rz. 18.

45 *Trechsel*, a.a.O., Art. 261bis Rz. 15, *Niggli*, a.a.O., Rz. 697, 704.

46 *Niggli*, a.a.O., Rz. 704.

47 *Niggli*, a.a.O., Rz. 707 f., 713.

48 *Niggli*, a.a.O., Rz. 712.

49 *Niggli*, a.a.O., Rz. 716.

50 *Niggli*, a.a.O., Rz. 715.

51 *Niggli*, a.a.O., Rz. 717.

52 Zitiert von *Trechsel*, a.a.O., Art. 261bis Rz. 15.

53 *Trechsel*, a.a.O., Art. 261bis Rz. 20.

So z. B. fällt das Dogma von der Überlegenheit der weißen Rasse hierunter.[54] Mit *Herabsetzen* wird eine die Menschenwürde tangierende Zuschreibung eines minderen Werts gegenüber einer Person oder Personengruppe bezeichnet.[55] Der Begriff *systematisch* dürfte angesichts der Tatsache, daß derartigen Ideologien ein systematisches Herabsetzen immanent ist, überflüssig sein.[56]

Unter *Verleumden* versteht man herkömmlich die Kundgabe falscher Tatsachen wider besseres Wissen. Aufgrund des Gesamtzusammenhangs ist allerdings davon auszugehen, daß der Gesetzgeber diesen Begriff nicht im herkömmlichen Sinne verwendet hat, da sich eine Beweiserhebung über die Kenntnis der Unwahrheit der verbreiteten Ideologien verbieten dürfte.[57]

Verbreiten ist das Inumlaufbringen an einen möglichst großen und unbestimmten Adressatenkreis zur Kenntnisnahme.[58] Nicht maßgeblich ist hierbei die Zahl der Adressaten; die Größe des Adressatenkreises spielt lediglich bei der Frage der Öffentlichkeit eine Rolle.[59] Auch in Absatz 2 muß die Tat öffentlich erfolgen, das heißt, es muß die Möglichkeit der Wahrnehmung durch unbestimmt viele Personen bestehen. Als Beispiele für entsprechende Tätigkeiten genannt werden der Verteiler von Schriften, der Buchhändler, der Produzent oder der Verkäufer.[60]

dd) Art. 261bis Absatz 3 StGB

Abs. 3 erfaßt rassenfeindliche Propagandaaktionen, wobei auch organisatorische Vorbereitungshandlungen, Beihilfe- und aktive Teilnahmehandlungen an diesen für strafbar erklärt werden. Unter *Propagandaaktion* versteht man eine auf Breitenwirkung angelegte werbende Einwirkung auf einen anonymen Adressatenkreis unter bewußtem Einsatz von Kommunikationsmitteln.[61]

ee) Art. 261bis Absatz 4 Alt 1 StGB

Die erste Handlungsalternative des Abs. 4 besteht in der öffentlichen Herabsetzung oder Diskriminierung von Personen oder Gruppen wegen ihrer Rasse, Ethnie oder Religion in menschenwürdefeindlicher Weise. Der Zusatz der

---

54 *Stratenwerth*, BT II, a.a.O., § 39 Rz. 33.

55 *Trechsel*, a.a.O., Art. 261bis Rz. 22.

56 *Trechsel*, a.a.O., Art. 261bis Rz. 24.

57 *Trechsel*, a.a.O., Art. 261bis Rz. 23; *Stratenwerth*, BT II, a.a.O., § 39 Rz. 33.

58 *Rom*, a.a.O., S. 126 f.

59 *Niggli*, a.a.O., Rz. 797.

60 *Rom*, a.a.O., S. 127.

61 *Rom*, a.a.O., S. 130 f.

Begehung *in einer gegen die Menschenwürde verstoßenden Weise* ist hierbei als Einschränkung zu sehen, wobei Einigkeit über die Auslegung dieses Zusatzes lediglich dahingehend besteht, daß es sich um einen besonders schwerwiegenden Angriff auf die Menschenwürde handeln muß.[62]

Die Tat muß öffentlich durch Wort, Schrift, Bild, Gebärden, Tätlichkeiten oder in anderer Weise erfolgen. Wie der Wortlaut bereits zeigt, handelt es sich hierbei lediglich um eine beispielhafte Aufzählung, die jedoch aufgrund des Zusatzes *in anderer Weise* umfassend ist. Erwähnenswert erscheinen die genannten *Tätlichkeiten*, die nicht zu den eigentlichen kommunikativen Handlungen zu rechnen sind.[63]

e) Anwendbarkeit auf die elektronische Datenübertragung

Da es sich bei den Absätzen 1, 2 und 4 um Gedankenäußerungsdelikte handelt, erscheint eine Begehung auf dem Wege der elektronischen Datenübertragung grundsätzlich unproblematisch.[64] Die Begehungsmodalitäten in Abs. 4 sind aufgrund des Tatbestandsmerkmals *in anderer Weise* auch denkbar weit gefaßt.[65] Aber auch die Anwendbarkeit der ersten zwei Handlungsalternativen des Abs. 3 (*organisiert* und *fördert*) erscheint nicht ausgeschlossen, da auch auf elektronischem Wege eine Propagandaaktion organisiert oder gefördert werden kann.[66]

Bislang existiert keine Rechtsprechung zur Anwendbarkeit von Art. 261bis StGB auf Begehungsmodalitäten des Internet. Was Art. 261bis Abs. 1, 2 und 4 StGB angeht, so erfordern diese Tatbestände allerdings eine *öffentliche* Begehungsweise: So erfaßt Abs. 1 das öffentliche Aufrufen, Abs. 2 das öffentliche Verbreiten und Abs. 4 das öffentliche Herabsetzen etc. durch Wort, Schrift etc. oder in anderer Weise. Diese öffentliche Begehungsweise zwingt zu einer

---

62 Die Forderung, daß dem Opfer schlechthin die Existenzberechtigung abgesprochen werden muß, wird durchweg als zu eng und nicht praxisgerecht angesehen, vgl. *Stratenwerth*, BT II, a.a.O., § 39 Rz. 36; *Trechsel*, a.a.O., Art. 261bis Rz. 34.

63 *Niggli*, a.a.O., Rz. 926.

64 *Riklin*, a.a.O., S. 559, 572; die auf Art. 261bis StGB beruhenden Verurteilungen erfolgten bislang nicht im Zusammenhang mit der elektronischen Datenübertragung, vgl. die Rechtsprechungsübersicht unter http://www.swisslawnet.ch/lib/1324 (abgerufen am 15.04.1999).

65 Nach *Niggli*, a.a.O., Rz. 770, 796 ist unbedeutend, in welcher Art und Weise der Aufruf erfolgt; bejahend auch *Riklin*, a.a.O., S. 572; Bundesamt für Justiz, internet, Neues Medium – Neue Fragen ans Recht, Bern 1996, S. 6.

66 Auch *Hänni*, Die schweizerische Anti-Rassismus-Norm und die Massenmedien, Bern 1997, S. 119 f., geht unproblematisch davon aus, daß derartige Handlungsweisen über die Massenmedien erfolgen können, zu denen er auch Online-Dienste zählt.

Differenzierung, da nicht alle über das Internet verbreiteten Information geeignet sind, durch unbestimmt viele Menschen wahrgenommen zu werden.[67] Nach *Riklin*, welcher Grundsätze aus dem Presserecht heranzieht, liegt eine Öffentlichkeit sicher dann vor, wenn die Information jedermann oder wenigstens eine unbestimmte Zahl von Personen erreichen soll.[68] Auch ein individuell bestimmter Adressatenkreis sei erfaßt, wenn dieser groß ist, wobei das Kriterium der Kontrollierbarkeit des Adressatenkreises mit dessen Zunahme an Bedeutung verliere.[69] Bei kleinen und geschlossenen Adressatenkreisen, insbesondere wenn zwischen Autor und Adressaten ein besonderes Vertrauensband bestehe, sei die Grenze der Öffentlichkeit nicht überschritten.[70] Die Grenzen seien fließend.

f) Exkurs

Für die Anwendbarkeit von Gedankenäußerungsdelikten auf Internetprovider in der Schweiz ist das umstrittene bundesgerichtliche Urteil *Rosenberg*[71] von zentraler Bedeutung. Hier wurde der Generaldirektor der Schweizer PTT (heute Swisscom) wegen Gehilfenschaft zur Pornographie verurteilt, da er durch den Betrieb seines Telekiosks[72] einen strafbaren Beitrag zur Verbreitung von Pornographie geleistet habe. Diese Rechtsprechung läßt sich wohl auch auf die Verbreitung von rassistischen Informationen übertragen.[73] Nach der Änderung des Art. 27 StGB im Jahre 1998, welche eine Erweiterung der Vorschrift zur Kaskadenhaftung[74] auf *Medien* mit sich brachte, herrscht allerdings Unklarheit,

---

67 Hiervon gehen die meisten Autoren aus, so z. B. *Riklin*, a.a.O. S. 559, 572;

68 *Riklin*, a.a.O., S. 572.

69 *Riklin*, a.a.O., S. 572.

70 *Riklin*, a.a.O., S. 572; *Rom*, a.a.O., S. 121.

71 BGE 121 IV 109 ff.

72 Hierbei handelt es sich um einen Telefon-Mailbox-Dienst, bei dem Nachrichten, die von Drittanbietern auf Datenbanken bereitgestellt sind, telefonisch abgerufen werden können, vgl. *Riklin*, a.a.O., S. 573.

73 Hiervon geht auch *Riklin*, a.a.O., S. 573 aus, der allgemein auf strafbare Inhalte abstellt.

74 Die Vorschrift lautet:
1. Wird eine strafbare Handlung durch Veröffentlichung in einem Medium begangen und erschöpft sie sich in dieser Veröffentlichung, so ist, unter dem Vorbehalt der nachfolgenden Bestimmungen der Autor allein strafbar.
2. Kann der Autor nicht ermittelt werden oder in der Schweiz nicht vor Gericht gestellt werden, so ist der verantwortliche Redaktor nach Art. 322bis strafbar. Fehlt ein verantwortlicher Redaktor, so ist jene Person nach Art. 322bis strafbar, die für die Veröffentlichung verantwortlich ist.

inwiefern sich diese Rechtsprechung aufrechterhalten läßt.[75] Der ebenfalls im Jahre 1998 eingeführte Art. 322bis StGB[76] zum Medienstrafrecht stellt nunmehr auch das fahrlässige Nichtverhindern einer strafbaren Publikation unter Strafe. Es haftet der für eine Publikation Verantwortliche.[77]

Besteht die Handlung eines Providers in der Verbreitung rassistischer Inhalte bei professioneller Gestaltung unter Verwendung journalistischer Mittel, so kommt sogar eine Strafbarkeit wegen Täterschaft in Betracht.[78]

g) Vorsatzformen

Sämtliche Begehungsformen der Rassendiskriminierung erfordern Vorsatz, wobei in einigen Fällen auch die genannten Motive gegeben sein müssen.[79]

h) Verhältnis der einzelnen Alternativen

Die einzelnen Tathandlungen der Rassendiskriminierung stehen selbständig nebeneinander.

---

3. Hat die Veröffentlichung ohne Wissen oder gegen den Willen des Autors stattgefunden, so ist der Redaktor oder, wenn ein solcher fehlt, die für die Veröffentlichung verantwortliche Person als Täter strafbar.

Diese Vorschrift beinhaltet die primäre strafrechtliche Verantwortlichkeit des Autors. Soweit sich dieser nicht ermitteln läßt, kommt eine subsidiäre Haftung des Redaktor bzw. der für die Veröffentlichung verantwortlichen Person in Frage. Letztere Personen haften jedoch auch nur dann, wenn sie die Veröffentlichung vorsätzlich oder fahrlässig nicht verhindert haben, vgl. *Riklin*, a.a.O., S. 590.

75 *Riklin*, a.a.O., 591, hegt diesbezüglich erhebliche Zweifel.

76 Die Vorschrift lautet:
Art. 322bis StGB
Wer als Verantwortlicher nach Art. 27 Absätze 2 und 3 eine Veröffentlichung, durch die eine strafbare Handlung begangen wird, vorsätzlich nicht verhindert, wird mit Gefängnis oder Busse bestraft. Handelt der Täter fahrlässig, so ist die Strafe Haft oder Busse.

77 *Rosenthal*, Im tückischen Netz der Paragraphen, Die Internet-Provider und das neue Medienstrafrecht, NZZ vom 21.5.1999, NZZ online, unter: http://www.nzz.ch/online/netzstoff/1999/nzz990521rosenthal.htm (abgerufen am 07.12.2000); zu den Einzelheiten vgl. auch Bundesamt für Justiz, Art. 27 und 322bis StGB, Strafrechtliche Verantwortlichkeit der Internet-Acccess-Provider, Gutachten vom 24.12.1999, unter: http://www.vdp.admin.ch./deutsch/doc/64/64.75.html (abgerufen am 17.04.2001).

78 *Hänni*, a.a.O., 34, 55; *Rom*, a.a.O., S. 120.

79 *Stratenwerth*, BT II, a.a.O., § 39 Rz. 41.

i) Strafen

Als Strafen sieht Art. 261bis StGB Gefängnis oder Buße vor. Gemäß Art. 36 StGB ist die kürzeste Dauer der Gefängnisstrafe drei Tage, die längste – sofern nichts anderes bestimmt ist – drei Jahre. Der Höchstbetrag der Buße beträgt gemäß Art. 48 Ziff. 1 Abs. 1 StGB, vorbehaltlich anderweitiger Bestimmung, 40.000 Franken. Da neben Gefängnisstrafe wahlweise Buße angedroht ist, kann der Richter in einem derartigen Fall statt auf Gefängnis auf Haft erkennen (Art. 39 Ziff. 1 Abs. 2 StGB), welche einen Umfang von einem Tag bis zu drei Monaten hat. Die bislang höchste Buße wegen Rassendiskriminierung wurde mit 20.000 Franken verhängt, die höchste Freiheitsstrafe betrug vier Monate ohne Bewährung (Stand 13.02.1998).[80]

Die Einziehung von Gegenständen, die der Begehung der Rassendiskriminierung gedient haben, erfolgt nach Art. 58 Abs. 1 StGB.[81] Vermögenswerte, die durch die strafbare Handlung erlangt wurden oder dazu bestimmt waren, eine strafbare Handlung zu veranlassen oder zu belohnen, können nach Art. 59 Abs. 1 StGB[82] eingezogen werden, sofern sie nicht dem Verletzten zur Wiederherstellung des rechtmäßigen Zustandes ausgehändigt werden.

---

80 Vgl. die Pressemeldung in SwissLawNet vom 13.02.98, unter: http://www.swisslawnet.ch/lib/1324/14030d.htm (abgerufen am 15.04.1999).

81 Die Vorschrift lautet:
Art. 58 StGB
1. Der Richter verfügt ohne Rücksicht auf die Strafbarkeit einer bestimmten Person die Einziehung von Gegenständen, die zur Begehung einer strafbaren Handlung gedient haben oder bestimmt waren, oder die durch eine strafbare Handlung hervorgebracht worden sind, wenn diese Gegenstände die Sicherheit von Menschen, die Sittlichkeit oder die öffentliche Ordnung gefährden.
2. Der Richter kann anordnen, dass die eingezogenen Gegenstände unbrauchbar gemacht oder vernichtet werden.

82 Die Vorschrift lautet:
Art. 59 StGB
1. Der Richter verfügt die Einziehung von Vermögenswerten, die durch eine strafbare Handlung erlangt worden sind oder dazu bestimmt waren, eine strafbare Handlung zu veranlassen oder zu belohnen, sofern sie nicht dem Verletzten zur Wiederherstellung des rechtmäßigen Zustandes ausgehändigt werden.
2. (...)

3. Art. 171c MStG (Rassendiskriminierung)

a) Normtext

Art. 171c Militärstrafgesetzbuch

1. Wer öffentlich gegen eine Person oder eine Gruppe von Personen wegen ihrer Rasse, Ethnie oder Religion zu Hass oder Diskriminierung aufruft,

wer öffentlich Ideologien verbreitet, die auf die systematische Herabsetzung oder Verleumdung der Angehörigen einer Rasse, Ethnie oder Religion gerichtet sind,

wer mit dem gleichen Ziel Propagandaaktionen organisiert, fördert oder daran teilnimmt,

wer öffentlich durch Wort, Schrift, Bild, Gebärden, Tätlichkeiten oder in anderer Weise eine Person oder eine Gruppe von Personen wegen ihrer Rasse, Ethnie oder Religion in einer gegen die Menschenwürde verstossenden Weise herabsetzt oder diskriminiert oder aus einem dieser Gründe Völkermord oder andere Verbrechen gegen die Menschlichkeit leugnet, gröblich verharmlost oder zu rechtfertigen sucht,

wer eine von ihm angebotene Leistung, die für die Allgemeinheit bestimmt ist, einer Person oder einer Gruppe von Personen wegen ihrer Rasse, Ethnie oder Religion verweigert,

wird mit Gefängnis oder mit Busse bestraft.

2. In leichteren Fällen erfolgt eine disziplinarische Bestrafung.

b) Besonderheiten

Nach Art. 8 StGB sind die Normen des StGB nicht auf Personen anzuwenden, die dem Militärstrafrecht unterliegen. Das Militärstrafrecht als Sonderrecht ist für diese Personen insoweit vorrangig anzuwenden. Art. 171c MStG ist mit Art. 261bis StGB bis auf die Strafdrohung identisch. Die Vorschrift wurde im selben Zuge wie Art. 261bis StGB eingeführt.[83] Hinsichtlich der Strafdrohung ist in Art. 171c MStG vorgesehen, daß in leichten Fällen eine disziplinarische Bestrafung erfolgen kann. Dies ermöglicht somit die Ahndung mit der rascheren disziplinarischen Bestrafung.[84] Schwierig erscheint alleine die Abgrenzung zwischen *leichten* und *schweren* Fällen.[85]

---

83 Eingefügt durch Art. 2 des BG vom 18.06.1993; in Kraft seit 1. Januar 1995.

84 *Niggli*, a.a.O., Rz. 1237.

85 *Niggli*, a.a.O., Rz. 1238.

II. Leugnungstatbestände

1. Überblick

Die schweizerische Rechtsordnung verfügt über einen Leugnungstatbestand, welcher in die Rassismusstrafnorm (Art. 261bis StGB) eingegliedert ist. Bei Art. 261bis Abs. 4 Alt. 2 StGB handelt es sich daher gewissermaßen um einen Fremdkörper.[86]

2. Art. 261bis Abs. 4 Alt. 2 StGB (Leugnung des Völkermordes)

a) *Normtext, Entstehungsgeschichte und Rechtsgut*

Hinsichtlich Normtext, Entstehungsgeschichte und geschütztem Rechtsgut kann auf die bereits zu den übrigen Tatbeständen des Art. 261bis StGB gemachten Ausführungen verwiesen werden.

b) *Tathandlung*

Abs. 4 stellt in seiner zweiten Alternative das Leugnen des Völkermordes oder anderer Verbrechen gegen die Menschlichkeit, deren gröbliche Verharmlosung sowie den Versuch von deren Rechtfertigung unter Strafe, wenn dieses aus einem der vorgenannten Gründen erfolgt. Diese Vorschrift zielt augenscheinlich primär auf die Leugnung des Holocaust (sogenannte „Auschwitzlüge") ab, ist aber dem Wortlaut nach offen für die Erfassung auch anderer rassistischer Greueltaten. Nach *Trechsel* könnten so z. B. die Verbrechen in Ruanda oder Ex-Jugoslawien unter diesen Tatbestand subsumiert werden.[87] Für mißglückt wird der Zusatz *aus einem dieser Gründe* gehalten. *Stratenwerth* hält diese Formulierung für eine überflüssige Eingrenzung des Tatbestands, denn in den meisten Fällen sei die Verbreitung der Auschwitzlüge nicht rassistisch, sondern nationalistisch motiviert.[88] Nach *Rehberg* kann dies nur so verstanden werden, daß auch die abgeleugneten Greueltaten derart motiviert gewesen sein müssen.[89] Der Gesetzgeber ging bei dem von ihm ins Auge gefaßten Verbrechen davon aus, daß diese als historische Taten feststünden und daher ein Gegenbeweis unzulässig wäre.[90]

Zu den Tathandlungen existiert bislang kaum Rechtsprechung und Literatur, weshalb *Niggli* bei der Auslegung der Tatbestandsmerkmale im Wesentlichen

---

86 Kritik hieran: *Stratenwerth*, BT II, a.a.O:, § 39 Rz. 37.

87 *Trechsel*, a.a.O., Art. 261bis Rz. 35.

88 *Stratenwerth*, BT II, a.a.O., § 39 Rn. 37.

89 *Rehberg*, a.a.O., Art. 261bis.

90 *Rehberg*, a.a.O., Art. 261bis; *Trechsel*, a.a.O., Art. 261bis.

auf die deutschen Quellen zurückgreift.[91] Unter *Leugnen* ist ein Verhalten zu verstehen, bei dem bestritten wird, daß ein bestimmtes Ereignis stattgefunden hat.[92] Auch soll hierunter neben dem ausdrücklichen Bestreiten auch das mit Scheinargumenten in Frage stellen[93] und das Untermauern mit pseudowissenschaftlichen oder faktischen Beweisen[94] fallen. Nunmehr hat auch das schweizerische Bundesgericht bestätigt, daß Äußerungen erfaßt sind, die als Frage formuliert sind, sowie solche, durch welche eine Gruppe von Personen unter Verwendung von Klischees und in der Form von aus dem Zusammenhang gerissenen Zitaten herabgesetzt wird.[95] Ein *gröblich Verharmlosen* liegt vor, wenn die Wirklichkeit und Wahrhaftigkeit von Völkermord oder Verbrechen gegen die Menschlichkeit zwar nicht bestritten werden, jedoch behauptet wird, der angerichtete Schaden oder Nachteil sei wesentlich kleiner als gemeinhin angenommen,[96] indem z. B. die Zahl der Opfer als wesentlich geringer dargestellt wird. *Zu rechtfertigen Suchen* ist weder ein Bestreiten noch ein Verharmlosen; vielmehr versteht man hierunter einen Legitimationsversuch, z. B. in der Form, daß die Täter des Völkermordes als in Verteidigungshaltung agierend dargestellt werden. [97] Die jeweiligen Tathandlung muß sich nicht direkt an die betroffene Gruppe, sondern kann sich auch an Dritte richten.[98]

Ein Tatbestandsausschluß oder eine Rechtfertigung für den Täter bei angeblicher Ausübung der Kunst- oder Wissenschaftsfreiheit ist nicht möglich, da die Tathandlungen so formuliert sind, daß eine Beanspruchung von Grundrechten ausgeschlossen erscheint.[99]

Die Begehung muß sich *öffentlich*, nämlich in Wort, Schrift, Bild, Gebärden, Tätlichkeiten oder in anderer Weise vollziehen. Diese Tathandlungsmodalitäten gelten, wie sich bereits aus der Syntax ergibt, ebenso für die erste Tatbestandshälfte des Absatz 4 wie auch für die zweite.

---

91 Vgl. *Niggli*, a.a.O., Rz. 989 ff.

92 *Niggli*, a.a.O., Rz. 988.

93 *Niggli*, a.a.O., Rz. 989.

94 *Niggli*, a.a.O., Rz. 991.

95 BGE 126 IV 20 ff.

96 *Niggli*, a.a.O., Rz. 996.

97 *Niggli*, a.a.O., Rz. 1003 ff.

98 BGE 126 IV 20 ff.

99 im Ergebnis auch *Niggli*, a.a.O., Rz. 1015.

c) Anwendbarkeit auf die elektronische Datenübertragung, Vorsatzformen und Strafen

Hier wird Bezug genommen auf die bereits zu Art. 261bis StGB erfolgten Ausführungen.

III. Kennzeichen und Propagandamittel verfassungsfeindlicher Organisationen

Die schweizerische Rechtsordnung verfügt über keinerlei Strafvorschriften zu Kennzeichen oder Propagandamitteln verfassungsfeindlicher Organisationen. Nach *Niggli* fallen Verhaltensweisen wie das Tragen der Hakenkreuz-Armbinde auch nicht unter den Tatbestand des Art. 261bis Abs. 2 StGB (Verbreiten von Ideologien, die auf die systematische Herabsetzung bestimmter Gruppen gerichtet sind), da im bloßen Verwenden von nationalsozialistischen Kennzeichen keine Verbreitungshandlung zu sehen ist.[100] Anderenfalls würde dies zu einer dem § 86a des deutschen StGB vergleichbaren Strafbarkeit führen, die im schweizerischen Strafrecht nicht existiert.[101] Ebenso verhält es sich mit dem Verwenden des Hitlergrußes, welcher nur in Ausnahmefällen eine Verbreitungshandlung darstellen wird.[102]

IV. Aufforderung zu Straftaten

1. Überblick

Als einschlägiger Tatbestand im schweizerischen Strafrecht ist hier Art. 259 StGB (Öffentliche Aufforderung zu Verbrechen oder zur Gewalttätigkeit) zu nennen. Eine im Wortlaut identische Strafnorm findet sich in Art. 171b MStG, auf den hier nicht näher eingegangen werden soll.

2. Art. 259 StGB (Öffentliche Aufforderung zu Verbrechen oder zu Gewalttätigkeit)

a) Normtext

Art. 259 StGB

1. Wer öffentlich zu einem Verbrechen auffordert, wird mit Zuchthaus bis zu drei Jahren oder mit Gefängnis bestraft.

---

100 *Niggli*, a.a.O., Rz. 864.

101 *Niggli*, a.a.O., Rz. 864.

102 *Niggli*, a.a.O., Rz. 865.

2. Wer öffentlich zu einem Vergehen mit Gewalttätigkeit gegen Menschen oder Sachen auffordert, wird mit Gefängnis oder mit Busse bestraft.

b) Normentstehung und Überblick

Die Vorschrift geht zurück auf zwei frühere Vorschriften gegen die Aufforderung zu anarchistischen Verbrechen.[103] In ihrer heutigen Form hat sie sich allerdings von dem politisch motivierten Erfordernis gelöst. Erfaßte Art. 259 StGB zunächst nur die Aufforderung zu Verbrechen, so fand 1981 eine Erweiterung auch auf gewalttätige Vergehen statt.

c) Geschütztes Rechtsgut

Art. 259 StGB schützt damit den öffentlichen Frieden, der durch die Aufforderung zu derartigen Straftaten bedroht sein kann.[104] Es handelt sich um ein abstraktes Gefährdungsdelikt.[105]

d) Tathandlungen

Art. 259 StGB gliedert sich in zwei Absätze und Tathandlungen, zum einen in die öffentliche Aufforderung zu Verbrechen, zum anderen in die Aufforderung zu gewalttätigen Vergehen.

Die Unterscheidung zwischen Verbrechen und Vergehen nimmt Art. 9 StGB vor. Danach ist Verbrechen jede auch mit Zuchthaus bedrohte Handlung ungeachtet der Strafzumessung im Einzelfall (Art. 9 Abs. 1 StGB). Bei den mit Gefängnis als Höchststrafe bedrohten Handlungen handelt es sich gemäß Art. 9 Abs. 2 StGB um Vergehen. Eine Aufforderung zu rassistischem Verhalten im Sinne des Art. 261bis StGB fällt hiernach nicht darunter, da es sich bei der Rassendiskriminierung lediglich um ein Vergehen handelt.

Für die Definition der Gewalttätigkeit kann auf den Gewaltbegriff in Art. 260 StGB zurückgegriffen werden, wonach hierunter eine nicht unerhebliche aktive, aggressive physische Einwirkung auf Menschen oder Sachen zu verstehen ist.[106] Nicht erforderlich ist, daß das jeweilige Vergehen die Anwendung von Gewalt vorschreibt.[107]

---

103 Es handelt sich um den sogenannten Anarchistenartikel im Sprengstoffgesetz von 1894 und den 1906 eingeführten Art. 52bis BStrR, vgl. *Stratenwerth*, BT II, § 38 Rz. 9.

104 *Stratenwerth*, BT II, § 38 Rz. 9; *Trechsel*, a.a.O., Art. 259 Rz. 1.

105 *Stratenwerth*, BT II, § 38 Rz. 9.

106 *Stratenwerth*, BT II, § 38 Rz. 12 m. w. N.

107 *Stratenwerth*, BT II, § 38 Rz. 12.

Aufforderung ist eine Äußerung von gewisser Eindringlichkeit, die geeignet ist, den Willen der Adressaten zu beeinflussen.[108] Sie muß sich eindeutig auf die Begehung von Delikten beziehen und darf sich nicht lediglich in allgemeiner Hetze z. B. gegen bestimmte Menschengruppen erschöpfen.[109] Ausreichend ist hiernach beispielsweise die Aufforderung, Juden zu töten, da sie hinsichtlich der Begehung eines Verbrechens hinreichend bestimmt ist.

Unter der Öffentlichkeit der Aufforderung ist auch hier zu verstehen, daß diese an einen allgemein zugänglichen Ort erfolgt, wo sie von einem unbestimmten Personenkreis vernommen werden kann[110] oder – in anderen Worten – an einen unbestimmten Personenkreis gerichtet ist.[111]

e) *Anwendbarkeit auf die elektronische Datenübertragung*

Als Gedankenäußerungsdelikt eignet sich Art. 259 StGB, wie auch schon Art. 261bis StGB, grundsätzlich für die Begehung im Rahmen der Netzwerkkommunikation. Zu beachten ist auch hier, daß die öffentliche Begehungsweise einen unbestimmten Adressatenkreis erfordert, was den Ausschluß der Anwendbarkeit auf die Individualkommunikation mit sich bringt. Im übrigen wird auf die Ausführungen zu Art. 261bis StGB.

f) *Vorsatzformen*

Die Tatbestandsverwirklichung setzt Vorsatz voraus. Der Täter muß sich hierbei zumindest laienhaft bewußt sein, daß diejenige Handlung, zu der er auffordert, mit erheblicher Strafe bedroht ist oder Gewalttätigkeit umfaßt.[112] Umstritten ist, ob der Täter die Verwirklichung der jeweiligen Handlung auch wollen muß.[113]

g) *Strafen*

Als Strafe sieht die Vorschrift in Abs. 1 Zuchthaus bis zu drei Jahren oder Gefängnis, in Abs. 2 Gefängnis oder Buße vor. Die Zuchthausstrafe ist gemäß

---

108 BGE 111 IV 152.

109 *Stratenwerth*, BT II, § 38 Rz. 14.

110 *Rehberg*, a.a.O., Art. 259.

111 *Stratenwerth*, BT II, § 38 Rz. 13 stellt darauf ab, daß dieser Kreis nicht durch persönliche Beziehungen zusammenhängt.

112 *Stratenwerth*, BT II, § 38 Rz. 16, *Trechsel*, a.a.O., Art. 259 Rz. 2.

113 *Stratenwerth*, BT II, § 38 Rz. 16 m.w.N.

Art. 35 StGB die schwerste Freiheitsstrafe. Deren kürzeste Dauer beträgt ein Jahr.[114]

Mit einer Anstiftung zur jeweiligen strafbaren Handlung kann Art. 259 StGB in Tateinheit stehen (echte Konkurrenz), da beide Bestimmungen einen unterschiedlichen großen Anwendungsbereich haben und verschiedene Rechtsgüter schützen.[115] Art. 259 StGB dürfte der Vorschrift des Art. 261bis StGB vorgehen, da nicht die Aufforderung zu Haß und Diskriminierung im Allgemeinen, sondern zu bestimmten, auch rassistisch motivierten Straftaten erfaßt wird.[116]

C. Internationales Strafrecht

I. Normtexte

Art. 3 StGB

1. Diesem Gesetz ist unterworfen, wer in der Schweiz ein Verbrechen oder ein Vergehen verübt. Hat der Täter im Auslande wegen der Tat eine Strafe ganz oder teilweise verbüßt, so rechnet ihm der schweizerische Richter die verbüßte Strafe an.

2. Ist ein Ausländer auf Ersuchen der schweizerischen Behörde im Auslande verfolgt worden, so wird er in der Schweiz wegen dieser Tat nicht mehr bestraft:

wenn das ausländische Gericht ihn endgültig freigesprochen hat,

wenn die Strafe, zu der er im Auslande verurteilt wurde, vollzogen, erlassen oder verjährt ist. Hat der Täter die Strafe im Auslande nicht oder nur teilweise verbüßt, so wird in der Schweiz die Strafe oder deren Rest vollzogen.

Art. 7 StGB

1. Ein Verbrechen oder ein Vergehen gilt als da verübt, wo der Täter es ausführt, und da, wo der Erfolg eingetreten ist.

2. Der Versuch gilt als da begangen, wo der Täter ihn ausführt, und da, wo nach seiner Absicht der Erfolg hätte eintreten sollen.

II. Prinzipien des internationalen Strafrechts

Das internationale Strafrecht ist in der Schweiz in den Art. 3 – 7 StGB geregelt. Auch in der Schweiz gilt gem. Art. 3 StGB das Territorialitätsprinzip, wonach schweizerisches Strafrecht anwendbar ist, wenn die Tat in der Schweiz begangen wurde. Was unter dem Ort der Begehung zu verstehen ist, richtet sich nach

---

114 Zum Begriff von Gefängnis und Buße vgl. bereits die Ausführungen zu Art. 261bis StGB.

115 *Stratenwerth*, BT II, § 38 Rz. 18.

116 *Stratenwerth*, BT II, § 38 Rz. 19; § 39 Rz. 43.

Art. 7 StGB. Danach gilt eine Straftat als da verübt, wo der Täter sie ausführt, und da, wo der Erfolg eingetreten ist. Hiermit ist das sogenannte Ubiquitätsprinzip umschrieben.[117]

Ausnahmen vom Territorialitätsprinzip sind normiert in den Art. 4 - 6bis StGB, welche Bestimmungen hinsichtlich Verbrechen und Vergehen im Ausland gegen den Staat (Art. 4 StGB, Staatsschutzprinzip), gegen Schweizer (Art. 5 StGB, passives Personalitätsprinzip), von Schweizern (Art. 6 StGB, aktives Personalitätsprinzip, Prinzip der stellvertretenden Strafrechtspflege) und in sonstigen Fällen (Art. 6bis StGB, Weltrechtsprinzip) enthalten.

III. Internetstraftaten

Die Strafbarkeit bei Einspeisen von illegalen Internetseiten in der Schweiz auf dort befindlichen Servern ist aufgrund des Territorialitätsprinzips als unproblematisch anzusehen.[118] Aber auch das Einspeisen auf einen ausländischen Server von der Schweiz aus begründet einen Tatort im Inland, da der Handlungsort in der Schweiz liegt.[119]

Interessanter und rechtlich schwieriger zu beantworten ist wiederum die Frage, ob das schweizerische Strafrecht anwendbar ist, wenn illegale Internetseiten im Ausland in das Internet eingespeist wurden und in der Schweiz lediglich eine Abrufmöglichkeit besteht. Dies richtet sich maßgeblich danach, wie die Formulierung *Erfolg* in Art. 7 StGB auszulegen ist. Einigkeit dürfte darüber bestehen, daß Art. 261bis StGB und Art. 259 StGB keine eigentlichen Erfolgsdelikte sind, da diese Vorschriften keinen tatbestandlichen Erfolg voraussetzen.

Nach der herrschenden Lehre in der Schweiz ist der Begriff des Erfolges und damit auch das Ubiquitätsprinzip grundsätzlich eng auszulegen, da stets nur erwartet werden könne, daß sich jemand an die Gesetze des Landes hält, in dem er sich aufhält.[120] Wer im Ausland agiere, müsse zumindest damit rechnen, die schweizerische Strafbarkeit zu berühren.[121] Nunmehr ist auch höchstrichterlich bestätigt, daß als *Erfolg* nur noch der tatbestandliche Erfolg im Sinne der Erfolgsdelikte und bei Tätigkeitsdelikten der Vollzug der inkriminierten Handlung anzusehen sei.[122] Entsprechend ist *Niggli* der Ansicht, daß außer dem Bege-

---

117 *Trechsel*, a.a.O., § 7 Rz. 1

118 *Riklin*, a.a.O., S. 579.

119 *Rosenthal*, Projekt Internet, Zürich 1997, S. 207.

120 *Stratenwerth*, Schweizerisches Strafrecht, Allgemeiner Teil I: Die Straftat, 2. Auflage, Bern 1996, § 5 Rz. 8; *Rehberg*, a.a.O., Art. 7.

121 Nachweise bei *Riklin*, a.a.O., S. 583.

122 Unter Aufgabe der bisherigen Rechtsprechung: BGE 105 IV 326 ff; BGE 109 IV 3.

hungsort keine Möglichkeit der Anknüpfung an das schweizerische Strafrecht besteht.[123]

Für Ehrverletzungsdelikte, die ihrer Natur nach Tätigkeits- und nicht Erfolgsdelikte sind, hat sich allerdings eine Rechtsprechung herausgebildet, wonach *Erfolgsort*[124] derjenige ist, an dem die Kenntnisnahme stattfindet.[125] In der konkreten Entscheidung ging es um eine Äußerung, die durch ein ausländisches Presseerzeugnis in der Schweiz verbreitet wurde. Inwiefern diese Auffassung generell auf Gedankenäußerungsdelikte, insbesondere Art. 261bis, Art. 259 StGB und andere Informationsdelikte[126] übertragen werden kann, ist bislang ungesichert und bedarf noch der Klärung durch die Gerichte. Teilweise finden sich in der Literatur bereits Lösungsansätze zu diesem Thema.

Nach *Riklin* kann man diese anderen Gedankenäußerungsdelikte, deren strafbare Handlung zwar eine Kenntnisnahme nicht erfordert, bei denen ein Erfolg jedoch darin liegt, daß an einem oder mehreren Orten die Möglichkeit der Kenntnisnahme durch beliebige Dritte geschaffen wurde, im weiteren Sinne als „Erfolgsdelikte" betrachten.[127] Entsprechend sei bei Daten, die auf ausländischen Servern abgelegt und in der Schweiz abrufbar seien, ein Tatort im Inland begründet.[128]

Nach dem Ansatz von *Rosenthal* ist unter *Erfolg* im Sinne von Art. 7 StGB der Schaden zu verstehen, zu dessen Verhinderung bestimmte Handlungen unter Strafe gestellt wurden, also der Schutzzweck einer Norm.[129] Hiernach muß bei Auslandskonstellationen zunächst festgestellt werden, ob das Rechtsgut, das durch die jeweilige Strafbestimmung geschützt werden soll, in der Schweiz tatsächlich verletzt wurde, was bei abstrakten Gefährdungsdelikten mitunter schwierig sein kann.[130] Außerdem sei der erforderliche Vorsatz des Täters hinsichtlich eines Erfolges im Ausland fraglich.[131] Der Täter müßte zumindest für

---

123 *Niggli*, a.a.O., Rz. 64.

124 Nach *Riklin*, a.a.O., S. 581 kann hier wohl nur ein Erfolg im „untechnischen" Sinne gemeint sein.

125 BGE 102 IV 38; *Rosenthal*, a.a.O., S. 207.

126 Hierunter fallen insbesondere Pornographie und Gewaltdarstellungen, vgl. *Riklin*, a.a.O., S. 580.

127 *Riklin*, a.a.O., S. 581.

128 *Riklin*, a.a.O., S. 582; ablehnend *Niggli*, a.a.O., Rz. 64.

129 *Rosenthal*, a.a.O., S. 207.

130 *Rosenthal*, a.a.O., S. 208.

131 Diese Argumentation scheint die Anwendbarkeit des schweizerischen Strafrechts wie ein Tatbestandsmerkmal zu behandeln.

möglich gehalten und in Kauf genommen haben, daß der Erfolg in der Schweiz eintritt. *Rosenthal* führt dazu aus, daß nicht jeder, der im Internet ein Angebot aufschaltet, auch automatisch in Kauf nimmt, daß dieses weltweit abgerufen werde. Insbesondere könnten bestimmte Merkmale einer Internetseite wie z. B. die Sprache, in der sie verfaßt ist, darauf hinweisen, daß der Betreiber nicht mit Interesse für die Seite im Ausland gerechnet hat.[132] Auch nach einem im Auftrag des Bundesamtes für Justiz durch eine interdepartementale Arbeitsgruppe erarbeiteten Bericht besteht aufgrund der Formulierung „öffentlich Verbreiten" die Möglichkeit, einen Tatort in der Schweiz zu begründen, da durch die Eingabe in das Netzwerk ein Kausalverlauf in Gang gesetzt werde mit der Folge, daß Begehungsorte all jene Einloggpunkte seien, an denen die Daten dem Zugriff der Nutzer eröffnet würden.[133] Auch *Widmer* scheint keine Probleme für die Anwendbarkeit schweizerischen Strafrechts zu sehen.[134]

Die Tathandlungen, die keine derartige Begehungsweise aufweisen, wie zum Beispiel das Leugnen, Diskriminieren etc. dürften demnach bei der genannten Fallkonstellation keinen Tatort im Inland aufweisen.

132 *Rosenthal*, a.a.O., S. 208.

133 Bundesamt für Justiz, a.a.O., S. 8.

134 *Widmer*, Zensur auf dem Internet, SWITCHjournal 1/96, 30, 32, bejaht dies pauschal. Der Artikel bezieht allerdings lediglich auf den Pornographietatbestand.

Landesbericht Frankreich

A. Einführung

I. Aktueller Hintergrund

Das Phänomen der Fremdenfeindlichkeit ist auch in Frankreich nicht unbekannt. Parteien wie der Front National sorgen immer wieder für Aufsehen mit ihrem Standpunkt zu nordafrikanischen Einwanderern überwiegend muslimischer Glaubenszugehörigkeit. Aber auch antisemitische Tendenzen sind in Frankreich seit langer Zeit vertreten, heutzutage insbesondere in Form des Revisionismus und des Anti-Zionismus.[1]

Die ersten Prozesse im Zusammenhang mit rassistischen Internetseiten in Frankreich wurden seitens der Vereinigung französischer jüdischer Studenten (UEJF) betrieben. Es handelte sich hierbei zunächst nur um Zivilstreitigkeiten. Im Fall *UEJF c/ Calvacom* verklagte die genannte Vereinigung insgesamt neun französische Provider auf Sperrung von rassistischen Internetseiten. Diese Klage wurde jedoch als zu unpräzise und zu allgemein zurückgewiesen.[2] Im zweiten Fall, *UEJF c/ Costes*, in dem es um die Verbreitung rassistischer Schriften durch einen Host-Service-Provider ging, war bereits die Klageschrift nichtig.[3]

Die bislang erste richtungsweisende strafrechtliche Entscheidung im Zusammenhang mit rassistischen Internetseiten erfolgte auf die Anzeige einer französischen Anwältin bei der Staatsanwaltschaft von Paris gegen den seit Anfang der

---

1 Zur Situation in Frankreich seit den dreißiger Jahren und zur Entwicklung der Rassismusgesetzgebung: *Errera*, French Law and Racial Incitement: On the Necessity and Limits of the Legal Responses, S. 39 ff., in: *Greenspan/Levitt* (Hrsg.), Under the Shadow of Weimar: Democracy, Law, and Racial Incitement in Six Countries, Westport, Connecticut 1993.

2 Tribunal de Grande Instance de Paris, Entscheidung vom 12.06.1996, Affaire *UEJF c/ Calvacom*, unter: http://www.aui.fr/Affaires/UEJF/ordonnance.html (abgerufen am 07.12.2000).

3 Tribunal de Grande Instance de Paris, Entscheidung vom 10.07.1997, Affaire *UEJF c/ Costes*, unter: www.aui.fr/Communiques/verdict-uejf-costes.html (abgerufen am 07.12.2000).

achtziger Jahre als Holocaust-Leugner bekannten Professor *Robert Faurisson*. Dieser wurde der Verbreitung revisionistischer Inhalte auf der Internetseite „*Aaargh*", welche sich auf einem amerikanischen Server befand, beschuldigt.[4] In dieser – in jeglicher Hinsicht bahnbrechenden – Entscheidung des Tribunal de Grande Instance de Paris vom 13.11.1998 wurde der Angeklagte jedoch überraschend aus tatsächlichen Gründen freigesprochen, da die bloße Angabe seines Namens auf der Internetseite nicht als ausreichendes Indiz für seine Urheberschaft erachtet wurde.[5]

Am 28.01.1999 fand vor derselben Kammer des Tribunal de Grande Instance de Paris die Verhandlung gegen den Rocksänger *Jean-Louis Costes* statt, welcher auf einer Internetseite rassistische Äußerungen verbreitet hatte.[6] Hier führte die konsequente Anwendung des französischen Presse- und Medienrechts, welche in der Entscheidung *Faurisson* erstmals auf Internetinhalte angewandt worden war, zur Feststellung, daß Verfolgungsverjährung eingetreten war, da die erstmalige Veröffentlichung mehr als drei Monate vor dem ersten Ermittlungsakt zurücklag.[7]

Angesichts der Tatsache, daß generelle rechtliche Zweifel an der Strafbarkeit der Urheber nicht bestanden, rief der Umstand, daß es in Zusammenhang mit rechtswidrigen Internetseiten zu keiner Verurteilung der jeweiligen Urheber kam, zum damaligen Zeitpunkt teilweise ein gewisses Befremden hervor. Der regelmäßige und allseits einmütig wiederholte Konsens darüber, daß das Internet kein rechtsfreier Raum sei, schien nach Ansicht eigener Autoren aufgrund der

---

4 Thèses révisionnistes sur Internet: un professeur relaxé, Multimedia vom 13.11.1998, unter: http://actu.nomade/fr/actu/articles/19981113164002-multimedia-0105204.shtml (abgerufen am 17.11.1998).

5 Tribunal de Grande Instance de Paris, Urteil vom 13.11.1998, Affaire *Faurisson*, unter: http://www.legalis.net/jnet/decisions/illicite_divers/correc_paris_1198.htm (abgerufen am 07.12.2000).

6 *Lilti*, Commentaire du jugement rendu par la 17ème chambre correctionnelle du TGI de PARIS, le 28 janvier 1999, unter: http://www.legalis.net/jnet/commentaires/lilti_280199.htm (abgerufen am 07.12.2000).

7 Tribunal de Grande Instance de Paris, Chambre Correctionelle, Urteil vom 28.01.1999, Affaire *Costes*, unter: http://www.legalis.net/jnet/decisions/illicite_divers/correct_280199.htm (abgerufen am 07.12.2000).

von den Gerichten im übrigen aufgestellten Hürden zu einer Farce zu verkommen.[8]

Zwischenzeitlich haben sich verschiedene Gerichte und Instanzen zu entsprechenden Internetsachverhalten geäußert, wobei es auch zu Verurteilungen der jeweiligen Angeklagten kam.[9] Von Bedeutung erscheinen in diesem Zusammenhang auch die aufsehenerregenden *Yahoo*-Entscheidungen des Tribunal de Grande Instance de Paris aus dem Jahre 2000, in denen auf einem ausländischen Server abgelegte, in Frankreich strafrechtlich relevante Internetinhalte, zum Anknüpfungspunkt genommen wurden, um den Provider zivilrechtlich zu technischen Sperrmaßnahmen zu verpflichten.[10]

II. Rechtssystem

Das französische Recht zählt, wie das deutsche, zum kontinental-europäischen Rechtskreis. Innerhalb dieses Rechtskreises stellt Frankreich den wichtigsten Vertreter der sogenannten romanischen Gruppe dar, zu der z. B. auch Italien, Spanien, Belgien, Portugal oder die Niederlande zu rechnen sind.[11] Charakteristisch ist auch für Frankreich die nach der Rechtszerplitterung mit der napoleonischen Gesetzgebung eingeleitete Tradition der Kodifikation. So sind weite Bereiche des französischen Rechts kodifiziert, so beispielsweise das Zivilrecht im *Code Civil*, das Handelsrecht im *Code de Commerce* oder das Strafrecht im *Nouveau Code Pénal.*

---

8 *Lilti*, a.a.O.; *Lipskier*, Commentaire sur le jugement prononcé par la 17e Chambre du TGI de Paris le 13/11/98, unter: http://www.legalis.net/jnet/commentaires/comm_tcorrec_1198.htm (abgerufen am 07.12.2000) kommentiert dies mit der Bemerkung: „L'impunité sur internet a donc encore de beaux jours devant elle"- Der Straflosigkeit im Internet steht also noch eine schöne Zeit bevor.

9 Vgl. z. B. Tribunal de Grande Instance de Paris, Chambre de la Presse, Urteil vom 18.10.2000, Affaire *Guillaume, Rami c/ Ministère public, LICRA, UEFJ et MRAP*, unter: http://www.legalis.net/jnet/decisions/illicite_divers/tgi_paris_181000.htm (abgerufen am 08.03.2001).

10 Tribunal de Grande Instance de Paris, Affaire *UEFJ et LICRA c/ Yahoo!Inc. et Yahoo France*, Ordonnance de référé vom 22.05.2000, unter: http://www.legalis.net/jnet/decisions/responsablite/ord_tgi-paris_220500.htm (abgerufen am 31.03.2001), Ordonnance de référé vom 11.08.2000, unter: http://www.legalis.net/jnet/decisions/responsablite/ord_tgi-paris_110800.htm (abgerufen am 31.03.2001) und Ordonnance de référé vom 20.11.2000, unter: http://www.lapres.net/html/ya2011f.html (abgerufen am 07.04.2001).

11 *Rheinstein/von Borries*, Einführung in die Rechtsvergleichung, 2. Auflage, München 1987, S. 78.

Wichtigste Rechtsquelle im Bereich des Strafrechts ist der am 22.07.1992 verabschiedete und 1994 in Kraft getretene *Nouveau Code Pénal* (NCP), welcher den bis dahin geltenden *Code Pénal* aus dem Jahre 1810 ablöste.[12] Durch diese Reform wurde der Besondere Teil in weiten Teilen um zahlreiche neue Straftatbestände erweitert, die insbesondere der Erfassung neuer Formen strafwürdigen Verhaltens wie Kindesmißhandlung, Computermißbrauch, Umweltdelikte dienen sollten.

Die grundsätzliche Einteilung der Straftaten in *crimes* (Verbrechen), *délits* (Vergehen[13]) und *contraventions* (Übertretungen) wurde auch im Nouveau Code Pénal beibehalten. Für die Unterscheidung kommt es auf die Strafandrohung an, wobei auf die jeweils angedrohte Höchststrafe abzustellen ist.[14] Verbrechen werden grundsätzlich vor dem Schwurgericht (*Cour d'assises*), Vergehen vor dem *Tribunal correctionnel* verhandelt. Für Übertretungen ist das *Tribunal de police* zuständig.[15] Diese sind im VI. Buch des *Nouveau Code Pénal* geregelt und den Ordnungswidrigkeiten im deutschen Recht vergleichbar. Sie werden durch Rechtsverordnung erlassen; die einzelnen Vorschriften sind mit einem „R" gekennzeichnet.

Die Straftat im französischen Recht setzt sich zusammen aus dem *élément matériel, légal und moral.*[16] Diese Einteilung ist nur bedingt vergleichbar mit dem dreistufigen Deliktsaufbau im deutschen Strafrecht. Während das *élément matériel* sich im Wesentlichen als die tatbestandsmäßige Handlung im Sinne der kausalen Handlungslehre umschreiben läßt, erfaßt das *élément légal* den objektiven Gesetzesverstoß und damit die Frage der Rechtswidrigkeit.[17] Das *élément moral* befaßt sich mit der Schuld des Täters. Schuldformen sind Vorsatz (*dol*) und Fahrlässigkeit (*imprudence* und *négligence*). Für den Bereich der Übertretungen ist Schuld nicht erforderlich; es reicht die objektive Verletzung der Verbotsnorm aus; anders als im deutschen Ordnungswidrigkeitenrecht bedarf es also nicht einmal der Fahrlässigkeit. Im Zusammenhang mit dem *élément moral* stellt sich

---

12 Zu den Reformentwürfen im Sanktionenrecht vgl. *Zieschang*, Das Sanktionensystem in der Reform des französischen Strafrechts im Vergleich mit dem deutschen Strafrecht, Berlin 1992.

13 Nach deutschem Verständnis würden, was die Strafdrohung betrifft, hierunter auch mindere Verbrechen fallen.

14 Der Nouveau Code Pénal kennt keine Mindeststrafen mehr.

15 *Hübner/Constantinesco*, Einführung in das französische Recht, 3. Auflage, München 1994, S. 121.

16 *Hübner/Constantinesco*, a.a.O., S. 122.

17 Teilweise wird auch von einem weiteren *élément injuste* gesprochen.

auch die Frage der Irrtumsproblematik, der Schuldfähigkeit und die Frage nach den Entschuldigungsgründen.[18]

Im Bereich strafrechtlicher Sanktionen wird unterschieden zwischen der lebenslänglichen Freiheitsstrafe (*réclusion à perpétuité*), der Zuchthausstrafe (*réclusion*), welche bei politischen Straftaten als Strafhaft (*détention criminelle*) bezeichnet wird, sowie der Gefängnisstrafe (*emprisonnement*) und Geldstrafe (*amende*), wobei das Gesetz seit 1983 die Möglichkeit der Verhängung einer nach Tagessätzen verhängten Strafe (*jours-amende*) vorsieht.[19]

III. Verfassungsrechtlicher Anknüpfungspunkt

Die Verankerung der Meinungsfreiheit im französischen Recht geht bis in die Zeit der französischen Revolution zurück. Art. 11 der vom Verfassungsgericht (*Conseil constitutionnel*) mit Verfassungswert ausgestatteten[20] Menschen- und Bürgerrechtserklärung von 1789 schützt die Meinungsfreiheit (*liberté d'expression*).[21] Deren Schutzbereich ist umfassend; er erfaßt ebenso die Kundgabe von Meinungen wie von Informationen.[22] Nach der Rechtsprechung des Verfassungsgerichts fallen hierunter sämtliche Formen moderner Kommunikation, insbesondere die audiovisuelle Kommunikation.[23] Die Schranken der Meinungsäußerungsfreiheit[24] werden, wie der Wortlaut des Art. 11 bereits andeutet, durch die Gesetze bestimmt („*(...) sauf à répondre de l'abus de cette liberté dans les cas déterminés par la loi*"). Die wichtigste Schranke ist hiernach der sogenannte *ordre public*, welcher von Exekutive und Legislative gleichermaßen zu beachten

---

18 *Hübner/Constantinesco*, a.a.O., S. 123 f.

19 *Hübner/Constantinesco*, a.a.O., S. 124; zu den Besonderheiten des französischen Tagessatzsytems: *Zieschang*, a.a.O., S. 78 ff, 87 ff.

20 *Kühling*, Die Kommunikationsfreiheit als europäisches Gemeinschaftsgrundrecht, Berlin 1999, S. 260.

21 Die betreffende Vorschrift lautet :

Art. 11

La libre communication des pensées et des opinions est un des droits les plus précieux de l'homme; tout citoyen peut donc parler, écrire, imprimer librement, sauf à répondre de l'abus de cette liberté dans les cas déterminés par la loi.

22 *Kühling*, a.a.O., S. 267.

23 *Kühling*, a.a.O., S. 265 f.

24 Die Abgrenzung zwischen der sachlichen Reichweite, also dem Schutzbereich der Meinungsfreiheit, und deren Schranken ist dogmatisch nicht einfach zu vollziehen und wohl auch unklar. Insbesondere darf nicht schematisch nach deutschem Verständnis versucht werden, eine solche Einordnung vorzunehmen. Hierzu *Kühling*, a.a.O., S. 265.

ist. Nach der Rechtsprechung des Verfassungsgerichts sind dem Gesetzgeber weiterhin insoweit Grenzen gesetzt, als solche Schranken zur Gewährleistung anderer Verfassungswerte notwendig sein müssen.[25] Als andere Schranken sind danach neben dem *ordre public* die Achtung der Freiheit anderer sowie die Pluralismussicherung anerkannt.

B. Strafvorschriften

I. Rassismusvorschriften

1. Überblick

a) Einschlägige Vorschriften

Straftatbestände betreffend den Rassismus finden sich zum einen im französischen Pressegesetz von 1881 (*loi du 29 juillet 1881 sur la liberté de la presse*), zum anderen im Nouveau Code Pénal. Als spezielle Rassismustatbestände sind im Pressegesetz die Art. 24 Abs. 6 (öffentliche Aufforderung zu rassistischer Diskriminierung, Haß oder Gewalt), Art. 32 Abs. 2 (öffentliche rassistische Diffamierung), Art. 33 Abs. 3 (öffentliche rassistische Beleidigung), im Nouveau Code Pénal Art. R. 624-3, 624-4 (nichtöffentliche rassistische Diffamierung und Beleidigung) und Art. R. 625-7 (nichtöffentliche Aufforderung zu rassistischer Diskriminierung, Haß und Gewalt) zu nennen. An den Bezeichnungen der Straftatbestände zeigt sich bereits die Trennung, die das französische Strafrecht in diesem Bereich zwischen öffentlicher und nichtöffentlicher Begehung vollzieht. Die Fälle der öffentlichen Begehung sind hierbei im Pressegesetz geregelt und als Straftaten ausgestaltet, diejenigen der nichtöffentlichen Begehung sind nur als Übertretungen nach dem Nouveau Code Pénal verfolgbar. Auf letztere wird in einem Exkurs eingegangen.

Die Verbreitung rassistischer Äußerungen an sich ist in Frankreich nicht strafbar. Das sogenannte Rassismusgesetz aus dem Jahre 1972,[26] durch welches die heute in Art. 24 Abs. 6, 33 Abs. 2 und 33 Abs. 3 des Pressegesetzes enthaltenen Straftatbestände eingeführt wurden, sah einen derartigen Straftatbestand nicht vor. Die Untersuchung von *Korman* aus dem Jahre 1989 zeigt, daß auch eine Subsumtion dieses Verhaltens unter Art. 24 Abs. 6 (*provocation à la discrimination*) nicht immer möglich ist.[27] Diese Lücke zu schließen war Zweck eines

---

25 *Kühling*, a.a.O., S. 268, 271.

26 Der Erlaß des Rassismusgesetzes erfolgte im Anschluß an den im Jahre 1971 erfolgten Beitritt Frankreichs zum VN-Rassismusübereinkommen.

27 *Korman*, Le délit de diffusion d'idées racistes, JCP 1989 I 3404.

Gesetzesvorhabens, welches die Einführung eines Art. 225-4-1 NCP zum Ziel hatte. Die Aufnahme einer solchen Vorschrift in den Nouveau Code Pénal hat jedoch bislang nicht stattgefunden.

b) Das Pressegesetz (loi du 29 juillet 1881 sur la liberté de la presse)

Da ein Teil der relevanten Strafvorschriften im französischen Pressegesetz (*loi du 29 juillet 1881 sur la liberté de la presse*) enthalten ist, sei vorweg auf die Besonderheiten dieses Gesetzes eingegangen.

aa) Einführung

Das französische Pressegesetz stammt aus dem Jahre 1881, wurde jedoch bis heute zahlreichen Modifikationen bzw. Anpassungen an moderne Kommunikationsformen unterworfen. Es regelt im Wesentlichen Inhalt und Schranken der Pressefreiheit. Das vierte Kapitel befaßt sich mit einer Reihe von Straftaten, welche durch die Presse oder auf anderen Publikationswegen begangen werden.[28]

bb) System der Verantwortlichkeit

Art. 42 des Pressegesetzes bestimmt, wer nach dem Presserecht der für eine Veröffentlichung Verantwortliche ist. Das in dieser Vorschrift normierte Verantwortlichkeitssystem sieht eine Kaskadenhaftung unter Festlegung der zwingend einzuhaltenden Reihenfolge der Verantwortlichen vor: zunächst ist der Herausgeber (*directeur*), in Ermangelung eines solchen der Autor (*auteur*), sodann der mit dem Druck beauftragte bzw. die Druckerei (*imprimeur*) und schließlich der Verkäufer (*vendeur*), Vertreiber (*distributeur*) und derjenige, der Außenwerbung betreibt (*afficheur*), verantwortlich. Hintergrund dieser vorrangigen Verantwortlichkeit des Herausgebers sind die ihm durch das Pressegesetz auferlegten Überprüfungs- und Überwachungspflichten.

> ***Art. 42 loi du 29 juillet 1881 sur la liberté de la presse***
>
> Seront passibles, comme auteurs principaux des peines qui constituent la répression des crimes et délits commis par la voie de la presse dans l'ordre ci-après, savoir:
>
> 1° Les directeurs de publications ou éditeurs quelles que soient leurs professions ou leur dénominations et, dans les cas prévus au deuxième alinéa de l'article 6, les codirecteurs de la publication;
>
> 2° A leur défaut, les auteurs;
>
> 3° A défaut des auteurs, les imprimeurs;
>
> 4° A défaut des imprimeurs, les vendeurs, les distributeurs et afficheurs.

---

28 Chapitre IV.- Des crimes et délits commis par voie de la presse ou par tout autre moyen de publication.

Dans les cas prévus au deuxième alinéa de l'article 6, la responsabilité subsidiaire des personnes visées aux paragraphes 2°, 3° et 4° du présent article joue comme s'il n'y avait pas de directeur de la publication lorsque, contrairement aux dispositions de la présente loi, un codirecteur de la publication n'a pas été désigné.

Nach Art. 43 des Pressegesetzes ist der Autor neben dem beschuldigten Herausgeber als Teilnehmer zu verfolgen:

Art. 43 loi du 29 juillet 1881 sur la liberté de la presse

Lorsque les directeurs ou codirecteurs de la publication ou les éditeurs seront en cause, les auteurs seront poursuivis comme complices.

(...)

Diese Kaskadenhaftung geht dem allgemeinen Strafrecht als Sonderregelung vor. Allerdings sieht der Nouveau Code Pénal mittlerweile vor, daß diese Sonderregelung auch für das allgemeine Strafrecht Anwendung finden soll, wenn bestimmte Straftaten durch die Medien begangen wurden (vgl. z. B. Art. 227-28 NCP):

Lorsque les délits prévus aux articles 227-18 à 227-21 et 227-23 sont commis par la voie de la presse écrite ou audiovisuelle, les dispositions particulières des lois qui régissent ces matières sont applicables en ce qui concerne la détermination des personnes responsables.

Hierdurch soll offenbar eine Angleichung der Anwendbarkeit der Kaskadenhaftung bei bestimmten Straftaten erreicht werden, die nicht im Pressegesetz normiert sind, bei denen eine gleiche Sachbehandlung aber sachgerecht erscheint.

Weiterhin ist bei der Kaskadenhaftung zu beachten, daß sie nur dann anwendbar ist, wenn die Veröffentlichung in Frankreich stattgefunden hat. Im Rahmen der Printmedien bedeutet dies, daß es nicht ausreicht, wenn das Druckwerk lediglich in Frankreich erhältlich ist.[29] Anderenfalls ist der Autor bzw. Urheber eines Inhalts nach allgemeinen Grundsätzen des Strafrechts nicht als Teilnehmer, sondern als Täter zu verfolgen. Dies erscheint – bei Übertragung dieser Grundsätze – vor allem für den Bereich der Netzwerkkommunikation interessant.[30]

---

29 Conseil d'État, Internet et les réseaux numériques, Etude adaptée par l'Assemblée générale du Conseil d'Etat le 2 juillet 1998, unter: http://www.internet.gouv.fr/francais/textesref/rapce98/rap4.htm (abgerufen am 07.12.2000).

30 vgl. *Bensoussan*, Internet, aspects juridiques, 2. Auflage, Paris 1998, S. 193.

Die soeben erörterten Vorschriften (Art. 42 und 43 des Pressegesetzes) betreffen lediglich die Printmedien.[31] Ihre Erstreckung auf audiovisuelle Kommunikation fand mit Art. 93-3 des Gesetzes vom 29.07.1982 statt, der Bezug nimmt auf die im vierten Kapitel des Pressegesetzes enthaltenen und hier zu untersuchenden Straftaten.

Art. 93–3 loi du 29 juillet 1982

Au cas où l'une des infractions prévues par le chapitre IV de la loi du 29 juillet 1881 sur la liberté de la presse est commise par un moyen de communication audiovisuelle, le directeur de la publication ou, dans le cas prévu au deuxième alinéa de l'article 93-2 de la présente loi, le codirecteur de la publication sera poursuivi comme auteur principal, lorsque le message incriminé a fait l'objet d'une fixation préalable à sa communication au public.

A défaut, l'auteur, et à défaut de l'auteur, le producteur sera poursuivi comme auteur principal.

Lorsque le directeur ou le codirecteur de la publication sera mis en cause, l'auteur sera poursuivi comme complice.

(...)

Art. 93-3 legt eine ähnliche Reihenfolge wie Art. 42 Pressegesetz fest, die allerdings den Gegebenheiten audiovisueller Kommunikation angepaßt wurde. Zunächst ist wieder der Herausgeber, unter bestimmten Umständen der Mitherausgeber, sodann der Autor und schließlich der Hersteller verantwortlich. Neben dem Herausgeber ist auch hier der Autor als Teilnehmer verfolgbar. Voraussetzung dieser Kaskadenhaftung hier ist jedoch, daß die mit Strafe bedrohte Nachricht vor der Veröffentlichung fixiert wurde.[32] Denn nur in diesem Falle ist eine Inhaltsüberprüfung durch die genannten Personen möglich.[33] Im Falle der Direktübertragung ist daher nur der Autor verantwortlich.[34] Den im Einzelfall Verantwortlichen zu ermitteln, wird nach diesen Vorgaben nicht einfach sein und wird sich für die effektive und praktikable Anwendung der Strafvorschriften als hinderlich erweisen.[35]

---

31 *Auvret*, L'application du droit de la presse au réseau Internet, JCP 1999 I 108; *Derieux*, La responsabilité des médias – Responsables, coupables, condamnables, punissables?, JCP 1999 I 153 (Fn. 38).

32 *Asseraf-Olivier/Barbry*, Le droit du multimédia, 1. Auflage, Paris 1996, S. 100 geht davon aus, daß der gegenteilige Fall „purement hypothétique", also völlig hypothetischer Natur sei.

33 *Derieux*, a.a.O., JCP 1999, I 153 (Fn. 38).

34 *Derieux*, a.a.O., JCP 1999, I 153 (Fn. 38).

35 Kritisch *Derieux*, JCP 1999, I 153.

Art. 93-2 des Gesetzes vom 29.07.1982 sieht vor, daß jeder Dienst audiovisueller Kommunikation verpflichtet ist, einen Herausgeber zu haben, wobei bei juristischen Personen je nach Rechtsform z. B. der Geschäftsführer in Betracht kommt.[36] Im Falle des Internet wäre unter Herausgeber möglicherweise der Provider zu verstehen, über den der Urheber einer Nachricht Zugang zum Internet erlangt. Diese generelle Verlagerung der primären Verantwortung für Internetinhalte auf den Provider – also noch vor dem Urheber der Nachricht selbst – erscheint auf den ersten Blick befremdlich. Denn je nach Beteiligung eines Providers erscheint nur in Ausnahmefällen dessen primäre Verantwortlichkeit interessengerecht. Insbesondere stellt sich die Frage, ob Provider, die keine proprietären Dienste anbieten, sondern nur den Zugang zum Internet vermitteln, überhaupt für Inhalte verantwortlich sein können. Die durch Art. 15 des französischen Telekommunikationsgesetzes von 1996[37] eingeführte Regelung, wonach Provider unter bestimmten Bedingungen nicht für durch sie verbreitete Inhalte verantwortlich gemacht werden sollten, wurde durch Entscheidung des Verfassungsgerichts vom 23. 07.1996[38] für verfassungswidrig erklärt. Das Gericht war, ohne daß es sich über den Inhalt der Vorschrift selbst geäußert hätte, der Auffasung, die Vorschrift bilde mit einer anderen, verfassungswidrigen Regelung eine untrennbare Einheit.[39] In der Literatur wurde kontrovers diskutiert, ob die generelle Anwendbarkeit dieser Kaskadenhaftung auf Internet-Provider sachgerecht bzw. angemessen ist,[40] oder ob nicht die Wiedereinführung einer den Gegebenheiten und Funktionen von Providern im Einzelfall angepaßten Regelung sinnvoller erschiene.[41] Mit Datum vom 1.08.2000 wurde nunmehr

---

36 Die Vorschrift lautet (auszugsweise):
Art. 93-2 loi du 29 juillet 1982
„(...) tout service de communication audiovisuelle est tenu d'avoir un directeur de publication. (...) Lorsque le service est fourni par une personne morale, le directeur de la publication est le président du directoire ou du conseil d'administration, le gérant ou le représentant légal, suivant la forme de la personne morale. Lorsque le service est fourni par une personne physique, le directeur de publication est cette peronne physique.“

37 Loi n. 96-659 du 26 juillet 1996 de réglementation des télécommunications.

38 Entscheidung des Conseil Constitutionnel n. 96-378 DC vom 23. Juli 1996.

39 *Auvret*, JCP 1999 I 108.

40 *Auvret*, JCP 1999 I 108; Conseil d'État, a.a.O.; *Demnard-Tellier* (Hrsg.), Le multimédia et le droit, Mémento-guide Alain Bensoussan, Paris 1996, S. 553; *Falque-Pierrotin*, Mission interministerielle sur l'Internet, 16.03.1996 - 16.06.1996, unter: www.telecom.gouv.fr/francais/activ/techno/rapfalq.html (abgerufen am 29.04.1999); *Pansier/Jez*, Initiation à l'Internet juridique, Paris 1998, S. 85.

41 *Auvret*, JCP 1999 I 108.

eine neue Vorschrift zur Providerverantwortlichkeit verabschiedet. Danach können Host-Service-Provider für von ihnen zur Verfügung gestellte Inhalte nur dann straf- oder zivilrechtlich zur Verantwortung gezogen werden, wenn sie trotz richterlicher Anordnung nicht unverzüglich den Zugang zum jeweiligen Inhalt verhindert haben.[42] Eine weitere Vorschrift, die Host-Service-Providern im Falle der Aufforderung durch dritte Personen die Ergreifung geeigneter Maßnahmen *(„diligences appropriées“)* auferlegte, wurde durch Entscheidung des Verfassungsgerichts vom 27. Juli 2000 für verfassungswidrig erklärt.[43]

cc) Verjährung

Art. 65 Pressegesetz[44] sieht für Straftaten und andere Verstöße gegen das Pressegesetz eine kurze Verjährungsfrist von drei Monaten vor. Die Presseverjährungsfrist läuft ab dem Zeitpunkt der erstmaligen Veröffentlichung. Diese offensichtlich auf Printmedien zugeschnittene Frist führt jedoch zu großen Schwierigkeiten im Bereich der audiovisuellen Medien und des Internet, insbesondere

---

42 Art. 43-8 Loi 86-1067 du 30 septembre 1986 relative à la liberté de la communication lautet:
Les personnes physiques ou morales qui assurent, à titre gratuit ou onéreux, le stockage direct et permanent pour mise à disposition du public de signaux, d'écrits, d'images, de sons ou de messages de toute nature accessibles par ces services, ne sont pénalement ou civilement responsables du fait du contenu de ces sevices que:
- si, ayant été saisies par une autorité judiciaire, elles n'ont pas agi promtement pour empêcher l'accès à ce contenu; (...).

43 Entscheidung des Conseil Constitutionnel n. 2000-43 DC vom 27. Juli 2000, unter: http://www.conseil-constitutionnel.fr/decision/2000/2000433/2000433dc.htm (abgerufen am 29.05.2001)

44 Die Vorschrift lautet:
Art. 65 loi du 29 juillet 1881 sur la liberté de la presse
L'action publique et l'action civile résultant des crimes, délits et contraventions prévus par la présente loi se prescriront après trois mois révolus, à compter du jour où ils auront été commis ou du jour du dernier acte de poursuite, s'il en a été fait.
Les prescriptions commencées à l'époque de la publication de la présente loi et pour lesquelles il faudrait encore, suivant les lois existantes, plus de trois mois à compter de la même époque, seront, par ce laps de trois mois, définitivement accomplies.

da bei letzterem der Veröffentlichungszeitpunkt sich möglicherweise gar nicht eindeutig bestimmen läßt.[45]

2. Art. 24 Abs. 6 loi du 29 juillet 1881 sur la liberté de la presse (Öffentliche Aufforderung zu rassistischer Diskriminierung, Haß oder Gewalt)

a) *Normtext*

Art. 24 loi du 29 juillet 1881 sur la liberté de la presse[46]

(1) - (5) (...)

(6) Ceux qui, par l'un des moyens énoncés à l'article 23, auront provoqué à la discrimination, à la haine ou à la violence à l'égard d'une personne ou d'un groupe de personnes à raison de leur origine ou de leur appartenance ou de leur non-appartenance à une ethnie, une nation, une race ou une religion déterminée, seront punis d'un emprisonnement d'un an et d'une amende de 300.000 F ou de l'une de ces deux peines seulement.

(7) En cas de condamnation pour l'un des faits prévus par l'alinéa précédent, le tribunal pourra en outre ordonner:

---

45 *Derieux*, a.a.O., S. 1335, 1341. Zur Bestimmung des Veröffentlichkeitszeitpunktes vgl. die Entscheidung der Cour d'appel de Paris, 11e ch. A, 15.12.1999 (*Costes c/ Ministère*), JCP 2000, II, 10281, vgl.hierzu auch Tribunal de Grande Instance de Paris, Urteil vom 06.12.2000, Affaire *Carl Lang/Raphaël Meyssan, Thierry Meyssan et Réseau Voltaire*, unter: http://www.legalis.net/jnet/decisions/responsablilite/jug_tgi-paris_061200.htm (abgerufen am 08.03.2001)

46 Übersetzung der Vorschrift:
Art. 24 Pressegesetz
(1) bis (5) (...)
(6) Wer auf eine der in Art. 23 genannten Weisen zur Diskriminierung, zum Haß oder zur Gewalt gegen eine Person oder Personengruppe aus Gründen Herkunft oder ihrer Zugehörigkeit oder Nicht-Zugehörigkeit zu einer bestimmten Ethnie, Nation, Rasse oder Religion aufruft, wird mit einem Jahr Gefängnis und einer Geldbuße von 300.000 Francs oder einer der beiden Strafen bestraft.
(7) Im Falle der Verurteilung wegen einer der im vorstehenden Absatz genannten Taten kann das Gericht außerdem anordnen:
1° die Aberkennung der in Art. 131-26 CP unter 2° und 3° aufgezählten Rechte für höchstens fünf Jahre, es sei denn, die Verantwortlichkeit des Autors für die Gesetzesverletzung wurde auf Art. 42 und Art. 43 Absatz 1 oder auf Art. 93-3 Abs. 1 bis 3 des Gesetzes Nr. 82.652 vom 19. Juli 1982 über die audiovisuelle Kommunikation gestützt.
2° die Bekanntmachung oder die Verbreitung der ergangenen Entscheidung gemäß den in Art. 131-35 CP genannten Bedingungen.
3° (aufgehoben).

1° sauf lorsque la responsabilité de l'auteur de l'infraction est retenue sur le fondement de l'article 42 et du premier alinéa de l'article 43 de la présente loi ou des trois premiers alinéas de l'article 93-3 de la loi n. 82.652 de 19 juillet 1982 sur la communication audiovisuelle, la privation des droits énumérés aux 2° et 3° de l'article 131-26 du Code pénal pour une durée de cinq ans au plus;

2° l'affichage ou la diffusion de la décision prononcée dans les conditions prévues par l'article 131-35 du Code pénal;

3° (abrogé).

b) Normentstehung und Überblick

Die in Art. 24 Abs. 6 enthaltene öffentliche Aufforderung zu rassistischer Diskriminierung, Haß und Gewalt wurde durch das Rassismusgesetz vom 1.07.1972 eingefügt.[47] Der Erlaß des Rassismusgesetzes erfolgte in Umsetzung der Kriminalisierungsverpflichtungen aus Art. 4 des VN-Rassismusübereinkommens, dem Frankreich 1971 beigetreten war. Danach müssen die Vertragsstaaten bestimmte Verhaltensweisen zur strafbaren Handlung erklären.[48]

c) Geschütztes Rechtsgut

Art. 24 Pressegesetz ist eine Vorschrift, die der öffentlichen Ordnung (*ordre public*) dient.[49]

d) Tathandlungen

Tathandlung in Absatz 6 ist die öffentliche Aufforderung zu rassistischer Diskriminierung, Haß und Gewalt.[50] Damit sind drei Gegenstände der Aufforde-

---

47 *Cousin/Delcros*, Le droit de la communication, Presse écrite et audiovisuel, Tome 1, Paris 1990, S. 243.

48 Frankreich hat in Bezug auf die sich aus Art. 4 des Übereinkommens ergebenden Verpflichtungen folgende Interpretationserklärung abgegeben: „*With regard to article 4, France wishes to make it clear that it interprets the reference made therein to the principles of the Universal Declaration of Human Rights and to the rights set forth in article 5 of the Convention as releasing the States parties from the obligation to enact anti-discrimination legislation which is incompatible with the freedoms of opinion and expression and of peaceful assembly and association guaranteed by those texts.*" Zum Rassismusgesetz und zur rechtlichen Situation vor 1972: *Errera*, a.a.O., S. 39 bis 44.

49 *Cousin/Delcros*, a.a.O., S. 243.

50 Vgl. zu diesem Tatbestand als Beipiel aus der Rechtsprechung: Tribunal de Grande Instance de Paris, Urteil vom 18.10.2000, Affaire *Guillaume, Rami c/ Ministère public, LICRA, UEJF et MRAP*, unter. www.legalis.net/jnet/decisions/illicite_divers/tgi-paris-181000.htm (abgerufen am 8.03.2001).

rung aufgeführt: Zum einen die Aufforderung zur Diskriminierung, weiterhin zum Haß und schließlich zur Gewalt.

Diskriminierung, Haß und Gewalt müssen sich auf eine Person oder Personengruppe beziehen und aus Gründen ihrer Herkunft, ihrer Zugehörigkeit oder Nicht-Zugehörigkeit zu einer bestimmten Ethnie, Nation, Rasse oder Religion erfolgen. Zielsetzung der Aufforderung zur Diskriminierung ist das Hervorrufen einer herabsetzenden Haltung gegenüber diesen Personen. Mit der Aufforderung zum Haß ist auf feindselige Gefühle abgezielt.[51] In der Praxis existieren häufig Überschneidungsbereiche mit der rassistischen Diffamierung oder Beleidigung.[52]

Was die Begehungsmodalitäten angeht, nimmt die Vorschrift Bezug auf die in Art. 23 Pressegesetz genannten Modalitäten. Diese lauten:

> «(...) soit par des discours, cris ou menaces proférés dans des lieux ou réunions publics, soit par des écrits, imprimés, dessins, gravures, peintures, emblèmes, images ou tout autre support de l'écrit, de la parole ou de l'image vendus ou distribués, mis en vente ou exposés dans les lieux ou réunions publics, soit par des placards ou des affiches exposés au regard du public, soit par tout moyen de communication audiovisuelle (...)»

Die möglichen Begehungsmodalitäten, die allesamt das für das Presserecht maßgebliche Kriterium der Öffentlichkeit umschreiben sollen, sind also mannigfaltig und denkbar weit gefaßt:

> „(...) in Reden, Ausrufen oder Drohungen, welche an öffentlichen Orten oder in Versammlungen geäußert werden, oder in Schriften, Drucken, Zeichnungen, Gravuren, Malereien, Emblemen, Bildern oder jedem anderen Träger von Schrift, Wort oder Bild, welche an öffentlichen Orten oder Versammlungen verkauft, verteilt, zum Verkauf angeboten oder ausgestellt werden, oder in Plakaten oder Aushängen, die dem Blick der Öffentlichkeit ausgesetzt sind, oder durch jedes Mittel der audiovisuellen Kommunikation (...)"

Die Rechtsprechung legt diese Varianten relativ weit aus. Im Einzelnen kann nach vier Gruppen von Handlungsweisen differenziert werden.[53] Zum einen nach mündlicher Handlungsweise, welche eine Begehung an öffentlichen Orten oder Versammlungen erfordert. Weiterhin nach schriftlicher Handlungsweise, bei der ein Verkaufen, Verteilen, Anbieten zum Kauf oder Ausstellen an öffentlichen Orten oder Versammlungen vorausgesetzt wird. Sodann ist auch eine bildliche Ansprache in öffentlichen ausgehängten Plakaten oder Aushängen

---

51 *Cousin/Delcros*, a.a.O., S. 244.

52 *Bilger/Prévost*, Le droit de la presse, 3. Auflage, Paris 1995, S. 46.

53 Differenzierung und Definition der Tatbestandsmerkmale im Einzelnen: *Bilger/Prévost*, a.a.O., S. 24 ff.

möglich. Schließlich verbleibt die audiovisuelle Kommunikation, auf die nachfolgend näher eingegangen wird.

e) *Anwendbarkeit auf die elektronische Datenübertragung*

Mit der Erweiterung der Begehungsmodalitäten auf die audiovisuelle Kommunikation im Jahre 1985[54] wurde der Weg zur grundsätzlichen Anwendbarkeit der Vorschrift auf moderne Kommunikationsformen freigemacht. Art. 2 Abs. 2 des Gesetzes vom 30.09.1986 über die Kommunikationsfreiheit[55] nimmt eine Definition des Begriffs *audiovisuelle Kommunikation* vor.[56]

Art. 2 al. 2 loi n. 86-1067 du 30 septembre 1986

On entend par communication audiovisuelle, toute mise à disposition du public ou de catégories de public, par un procédé de télécommunication, de signes, de signaux, d'écrits, d'images, de sons ou de messages de toute nature qui n'ont pas le caractère d'une correspondance privée.

Zur Definition wird hier also eine Abgrenzung zu privater Korrespondenz vorgenommen. Für letzteren Begriff existiert keine Legaldefinition, allerdings ergibt sich aus einer Verwaltungsanweisung (*circulaire*) vom 17. Februar 1988 zur Regelung telematischer Dienste, daß private Korrespondenz immer dann vorliegen soll, wenn die Nachricht ausschließlich an eine oder mehrere bestimmte natürliche oder juristische Personen gerichtet ist.[57] Im Umkehrschluß hierzu soll es sich um audiovisuelle Kommunikation handeln, wenn die Nachricht unterschiedslos an die Öffentlichkeit oder an Teile dieser gerichtet ist und ihr Inhalt nicht das Ergebnis von Überlegungen darstellt, die sich auf den potentiellen Adressaten beziehen. Audiovisuelle Kommunikation liegt auch dann vor, wenn die Nachricht ursprünglich allen Nutzern eines Dienstes entgeltlich oder unentgeltlich zur Verfügung gestellt wird.[58] Die Rechtsprechung zieht bei der Auslegung des Begriffs Öffentlichkeit im Sinne des Presserechts auch den

---

54 Loi n. 85-1317 du 13 décembre 1985.

55 Loi n. 86-1067 du 30 septembre 1986 relative à la liberté de communication.

56 Übersetzung der Vorschrift:
Art. 2 al. 2 des Gesetzes Nr. 86-1067 vom 30. September 1986
Unter audiovisueller Kommunikation ist jede, im Wege sämtlicher Telekommunikationsvorgänge erfolgende Bereitstellung von Zeichen, Signalen, Schriften, Bilder, Tönen oder Nachrichten an die Öffentlichkeit oder Teile der Öffentlichkeit zu verstehen, sofern es sich hierbei nicht um private Korrespondenz handelt.

57 Im Wortlaut heißt es: „*(...) lorsque le message est exclusivement destiné à une (ou plusieurs) personne physique ou morale, déterminée ou individualisée*", Circ. appl. 17 février 1988, zitiert bei: *Falque-Pierrotin*, a.a.O.

58 *Falque-Pierrotin*, a.a.O.

Begriff der Interessengemeinschaft (*communauté d'intérêts*) heran.[59] Die Verwaltungsanweisung bestimmt weiterhin, daß der gemischte Charakter einer Nachricht der Einordnung als audiovisuelle Kommunikation nicht entgegensteht, sofern nur ein Teil dieser als solche einzuordnen ist.[60] Die Übergänge von Privatkommunikation zu audiovisueller Kommunikation sind bisweilen fließend, eine Einordnung im Einzelfall schwierig.

Es dürfte für Literatur und Rechtsprechung weitgehend feststehen,[61] daß an der Anwendbarkeit des Begriffs audiovisuelle Kommunikation auf den Großteil der Internetdienste als öffentliche Teile der Netzwerkkommunikation keine Zweifel bestehen. Einigkeit besteht in jedem Falle dahingehend, daß Webseiten und alle öffentlichen Informationsdienste unter den Begriff der audiovisuellen Kommunikation fallen.[62] Auch Diskussionsforen zählen hierzu, sofern es sich um offene Foren handelt, die keine erhöhten Zugangsvoraussetzungen aufstellen und bei denen unter den Teilnehmern keine vorherige Verbindung besteht.[63] Zu differenzieren ist auch bei Mailing-lists, welche grundsätzlich als erweiterte Form des E-mail eine Form der Privatkommunikation darstellen. Ist eine Mailing-list für jedermann frei zugänglich, wird auch in einem solchen Fall audiovisuelle Kommunikation zu bejahen sein.[64] Dasselbe gilt für Newsgroups.[65]

E-mail als rein private Kommunikation fällt hingegen nicht unter den Begriff der audiovisuellen Kommunikation.[66] Ebenso sind auch Vorgänge im Rahmen

---

59 *Auvret*, JCP 1999 I 108; *Falque-Pierrotin*, a.a.O.

60 *Falque-Pierrotin*, a.a.O.

61 Conseil d'État, a.a.O.; *Falque-Pierrotin*, a.a.O.; *Demnard-Tellier*, a.a.O., S. 541; *Bensoussan*, a.a.O., S. 184; *Auvret*, JCP 1999 I 108.

62 *Falque-Pierrotin*, a.a.O.; *Auvret*, JCP 1999 I 108; *Pansier/Jez*, a.a.O., S. 84; Auch das Urteil *Faurisson* vom 13.11.1998, a.a.O. macht bereits deutlich, daß eine eventuelle Verurteilung auf das Pressegesetz gestützt worden wäre. Dasselbe trifft zu auf das Urteil *Costes* vom 28.01.1999, a.a.O.; vgl. zur Anwendbarkeit auf das Internet auch: Tribunal de Grande Instance de Paris, Urteil vom 18.10.2000, Affaire *Guillaume, Rami c/ Ministère public, LICRA, UEJF et MRAP*, unter. www.legalis.net/jnet/decisions/illicite_divers/tgi-paris-181000.htm (abgerufen am 8.03.2001).

63 *Falque-Pierrotin*, a.a.O; undifferenziert *Pansier/Jez*, a.a.O., S. 84.

64 *Auvret*, JCP 1999 I 108.

65 *Auvret*, JCP 1999 I 108.

66 *Auvret*, JCP 1999 I 108 ; zum Begriff der «correspondance privée» im Rahmen von Art. 432-9 CP : Tribunal de Grande Instance de Paris, Chambre de la Presse, Urteil vom 02.11.2000, Affaire *Francoise V., Marc F. et Hans H. c/ Ministère Public, Tareg Al B.*, unter: http://www.legalis.net/jnet/decisions/illicite_divers/tgi_paris_021100.htm (abgerufen am 03.02.2001).

von Homebanking, Teleshopping oder sonstige Service-Angebote wie Platzreservierung oder Kartenvorbestellung der privaten Kommunikation zuzuordnen, da sie eine persönliche Korrespondenz unter Austausch auch vertraulicher Daten beinhalten.[67] Minitel fällt nach der Rechtsprechung schon deshalb in den Anwendungsbereich des Begriff audiovisuelle Kommunikation, da es sich hierbei nur um ein visuelles und nicht im ein Audio-Medium handelt.[68]

Im Einzelfall wird die Frage der Anwendbarkeit des Presserechts dem Tatrichter obliegen. Viele Dienste im Internet, selbst das E-mail, weisen eine Zwitterstellung auf und könnten durchaus im einen Fall öffentliche, im anderen Fall private Kommunikation darstellen.[69]

f) Vorsatzformen

Art. 24 Pressegesetz erfordert Vorsatz.

g) Strafen und sonstige Rechtsfolgen

Im Falle des Abs. 6 beträgt die Gefängnisstrafe ein Jahr und die Geldbuße 300.000 Francs, wobei auch nur eine der beiden Strafen verhängt werden kann. Die Strafen sind entgegen ihrem Wortlaut als Höchststrafen zu verstehen. Folgende Nebenstrafen sind vorgesehen: Das Gericht kann die in Art. 131-26 Nouveau Code Pénal unter 2° und 3° aufgezählten Rechte für höchstens fünf Jahre aberkennen, es sei denn, die Verantwortlichkeit des Autors für die Gesetzesverletzung wurde auf Art. 42 und Art. 43 Absatz 1 oder auf Art. 93-3 Abs. 1 bis 3 des Gesetzes Nr. 82.652 vom 19.07.1982 über die audiovisuelle Kommunikation gestützt. Bei den in Art. 131-26 NCP genannten Rechten handelt es sich um Bürgerrechte, bürgerliche und Familienrechte.

Weiterhin kann das Gericht die Bekanntmachung oder die Verbreitung der ergangenen Entscheidung gemäß den in Art. 131-35 des Nouveau Code Pénal genannten Bedingungen anordnen.

Die Einziehung von Gegenständen ist nach französischem Strafrecht eine Nebenstrafe (*peine complémentaire*). Bei Vergehen und bei Übertretungen der fünften Kategorie kann sie jedoch unter bestimmten Voraussetzungen (Art. 131-6, 131-7, 131-14, 131-42 CP) an die Stelle einer Hauptstrafe treten (sogenannte *peine alternative*). Inhaltlich richtet sich die Einziehung nach Art. 131-21 CP. Bei Straftaten nach dem Presserecht ist allerdings die Sondervorschrift des

---

67 *Falque-Pierrotin*, a.a.O.

68 Metz, 22 mai 1991: JCP 1992, IV, 1841.

69 *Falque-Pierrotin*, a.a.O.; *Auvret*, JCP 1999 I 108.

Art. 61 Pressegesetz zu beachten, die die Einziehung abschließend regelt.[70] Diese knüpft nur an Straftaten nach Art. 24 Abs. 1 und 3, 25, 36 und 37 Pressegesetz an und sieht vor, daß beschlagnahmte Schriften, Drucke oder Plakate eingezogen werden können. Weiterhin können diejenigen Exemplare beseitigt oder zerstört werden, die an die Öffentlichkeit verkauft, verteilt oder die ihr gezeigt werden sollten. Eine Einziehung des Tatmittels ist hier nicht vorgesehen. Die Anpassung des Pressegesetzes in diesem Bereich an die Besonderheiten der *communication audiovisuelle* wäre wünschenswert.

3. Exkurs: Übertretungstatbestand Art. R. 625-7 Nouveau Code Pénal (Nichtöffentliche Aufforderung zu rassistischer Diskriminierung, Haß und Gewalt)

Bei den im sechsten Buch des Nouveau Code Pénal genannten Vorschriften handelt es sich um sogenannte Übertretungen (*contraventions*). Diese sind, wie bereits erwähnt, mit einem „R" gekennzeichnet und werden durch Rechtsverordnung erlassen (Art. R. 610-1 NCP). Die Besonderheit ist, daß sie einen vorsätzlichen Verstoß nicht erfordern. Die objektive Verletzung der Verbotsnorm ist ausreichend.

---

70 Die Vorschrift lautet:

Art. 61 loi du 29 juillet 1881 sur la liberté de la presse

S'il y a condamnation, l'arrêt pourra, dans les cas prévus aux articles 24 (§§ 1er et 3), 25, 36 et 37, pronononcer la confiscation des écrits ou imprimés, placards ou affiches saisis, et, dans tous les cas, ordonner la saisie et la suppression ou la destruction de tous les exemplaires que seraient mis en vente, distribués ou exposés aux regards du public. Toutefois, la suppression ou la destruction pourra ne s'appliquer qu'à certaines parties des exemplaires saisies.

a) *Normtext*

Art. 625-7 NCP[71]

La provocation non publique à la discrimination, à la haine ou à la violence à l'égard d'une personne ou d'un groupe de personnes à raison de leur origine ou de leur appartenance ou de leur non-appartenance, vraie ou supposée, à une ethnie, une nation, une race ou une religion déterminée est punie de l'amende prévue pour les contraventions de la 5e classe.

Les personnes coupables de la contravention prévue au présent article encourent également les peines complémentaires suivantes:

1° L'interdiction de détenir ou de porter, pour une durée de trois ans au plus, une arme soumise à autorisation;

2° La confiscation d'une ou de plusieurs armes dont le condamné est propriétaire ou dont il a la libre disposition;

---

71 Übersetzung der Vorschrift:
Art. 625-7 NCP
Die nichtöffentliche Aufforderung zur Diskriminierung, zum Haß oder zur Gewalt gegenüber einer Person oder Personengruppe aus Gründen ihrer Herkunft, ihrer tatsächlichen oder vermuteten Zugehörigkeit oder Nicht-Zugehörigkeit zu einer bestimmten Ethnie, Nation, Rasse oder Religion wird mit der für die Übertretungen der fünften Kategorie vorgesehenen Geldbuße bestraft.
Die Personen, die der in diesem Artikel vorgesehenen Übertretung schuldig sind, werden auch von nachstehenden Nebenstrafen betroffen:
1° das höchstens auf drei Jahre beschränkte Verbot, eine der behördlichen Genehmigung unterliegende Waffe zu halten oder zu tragen;
2° die Einziehung einer oder mehrerer Waffen, deren Eigentümer der Verurteilte ist oder die seiner freien Verfügung unterliegen;
3° die Einziehung des Gegenstandes, welcher der Begehung der Zuwiderhandlung gedient hat oder hierfür bestimmt war, sowie desjenigen Gegenstandes, der aus der Zuwiderhandlung hervorgegangen ist.
4° gemeinnützige Arbeit im Umfang von 20 bis 120 Stunden.
Juristische Personen können gemäß den Voraussetzungen des Art. 121-2 wegen der in diesem Artikel bezeichneten Zuwiderhandlung strafrechtlich für verantwortlich erklärt werden.
Für juristische Personen gelten folgende Strafen:
1° die Geldbuße gemäß den Bedingungen des Art. 131-41.
2° die Einziehung des Gegenstandes, welcher der Begehung der Zuwiderhandlung gedient hat oder hierfür bestimmt war, sowie desjenigen Gegenstandes, der aus der Zuwiderhandlung hervorgegangen ist.
Der Rückfall bezüglich der in diesem Artikel vorgesehenen Übertretung wird gemäß den Artikeln 132-11 und 132-15 geahndet.

3° La confiscation de la chose qui a servi ou était destinée à commettre l'infraction ou de la chose qui en est le produit;

4° Le travail d'intérêt général pour une durée de vingt à cent vingt heures.

Les personnes morales peuvent être déclarées responsables pénalement, dans les conditions prévues par l'article 121-2, de l'infraction définie au présent article.

Les peines encourues par les personnes morales sont:

1° L'amende, suivant les modalités prévues par l'article 131-41;

2° La confiscation de la chose qui a servi ou était destinée à commettre l'infraction ou de la chose qui en est le produit.

La récidive de la contravention prévue au présent article est réprimée conformément aux articles 132-11 et 132-15.

b) Normentstehung und Überblick

Bei Art. 625-7 NCP handelt es sich um eine Übertretung, nicht um eine Straftat.

c) Geschütztes Rechtsgut

Art. 625-7 NCP dient dem Ehrschutz.

d) Tathandlung

Die Vorschrift stimmt im Wesentlichen überein mit Art. 24 Abs. 6 Pressegesetz. Unterschiede bestehen zum einen darin, daß die Zugehörigkeit bzw. Nicht-Zugehörigkeit des Adressaten zu einer Gruppe etc. nicht tatsächlich gegeben sein muß, so daß die Vermutung oder Zuschreibung durch den Autor einer derartigen Äußerung ausreicht. Zum anderen erfolgt die Äußerung bei Art. R. 625-7 NCP in nicht öffentlicher Weise.

e) Anwendbarkeit auf die elektronische Datenübertragung

Da die Tathandlungen eine nichtöffentliche Begehungsweise erfordern, ist auch hier eine Abgrenzung nach der Art der Dienste im Rahmen der elektronischen Datenübertragung vorzunehmen. Hierbei dürften – im Sinne einer Negativabgrenzung – solche Dienste herausfallen, die als *communication audiovisuelle* im Sinne von Art. 2 Abs. 2 des Gesetzes über die Kommunikationsfreiheit anzusehen sind.[72] Danach kommt für die nichtöffentliche Begehung vor allem die Individualkommunikation wie E-mail in Betracht. Weiterhin dürften auch Mailing-lists und Newsgroups, deren Teilnehmerkreis beschränkt ist und denen sich nicht jedermann anschließen kann, erfaßt sein.

---

72 Vgl. hierzu unter Abschnitt B II 2 d.

f) Vorsatzformen

Die Vorschrift erfordert keinen Vorsatz.

g) Strafen

Die nichtöffentliche Aufforderung zu rassistischer Diskriminierung, Haß und Gewalt wird nach den Vorschriften bestraft, die für die Übertretungen der fünften Kategorie gelten: Hierfür sind 10.000 Francs Geldbuße vorgesehen (Art. 131-13 NCP). Weitere Rechtsfolgen sieht Art. R. 625-7 NCP vor: Hierunter fällt das Verbot des Waffentragens bzw. -haltens, die Einziehung von Waffen und Tatmitteln sowie von aus der Tat hervorgebrachten Gegenständen.

4. Art. 32 Abs. 2 loi du 29 juillet 1881 sur la liberté de la presse (Öffentliche rassistische Diffamierung)

a) Normtext

Art. 32 loi du 29 juillet 1881 sur la liberté de la presse[73]

(1) La diffamation commise envers les particuliers par l'un des moyens énoncés en l'article 23 sera punie d'un emprisonnement de six mois et d'une amende de 80.000 F, ou de l'une de ces deux peines seulement.

(2) La diffamation commise par les mêmes moyens envers une personne ou un groupe de personnes à raison de leur origine ou de leur appartenance ou de leur non-appartenance à une ethnie, une nation, une race ou une religion déterminée sera punie d'un emprisonnement d'un an et d'une amende de 300.000 F ou de l'une de ces deux peines seulement.

---

73 Übersetzung der Vorschrift:

Art. 32 Pressegesetz

(1) Die Diffamierung von Einzelpersonen auf eine der in Art. 23 genannten Weisen wird mit sechs Monaten Gefängnis und einer Geldbuße in Höhe von 80.000 Francs oder mit nur einer der beiden Strafen bestraft.

(2) Die auf dieselbe Weise erfolgende Diffamierung einer Person oder einer Personengruppe aus Gründen ihrer Herkunft, ihrer Zugehörigkeit oder Nicht-Zugehörigkeit zu einer bestimmten Ethnie, Nation, Rasse oder Religion wird mit einem Jahr Gefängnis und einer Geldbuße in Höhe von 300.000 Francs oder nur einer der beiden Strafen bestraft.

(3) Im Falle der Verurteilung wegen einer der im vorstehenden Absatz genannten Taten kann das Gericht außerdem anordnen:

1° die Bekanntmachung oder die Verbreitung der ergangenen Entscheidung gemäß den in Art. 131-35 CP genannten Bedingungen.

2° (aufgehoben).

(3) En cas de condamnation pour l'un des faits prévus par l'alinéa précédent, le tribunal pourra en outre ordonner:

1° l'affichage ou la diffusion de la décision prononcée dans les conditions prévues par l'article 131-35 du Code pénal.

2° (abrogé).

b) *Normentstehung und Überblick*

Art. 32 des Pressegesetzes stellt in Abs. 1 die Diffamierung einzelner Personen auf einem der in Art. 23 des Pressegesetzes genannten Kommunikationswege unter Strafe. Abs. 2 betrifft die auf den gleichen Kommunikationswegen erfolgende rassistische Diffamierung einzelner Personen oder einer Personengruppe. Für die vorliegende Untersuchung soll nur die rassistische Diffamierung, deren aktuelle Fassung aus dem Jahre 1972[74] herrührt, eine Rolle spielen.

c) *Geschütztes Rechtsgut*

Es handelt sich um eine ehrschützende Vorschrift.

d) *Tathandlung*

Der Begriff der Diffamierung ist in Art. 29 Pressegesetz legaldefiniert:

Art. 29 loi du 29 juillet 1881 sur la liberté de la presse[75]

Toute allégation ou imputation d'un fait qui porte atteinte à l'honneur ou à la considération de la personne ou du corps auquel le fait est imputé est une diffamation. La publication directe ou par voie de reproduction de cette allégation ou de cette imputation est punissable, même si elle est faite sous forme dubitative ou si elle vise une personne ou un corps non expressément nommés, mais dont l'identification est rendue possible par les termes des discours, cris, menaces, écrits ou imprimés, placards ou affiches incriminés.

Unter Diffamierung versteht man zusammenfassend also die Behauptung einer Tatsache, welche die Ehre oder das Ansehen einer Person oder Körperschaft

---

74 Auch diese Vorschrift beruht auf dem bereits erwähnten Rassismusgesetz.

75 Übersetzung der Vorschrift:

Art. 29 Pressegesetz

Jede Behauptung oder Zuschreibung einer Tatsache, welche die Ehre oder das Ansehen der Person oder der Körperschaft, der diese Tatsache zugeschrieben wird, beeinträchtigt, stellt eine Diffamierung dar. Die direkte oder die durch Wiedergabe dieser Behauptung oder Zuschreibung erfolgende Veröffentlichung ist strafbar, auch wenn sie in zweifelnder Form erfolgt oder auf eine nicht ausdrücklich genannte Person oder Körperschaft abzielt, deren Identifizierung jedoch aufgrund der in der Rede verwendeten, inkriminierten Ausdrücke, Ausrufe, Drohungen, Schriften oder Druckwerke, Plakate oder Aushänge möglich ist.

beeinträchtigt. Nach herrschender Meinung müssen fünf Elemente gleichzeitig erfüllt sein.[76] Es muß sich um eine bestimmte Tatsache handeln (1), diese muß die Ehre oder das Ansehen einer Person oder Körperschaft beeinträchtigen (2), der Betroffene muß eine Person oder Körperschaft sein, deren Identität sich zumindest ermitteln läßt (3), der Täter muß bösgläubig sein (4)[77] und die Äußerung muß öffentlich erfolgen (5)[78]. Ist die betroffene Person oder Körperschaft nicht ausdrücklich benannt, so soll es jedoch ausreichen, daß sich deren Identität aus dem Kontext der Äußerung heraus ermitteln läßt.[79] Andererseits hat die Rechtsprechung nicht für ausreichend erachtet, daß lediglich über die Produkte oder die Leistungen eines Industrieunternehmens Behauptungen aufgestellt werden, da die Behauptungen vorliegend nicht eine (natürliche oder juristische) Person treffen.[80]

Die Diffamierung muß im hier untersuchten Abs. 2 weiter aus Gründen der Herkunft, der Zugehörigkeit oder Nicht-Zugehörigkeit zu einer bestimmten Ethnie, Nation, Rasse oder Religion erfolgen.

Bezüglich der möglichen öffentlichen Begehungsmodalitäten sei auf die zu Art. 24 Abs. 6 Pressegesetz gemachten Ausführungen verwiesen. Sind die für eine öffentliche Begehungsweise erforderlichen Voraussetzungen nicht erfüllt, so liegt eine nichtöffentliche Diffamierung vor. Die nichtöffentliche Diffamierung ist in Art. R. 621-1 NCP, die nichtöffentliche rassistische Diffamierung in Art. R. 624-3 NCP unter Strafe gestellt.

e) Anwendbarkeit auf die elektronische Datenübertragung

Hier kann in vollem Umfang auf die Ausführungen zu Art. 24 Abs. 6 verwiesen werden.

f) Tatbestandsausschluß

Nach Art. 35 Pressegesetz kann der Autor, der wegen einer diffamierenden Äußerung beschuldigt wird, grundsätzlich Straffreiheit dadurch erlangen, daß er den Beweis der Wahrheit der in Frage stehenden Tatsache erbringt. Im Fall der rassistischen Diffamierung ist dies allerdings nicht zulässig.

---

76 *Bilger/Prévost*, a.a.O., S. 53 ff.; *Bensoussan*, a.a.O., S. 184; *Demnard-Tellier*, a.a.O., S. 546.

77 Dieses Element wird nachfolgend deutschen Grundsätzen des Strafrechts entsprechend im subjektiven Tatbestand behandelt.

78 *Bensoussan*, a.a.O., S. 184.

79 *Bensoussan*, a.a.O., S. 185.

80 *Bensoussan*, a.a.O., S. 185; *Demnard-Tellier*, a.a.O., S. 547.

g) Vorsatzform

Entgegen den allgemeinen Regeln des Strafrechts, wonach der Vorsatz des Täters zu beweisen ist, stellt Art. 35bis Pressegesetz[81] die widerlegbare Vermutung auf, daß derjenige, der als diffamierend eingestufte Behauptungen wiedergibt, stets bösgläubig ist.[82] Hintergrund dieser Vermutung ist, daß eine Person, die diffamierende Tatsachen verbreitet, sich des verletzenden oder ehrenrührigen Charakters dieser Tatsachen bewußt sein muß.[83] Der Autor kann jedoch dadurch den Gegenbeweis antreten, daß er seine Gutgläubigkeit darlegt und beweist. Die Rechtsprechung sieht hierbei vier Kriterien vor, die kumulativ erfüllt sein müssen: der Autor muß legitime Interesse verfolgen (1), frei von persönlichen Animositäten sein (2), sich vorsichtig und maßvoll ausgedrückt (3) sowie seine Quellen sorgfältig ausgewählt haben (4).[84] Daß hiermit eine hohe, in der Regel nur schwer zu überwindende Hürde gesetzt ist, liegt auf der Hand.

h) Strafen

Die rassistische Diffamierung wird mit Gefängnisstrafe von einem Jahr, sowie einer Geldbuße von 300.000 Francs bestraft. Wahlweise kann auch nur eine dieser Strafen verhängt werden.

Als weitere Rechtsfolge kann das Gericht nach Abs. 3 die Bekanntmachung (*affichage*) oder die Verbreitung (*diffusion*) des ergangenen Urteils gemäß den Bestimmungen des Art. 131-35 NCP anordnen.

---

81 Die Vorschrift lautet:
Art. 35bis Pressegesetz
Toute reproduction d'une imputation qui a été jugée diffamatoire sera réputée faite de mauvaise foi, sauf preuve contraire par son auteur.

82 *Bilger/Prévost*, a.a.O., S. 28.

83 *Bilger/Prévost*, a.a.O., S. 60.

84 *Bilger/Prévost*, a.a.O., S. 61.

5. Art. 33 Abs. 3 loi du 29 juillet 1881 sur la liberté de la presse (Öffentliche rassistische Beleidigung)

a) *Normtext*

Art. 33 loi du 29 juillet 1881 sur la liberté de la presse[85]

(1) L'injure commise par les mêmes moyens envers les corps ou les personnes désignés par les articles 30 et 31 de la présente loi sera punie d'un emprisonnement de trois mois et d'une amende de 80.000 F, ou de l'une de ces deux peines seulement.

(2) L'injure commise de la même manière envers les particuliers, lorsqu'elle n'aura pas été précédée de provocations, sera punie d'un emprisonnement de deux mois et d'une amende de 80.000 F ou de l'une de ces deux peines seulement.

(3) Le maximum de la peine d'emprisonnement sera de dix mois et celui de l'amende de 150.000 F si l'injure a été commise, dans les conditions prévues à l'alinéa précédent, envers une personne ou un groupe de personnes à raison de leur origine ou de leur appartenance ou de leur non-appartenance à une ethnie, une nation, une race ou une religion déterminée.

(4) En cas de condamnation pour l'un des faits prévus par l'alinéa précédent, le tribunal pourra en outre ordonner:

1° l'affichage ou la diffusion de la décision prononcée dans les conditions prévues par l'article 131-35 du Code pénal.

2° (abrogé).

---

85 Übersetzung der Vorschrift:

Art. 33 Pressegesetz

(1) Die auf dieselbe Weise erfolgende Beleidigung von Körperschaften oder den in den Art. 30 und 31 dieses Gesetzes genannten Personen wird mit drei Monaten Gefängnis und einer Geldbuße in Höhe von 80.000 Francs oder nur einer der beiden Strafen bestraft.

(2) Die auf dieselbe Weise erfolgende Beleidigung von Einzelpersonen wird, wenn ihr keine Provokationen vorausgegangen sind, wird mit zwei Monaten Gefängnis und einer Geldbuße in Höhe von 80.000 Francs oder nur einer der beiden Strafen bestraft.

(3) Erfolgte die Beleidigung auf einer der im vorstehenden Absatz genannten Weisen gegenüber einer Person oder Personengruppe aus Gründen ihrer Herkunft, ihrer Zugehörigkeit oder Nicht-Zugehörigkeit zu einer bestimmten Ethnie, Nation, Rasse oder Religion, so ist die Höchststrafe der Gefängnisstrafe 6 Monate und die der Geldbuße 150.000 Francs.

(4) Im Falle der Verurteilung wegen einer der im vorstehenden Absatz vorgesehenen Taten kann das Gericht außerdem anordnen:

1° die Bekanntmachung oder Verbreitung der Entscheidung gemäß den in Art. 131-35 CP genannten Bedingungen.

2° (aufgehoben).

b) *Normentstehung und Überblick*

Art. 33 stellt in Abs. 1 die über die in Art. 23 genannten Kommunikationswege erfolgende Beleidigung von Körperschaften und den in den Art. 30 und 31 genannten Personen unter Strafe. Im Falle der Art. 30 und 31 handelt es sich bei den Betroffenen um Gerichte, die Armee, Minister, etc. Abs. 2 erfaßt die Beleidigung von Einzelpersonen. Von größerem Interesse für diese Untersuchung ist jedoch Abs. 3, welcher die rassistische Beleidigung einer Person oder eine Personengruppe auf einer der genannten Weisen unter Strafe stellt. Diese Vorschrift erhielt, wie bereits Art. 32 Abs. 2, im Jahre 1972 ihre aktuelle Fassung.[86]

c) *Geschütztes Rechtsgut*

Die Vorschrift ist primär ehrschützend.

d) *Tathandlungen*

Wie bereits erwähnt, ist lediglich Abs. 3 der Vorschrift, also die rassistische Beleidigung von Bedeutung. Der Begriff der Beleidigung ist in Art. 29 Pressegesetz legaldefiniert:

> ***Art. 29 loi du 29 juillet 1881 sur la liberté de la presse***[87]
>
> Toute expression outrageante, termes de mépris ou invective qui ne renferme l'imputation d'aucun fait est une injure.

Nach herrschender Meinung müssen vier Kriterien erfüllt sein: Zunächst muß eine Beleidigung vorliegen (1), diese muß sich auf eine bestimmte Person bzw. eine bestimmte Personengruppe beziehen (2). Sodann muß der Täter vorsätzlich handeln (3)[88] und schließlich muß die Äußerung öffentlich erfolgen (4).[89] Bereits die vom Gesetzgeber mit drei unterschiedlichen Begriffen (*expression outrageante, termes de mépris, invective*) versuchte Umschreibung der Beleidigung zeigt, daß dieser sehr weit zu verstehen ist.[90] Art. 29 Pressegesetz nimmt außerdem selbst die Abgrenzung zur Diffamierung vor. Anders als bei dieser darf es sich nicht um eine Tatsache handeln, die zugeschrieben wird.

---

86 Auch hier erfolgte die Einführung mit dem Rassismusgesetz.

87 Übersetzung der Vorschrift:
Art. 29 Pressegesetz
Alle kränkenden Ausdrücke, verachtenden Äußerungen oder Schmähungen, welche nicht die Zuschreibung einer Tatsache enthalten, stellen eine Beleidigung dar.

88 Dieses Element wird den Grundsätzen des deutschen Strafrechts entsprechend beim Vorsatz behandelt werden.

89 *Bensoussan*, a.a.O., S. 187; *Demnard-Tellier*, a.a.O., S. 549.

90 *Bilger/Prévost*, a.a.O., S. 65.

Im Falle des Abs. 3 muß die Beleidigung weiterhin aus Gründen der Herkunft, der Zugehörigkeit oder Nicht-Zugehörigkeit der Person oder Personengruppe zu einer bestimmten Ethnie, Nation, Rasse oder Religion erfolgen. Der pauschale Begriff „Ausländer“ oder „Immigranten“ genügt dem nicht.[91]

Bezüglich der Öffentlichkeit der Äußerung sei auch hier wieder auf die Ausführungen zu Art. 24 Abs. 6 Pressegesetz verwiesen. Die nichtöffentliche Beleidigung ist nach Art. R. 621-2, die nichtöffentliche rassistische Beleidigung nach Art. R. 624-4 NCP als Übertretung zu ahnden.

Art. 33 Abs. 2 und 3 Pressegesetz bestimmen, daß der Beleidigung keine Provokationen vorangegangen sein darf. Es handelt sich hierbei um eine *excuse*, welche nach französischem Strafrecht[92] die Strafbarkeit ausschließt. Eine solche Provokation muß von der beleidigten Person herrühren, und es muß eine direkte Verknüpfung zwischen ihr und der Beleidigung bestehen.[93] Die Provokation muß allerdings nicht zwingend öffentlich im Sinne des Art. 23 Pressegesetz erfolgt sein.[94] Weiterhin ist zu beachten, daß dieser Rechtfertigungsgrund sich immer nur auf die Beleidigung von Einzelpersonen, nicht von Personengruppen bezieht.[95]

e) *Anwendbarkeit auf die elektronische Datenübertragung*

Hier kann wieder auf die Ausführungen zu Art. 24 Abs. 6 verwiesen werden.

f) *Vorsatzformen*

Der Autor muß vorsätzlich handeln.[96]

g) *Strafen und sonstige Rechtsfolgen*

Die in Art. 33 Abs. 3 Pressegesetz für die rassistische Beleidigung vorgesehene Strafe beträgt höchstens sechs Monate Gefängnis und eine Geldbuße von höchstens 150.000 Francs. Weiterhin kann das Gericht die Bekanntmachung und Verbreitung des Urteils anordnen.

---

91 Crim. 6 mai 1986, Bull crim. n. 153, zitiert bei *Mayaud*, Code Pénal et Nouveau Code Pénal, 24e Auflage, Paris 1993.

92 Es handelt sich im Gegensatz zur *excuse atténuante* um eine *excuse absolutoire*, welche nicht zur bloßen Strafmilderung, sondern zur Straffreiheit führt.

93 *Bilger/Prévost*, a.a.O., S. 70.

94 *Bilger/Prévost*, a.a.O., S. 70.

95 *Bilger/Prévost*, a.a.O., S. 69.

96 *Bensoussan*, a.a.O., S. 187.

6. Exkurs: Übertretungstatbestände Art. R. 624-3 und R 624-4 Nouveau Code Pénal (Nichtöffentliche rassistische Diffamierung und Beleidigung)

a) *Normtexte*

***Art. R. 624-3 NCP*[97]**

La diffamation non publique commise envers une personne ou un groupe de personnes à raison de leur origine ou de leur appartenance ou de leur non-appartenance, vraie ou supposée, à une ethnie, une nation, une race ou une religion déterminée est punie de l'amende prévue pour les contraventions de la 4e classe.

***Art. R. 624-4 NCP*[98]**

L'injure non publique commise envers une personne ou un groupe de personnes à raison de leur origine ou de leur appartenance ou de leur non-appartenance, vraie ou supposée, à une ethnie, une nation, une race ou une religion déterminée est punie de l'amende prévue pour les contraventions de la 4e classe.

---

97 Übersetzung der Vorschrift:
Art. R. 624-3 NCP
Die nichtöffentliche Diffamierung einer Person oder Personengruppe aus Gründen ihrer Herkunft, ihrer tatsächlichen oder angenommenen Zugehörigkeit oder Nicht-Zugehörigkeit zu einer bestimmten Ethnie, Nation, Rasse oder Religion wird mit der für die Übertretungen der vierten Kategorie vorgesehenen Geldbuße bestraft.

98 Übersetzung der Vorschrift:
Art. R. 624-4 NCP
Die nichtöffentliche Beleidigung einer Person oder Personengruppe aus Gründen ihrer Herkunft, ihrer tatsächlichen oder angenommenen Zugehörigkeit oder Nicht-Zugehörigkeit zu einer bestimmten Ethnie, Nation, Rasse oder Religion wird mit der für die Übertretungen der vierten Kategorie vorgesehenen Geldbuße bestraft.

Art. R. 624-5 NCP[99]

Les personnes coupables des infractions définies aux articles R. 624-3 et R. 624-4 encourent, outre les peines d'amende prévues par ces articles, les peines complémentaires suivantes:

1° l'interdiction de détenir ou de porter, pour une durée de trois ans au plus, une arme soumise à autorisation;

2° la confiscation d'une ou de plusieurs armes dont le condamné est propriétaire ou dont il a la libre disposition;

3° la confiscation de la chose que a servi ou était destinée à commettre l'infraction ou de la chose qui en est le produit.

Art. R. 624-6 NCP[100]

Les personnes morales peuvent être déclarées responsables pénalement, dans les conditions prévues par l'article 121-2, des infractions définies aux articles R. 624-3 et R. 624-4.

Les peines encourues par les personnes morales sont:

1° l'amende, suivant les modalités prévues par l'article 131-41;

2° la confiscation de la chose qui a servi ou était destinée à commettre l'infraction ou de la chose qui ne est le produit.

---

99 Übersetzung der Vorschrift:
Art. R. 624-5 NCP
Die Personen, die der in Art. R. 624-3 und R. 624-4 genannten Zuwiderhandlungen schuldig sind, werden außerdem von nachstehenden Nebenstrafen betroffen:
1° das höchstens auf drei Jahre beschränkte Verbot, eine der behördlichen Genehmigung unterliegende Waffe zu halten oder zu tragen;
2° die Einziehung einer oder mehrerer Waffen, deren Eigentümer der Verurteilte ist oder die seiner freien Verfügung unterliegen;
3° die Einziehung des Gegenstandes, welcher der Begehung der Zuwiderhandlung gedient hat oder hierfür bestimmt war, sowie desjenigen Gegenstandes, der aus der Zuwiderhandlung hervorgegangen ist.

100 Übersetzung der Vorschrift:
Art. R. 624-6 NCP
Juristische Personen können gemäß den Voraussetzungen des Art. 121-2 wegen der in den Artikeln R. 624-3 und R. 624-4 bezeichneten Zuwiderhandlungen strafrechtlich für verantwortlich erklärt werden.
Für juristische Personen gelten folgende Strafen:
1° die Geldbuße gemäß den Bedingungen des Art. 131-41.
2° die Einziehung des Gegenstandes, welcher der Begehung der Zuwiderhandlung gedient hat oder hierfür bestimmt war, sowie desjenigen Gegenstandes, der aus der Zuwiderhandlung hervorgegangen ist.

b) Normentstehung und Überblick

Die Art. R. 624-3 ff. NCP wurden mit der Einführung des Nouveau Code Pénal neu konzipiert.

c) Geschütztes Rechtsgut

Bei Art. R. 624-3 und R. 624-4 NCP handelt es sich um Vorschriften, die speziell dem Ehrschutz dienen.

d) Tathandlungen

Die Tathandlungen *diffamation* und *injure* und die hierbei erforderlichen Motive stimmen weitestgehend mit denen der Art. 32 und 33 des Pressegesetzes überein, so daß vorliegend hierauf verwiesen werden kann. Zwei Unterschiede sind jedoch feststellbar: Im Rahmen der Art. R. 624-3 und R. 624-4 NCP wird nicht darauf abgestellt, ob die Zugehörigkeit oder Nicht-Zugehörigkeit zu einer bestimmten Gruppe etc. tatsächlicher Natur ist. Es reicht aus, wenn der Autor einer Äußerung sie nur annimmt (*vraie ou supposée*). Dieser erste Unterschied spielt jedoch im Falle der Diffamierung keine Rolle, da eine solche bereits tatbestandlich die Zuschreibung einer Tatsache voraussetzt.

Zweitens ist Wesensmerkmal der Art. R. 624-3 bzw. R. 624-4 NCP, daß die Äußerung nichtöffentlich erfolgt (*non publique*). Damit ist auch gleichzeitig die Abgrenzung zum Anwendungsbereich des Pressegesetzes gegeben.

e) Anwendbarkeit auf die elektronische Datenübertragung

Da die Tathandlungen eine nichtöffentliche Begehungsweise erfordern, ist auch hier wieder eine Differenzierung zu treffen. Auf die Ausführungen unter B I 3 e) wird verwiesen.

f) Vorsatzformen

Die Vorschriften erfordert keinen Vorsatz.

g) Strafen

Als Strafe ist bei den Übertretungen der vierten Kategorie grundsätzlich nur die Geldbuße (*amende*) vorgesehen (Art. 131-12 NCP). Die Geldbuße beträgt in dieser Kategorie höchstens 5000 Francs. Als Nebenfolge kommt nach Art. R. 624-5 NCP neben dem Verbot des Waffentragens und der Einziehung von Waffen die Einziehung (*confiscation*) von Gegenständen in Frage, die der Begehung der Tat gedient haben oder hierfür bestimmt waren oder die aus der Tat hervorgegangen sind.

Für den Fall, daß die Tat durch eine juristische Person begangen wurde, kommt eine im Höchstmaß fünffache Geldbuße gegenüber derjenigen für natürliche

Personen in Betracht (Art. R. 624-6 in Verbindung mit Art. 131-41 NCP). Das Verbot des Waffentragens und die Einziehung von Waffen entfallen hier (Art. R. 624-6 NCP) naturgemäß.

II. Leugnungstatbestände

1. Überblick

Im Bereich der Leugnungsvorschriften verfügt die französische Rechtsordnung über zwei im Pressegesetz verankerte Straftatbestände. Es handelt sich hierbei um Art. 24bis (Öffentliches Leugnen von Verbrechen gegen die Menschlichkeit) sowie Art. 24 Abs. 3 und 4 (Öffentliche Rechtfertigung von Verbrechen).

2. Öffentliches Leugnen von Verbrechen gegen die Menschlichkeit (Art. 24bis loi du 29 juillet 1881 sur la liberté de la presse)

a) *Normtext*

***Art. 24bis loi du 29 juillet 1881 sur la liberté de la presse*[101]**

Seront punis des peines prévues par le sixième alinéa de l'article 24 ceux qui auront contesté, par un des moyens énoncés à l'article 23, l'existence d'un ou plusieurs crimes contre l'humanité tels qu'ils sont définis par l'article 6 du statut du tribunal militaire international annexe à l'accord de Londres du 8 août 1945 et qui ont été commis soit par les membres d'une organisation déclarée criminelle en application de l'article 9 dudit statut, soit par une personne reconnue coupable de tels crimes par une juridiction française ou internationale.

Le tribunal pourra en outre ordonner:

---

101 Übersetzung der Vorschrift:
Art. 24bis Pressegesetz
Mit den in Art. 24 Abs. 6 bezeichneten Strafen wird bestraft, wer auf eine der in Art. 23 genannten Weisen die Existenz eines oder mehrerer Verbrechen gegen die Menschlichkeit leugnet, die in Art. 6 des Statuts des Internationalen Militärgerichts im Anhang zu den Londoner Beschlüssen vom 8.8.1945 definiert sind und die entweder von den Mitgliedern einer in Anwendung von Art. 9 dieses Status zur kriminellen Vereinigung erklärten Organisation oder von einer Person, die durch ein französisches oder internationales Gericht der Begehung derartiger Verbrechen schuldig gesprochen wurde, begangen wurden.
Das Gericht kann außerdem anordnen:
1° die Bekanntmachung oder die Verbreitung der ergangenen Entscheidung gemäß den in Art. 131-35 CP genannten Bedingungen.
2° (aufgehoben).

1° l'affichage ou la diffusion de la décision prononcée dans les conditions prévues par l'article 131-35 du Code pénal

2° (abrogé).

b) Normentstehung und Überblick

Die Norm wurde mit Gesetz vom 13.07.1990 als sogenannte *loi Gayssot* in das Pressegesetz aufgenommen.[102]

c) Geschützes Rechtsgut

Auch dieser Artikel dient dem Schutze der öffentlichen Ordnung.

d) Tathandlungen

Tathandlung des Art. 24bis Pressegesetz ist das öffentliche Leugnen der Existenz bestimmter Verbrechen gegen die Menschlichkeit. Die Norm wirft zahlreiche Auslegungsschwierigkeiten auf, die kürzlich wieder Gegenstand dreier lehrreicher Gerichtsentscheidungen des Tribunal de Grande Instance de Paris waren.[103] Besonders vor dem Hintergrund der Meinungsfreiheit und ihren Schranken sowie des verfassungsrechtlichen Bestimmtheitsgrundsatzes stellt sich häufig die Frage der verfassungsgemäßen Auslegung dieser Vorschrift.

Der Begriff des Leugnens (*contestation*) ist nach der Rechtsprechung weit zu verstehen. Nicht erforderlich ist, daß das Verbrechen als solches im Ganzen abgestritten wird. Ein Leugnen kann auch darin bestehen, daß das begangene Verbrechen zur Diskussion gestellt wird (*mise en discussion*), in Zweifel gezogen (*mise en doute*) oder als solches verneint (*négation*) wird.[104] Erfaßt sein soll nach dieser neueren Rechtsprechung auch die Darstellung einer den Tatsachen nicht entsprechenden übermäßig geringen Zahl von Opfern, sofern diese in bösem Glauben erfolgt. Aus einer übermäßigen Untertreibung soll sich hierbei bereits der Schluß auf den bösen Glauben ziehen lassen.[105] Art. 24bis Pressegesetz greift dagegen nicht ein bei einer objektiven Darstellung solcher leugnender Theorien[106] oder bei der Forderung nach einer öffentlichen und wissen-

---

102 Loi n. 90-615 du 13 juillet 1990; Hierzu auch *Errera*, a.a.O., S. 39, 44 ff.

103 Vgl. die Entscheidungsrezension bei *Feldman*, Le délit de contestation de crimes contre l'humanité et la 17e chambre du Tribunal de grande instance de Paris (sur trois jugements du 27 février 1998), Recueil Dalloz 1999, 1° Cahier. Chronique. S. 8 ff.

104 TGI Paris, Entscheidung vom 27.02.1998, dargestellt bei *Feldman*, a.a.O., S. 8 f.

105 TGI Paris, Entscheidung vom 27.02.1998, a.a.O.

106 In Frankreich existiert der treffende Begriff der *thèse négationniste*, welcher keine deutsche Entsprechung kennt.

schaftlichen Diskussion über die Gaskammermorde.[107] Die Grenze sei jedoch überschritten, sobald sich der Autor derartige Theorien zu eigen macht und vehement selbst vertritt.[108]

Art. 24bis Pressegesetz grenzt den Umfang derjenigen Verbrechen gegen die Menschlichkeit, deren Leugnen strafbar ist, durch zwei weitere Voraussetzungen ein: zum einen muß es sich um solche Verbrechen handeln, wie sie in Art. 6 des Statuts des Internationalen Militärgerichts von 1945 aufgezählt sind, zum anderen müssen die Täter entweder als Gruppe kollektiv zu einer kriminellen Vereinigung im Sinne des Statuts erklärt worden sein oder einzeln durch dieses oder ein französisches Gericht verurteilt worden sein. Mehrfach haben Strafverteidiger den Einwand vorgebracht, die genannten Urteile seien nicht in der für Strafgesetze erforderlichen Weise im *Journal Officiel* veröffentlicht worden und könnten einem Bürger folglich nicht entgegengehalten werden. Das Tribunal de Grande Instance de Paris hat in einer Entscheidung vom 27. Februar 1998 jedoch zum wiederholten Male klargestellt, daß das Bestreiten der Gaskammermorde an Juden in den Anwendungsbereich des Art. 24bis Pressegesetz fällt.[109]

Die Vorschrift verweist bezüglich der Begehungsarten auf Art. 23 Pressegesetz, so daß auf die dortigen Ausführungen Bezug genommen werden kann.

e) Anwendbarkeit auf die elektronische Datenübertragung

Auch hier kann wieder auf die Ausführungen zu Art. 24 Abs. 6 Pressegesetz verwiesen werden.

f) Vorsatzformen

Art. 24bis Pressegesetz erfordert vorsätzliches Handeln. Der Täter muß das Bewußtsein haben, die Existenz der bezeichneten Verbrechen zumindest in Frage zu stellen und dies auch wollen.

g) Strafen

Die zu verhängende Strafe ergibt sich aus Art. 24 Abs. 6 Pressegesetz, auf den die Vorschrift verweist. Sie beträgt demgemäß ein Jahr Gefängnis und Geldbuße in Höhe von 300.000 Francs oder lediglich eine der beiden Strafen. Die weiteren Folgen ergeben sich aus Art. 24bis Pressegesetz selbst. Danach kann das Gericht auch die Bekanntmachung oder Verbreitung der ergangenen Entscheidung anordnen.

---

107 TGI Paris, Entscheidung vom 27.02.1998, dargestellt bei *Feldman*, a.a.O., S. 8, 10.

108 TGI Paris, Entscheidung vom 27.02.1998, dargestellt bei *Feldman*, a.a.O., S. 8, 10.

109 TGI Paris, Entscheidung vom 27.02.1998, dargestellt bei *Feldman*, a.a.O., S. 8, 10.

3. Öffentliche Rechtfertigung von Verbrechen (Art. 24 Abs. 3 und 4 loi du 29 juillet 1881 sur la liberté de la presse)

a) Normtext

***Art 24 loi du 29 juillet 1881 sur la liberté de la presse*[110]**

(1) Seront punis de cinq ans d'emprisonnement et de 300.000 F d'amende ceux qui, par l'un des moyens énoncés à l'article précédent, auront directement provoqué, dans le cas où cette provocation n'aurait pas été suivie d'effet, à commettre l'une des infractions suivantes:

1° Les atteintes volontaires à la vie, les atteintes volontaires à l'intégrité de la personne et les agressions sexuelles, définies par le livre II du Code pénal;

2° Les vols, les extorsions et les destructions, dégradations et détériorations volontaires dangereuses pour les personnes, définis par le livre III du Code pénal.

(2) (...)

(3) Seront punis de la même peine ceux qui, par l'un des moyens énoncés en l'article 23, auront fait l'apologie des crimes visés au premier alinéa, des crimes de guerre, des crimes contre l'humanité ou des crimes ou délits de collaboration avec l'ennemi.

(4) Seront punis des peines prévues par l'alinéa 1er ceux qui, par les mêmes moyens, auront provoqué directement aux actes de terrorisme prévus par le titre II du livre IV du Code pénal, ou qui en auront fait l'apologie.

(5) - (7) (...)

---

110 Übersetzung der Vorschrift:

Art. 24 Pressegesetz

(1) Mit fünf Jahren Gefängnis und 300.000 Francs Geldbuße wird bestraft, wer auf einer der im vorstehenden Artikel genannten Weisen zur Begehung einer der nachfolgend aufgeführten Straftaten unmittelbar auffordert, sofern diese Aufforderung erfolglos bleibt:

(...)

(2) (...)

(3) Mit der gleichen Strafe wird bestraft, wer auf eine der in Art. 23 genannten Weisen die im ersten Absatz aufgezählten Verbrechen, sowie Kriegsverbrechen, Verbrechen gegen die Menschlichkeit oder Verbrechen und Vergehen der Zusammenarbeit mit dem Feind rechtfertigt.

(4) Mit der in Absatz 1 genannten Strafe wird bestraft, wer auf die gleiche Weise unmittelbar zu terroristischen Handlungen im Sinne des zweiten Titels des vierten Buches auffordert oder diese rechtfertigt.

(5) - (7) (...).

b) *Normentstehung und Überblick*

Nach Art. 24 Abs. 3 und 4 ist die Rechtfertigung von Verbrechen, Kriegsverbrechen, Verbrechen gegen die Menschlichkeit oder Verbrechen und Vergehen der Zusammenarbeit mit dem Feind sowie von terroristischen Handlungen strafbar. Absatz 3 rührt bereits aus dem Jahre 1951 her, während Absatz 4 erst seit 1986 existiert. Durch das Gesetz vom 31.12.1987 wurde Absatz 3 auch auf Verbrechen gegen die Menschlichkeit erweitert.

c) *Geschütztes Rechtsgut*

Art. 24 Pressegesetz dient der öffentlichen Ordnung.

d) *Tathandlung*

Die Absätze 3 und 4 des Art. 24 stellen die Rechtfertigung von Verbrechen und Vergehen unter Strafe. Diese Gruppe wird als sogenannte *provocation indirecte* bezeichnet.[111]

Unter Rechtfertigung (*apologie*) ist die Darstellung einer Straftat als löblich, verdienstvoll oder zulässig im Sinne einer Gutheißung oder Rechtfertigung zu verstehen.[112] Folgende Straftaten erfaßt der Katalog des Art. 24: die in Abs. 1 bezeichneten Verbrechen, Kriegsverbrechen, Verbrechen gegen die Menschlichkeit oder Verbrechen und Vergehen der Zusammenarbeit mit dem Feind, sowie terroristische Handlungen im Sinne des Vierten Buches, Zweiter Titel des Nouveau Code Pénal. Bezüglich der Begehungsmodalitäten nimmt Art. 24 Bezug auf Art. 23, wobei die Rechtsprechung für die *provocation indirecte* den Vertrieb und Verkauf von Schallplatten hinzugefügt hat.[113]

e) *Anwendbarkeit auf die elektronische Datenübertragung*

Auch hier wird auf die Ausführungen zu Art. 24 Abs. 6 verwiesen.

f) *Vorsatzform*

Nur vorsätzliches Handeln ist strafbar.

g) *Strafen*

Es wird eine Gefängnisstrafe von 5 Jahren und eine Geldbuße von 300.000 Francs angedroht (Art. 24 Abs. 3 und 4 in Verbindung mit Abs. 1).

---

111 *Cousin/Delcros*, a.a.O., S. 244.

112 *Bilger/Prévost*, a.a.O., S. 45.

113 Cass. Crim. 14 janvier 1971, zit. nach: *Cousin/Delcros*, a.a.O., S. 244.

III. Kennzeichen und Propagandamittel verfassungsfeindlicher Organisationen

1. Überblick

Strafvorschriften bezüglich Kennzeichen und Propagandamittel verfassungsfeindlicher Organisationen existieren in Frankreich nicht. Frankreich verfügt mit Art. R. 645-1 NCP jedoch über einen Übertretungstatbestand, der für diese Gruppe wesentliche Regelungen enthält und daher in einem Exkurs behandelt wird.

2. Exkurs: Übertretungstatbestand Art. R. 645-1 NCP

a) *Normtext*

Art. R. 645-1 NCP – Du port ou de l'exhibition d'uniformes, insignes ou emblèmes rappelant ceux d'organisations ou de personnes responsables de crimes contre l'humanité [114]

---

114 Übersetzung der Vorschrift:

Art. R. 645-1 NCP

Über das Tragen oder Zeigen von Uniformen, Abzeichen oder Emblemen, welche an diejenigen von Organisationen oder Personen erinnern, die für Verbrechen gegen die Menschlichkeit verantwortlich waren.

Mit der für die Übertretungen der fünften Kategorie vorgesehenen Geldbuße wird bestraft, wer, außer für Zwecke eines Film, einer Aufführung oder Ausstellung, die eine Schilderung geschichtlicher Ereignisse enthalten, in der Öffentlichkeit eine Uniform, ein Abzeichen oder ein Emblem trägt oder zeigt, welche an die Uniformen, Abzeichen oder Embleme erinnern, die von Mitgliedern einer in Anwendung von Art. 9 des Statuts des Internationalen Militärgerichts im Anhang zu den Londoner Beschlüssen vom 8.8.1945 für kriminell erklärten Organisation getragen oder gezeigt wurden oder von einer Person, die durch ein französisches oder internationales Gericht eines oder mehrerer der in den Art. 211-1bis 212-3 vorgesehenen oder im Gesetz Nr. 64-1326 vom 26.12.1994 genannten Verbrechen gegen die Menschlichkeit schuldig gesprochen wurde.

Die Personen, die der in diesem Artikel vorgesehenen Übertretung schuldig sind, werden auch von nachstehenden Nebenstrafen betroffen:

1° das höchstens auf drei Jahre beschränkte Verbot, eine der behördlichen Genehmigung unterliegende Waffe zu halten oder zu tragen;

2° die Einziehung einer oder mehrerer Waffen, deren Eigentümer der Verurteilte ist oder die seiner freien Verfügung unterliegen;

3° die Einziehung des Gegenstandes, welcher der Begehung der Zuwiderhandlung gedient hat oder hierfür bestimmt war, sowie desjenigen Gegenstandes, der aus der Zuwiderhandlung hervorgegangen ist.

Est puni de l'amende prévue pour les contraventions de la 5e classe le fait, sauf pour les besoins d'un film, d'un spectacle ou d'une exposition comportant une évocation historique, de porter ou d'exhiber en public un uniforme, un insigne ou un emblème rappelant les uniformes, les insignes ou les emblèmes qui ont été portés ou exhibés soit par les membres d'une organisation déclarée criminelle en application de l'article 9 du statut du tribunal militaire international annexe à l'accord de Londres du 8 août 1945, soit par une personne reconnue coupable par une juridiction française ou internationale d'un ou plusieurs crimes contre l'humanité prévus par les articles 211-1 à 212-3 ou mentionnés par la loi n 64-1326 du 26 décembre 1964.

Les personnes coupables de la contravention prévue au présent article encourent également les peines complémentaires suivantes:

1° l'interdiction de détenir ou de porter, pour une durée de trois ans au plus, une arme soumise à autorisation;

2° la confiscation d'une ou de plusieurs armes dont le condamné est propriétaire ou dont il a la libre disposition;

3° la confiscation de la chose qui a servi ou était destinée à commettre l'infraction ou de la chose qui en est le produit;

4° le travail d'intérêt général pour une durée de vingt à cent vingt heures.

Les personnes morales peuvent être déclarées responsables pénalement, dans les conditions prévues par l'articles 121-2, de l'infraction définie au présent article.

Les peines encourues par les personnes morales sont:

1° l'amende, suivant les modalités prévues par l'article 131-41;

2° la confiscation de la chose qui a servi ou était destinée à commettre l'infraction ou de la chose qui en est le produit.

La récidive de la contravention prévue au présent article est réprimée conformément aux articles 132-11 et 132-15.

b) Normentstehung und Überblick

Wie bereits erwähnt, handelt es sich lediglich um eine Übertretung, nicht um eine Straftat. Die Vorschrift war vor Einführung des Nouveau Code Pénal in

---

4° gemeinnützige Arbeit im Umfang von 20 bis 120 Stunden.

Juristische Personen können gemäß den Voraussetzungen des Art. 121-2 wegen der in diesem Artikel bezeichneten Zuwiderhandlung strafrechtlich für verantwortlich erklärt werden.

Für juristische Personen gelten folgende Strafen:

1° die Geldbuße gemäß den Bedingungen des Art. 131-41.

2° die Einziehung des Gegenstandes, welcher der Begehung der Zuwiderhandlung gedient hat oder hierfür bestimmt war, sowie desjenigen Gegenstandes, der aus der Zuwiderhandlung hervorgegangen ist.

Der Rückfall bezüglich der in diesem Artikel vorgesehenen Übertretung wird gemäß den Artikeln 132-11 und 132-15 geahndet.

Art. R. 40-3 des Code Pénal, Zweiter Teil (*Règlements d'administration publique et décrets en Conseil d'État*) geregelt.

c) Geschütztes Rechtsgut

Aus der Gesetzessystematik wird keine Zuordnung zu einem bestimmten Rechtsgut ersichtlich.

d) Tathandlungen

Tathandlung des Art. R. 645-1 NCP ist das Tragen oder Zeigen bestimmter Uniformen, Abzeichen oder Embleme. Diese müssen an diejenigen solcher Organisationen oder Personen erinnern, die für die in der Vorschrift genannten Verbrechen gegen die Menschlichkeit verantwortlich sind. Die Tathandlung muß weiterhin in der Öffentlichkeit erfolgen. Tatbestandlich ausgenommen sind das Tragen und Zeigen der genannten Objekte, wenn es für Zwecke eines Films, einer Aufführung oder Ausstellung erfolgt, die eine Schilderung geschichtlicher Ereignisse enthalten.

e) Anwendbarkeit auf die elektronische Datenübertragung

Während sich die Anwendbarkeit der Tathandlung *Tragen* auf Datenübertragungsvorgänge bereits aus Wortlautgründen verbietet, erscheint die Anwendung der Tathandlung *Zeigen* grundsätzlich denkbar. Angesichts des Erfordernisses *in der Öffentlichkeit* wird jedoch eine Differenzierung nach der Art der Telekommunikationsdienste erfolgen müssen. Das *Tribunal de Grande Instance de Paris* hat im *Yahoo*-Beschluß vom 22.05.2000 festgestellt, daß das Zeigen von Naziobjekten zu Versteigerungszwecken im Internet unter Art. R. 645-2 NCP fällt.[115]

f) Vorsatz

Die Vorschrift erfordert keinen Vorsatz

g) Strafen

Die Strafen und sonstigen Rechtsfolgen entsprechen vollständig denjenigen in Art. R. 625-7 NCP, worauf hier verwiesen wird.

---

115 Tribunal de Grande Instance de Paris, Ordonnance de référé vom 22.05.2000, Affaire *UEFJ et LICRA c/ Yahoo!Inc. et Yahoo France*, unter: http://www.legalis.net/jnet/decisions/responsabilité/ord_tgi-paris_220500.htm (abgerufen am 08.03.2001).

IV. Aufforderung zu Straftaten

1. Überblick

Die Aufforderung zu Straftaten ist strafbar nach Art. 23 und 24 des Pressegesetzes. Es existiert auch eine Vorschrift aus dem Jugendschutzrecht des Nouveau Code Pénal, wonach die Aufforderung an Minderjährige, gewohnheitsmäßig Straftaten zu begehen, bestraft wird (Art. 227-21 NCP). Die in Art. 14 des Pressegesetzes zum Schutz der Jugend enthaltenen Verkaufsverbote besitzen keine strafrechtliche Relevanz.

2. Art. 23 loi du 29 juillet 1881 sur la liberté de la presse (Öffentliche Aufforderung zu Straftaten)

a) *Normtext*

Art. 23 loi du 29 juillet 1881 sur la liberté de la presse[116]

Seront punis comme complices d'une action qualifiée crime ou délit ceux qui, soit par des discours, cris ou menaces proférés dans des lieux ou réunions publics, soit par des écrits, imprimés, dessins, gravures, peintures, emblèmes, images ou tout autre support de l'écrit, de la parole ou de l'image vendus ou distribués, mis en vente ou exposés dans les lieux ou réunions publics, soit par des placards ou des affiches exposés au regard du public, soit par tout moyen de communication audiovisuelle, auront directement provoqué l'auteur ou les auteurs à commettre ladite action, si la provocation a été suivie d'effet.

Cette disposition sera également applicable lorsque la provocation n'aura été suivie que d'une tentative de crime prévue par les articles 121-4 et 121-5 du Code pénal.

---

116 Übersetzung der Vorschrift:

Art. 23 Pressegesetz

Als Teilnehmer eines Verbrechens oder eines Vergehens wird bestraft, wer in Reden, Ausrufen oder Drohungen, welche an öffentlichen Orten oder Versammlungen geäußert werden, oder in Schriften, Drucken, Zeichnungen, Gravuren, Malereien, Emblemen, Bildern oder jedem anderen Träger von Schrift, Wort oder Bild, welche an öffentlichen Orten oder in Versammlungen verkauft, verteilt, zum Verkauf angeboten oder ausgestellt werden, oder in Plakaten oder Aushängen, die dem Blick der Öffentlichkeit ausgesetzt sind, oder durch jedes Mittel der audiovisuellen Kommunikation den oder die Täter unmittelbar zur Begehung dieser Straftat aufgefordert hat, wenn die Aufforderung Erfolg hat.

Diese Bestimmung ist auch anwendbar, wenn die Aufforderung nur den Versuch des Verbrechens im Sinne von Art. 121-4 und 121-5 CP zur Folge hatte.

b) *Normentstehung und Überblick*

Art. 23 Pressegesetz existiert in seiner derzeitigen Form seit 1972.[117] Nach Art. 23 wird als Teilnehmer (*complice*) eines Verbrechens (*crime*) oder eines Vergehens (*délit*) bestraft, wer auf eine der genannten Begehungsweisen den oder die Täter unmittelbar zur Begehung einer solchen Tat auffordert, wenn diese Aufforderung Erfolg hat.

c) *Geschütztes Rechtsgut*

Art. 23 Pressegesetz dient dem Schutz der öffentlichen Ordnung.[118]

d) *Tathandlungen*

Nach Art. 23 Pressegesetz macht sich strafbar, wer auf eine der in dieser Vorschrift vorgesehenen Arten unmittelbar zur Begehung einer Straftat auffordert, wenn diese auch ausgeführt wird (sog. *provocation suivie d'effet*). Straftat im Sinne der Vorschrift sind nur Verbrechen (*crimes*) und Vergehen (*délits*), nicht aber Übertretungen (*contraventions*).

Es handelt sich hierbei um einen Sonderfall der Anstiftung.[119] Erforderlich ist, daß eine bestimmte, genau bezeichnete Straftat vorliegt.[120] Zwischen der Aufforderung und der Ausführung der Straftat muß eine direkte Verknüpfung bestehen (*lien direct*).[121] Nicht erforderlich ist jedoch, daß der Täter diejenige(n) Person(en) kennt, die er zur Tat auffordert. Die in dieser Vorschrift umschriebene Anstiftung wird als *provocation directe* bezeichnet.[122] Die Aufforderung muß zur Begehung der Haupttat geführt haben, eine ins Versuchsstadium gelangte Ausführung ist nach Abs. 2 jedoch ausreichend. Hinsichtlich der Begehungsweisen kann verweisen werden auf die Ausführungen zu Art. 24 Abs. 6 Pressegesetz.

---

117 Loi n. 72-546, 1er juillet 1972.

118 *Cousin/Delcros*, a.a.O., S. 243.

119 Die Anstiftung ist in Art. 121-7 Abs. 2 NCP geregelt. Die Vorschrift lautet:

> Est également complice la personne qui par don, promesse, menace, ordre, abus d'autorité ou de pouvoir aura provoqué à une infraction ou donné des instructions pour la commettre.

120 *Bilger/Prévost*, a.a.O, S. 43.

121 *Cousin/Delcros*, a.a.O., S. 244.

122 *Bilger/Prévost*, a.a.O., S. 43.

e) *Anwendbarkeit auf die elektronische Datenübertragung*

Hier kann auf die zu Art. 24 Abs. 6 gemachten Ausführungen verwiesen werden.

f) *Vorsatzformen*

Der Tatbestand erfordert vorsätzliches Handeln. Der Täter muß sich bewußt sein, daß er möglicherweise eine andere Person zu einer Gesetzesverletzung auffordert.[123]

g) *Strafen*

Da es sich bei Art. 23 des Pressegesetzes um einen Sonderfall der Anstiftung handelt, wird der Auffordernde wie ein Teilnehmer der Tat bestraft, zu der er aufgefordert hat. Gemäß Art. 121-6 NCP trifft den Teilnehmer dieselbe Strafe wie den Haupttäter.[124]

3. Art. 24 Abs. 1 und 2 loi du 29 juillet 1881 sur la liberté de la presse (Öffentliche Aufforderung zu Verbrechen)

Art. 24 Abs. 1 und 2 Pressegesetz umschreiben die öffentliche Aufforderung zu bestimmten Delikten gegen Personen und Vermögensdelikte sowie zu bestimmten Delikten, die grundlegende nationale Interessen beeinträchtigen.

Wie bei Art. 23 Pressegesetz handelt es sich um einen Fall der *provocation directe,* weshalb diesbezüglich auf die bereits erfolgten Ausführungen verwiesen wird. Der Fall des Art. 24 Pressegesetz ist jedoch dadurch gekennzeichnet, daß die Aufforderung ohne Erfolg bleibt (sog. *provocation non suivie d'effet*). Aufgrund dieser letzten Tatsache ist die erfolglose Anstiftung auch nur in den in Art. 24 genannten Fällen, welche ausgewählte Straftaten zum Inhalt haben, strafwürdig. Diese Fälle stehen allerdings nicht im direkten Zusammenhang mit rassistischen Gedankeninhalten, weshalb auf nähere Ausführungen verzichtet wird.

---

123 *Bilger/Prévost,* a.a.O., S. 44.

124 Die Vorschrift lautet:
Art. 121-6 NCP
Sera puni comme auteur le complice de l'infraction, au sens de l'article 121-7 NCP.

4. Art. 227-21 NCP (Aufforderung an Minderjährige zur gewohnheitsmäßigen Begehung von Straftaten)

a) *Normtexte*

Art. 227-21 NCP[125]

Le fait de provoquer directement un mineur à commettre habituellement des crimes ou des délits est puni de cinq ans d'emprisonnement et de 1.000.000 F d'amende.

Lorsqu'il s'agit d'un mineur de quinze ans, l'infraction définie par le présent article est punie de sept ans d'emprisonnement et de 1.000.000 F d'amende.

Art. 227-28 NCP[126]

Lorsque les délits prévus aux articles 227-18 à 227-21 et 227-23 sont commis par la voie de la presse écrite ou audiovisuelle, les dispositions particulières des lois qui régissent ces matières sont applicables en ce qui concerne la détermination des personnes responsables.

---

125 Übersetzung der Vorschrift:
Art. 227-21 CP
Wer einen Minderjährigen unmittelbar zur gewohnheitsmäßigen Begehung von Verbrechen oder Vergehen auffordert, wird mit fünf Jahren Gefängnis und einer Geldbuße von 1.000.000 Francs bestraft.
Ist dieser jünger als fünfzehn Jahre alt, so beträgt die Strafe sieben Jahre Gefängnis und 1.000.000 Francs Geldbuße.

126 Übersetzung der Vorschrift:
Art. 227-28 CP
Werden die in den Art. 227-18 bis 227-21 und 227-23 vorgesehenen Straftaten im Wege der geschriebenen oder audiovisuellen Presse begangen, so sind hinsichtlich der Bestimmung der verantwortlichen Personen die besonderen Vorschriften der diesen Bereich regelnden Gesetze anwendbar.

Art. 227-29 NCP[127]

Les personnes physiques coupables des infractions prévues au présent chapitre encourent également les peines complémentaires suivantes:

1° l'interdiction des droits civiques, civils et de famille, suivant les modalités définies à l'article 131-26;

2° la suspension, pour une durée de cinq ans au plus, du permis de conduire, cette suspension pouvant être limitée à la conduite en dehors de l'activité professionnelle;

3° l'annulation du permis de conduire avec interdiction de solliciter la délivrance d'un nouveau permis pendant cinq ans au plus;

4° l'interdiction, pour une durée de cinq ans au plus, de quitter le territoire de la République.

b) *Normentstehung und Überblick*

Wie die meisten der im Abschnitt „Über die Gefährdung Minderjähriger" stehenden Vorschriften, wurde Art. 227-21 NCP anläßlich der Reform des französischen Strafgesetzbuches im Jahre 1994 in den Nouveau Code Pénal neu eingeführt. Sie stellt die Aufforderung an Minderjährige zur gewohnheitsmäßigen Begehung von Straftaten unter Strafe.

c) *Geschütztes Rechtsgut*

Die Vorschrift des Art. 227-21 NCP dient, wie bereits aus der Überschrift des Abschnittes (*de la mise en péril des mineurs*) ersichtlich wird, speziell dem Jugendschutz.

d) *Tathandlungen*

Tathandlung in Art. 227-21 NCP ist die unmittelbare Aufforderung von Minderjährigen zur gewohnheitsmäßigen Begehung von Verbrechen oder Vergehen.

---

127 Übersetzung der Vorschrift:

Art. 227-29 NCP

Natürliche Personen, die der in diesem Kapitel vorgesehenen Straftatbeständen schuldig sind, werden auch von nachstehenden Nebenstrafen betroffen:

1° die Aberkennung der bürgerlichen Ehrenrechte, der bürgerlichen und der Familienrechte nach den Voraussetzungen des Art. 131-26;

2° ein Fahrverbot für die Dauer von höchstens fünf Jahren, welches auf Fahrten außerhalb des Berufslebens beschränkt werden kann;

3° die Entziehung der Fahrerlaubnis mit einer Sperre von höchstens fünf Jahren für die Beantragung einer neuen Fahrerlaubnis;

4° das auf höchstens fünf Jahre beschränkte Verbot, aus dem Gebiet der französischen Republik auszureisen.

Art. 227-21 NCP beschreibt, wie Art. 23 und 24 Pressegesetz, einen Sonderfall der Anstiftung, bei dem die Voraussetzungen des Art. 121-7 Abs. 2 NCP nicht erfüllt sein müssen. Bei den zu begehenden Delikten muß es sich um Verbrechen (*crimes*) oder Vergehen (*délits*), nicht aber um Übertretungen (*contraventions*) handeln. Die Ausführung dieser Straftaten muß auch als gewohnheitsmäßig bezweckt sein, was die Aufforderung zur Begehung einzelner Straftaten ausschließt.

Die Aufforderung muß sich an einen Minderjährigen, das heißt an eine Person unter achtzehn Jahren richten. Ob Adressat eine bestimmte Person oder generell irgendein Minderjähriger sein muß, ist umstritten.[128] Dafür, daß die Aufforderung an einen unbestimmten Kreis von Personen gerichtet sein darf, spricht vor allem die Tatsache, daß Art. 227-28 NCP die Begehung auf dem Presseweg vorsieht. Erfolgt die Aufforderung jedoch über eines der in Art. 23 Pressegesetz genannten Medien, also im Sinne der Art. 23 oder 24 Abs. 1 und 2 Pressegesetz, stellt sich die Frage, welcher Strafvorschrift bei Vorliegen der übrigen Voraussetzungen der Vorrang einzuräumen ist. Da es sich bei Art. 227-21 NCP um eine Spezialvorschrift zum Schutze der Jugend handelt, wird dieser wohl der Vorrang gebühren.[129]

Unerheblich ist, ob die Haupttat ins Stadium der Ausführung gelangt ist. Art. 227-21 NCP unterscheidet nicht wie Art. 23 und 24 Pressegesetz zwischen der *provocation suivie d'effet* und der *provocation non suivie d'effet*. Zu beachten ist jedoch, daß sich die Strafe – bei Begehung der Haupttat und Vorliegen aller übrigen Voraussetzungen für eine Anstiftung im Sinne des Art. 121-7 NCP – nicht zwingend nach den für die Anstiftung ergebenden Vorschriften, sondern jeweils nach der im Einzelfall höheren Strafe richtet.[130] Unmittelbar (*directe*) ist die Aufforderung dann, wenn sie auf die Begehung bestimmter Straftaten abzielt und zwischen der Aufforderung und den Straftaten eine direkte Verknüpfung (*une relation précise et inconstestable et un lien étroit*) besteht.[131]

e) Anwendbarkeit auf die elektronische Datenübertragung

Es handelt sich um ein Äußerungsdelikt, welches die Strafbarkeit ohne Einschränkung auf bestimmte Kommunikationsmedien vorschreibt. Die durch Art. 227-28 NCP erfolgende Verweisung auf das Pressegesetz im Falle der Begehung im Wege der geschriebenen oder audiovisuellen Presse bezieht sich

---

128 *Desportes*, Provocation de mineurs à commettre des actes illicites ou dangereux, Art. 227-18 à 227-21, Éditions du Juris-Classeur, 1996, Nr. 5, S. 5.

129 *Desportes*, a.a.O., S. 7 f.

130 *Desportes*, a.a.O., S. 4.

131 *Desportes*, a.a.O., S. 4.

lediglich auf die Bestimmung der verantwortlichen Personen[132] (Art. 42 und 43 Pressegesetz, Art. 93-3 loi du 29 juillet 1982), läßt jedoch ebenfalls Rückschlüsse darauf zu, daß Art. 227-28 NCP ungeachtet des Kommunikationsmediums anwendbar sein soll.

f) Vorsatzformen

Der Täter muß die Minderjährigkeit seines Adressaten kennen.[133] Die Rechtsprechung verlangt weiterhin, daß der Täter sich der Tatsache bewußt war, mit seiner Aufforderung speziell Minderjährige zu erreichen. Nicht ausreichend ist, daß die Aufforderung lediglich von solchen vernommen werden kann oder auf einer Versammlung ausgesprochen wird, an der möglicherweise Minderjährige teilnehmen.[134]

g) Strafen

Hier sind Gefängnisstrafe von fünf Jahren und Geldbuße in Höhe von 1.000.000 Francs vorgesehen. Ist der Minderjährige jünger als fünfzehn Jahre alt, liegt ein Strafschärfungsgrund (*circonstance aggravante*) vor. Die Strafe beträgt in diesem Fall sieben Jahre Gefängnis und 1.000.000 Francs Geldbuße.

Als Nebenstrafen sind in Art. 227-29 NCP die folgenden vorgesehen: Zum einen der Entzug der bürgerlichen Ehrenrechte, der bürgerlichen und der Familienrechte (Nr. 1), ein auf maximal fünf Jahre begrenztes Fahrverbot, das auf nicht beruflich bedingte Fahrten beschränkt werden kann (Nr. 2), die Entziehung der Fahrerlaubnis verbunden mit einer Sperre für die Wiedererteilung der Fahrerlaubnis von fünf Jahren (Nr. 3) und zuletzt ein Ausreiseverbot aus der französischen Republik für die Dauer von fünf Jahren (Nr. 4).

---

132 *Desportes*, a.a.O., S. 8.

133 *Desportes*, a.a.O., S. 5.

134 *Desportes*, a.a.O., S. 5.

C. Internationales Strafrecht

I. Normtexte

Art. 113-2 NCP[135]

La loi pénale française est applicable aux infractions commises sur le territoire de la République.

L'infraction est réputée commise sur le territoire de la République dès lors qu'un de ses faits constitutifs a eu lieu sur ce territoire.

II. Prinzipien des internationalen Strafrechts

Mit Art. 113-2 NCP folgt auch Frankreich dem Territorialitätsprinzip. Nach französischem Recht liegt der Begehungsort dort, wo einer der *faits constitutifs* der Tat, also einer ihrer strafbarkeitsbegründenden Tatumstände stattgefunden hat. Der frühere Art. 693 CPP (Code de procédure pénale) enthielt anstelle des Begriffs der *faits constitutifs* die Formulierung *les actes caractérisant un des éléments constitutifs de l'infraction*. Offenbar war mit dieser redaktionellen Änderung jedoch keine Neuinterpretation dieses Begriffs beabsichtigt.[136] Generell sind die *faits constitutifs* weit zu verstehen. Zu ihnen zählt unter anderem das *élément matériel*, welches sowohl die Tathandlung als auch den tatbestandsmäßigen Erfolg umfaßt. Entsprechend gilt in Frankreich auch das Ubiquitätsprinzip, das heißt, sowohl Handlungs- als auch Erfolgsort gehören zu den *faits constitutifs*. Der Begriff geht jedoch über die eingangs beschriebenen drei Elemente einer Straftat (*élément matériel*, *légal* und *moral*) hinaus und umfaßt z. B. auch bloße Vorbereitungshandlungen einer Straftat.[137] Französisches Strafrecht gilt gemäß Art. 113-5 NCP[138] auch für einen im Inland agierenden

---

135 Übersetzung der Vorschrift:
Art. 113-2 NCP
Das französische Strafgesetz ist auf Straftaten anwendbar, die auf dem Gebiet der französischen Republik begangen werden.
Eine Straftat gilt dann als auf dem Gebiet der französischen Republik begangen, wenn einer ihrer konstitutiven Tatumstände auf diesem Gebiet stattgefunden hat.

136 *Desportes/Le Gunehec*, Le nouveau droit pénal, Tome 1, Droit pénal général, Paris 1994, Ziff. 390.

137 *Desportes/Le Gunehec*, a.a.O., Ziff. 391.

138 Die Vorschrift lautet:
Art. 113-5 NCP

Teilnehmer. Hat der Haupttäter die Straftat im Ausland begangen, so muß für die Strafbarkeit des Teilnehmers die Straftat sowohl im Inland als auch im Ausland strafbar sein und der Haupttäter muß wegen ihr rechtskräftig verurteilt sein.

Bei Auslandstaten ist das französische Strafrecht anwendbar in Fällen, in denen ein Franzose ein Verbrechen begangen hat. Bei Vergehen gilt dies nur, wenn dieses im jeweiligen Land strafbar ist (Art. 113-6 NCP)[139]. Auch gilt französisches Strafrecht in den Fällen, in denen das Opfer eines Verbrechens oder eines mit Gefängnis bestraften Vergehens zum Zeitpunkt der Begehung Franzose ist, falls auch der Täter Franzose ist (Art. 113-7 NCP)[140]. Schließlich ist das französische Strafrecht auch in bestimmten, hier nicht relevanten Fällen anwendbar, in denen massive Interessen des französischen Staates verletzt werden (Art. 113-10 NCP).

III. Internetstraftaten

Gänzlich unproblematisch ist der Fall, daß illegale Internetinhalte in Frankreich ins Netz eingespeist werden und im Inland oder Ausland verbreitet werden, da in einem solchen Fall ein inländischer Tatort uneingeschränkt zu bejahen ist.

Aus einem Gutachten des *Conseil d'État*[141] aus dem Jahre 1998 geht bereits hervor, daß das französische Strafrecht auch in den Fällen anwendbar sein soll, in denen ein illegaler Inhalt – ungeachtet seiner Herkunft – in Frankreich abrufbar ist. Die Möglichkeit des Abrufs dieses Inhalts auf französischem Staatsgebiet stelle einen strafbarkeitsbegründenden Umstand (*fait constitutif*) im Sinne

---

La loi pénale française est applicable à quiconque s'est rendu coupable sur le territoire de la République, comme complice, d'un crime ou d'un délit commis à l'étranger si le crime ou le délit est puni à la fois par la loi française et par la loi étrangère et s'il a été constaté par une décision définitive de la juridiction étrangère.

139 Die Vorschrift lautet:
Art. 113-6 NCP
La loi pénale française est applicable à tout crime commis par un Français hors du territoire de la République.
Elle est applicable aux délits commis par des Français hors du territoire de la République si les faits sont punis par la législation du pays où ils ont été commis.
(...).

140 Die Vorschrift lautet:
Art. 113-7 NCP
La loi pénale française est applicable à tout crime, ainsi qu'à tout délit puni d'emprisonnement, commis par un Français ou par un étranger hors du territoire de la république lorsque la victime est de nationalité francaise au moment de l'infraction.

141 Conseil d'État, a.a.O.

von Art. 113-2 NCP dar.[142] Dies wurde nun durch die ebenfalls bereits genannte, richtungsweisende Entscheidung des Tribunal de Grande Instance de Paris vom 11. November 1998 ausdrücklich bestätigt.[143] Das Gericht nahm hierbei Bezug auf anerkannte Grundsätze des französischen Presse- bzw. Medienrechts, wonach eine Straftat überall dort als begangen anzusehen sei, wo eine Schrift verbreitet bzw. eine Sendung gehört oder gesehen wird.[144] Mit dieser Entscheidung wird, bedingt durch die weite Auslegung des Art. 113-2 NCP, letztlich eine weltweite Zuständigkeit der französischen Gerichte bei der Verfolgung rechtswidriger Internetinhalte begründet. Vielleicht erklärt sich damit auch die hohe Hürde, die das Gericht an den für eine Verurteilung erforderlichen Nachweis der Urheberschaft des Angeklagten am rechtswidrigen Inhalt gestellt hat, was in der betreffenden Entscheidung schließlich zu einem Freispruch führte.[145]

Diese großzügige Annahme der Zuständigkeit französischer Gerichte für Auslandssachverhalte setzte sich fort in den bereits in der Einleitung zitierten zivilrechtlichen *Yahoo*-Entscheidungen des *Tribunal de Grande Instance de Paris* aus dem Jahre 2000. In diesem Verfahren waren die amerikanische Gesellschaft *Yahoo! Inc.* und die französische Gesellschaft *Yahoo France* verklagt worden, da auf der amerikanischen Internetseite yahoo.com Naziobjekte gezeigt und versteigert wurden. Ein Link auf der französischen Seite yahoo.fr machte diese Auktionsseite französischen Nutzern zugänglich. Das Gericht verpflichtete *Yahoo! Inc.* zur Ergreifung aller Maßnahmen, um den Zugriff französischer Nutzer auf Seiten zu verhindern, in denen Naziobjekte zur Versteigerung angeboten werden, der Nazismus gerechtfertigt oder geleugnet wird. *Yahoo France* wurde auferlegt, Nutzer der Seite yahoo.fr darauf aufmerksam zu machen, daß sie die Recherche abbrechen müssen, wenn sie auf Seiten geraten, deren Inhalt gegen französische Gesetze verstößt, da sie ansonsten mit rechtlichen Folgen zu rech-

---

142 Conseil d'État, a.a.O.: „*Il résulte de ces dispositions que la loi pénale française s'appliquera clairement dans les cas d'un message litigieux disponible sur le réseau Internet, quelle que soit sa source dans le monde, et accessible de France dès lors que la réception par l'utilisateur sur le territoire français est bien un élément constitutif de l'infraction en application de l'article 113-2 du Code pénal.*"

143 Tribunal de Grande Instance de Paris, Urteil vom 13.11.1998, Affaire *Faurisson*, a.a.O.

144 Tribunal de Grande Instance de Paris, Urteil vom 13.11.1998, Affaire *Faurisson*, a.a.O.: „*En matière de presse, il est constant que le délit est réputé commis partout où l'écrit a été diffusé, l'émission entendue ou vue. En l'espèce, dès lors que le texte incriminé, diffusé depuis un site étranger, a été reçu et vu dans le ressort territorial du tribunal de Paris, ainsi qu'il ressort de l'enquête, celui-ci est compétent pour connaître de la poursuite.*"

145 *Lipskier*, Avocat au Barreau de Paris, Commentaire sur le jugement prononcé par la 17e Chambre du TGI de Paris le 13/11/98, a.a.O.

nen hätten.[146] Dies gilt auch für solche Internetseiten, die auf amerikanischen Servern abgelegt sind.

Im Zusammenhang mit den Delikten des Pressegesetzes ist in den Auslandsfällen noch folgendes zu beachten: Wie oben bereits erwähnt, besteht derzeit noch Unklarheit darüber, inwiefern die Grundsätze der Kaskadenhaftung im Internetbereich gelten. Die Anwendbarkeit der Kaskadenhaftung hat zur Folge, daß der Autor bzw. Urheber der inkriminierten Texte neben dem Herausgeber nur als Teilnehmer zu verfolgen wäre. Nach der französischen Rechtsprechung soll die Kaskadenhaftung jedoch nur in den Fällen gelten, in denen die Veröffentlichung in Frankreich stattgefunden hat.[147] Auf den Netzwerkbereich übertragen, müßte die „Herausgabe" in Frankreich erfolgt sein. In den Fällen also, in denen eine Veröffentlichung im Ausland erfolgte, ist der Autor bzw. Urheber gemäß den Grundsätzen des allgemeinen Strafrechts unproblematisch als Täter zu verfolgen.

146 Tribunal de Grande Instance de Paris, Affaire *UEFJ et LICRA c/ Yahoo! Inc. et Yahoo France*, Ordonnance de référé vom 22.05.2000, unter: http://www.legalis.net/jnet/decisions/responsablite/ord_tgi-paris_220500.htm (abgerufen am 31.03.2001), Ordonnance de référé vom 11.08.2000, unter: http://www.legalis.net/jnet/decisions/responsablite/ord_tgi-paris_110800.htm (abgerufen am 31.03.2001) und Ordonnance de référé vom 20.11.2000, unter: http://www.lapres.net/html/ya2011f.html (abgerufen am 07.04.2001); vgl. hierzu auch *Rötzer*, Französischer Richter verurteilt Yahoo, Telepolis vom 23.05.2000, unter: http://www.heise.de/tp/deutsch/inhalt/te/8180/1.html (abgerufen am 17.12.2000), *ders.*, Nationale Rechtsprechung im Internet, Telepolis vom 25.07.2000, unter: http://www.heise.de/tp/deutsch/inhalt/te/8430/1.html (abgerufen am 17.12.2000); *ders.*, Französisches Recht soll weltweit für Franzosen gelten, Telepolis vom 21.11.2000, unter. http://www.heise.de/tp/deutsch/inhalt/te/4296/1.html (abgerufen am 17.12.2000); *ders.*, Das französische Yahoo-Urteil gilt für alle Nazi-Inhalte, Telepolis vom 07.12.2000, unter: http://www.heise.de/tp/deutsch/inhalt/te/4424/1.html (abgerufen am 17.12.2000).

147 Conseil d'État, a.a.O.

Landesbericht Spanien

A. Einführung

I. Aktueller Hintergrund

In regelmäßigen Abständen wird die spanische Bevölkerung Zeuge von Vorfällen, die keinen Zweifel daran lassen, daß auch Spanien ein Brennpunkt rechtsextremer und fremdenfeindlicher Gewalt ist. So rief beispielsweise die Organisation *SOS Racismo* in den katalanischen Städten Barcelona und Terrassa im Juni 1999 zu Demonstrationen gegen Rassismus und Fremdenfeindlichkeit auf, nachdem es wiederholt zu Übergriffen gegen Immigranten gekommen war. In Gerona war ein von Immigranten bewohntes Haus angezündet worden; zwei Frauen aus Gambia hatten sich beim Versuch, den Flammen mit einem Sprung aus dem Fenster zu entkommen, verletzt.[1] Insbesondere die auf mittlerweile etwa 3 Millionen Personen geschätzte[2] illegale Einwanderung von Jugendlichen aus dem Maghreb und die Ansiedelung dieser sozial schwachen Gruppe in den Bevölkerungszentren Spaniens wie Katalonien oder Madrid sorgen immer wieder für Zündstoff. Gerade in den letzten fünf Jahren ist ein starker Zuwachs in der fremdenfeindlichen und neonazistischen Skinhead-Szene Spaniens zu verzeichnen gewesen.[3] Einer neueren Studie der nichtstaatlichen Organisation *Jóvenes contra la Intolerancia* zufolge soll sich die Anhängerschaft dieser Szene innerhalb von vier Jahren verfünffacht haben.[4]

Rassistische Entwicklungen in Spanien haben auch vor dem neuen Medium Internet nicht Halt gemacht. War bislang nicht bekannt, inwiefern rassistische

---

1 El País vom 28.07.1999, unter: http://www.elpais.es/p/d/19990728/espana/racismo.htm (abgerufen am 03.08.1999).

2 Diario Sur vom 02.08.1999, unter: http://www.diariosur.es/pg990802/suscr/nacion12.htm (abgerufen am 03.08.1999).

3 Diario Sur vom 02.08.1999, a.a.O.

4 El Mundo vom 05.08.1999, unter: http://www.el-mundo.es/1999/08/05/sociedad/5N0078.html (abgerufen am 07.12.2000).

Umtriebe auch auf spanischen Servern zu finden sind,[5] so ist nun erstmals im Juli 1999 der Autor einer rassistischen Webseite durch die Polizei von Barcelona verhaftet worden.[6] Auf der Webseite wurde sowohl zu Rassismus und Fremdenfeindlichkeit aufgerufen als auch mit einem Massaker, vergleichbar demjenigen der Trenchcoat-Mafia in Denver, gedroht. Das Ermittlungsverfahren lief bereits seit April 1999 aufgrund eines Hinweises des uruguayischen Schriftstellers Gerardo B., welcher in einem Brief an die Spanische Botschaft in Uruguay Anzeige erstattet hatte, sowie aufgrund der Drohungen der selbsternannten *Sectarios Españoles Neonazis de Barcelona* an ethnische und soziale Minderheiten.[7] Der als Autor ermittelte 22jährige Rubén R. P. wurde nach seiner Vorführung vor den Ermittlungsrichter in Barcelona unter Auflagen wieder freigelassen.[8]

II. Rechtssystem

Art. 2 der spanischen Verfassung (*Constitución Española*)[9] garantiert, nach den Erfahrungen des Franco-Einheitsstaates, das Recht auf Autonomie,[10] so daß Spanien sich heute aus 17 *Comunidades Autónomas* (autonome Regionen) zusammensetzt. Die den einzelnen Regionen neben der Zentralgewalt zustehenden Kompetenzen sind unterschiedlich ausgeprägt, wobei denjenigen Regionen mit dem größten Autonomiebestreben, also den geschichtlich gewachsenen wie z. B. das Baskenland, Katalonien oder Galizien, weitreichendere Kompetenzen zustehen als anderen.

Spanien ist ein weiterer Vertreter des kontinental-europäischen Rechtskreises und zählt neben Ländern wie Frankreich und Italien ebenfalls zur romanischen

---

5 Vgl. *Alzaga*, Peligro nazi, La Revista 1997, 104. Hier wird über Haßseiten berichtet, die auf amerikanischen Servern lagern und von Spanien aus abrufbar sind.

6 El Mundo vom 21.07.1999, unter: http://www.el-mundo.es/1999/07/21/sociedad/20N0093.html (abgerufen am 24.08.1999) und Estrella Digital vom 20.07.1999 unter: http://www.estrelladigital.es/990720/articulos/sociedad_medios/tarrasa2.htm (abgerufen am 03.08.1999).

7 El Mundo vom 21.07.1999, a.a.O. und Estrella Digital vom 20.07.1999, a.a.O.

8 El Mundo vom 21.07.1999, a.a.O. und Estrella Digital vom 20.07.1999, a.a.O.

9 Im folgenden als CE abgekürzt.

10 Die Vorschrift lautet:

Art. 2 CE

La Constitución se fundamenta en la indisoluble unidad de la Nación española, patria común e indivisible de todos los españoles, y reconoce y garantiza el derecho a la autonomía de las nacionalidades y regiones que la integran y la solidaridad entre todas ellas.

Gruppe. Rechtsvorschriften sind sowohl auf nationaler wie auch auf regionaler Ebene gegeben. Strafnormen finden sich im spanischen Strafgesetzbuch (*Código Penal*)[11] und in speziellen Strafgesetzen (*legislación penal especial*) wie dem Luftfahrtgesetz oder dem Gesetz zur Bekämpfung des Schmuggels.

Spanien verfügt seit einigen Jahren über ein neues Strafgesetzbuch. Dieses wurde am 8.11.1995 vom Parlament verabschiedet und ist seit dem 1.6.1996 in Kraft. Wichtige Neuerungen betreffen insbesondere das Phänomen der Computerkriminalität.[12] Spezielle Gesetze im Zusammenhang mit der Verbreitung von illegalen Internetinhalten kennt das spanische Strafrecht jedoch nicht. Wie das spanische Justizministerium auf Anfrage im Oktober 1999 mitteilte, genießt die Einführung spezieller Strafvorschriften auch keine unmittelbare Priorität im Rahmen seiner anstehenden Aktivitäten.

Strafvorschriften auf Ebene der *Comunidades Autónomas* existieren nicht, da letztere keine Gesetzgebungskompetenz im Bereich des Strafrechts besitzen (Art. 149 Abs. 1 Ziff. 6ª CE).

Die Straftat im spanischen Strafrecht setzt sich aus drei Elementen zusammen: *tipicidad, antijuricidad* und *culpabilidad.*[13] Diese drei Elemente entsprechen in etwa dem dreistufigen Deliktsaufbau des deutschen Strafrechts von Tatbestand, Rechtswidrigkeit und Schuld. Das System strafrechtlicher Sanktionen umfaßt gemäß Art. 32 CP die freiheitsentziehenden Maßnahmen (*penas privativas de libertad*), die Entziehung von Rechten (*penas privativas de derechos*) und die Geldstrafe (*multa*). Hinsichtlich der freiheitsentziehenden Strafen wird gemäß Art. 35 CP unterschieden zwischen Gefängnis (*prisión*), Wochenendarrest (*arresto de fin de semana*) und Ersatzfreiheitsstrafe (*responsabilidad personal subsidiaria por impago de multa*). Unter die Entziehung von Rechten fallen Maßnahmen wie die Aberkennung der bürgerlichen Ehrenrechte, Entziehung der Fahrerlaubnis, Verbot des Waffenhaltens und -tragens oder die gemeinnützige Arbeit (Art. 39 CP). Die Geldstrafe wird nach Tagessätzen berechnet (Art. 50 Abs. 2 CP).

---

11 Im Folgenden als CP abgekürzt.

12 Hierzu: *Ribas*, Internet en el Código Penal de 1995, unter: www.contract-soft.com/04001002.htm (abgerufen am 07.12.2000).

13 *Ibán*, Introducción al Derecho Español, Baden-Baden 1995, S. 119, zitiert hier *Muñoz Conde*: „*De un modo general se puede decir que toda acción u omisión es delito si infringe el ordenamiento jurídico (antijuricidad) en la forma prevista por los tipos penales (tipicidad) y pueda ser atribuido a su autor (culpabilidad).*“

III. Verfassungsrechtlicher Anknüpfungspunkt

Die spanische Verfassung von 1978 verfügt, ähnlich dem deutschen Grundgesetz, über einen umfangreichen Grundrechtskatalog. Artikel 20 Abs. 1 CE schützt umfassend die Meinungs- und Informationsfreiheit.[14] Danach umfaßt diese das Recht auf freie Äußerung und Verbreitung von Gedanken, Ideen und Meinungen in Wort, Schrift oder durch jedes andere Wiedergabemedium und das Recht auf freie und wahre Berichterstattung und Information durch jedes Verbreitungsmedium. Der Wortlaut der Vorschrift macht bereits deutlich, daß weder die Meinungsfreiheit noch die Informationsfreiheit auf irgendwelche Medien beschränkt sind.[15] Diesen Grundrechten[16] kommt nach der spanischen Rechtsprechung, insbesondere als Pfeiler der demokratischen Gesellschaft, eine Vorrangstellung gegenüber anderen zu.

Die Schranken der Meinungs- und Informationsfreiheit folgen aus Art. 20 Abs. 4 CC.[17] Sie ergeben sich sowohl aus den sie ausgestaltenden Gesetzen, aus kollidierenden, anderen Freiheitsrechten und insbesondere aus dem Recht auf Ehre, auf Intimsphäre, Recht am eigenen Bild und im Jugendschutz. Das spanische Verfassungsgericht (*Tribunal Constitucional*) hat dem eine weitere Schran-

---

14 Die Vorschrift lautet:
Art. 20 Abs. 1 CE
1. Se reconocen y protegen los derechos:
a) A expresar y difundir libremente los pensamientos, ideas y opiniones mediante la palabra, el escrito o cualquier otro medio de reproducción.
b) (...) [Kunst- und Wissenschaftsfreiheit]
c) (...) [Freiheit der Lehre]
d) A comunicar o recibir libremente información veraz por cualquier medio de difusión. La ley reuglará el derecho a la cláusula de conciencia y al secreto profesional en el ejercicio de estas libertades.

15 Im Wortlaut heißt es bei Art. 20 Abs. 1 a) CE „*cualquier otro medio de reproducción*" bzw. bei Art. 20 Abs. 1 d) CE „*cualquier medio de difusión*".

16 Umstritten ist, ob es sich um ein einheitliches Grundrecht handelt (so die sog. Einheitstheorie) oder ob die bereits durch den Wortlaut des Art. 20 Abs. 1 CE erkennbare Trennung von Meinungs- und Informationsfreiheit einer „*dualen Konzeption*" folgt, vgl. hierzu *Kühling*, Die Kommunikationsfreiheit als europäisches Gemeinschaftsgrundrecht, Berlin 1999, S. 340.

17 Die Vorschrift lautet:
Art. 20 Abs. 4 CE
Estas libertades tienen su límite en el respeto a los derechos reconocidos en este Título, en los preceptos de las leyes que lo desarrollen y, especialmente, en el derecho al honor, a la intimidad, a la propia imagen y a la protección de la juventud y de la infancia.

ke hinzugefügt, nämlich die des Art. 10 Abs. 2 EMRK.[18] Die Vorrangstellung der Meinungs- und Informationsfreiheit hat in der Praxis zu einer restriktiven Auslegung der Schranken geführt.[19]

B. Strafvorschriften

I. Rassismusvorschriften

1. Überblick

Das spanische Strafrecht verfügt lediglich über eine Strafnorm, die sich in die Gruppe der Rassismusvorschriften einreihen läßt. Es handelt sich hierbei um Art. 510 CP, der die öffentliche Anstiftung zu rassistischer Diskriminierung, Haß oder Gewalt sowie das Verbreiten beleidigender, insbesondere auch rassistischer Informationen unter Strafe stellt.

Erwähnt sei in diesem Zusammenhang auch Art. 22 Abs. 4ª CP, der den Strafschärfungsgrund der rassistischen Motive enthält. Art. 22 Abs. 4ª CP ist auf Straftaten anzuwenden, deren Opfer zu der Gruppe der dort aufgezählten Betroffenen gehören.

---

18 *Kühling*, a.a.O., S. 342; Die Vorschrift lautet:
Art. 10 Abs. 2 EMRK
Da die Ausübung dieser Freiheiten Pflichten und Verantwortung mit sich bringt, kann sie bestimmten, vom Gesetz vorgesehenen Formvorschriften, Bedingungen, Einschränkungen oder Strafdrohungen unterworfen werden, wie sie vom Gesetz vorgeschrieben und in einer demokratischen Gesellschaft im Interesse der nationalen Sicherheit, der territorialen Unversehrtheit oder der öffentlichen Sicherheit, der Aufrechterhaltung der Ordnung und der Verbrechensverhütung, des Schutzes der Gesundheit und der Moral, des Schutzes des guten Rufes oder der Rechte anderer, um die Verbreitung von vertraulichen Nachrichten zu verhindern oder das Ansehen und die Unparteilichkeit der Rechtsprechung zu gewährleisten, unentbehrlich sind.

19 *Kühling*, a.a.O., S. 344.

Art. 22 CP[20]

Son circunstancias agravantes:

1ª - 3ª (...)

4ª Cometer el delito por motivos racistas, antisemitas u otra clase de discriminación referente a la ideología, religión o creencias de la víctima, la etnia, raza o nación a la que pertenezca, su sexo u orientación sexual, o la enfermedad o minusvalía que padezca.

5ª - 8ª (...).

2. Art. 510 Código Penal (Öffentliche Aufforderung zu rassistischer Diskriminierung, Haß und Gewalt/Verbreitung von beleidigenden rassistischen Informationen)

a) *Normtext*

Art. 510 CP[21]

1. Los que provocaren a la discriminación, al odio o a la violencia contra grupos o asociaciones, por motivos racistas, antisemitas u otros referentes a la ideología, religión o creencias, situación familiar, la pertenencia de sus miembros a una etnia o raza, su

---

20 Übersetzung der Vorschrift:
Art. 22 CP
Strafschärfende Umstände sind gegeben:
1. – 3. (...)
4. wenn die Straftat aus rassistischen, antisemitischen Gründen oder anderer diskriminierender Gründen in Bezug auf die Ideologie, Religion oder Glauben des Opfers, der Ethnie, Rasse, nationaler Herkunft, Geschlecht oder sexuelle Orientierung, Krankheit oder Behinderung, an denen dieses leidet, begangen wird.
5. – 8. (...).

21 Übersetzung der Vorschrift:
Art. 510 CP
1. Wer aus rassistischen oder antisemitischen Gründen oder aus solchen der Weltanschauung, Religion oder des Glaubens, der familiären Situation, der Zugehörigkeit ihrer Mitglieder zu einer Ethnie oder Rasse, ihrer nationalen Herkunft, ihres Geschlechts, ihrer sexueller Orientierung, ihrer Krankheit oder Behinderung zur Diskriminierung, zum Haß oder zur Gewalt gegen Gruppen oder Vereinigungen auffordert, wird mit Gefängnis von einem bis zu drei Jahren und Geldstrafe von sechs bis 12 Monaten bestraft.
2. Mit der gleichen Strafe wird bestraft, wer, in Kenntnis der Unwahrheit oder aus leichtfertiger Geringschätzung der Wahrheit, beleidigende Informationen über Gruppen oder Vereinigungen in bezug auf deren Weltanschauung, Religion oder Glauben, die Zugehörigkeit ihrer Mitglieder zu einer Ethnie oder Rasse, ihre nationale Herkunft, ihr Geschlecht, ihre sexuelle Orientierung, Krankheit oder Behinderung verbreitet.

origan nacional, su sexo, orientación sexual, enfermedad o minusvalía, serán castigados con la pena de prisión de uno a tres años y multa de seis a doce meses.

2. Serán castigados con la misma pena los que, con conocimiento de su falsedad o temerario desprecio hacia la verdad, difundieren informaciones injuriosas sobre grupos o asociaciones en relación a su ideología, religión o creencias, la pertenencia de sus miembros a una etnia o raza, su origen nacional, su sexo, orientación sexual, enfermedad o minusvalía.

Art. 18 CP[22]

1. La provocación existe cuando directamente se incita por medio de la imprenta, la radiodifusión o cualquier otro medio de eficacia semejante, que facilite la publicidad, o ante una concurrencia de personas, a la perpetración de un delito.

Es apología, a los efectos de este Código, la exposición, ante una concurrencia de personas o por cualquier medio de difusión, de ideas o doctrinas que ensalcen el crimen o enaltezcan a su autor. La apología sólo será delictiva como forma de provocación y si por su naturaleza y circunstancias constituye una incitación directa a cometer un delito.

2. La provocación se castigará exclusivamente en los casos en que la Ley así lo prevea.

Si a la provocación hubiese seguido la perpetración del delito, se castigará como inducción.

b) Normentstehung und Überblick

Bereits vor der Reform des Strafgesetzbuches im Jahre 1996 existierte im spanischen Strafrecht eine Norm, die den Aufruf zum Rassenhaß unter Strafe stellte. Es handelte sich hierbei um Art. 165ter CP a.F., welcher durch die *Ley Orgánica 4/1995* vom 11. Mai 1995 Eingang in das spanische Strafgesetzbuch fand und in der Form des heutigen Art. 510 CP bereits wieder Modifikationen unterworfen

---

22 Übersetzung der Vorschrift:
Art.18 CP
1. Eine Aufforderung liegt vor, wenn unmittelbar über ein Druckwerk, Rundfunk oder ein anderes Medium ähnlicher Wirksamkeit, welches die öffentliche Verbreitung ermöglicht, oder vor einer Ansammlung von Personen, zur Begehung einer Straftat angestiftet wird.
2. Gutheißung im Sinne dieses Gesetzes ist die vor einer Ansammlung von Personen oder über irgendein Verbreitungsmedium erfolgende Darlegung von Ideen oder Lehren, welche das Verbrechen verherrlichen oder dessen Täter rühmen. Die Gutheißung ist nur als Form der Aufforderung strafbar und auch nur wenn sie, aufgrund ihrer Art und Umstände, eine unmittelbare Aufforderung zur Begehung einer Straftat darstellt.
Die Aufforderung ist nur in den vom Gesetz vorgesehenen Fällen strafbar.
Hat die Aufforderung die Begehung der Straftat zur Folge, so wird sie nach den Vorschriften über die Anstiftung bestraft.

wurde.[23] Insbesondere wurde die Aufforderung zum Haß und zur Gewalt zur strafbaren Handlung erklärt. Auch wurde der Katalog der Motive in Abs. 1 stark erweitert und enthält nun insbesondere auch rassistische, antisemitische Motive sowie solche der Zugehörigkeit zu einer Ethnie, Rasse oder die nationale Herkunft.[24]

Art. 510 CP unterscheidet zwei Tatbestände, zum einen die öffentliche Aufforderung zur Diskriminierung, zum Haß oder zur Gewalt aus rassistischen und ähnlichen Gründen und zum anderen den Tatbestand der Verbreitung beleidigender rassistischen Informationen.

c) *Geschütztes Rechtsgut*

Art. 510 CP steht im ersten Abschnitt des Vierten Kapitels des Código Penal, welcher sich mit den Straftaten befaßt, die bei Gelegenheit der Ausübung der Grundrechte und verfassungsrechtlich garantierten öffentlichen Freiheiten begangen werden. Die Zuordnung unter Titel XXI (*Delitos contra la Constitución*) zeigt, daß der Schutz der Verfassung bezweckt ist.[25]

d) *Tathandlungen*

aa) *Tathandlungen des Abs. 1*

Im Fall des Abs. 1 wird zu Diskriminierung, Haß oder Gewalt gegen Gruppen oder Vereinigungen aus rassistischen und ähnlichen Motiven aufgerufen.

Die Definition des Begriffs Aufforderung (*provocación*) enthält Art. 18 CP, aus dem sich die allgemeinen Regelungen über die Aufforderung ergeben. Nach Art. 18 Abs. 1 UAbs. 1 CP ist unter einer *provocación* die unmittelbare Aufforderung zur Begehung einer Straftat zu verstehen.[26] Sie ist nur in den gesetzlich vorgesehenen Fällen strafbar (Art. 18 Abs. 2 UAbs. 1 CP); Art. 510 CP stellt einen solchen Fall dar. Eine *provocación* liegt weiterhin nur vor, wenn sie über ein Druckwerk, Rundfunk oder ein anderes Medium ähnlicher Wirksamkeit, welches die öffentliche Verbreitung (im Sinne einer Breitenwirkung) ermöglicht, oder vor einer Ansammlung von Personen erfolgt (Art. 18 Abs. 1

---

23 Einzelheiten bei: *Conde-Pumpido Ferreiro* (Hrsg.), Código Penal, Doctrina y Jurisprudencia, Madrid 1997, S. 4516.

24 *Conde-Pumpido Ferreiro* (Hrsg.), a.a.O., S. 4516.

25 Die Vorschrift wurde nicht Titel XXII (*Delitos contra el orden público*) zugeordnet, so daß die öffentliche Ordnung nicht als vorrangiges Schutzgut betrachtet werden kann.

26 Problematisch erscheint hierbei die Tatsache, daß es sich bei dem in Art. 510 CP enthaltenen Merkmal *Haß* um keine eigentliche Straftat handelt, zu der angestiftet werden könnte.

UAbs. 1 CP). Gemäß Art. 18 Abs. 2 UAbs. 2 CP muß es nicht zur Verwirklichung der Tat kommen, zu der aufgefordert wurde. Hat die *provocación* jedoch zur Folge, daß die Straftat tatsächlich begangen wird, so richtet sich die Strafbarkeit nach den Regeln über die Anstiftung.[27]

Die in Art. 18 Abs. 1 UAbs. 2 CP beschriebene *apología* (Gutheißung) ist ein Unterfall der *provocación.* Unter *apología* ist ein Verhalten zu verstehen, bei dem Ideen und Lehren dargelegt werden, welche ein Verbrechen verherrlichen oder dessen Täter rühmen. Die Gutheißung muß vor einer Ansammlung von Personen oder über irgendein Verbreitungsmedium erfolgen. Als Unterfall der *provocación* muß die *apología* eine unmittelbare Aufforderung zur Begehung einer Straftat enthalten.

Im Rahmen der Frage nach dem geschützten Personenkreis ist streitig, ob sich die Tathandlung gegen Gruppen und Vereinigungen als solche richten muß, oder ob auch die einzelnen Mitglieder solcher Personengruppen geschützt sind. Ersteres wird damit begründet, daß einige der in der Vorschrift aufgezählten Motive wie die familiäre Situation oder der Glaube eher Werte des Individuums als einer Gruppe sind.[28] Was die Unterscheidung zwischen einer Gruppe und einer Vereinigung betrifft, so ist zu beachten, daß nur die Vereinigung eine eigene Rechtspersönlichkeit besitzt, während dies bei einer Gruppe nicht der Fall sein muß.[29] Diese ist lediglich prozeßfähig.

Die mit der Aufforderung verfolgte Handlung muß eine Diskriminierung, Haß oder Gewalt sein. Besteht die Diskriminierung in der Verweigerung einer Leistung, auf die das „Opfer" einen Anspruch hat, so ist der insoweit vorrangige Art. 511 CP anzuwenden.[30] Der Begriff der Gewalt wird auch im Rahmen des Nötigungstatbestandes (Art. 172 CP) verwendet, wobei zu beachten ist, daß das spanische Strafrecht keinen einheitlichen Nötigungstatbestand kennt, sondern zwischen der Drohung (*amenaza*, Art. 169 ff. CP) und der Gewalt (*violencia*, Art. 172 CP) unterscheidet. Hinsichtlich des Gewaltbegriffs in der spanischen Rechtsprechung und Rechtslehre ist anzumerken, daß dieser sich von dem Erfordernis physischer Kraftentfaltung entfernt hat, und, ähnlich dem entmateriali-

---

27 Entsprechend wurde auch bei der deutschen Übersetzung des Begriffs *provocación* auf diesen terminologischen Unterschied Wert gelegt.

28 *Conde-Pumpido Ferreiro* (Hrsg.), a.a.O., S. 4517.

29 *Conde-Pumpido Ferreiro* (Hrsg.), a.a.O., S. 4517.

30 *Conde-Pumpido Ferreiro* (Hrsg.), a.a.O., S. 4517.

sierten Gewaltbegriff in der deutschen Rechtsprechung, jedes Verhalten erfaßt, welches sich gegen die Willensbetätigung einer anderen Person richtet.[31]

Weiter zählt Abs. 1 abschließend diejenigen Motive auf, die Beweggrund für Diskriminierung, Haß und Gewalt sein können: rassistische und antisemitische Gründe, solche der Weltanschauung, Religion, des Glaubens, der familiären Situation, Zugehörigkeit zu einer Ethnie oder Rasse, nationale Herkunft, Geschlecht, sexuelle Orientierung, Krankheit oder Behinderung. Hier wird bereits ersichtlich, daß semitische Gruppen aufgrund ihrer expliziten Nennung eine herausragende Stellung genießen, zumal diese auch unter den Begriff der Ethnie oder des Glaubens hätten subsumiert werden können.

bb) Tathandlungen des Abs. 2

Die Tathandlung besteht im Verbreiten von beleidigenden Informationen über Gruppen und Vereinigungen in bezug auf deren Rasse oder andere Umstände.

Wie sich aus der Auslegung der Vorschrift (*in Kenntnis der Unwahrheit oder aus leichtfertiger Geringschätzung der Wahrheit*) ergibt, muß die zu verbreitende Information zunächst unwahr sein.[32] Sie muß darüber hinaus auch beleidigenden Inhalts sein. Der Begriff der Beleidigung wird in Art. 208 Abs. 1 CP definiert:

Art. 208 CP

Es injuria la acción o expresión que lesiona la dignidad de otra persona, menoscabando su fama o atentando contra su propia estimación.

Beleidigung im Sinne des spanischen Strafrechts ist also eine Handlung oder Äußerung, welche die Würde einer anderen Person beeinträchtigt, indem sie deren Ruf schädigt oder ihren eigenen Achtungsanspruch angreift. Die nach Art. 510 Abs. 2 CP verbreiteten Informationen müssen sich weiterhin auf einen der aufgezählten Umstände beziehen: Weltanschauung, Religion oder Glauben, Zugehörigkeit der Mitglieder zu einer Ethnie oder Rasse, nationale Herkunft, Geschlecht, sexuelle Orientierung, Krankheit oder Behinderung.

Unter Verbreiten (*difundir*) ist eine Handlung zu verstehen, bei der ein Zugänglichmachen an einen größeren Personenkreis erfolgt.

---

31 *Queralt Jiménez*, Derecho Penal Español, Parte especial, 2. Auflage, Barcelona 1992, S. 105.

32 *Quintero Olivares* (Hrsg.), Comentarios al Nuevo Código Penal, Pamplona 1996, S. 2080.

e) *Anwendbarkeit auf die elektronische Datenübertragung*

Da es sich bei der Tathandlung der Aufforderung in Abs. 1 der Vorschrift um ein Äußerungsdelikt handelt, das nicht auf bestimmte Verbreitungsmodalitäten beschränkt ist, bestehen an der grundsätzlichen Anwendbarkeit auf die elektronische Datenübertragung keinerlei Zweifel. Allerdings ist das in Art. 18 Abs. 1 UAbs. 1 CP bezüglich der *provocación* vorgesehene Kriterium der medienähnlichen Publizität (*medio de eficacia semejante, que facilite la publicidad*) zu beachten. Soweit ein Fall der *apología* vorliegt, so stellt Art. 18 Abs. 1 UAbs. 2 CP auf ein Verbreitungsmedium (*medio de difusión*) ab. Es wird daher wohl, wie auch in anderen Rechtsordnungen, danach unterschieden werden müssen, ob sich die Nachricht an einen bestimmten Empfänger oder an einen unbestimmten Personenkreis richtet, was eine Unterscheidung nach der Art der verwendeten Dienste im Internet impliziert.

Aber auch die Tathandlung des Verbreitens (*difundir*) in Abs. 2 dürfte auf die elektronische Datenübertragung anwendbar sein; anders als in Deutschland wird keine Diskussion zur Frage geführt, ob das Verbreiten nichtkörperliche Gegenstände voraussetzt. Da jedoch ein Zugänglichmachen an einen größeren Personenkreis erforderlich ist, wird auch hier nach der Art der beanspruchten Internetdienste zu unterscheiden sein.

Daß an der Anwendbarkeit des Art. 510 CP auf die Netzwerkkommunikation keine Zweifel zu bestehen scheinen, zeigt sich bereits daran, daß über dieses Thema in der Literatur keinerlei Kontroversen existieren, vielmehr selbstverständlich und ohne weitere Problematisierung von der Anwendbarkeit ausgegangen wird.[33] Anders verhält es sich z. B. beim Thema der Kinderpornographie, wo der in Art. 186 CP enthaltene Begriff *cualquier medio directo* Auslegungsschwierigkeiten aufwirft.

f) *Vorsatzformen*

Erforderlich ist bei Abs. 1 vorsätzliches Handeln. Dies ergibt sich mittelbar aus Art. 10 CP, wonach man unter Straftaten die gesetzlich unter Strafe gestellten vorsätzlich und fahrlässig begangenen Handlungen versteht.[34] Art. 12 CP läßt

---

33 So z. B. ohne näheres Eingehen: *Pérez Luño*, Internet y el Derecho, S. 721, 723, in: Universidad Nacional de Educación a Distancia, Centro Regional de Extremadura en Mérida (Hrsg.), Marco legal y deontológico de la informática, Informática y Derecho, Revista Iberoamericana de Derecho Informático; *Ribas Alejandro*, Internet: Responsabilidades Legales, S. 111, 113 f., in: Universidad Nacional de Educación a Distancia.

34 Die Vorschrift lautet:
Art. 10 CP

fahrlässiges Handeln nur in den Fällen ausreichen, in denen dies im Gesetz ausdrücklich bestimmt ist.[35]

Im Falle des Abs. 2 ist zu differenzieren: bei vorsätzlicher Tatbegehung muß der Täter insbesondere im Bewußtsein handeln, daß die von ihm zu verbreitende Information falsch ist und beleidigenden Inhalt hat. Handelt er unter leichtfertiger Geringschätzung der Wahrheit, so ist für die Beweisführung ausreichend, daß objektiv vernünftige Indizien dafür vorhanden sind, daß der Täter die Falschheit der Information kannte und ein minimales Bewußtsein über die Tragweite seiner Handlung hatte.[36]

g) *Strafen*

Art. 510 CP sieht als Strafe Gefängnis von einem bis zu drei Jahren, sowie eine Geldstrafe von sechs bis zu 12 Monaten vor. Die Bemessung der Geldstrafe in Monaten ist so zu verstehen, daß diese auf Tagessätze umgerechnet werden müssen (Art. 50 Abs. 2 CP). Ein Monat entspricht hierbei dreißig Tagessätzen (Art. 50 Abs. 4 CP). Die in Art. 510 CP vorgesehene Geldstrafe umfaßt daher einen Rahmen von 180 bis 360 Tagessätzen.

Gemäß Art. 127 CP[37] können Tatmittel und aus der Tat hervorgebrachte Gegenstände einschließlich einer hervorgegangenen Bereicherung eingezogen bzw. zerstört werden. Art. 127 CP setzt eine vorsätzliche Straftat voraus.

Son delitos o faltas las acciones y omisiones dolosas o imprudentes penadas por la Ley.

35 Die Vorschrift lautet:
Art. 12 CP
Las acciones y omisiones imprudentes sólo se cstigarán cuando expresamente lo disponga la ley.

36 *Conde-Pumpido Ferreiro* (Hrsg.), a.a.O., S. 4518.

37 Die Vorschrift lautet:
Art. 127 CP
Toda pena que se imponga por un delito o falta dolosos llevará consigo la pérdida de los efectos que de ellos provengan y de los instrumentos con que se haya ejecutado, así como las ganancias provenientes del delito, cualesquiera que sean las transformaciones que hubieren podido experimentar. Los unos y las otras serán decomisados, a no ser que pertenezcan a un tercero de buena fe no responsable del delito que los haya adquirido legalmente. Los que se decomisan se venderán, si son de lícito comercio, aplicándose su producto a cubrir las responsabilidades civiles del penado y, si no lo son, se les dará el destino que se disponga reglamentariamente y, en su defecto, se inutilizarán.

II. Leugnungstatbestände

1. Überblick

Art. 607 Abs. 2 CP bestraft die Verbreitung von Ideen oder Lehren, die bestimmte rassistische Straftaten leugnen oder rechtfertigen, stellt also einen Leugnungstatbestand dar. Es handelt sich hierbei um den einzigen dieser Art im spanischen Strafrecht.

2. Art. 607 Abs. 2 Código Penal (Verbreitung von den Völkermord verleugnenden oder verherrlichenden Ideen und Lehren)

a) *Normtext*

Art. 607 CP[38]

1. Los que, con propósito de destruir total o parcialmente a un grupo nacional, étnico, racial o religioso, perpetraren alguno de los actos siguientes, serán castigados:

1° Con la pena de prisión de quince a veinte años, si mataran a alguno de sus miembros.

---

38 Übersetzung der Vorschrift:

Art. 607 CP

1. Wer in der Absicht, eine nationale, ethnische, rassische oder religiöse Gruppe ganz oder teilweise zu vernichten, eine der folgenden Handlungen begeht, wird bestraft:

1° Mit Gefängnis von 15 bis zu 20 Jahren, wenn er eines ihrer Mitglieder tötet.

Wenn bei der Tat zwei oder mehrere Strafschärfungsgründe vorliegen, so ist die dem Grade nach höhere Strafe zu verhängen.

2° Mit Gefängnis von 15 bis zu 20 Jahren, wenn er eines ihrer Mitglieder sexuell angreift oder ihm eine der in Art. 149 aufgeführten Verletzungen zufügt.

3° Mit Gefängnis von acht bis zu 15 Jahren, wenn er die Gruppe oder irgendeines ihrer Mitglieder Existenzbedingungen unterwirft, die ihr Leben gefährden oder ihre Gesundheit schwer beeinträchtigen, oder wenn er ihnen einige der in Art. 150 vorgesehenen Verletzungen zufügt.

4° Mit derselben Strafe, wenn er die Gruppe oder ihre Mitglieder gewaltsam an einen anderen Ort verbringt, irgendeine Maßnahme ergreift, die darauf gerichtet ist, ihre Lebensweise oder Fortpflanzung zu verhindern oder wenn er gewaltsam Einzelne aus einer Gruppe in eine andere verbringt.

5° Mit Gefängnis von vier bis 8 Jahren, wenn er irgendeine andere als die in Nr. 2° und 3° dieses Absatzes genannten Verletzungen zufügt.

2. Die mittels irgendeines Mediums erfolgende Verbreitung von Ideen oder Lehren, welche die im vorstehenden Absatz dieses Artikels aufgezählten Straftaten leugnen oder rechtfertigen, oder welche die Rehablilitierung solcher Regime oder Institutionen anstreben, in denen Praktiken geschützt werden, die solche Straftaten hervorbringen, wird mit Gefängnis von einem bis zu zwei Jahren bestraft.

Si concurrieran en el hecho dos o más circunstancias agravantes, se impondrá la pena superior en grado.

2° Con la prisión de quince a veinte años, si agredieran sexualmente a alguno de sus miembros o produjeran alguna de las lesiones previstas en el artículo 149.

3° Con la prisión de ocho a quince años, si sometieran al grupo o a cualquiera de sus individuos a condiciones de existencia que pongan en peligro su vida o perturben gravemente su salud, o cuando les produjeran algunas de las lesiones previstas en el artículo 150.

4° Con la misma pena, si llevaran a cabo desplazamientos forzosos del grupo o sus miembros, adoptaran cualquier medida que tienda a impedir su género de vida o reproducción, o bien trasladaran por la fuerza individuos de un grupo a otro.

5° Con la de prisión de cuatro a ocho anos, si produjeran cualquier otra lesión distinta de las señaladas en los números 2° y 3° de este apartado.

2. La difusión por cualquier medio de ideas o doctrinas que nieguen o justifiquen los delitos tipificados en el apartado anterior de este artículo, o pretendan la rehabilitación de regímenes o instituciones que amparen prácticas generadoras de los mismos, se castigará con la pena de prisión de uno a dos años.

b) Normentstehung und Überblick

Die Einführung von Art. 607 CP ins spanische Strafgesetzbuch erfolgte bedingt durch die Unterzeichnung der Völkermordkonvention von 1948 durch Spanien im Jahre 1968.[39] Art. 5 dieser Konvention verpflichtet die Mitgliedstaaten, gesetzliche und insbesondere strafrechtliche Maßnahmen zur Sicherung ihrer Durchführung zu ergreifen.

Art. 607 CP unterteilt sich in zwei Absätze, dessen erster verschiedene Formen des Völkermordes beschreibt. Das Gesetz folgt hierbei einer dem deutschen § 220a StGB vergleichbaren Konzeption des Begriffs Völkermord, die neben dem physischen auch den biologischen Genozid erfaßt.[40] Für die vorliegende Untersuchung soll jedoch nur Abs. 2 eine Rolle spielen, welcher das Verbreiten von den Völkermord befürwortenden Ideen und Lehren bestraft.

c) Geschütztes Rechtsgut

Art. 607 CP steht im Zweiten Kapitel des Titels XXIV (*Delitos contra la comunidad internacional*) des Strafgesetzbuches unter den Straftaten des Völkermordes. Schutzgut der Norm ist das friedliche internationale Zusammenleben

---

39 *Conde-Pumpido Ferreiro* (Hrsg.), a.a.O., S. 4982; *Vives Antón*, Comentarios al Código Penal de 1995, Valencia 1996, S. 2159.

40 Hierzu: *Vives Antón*, a.a.O., S. 2160.

der verschiedenen Völker, unabhängig von ihrer politischen Organisation oder Staatsform.[41]

d) Tathandlungen

Tathandlung in Abs. 2 ist das Verbreiten von Ideen oder Lehren, die bestimmte, mit dem Völkermord zusammenhängende Straftaten leugnen oder rechtfertigen, oder die auf die Rehabilitierung von Regimen oder Einrichtungen gerichtet sind, in denen Praktiken geschützt werden, die solche Straftaten hervorbringen.

Unter Verbreiten (*divulgar*) ist ein Zugänglichmachen an einen größeren Personenkreis zu verstehen. Inwieweit ein Unterschied zu dem in Art. 510 Abs. 1 CP verwendeten Begriff *difundir* zu machen ist, erscheint unklar.

Hinsichtlich der tatbestandlich erfaßten Völkermordhandlungen wird Bezug genommen auf die in Abs. 1 aufgeführte, nicht abschließende Aufzählung bestimmter Handlungen: das Töten, die Verletzung von oder sexuelle Angriffe auf Mitglieder dieser Gruppe, das Unterwerfen unter lebensgefährdende oder die Gesundheit schwer beeinträchtigende Existenzbedingungen, das gewaltsame Verbringen an einen anderen Ort, das Ergreifen von Maßnahmen, die darauf gerichtet sind, die Lebensweise oder Fortpflanzung zu verhindern, oder das gewaltsame Verbringen Einzelner von einer Gruppe in eine andere. Diese müssen in der Absicht erfolgen, eine nationale, ethnische, rassische oder religiöse Gruppe ganz oder teilweise zu vernichten.

Der Verbreitungstatbestand des Abs. 2 ist von der spanischen Rechtslehre vor allem wegen seiner großen Unbestimmtheit kritisiert worden. Vom bloßen Verbreiten, welches für eine Tatbestandsverwirklichung ausreichend ist, ist nämlich die Gutheißung (*apología*) bestimmter Taten abzugrenzen.[42] Die *apología* ist, wie bereits beschrieben, ein Unterfall der *provocación* im Sinne von Art. 18 CP. Unter *apología* ist ein Verhalten zu verstehen, bei dem Ideen und Lehren vorgestellt werden, welche ein Verbrechen verherrlichen oder dessen Täter rühmen. *Apología* ist damit mehr als das bloße Verbreiten. Verschiedene Autoren vertreten jedoch die Ansicht, daß der Begriff der Verbreitung – auch aus Gründen der Verfassungsmäßigkeit der Norm – möglicherweise wie derjenige der *apología* auszulegen sei.[43] Gegen eine solche Auslegung sprechen m. E. bereits im Wortlaut des Art. 607 Abs. 2 CP liegende und weiterhin systematische Gründe.

---

41 *Vives Antón*, a.a.O., S. 2159.

42 *Conde-Pumpido Ferreiro* (Hrsg.), a.a.O., S. 4987; *Vives Antón*, a.a.O., S. 2161.

43 *Vives Antón*, a.a.O., S. 2161, unter Hinweis auf den natürlichen Sprachgebrauch von *divulgar* und auf die verfassungsgemäße Auslegung; *Conde-Pumpido Ferreiro*, a.a.O., S. 4987, weist auf die große Nähe des Begriffs zu Art. 18 CP hin und hätte eine Bezugnahme auf Art. 18 CP für sinnvoll erachtet.

Zum einen enthält Art. 607 Abs. 2 CP, anders als z. B. Art. 510 CP, den Zusatz *por cualquier medio*, der im Falle der Bezugnahme auf Art. 18 CP widersprüchlich wäre, da Art. 18 CP nur Medien mit gewisser Publizität einschließt. Zum anderen sind nach Art. 18 Abs. 1 UAbs. 2 CP nur bestimmte Fälle der *apología* strafbar, was im Falle der Anwendbarkeit dieser Vorschrift, eine erhebliche Einschränkung gegenüber dem Wortlaut des Art. 607 Abs. 2 CP darstellen würde. Der Gesetzgeber hat, wie andere Straftatbestände belegen, gezeigt, daß eine Bezugnahme auf Art. 18 CP nur durch Verwendung des einschlägigen Begriffs (wie z. B. bei Art. 510 CP mit *provocación*) erfolgen kann.

Die in Art. 607 Abs. 2 CP genannten Ideen oder Lehren müssen den Völkermord, so wie er in Abs. 1 zum Ausdruck kommt, leugnen[44] oder rechtfertigen[45] oder eine Rehabilitierung von politischen Regimen oder Institutionen befürworten, die den Völkermord praktizieren oder praktiziert haben.

e) *Anwendbarkeit auf die elektronische Datenübertragung*

Wie die Formulierung in Abs. 2 (*por cualquier medio*) bereits zeigt, ist die Begehungsform sehr weit gefaßt, so daß die Subsumtion der modernen Kommunikationsmittel unter den Wortlaut unproblematisch sein dürfte. Allerdings wird auch hier nach der Art der in Anspruch genommenen Internetdienste zu unterscheiden sein, da der Begriff *divulgar* auf einen größeren Personenkreis abzielt.

f) *Vorsatzformen*

Die Vorschrift erfordert eine vorsätzliche Tatbegehung.

g) *Strafen*

Die von Abs. 2 vorgesehene Strafe beträgt ein bis zwei Jahre Gefängnis. Auch hier ist eine Einziehung und Zerstörung von Tatmitteln sowie von aus der Tat hervorgebrachten Gegenständen einschließlich der Bereicherung nach Art. 127 CP möglich.

---

44 *Conde-Pumpido Ferreiro* (Hrsg.), a.a.O., S. 4987 versteht hierunter die Befürwortung der fehlenden Strafwürdigkeit von Völkermordhandlungen nach Abs. 1. Diese Auslegung ist m. E. äußerst fragwürdig, da schon der Wortlaut der Vorschrift („*(...) Straftaten leugnen*") gegen sie spricht.

45 Nach *Conde-Pumpido Ferreiro* (Hrsg.), a.a.O., S. 4987 ist dies so auszulegen, daß der Völkermord eine Rechtfertigung besitze und daher nicht mißbilligt werden dürfe. Auch diese Auslegung trifft m. E. den Sinn des Begriffs *rechtfertigen* nur teilweise.

III. Kennzeichen und Propagandamittel verfassungsfeindlicher Organisationen

Verbote der Verbreitung oder Verwendung von Kennzeichen oder Propagandamitteln verfassungsfeindlicher Organisationen kennt das spanische Strafrecht nicht.

IV. Aufforderung zu Straftaten

Auch Tatbestände, welche allgemein die Aufforderung zu Straftaten in irgendeiner Form unter Strafe stellen, existieren im spanischen Strafrecht nicht. Die bereits beschriebene Aufforderung im Sinne von Art. 18 Abs. 2 CP (*provocación*) ist nur in ganz bestimmten, gesetzlich vorgesehenen Fällen strafbar. Bei dem zuvor als Rassismustatbestand vorgestellten Art. 510 CP handelt es sich um einen derartigen Fall.

C. Internationales Strafrecht

I. Normtexte

Art. 8 Código Civil[46]

1. Las leyes penales, las de policía y las de seguridad pública obligan a todos los que se hallen en territorio español.

2. (...)

II. Prinzipien des internationalen Strafrechts

Die Anwendbarkeit des spanischen Strafrechts (*competencia jurisdiccional*) richtet sich nach Art. 8 Abs. 1 des spanischen Código Civil (CC), also des Zivilgesetzbuches. Dieses umschreibt das Territorialitätsprinzip, wonach die spanischen Gerichte nur für die auf ihrem Hoheitsgebiet begangenen Straftaten zuständig sind und in diesem Fall auch nur spanisches Strafrecht anwenden.[47] Der

---

46 Übersetzung der Vorschrift:

Art. 8 CC

1. Die Strafgesetze, Polizeigesetze und die Gesetze der öffentlichen Sicherheit gelten für alle diejenigen, die sich auf spanischem Hoheitsgebiet befinden.

2. (...).

47 *Miaja de la Muela*, Derecho Internacional Privado, Tomo Segundo, Parte Especial, 10. Auflage, S. 631 f., 637; *Bustos Ramírez*, Manual de Derecho Penal, Parte general, 4. Auflage, Barcelona 1994, S. 168.

Wortlaut des Art. 8 Abs. 1 CC ist insofern etwas mißverständlich, als er auf nicht auf den Tatort, sondern den Aufenthaltsort des Täters abstellt (*se hallen*). Im Gegensatz hierzu wurde bis zum Jahre 1974 auf den Wohnsitz des Täters in Spanien abgestellt (*habiten*), was jedoch mittlerweilen überholt ist. Die Zuständigkeit der spanischen Gerichte folgt auch aus Art. 23 *Ley Orgánica 6/1985 del Poder Judicial de 1 de julio de 1985 (LOPJ)*, wonach diese für Straftaten und Übertretungen zuständig sind, die auf spanischem Hoheitsgebiet begangen werden.[48]

Als Tatort bei sogenannten Distanzdelikten (*delitos a distancia*) kommen sowohl derjenige der Tathandlung (*teoría de la actividad*) als auch derjenige des Taterfolges (*teoría del resultado*), oder beide Orte im Sinne der Ubiquitätstheorie (*teoría de la ubicuidad*) in Frage.[49] Eine herrschende Meinung läßt sich in der spanischen Literatur, welche bezüglich dieser Frage oft auch lediglich auf die im Ausland vertretenen Theorien verweist, nicht erkennen.[50] Tendenziell wird jedoch wohl auf den Erfolgsort abgestellt.[51]

Ausnahmen zum Territorialitätsprinzip finden sich den Abs. 2 bis 5 des Art. 23 LOPJ, welcher Ausfluß des Personalitäts-, Real- bzw. Schutz- und des Weltrechtsprinzips ist.[52] Keinen Anwendungsbereich haben in Spanien das Prinzip des Wohnsitzes und das der stellvertretenden Strafrechtspflege.[53]

III. Internetstraftaten

Probleme bei der Anwendbarkeit des spanischen Strafrechts stellen sich grundsätzlich nicht, wenn ein Täter rechtswidrige Inhalte in Spanien oder auf einen spanischen Server in das Netz einstellt.

---

48 Die Vorschrift lautet (auszugsweise):
Art. 23 LOPJ
1. En el orden penal corresponderá a la jurisdicción española el conocimiento de las causas por delitos y faltas cometidos en territorio español o cometidos a bordo de buques o aeronaves españoles, sin perjuicio de lo previsto en los tratados internacionales en los que España sea parte.
2. bis 5 (...).

49 *Miaja de la Muela*, a.a.O., S. 636.

50 Vgl. *Miaja de la Muela*, a.a.O., S. 636; *Bustos Ramírez*, a.a.O., S. 172, m. w. N., tendiert zur Ubiquitätstheorie.

51 *Bustos Ramírez*, a.a.O., S. 172 m. w. N.

52 Hierzu *Ribas*, Supuestos de extraterrorialidad, unter: www.contract-soft.com/04004002.htm (abgerufen am 07.12.2000).

53 Einzelheiten bei *Bustos Ramírez*, a.a.O., S. 169 ff.

Problematischer ist die Frage, ob derjenige, der aus dem Ausland rechtswidrige Inhalte auf elektronischem Wege verbreitet, sich auch dann nach spanischem Recht strafbar macht, wenn diese Inhalte in Spanien abgerufen werden können. Dies richtet sich zum einen danach, ob man der Theorie des Handlungsortes, des Erfolgsortes oder der Ubiquitätstheorie folgt. Zum anderen hängt dies auch davon ab, wie man den Begriff des Taterfolges beurteilt und davon, ob es sich bei den in Frage stehenden Delikten um Erfolgsdelikte im so verstandenen Sinne handelt.

In der spanischen Literatur und Rechtsprechung sind derartige Fragen bislang nicht erörtert worden.[54] Es ist davon auszugehen, daß die bloße Abrufmöglichkeit von rechtswidrigen Inhalten in Spanien noch keinen Tatort begründet, da es sich nach hiesigem Verständnis weder bei Art. 510 noch bei Art. 607 CP um Erfolgsdelikte handelt.

---

54 So auch eine schriftliche Auskunft des spanischen Justizministeriums vom 20. Oktober 1999. *Ribas Alejandro*, der dieses Problemfeld kurz anreißt, weist auf eine Rechtsprechung hin, wonach die spanischen Gerichte für solche Straftaten zuständig sein sollen, die in Spanien von spanischen Staatsangehörigen geplant und organisiert wurden, die an spanische Adressaten gerichtet sind und deren Erfolg im Inland eintritt, auch wenn die zur Tatbegehung eingesetzen technischen Mittel sich im Ausland befinden, vgl. *Ribas Alejandro*, Competencia jurisdiccional en Internet, unter: www.contractsoft.com/04004001.htm (abgerufen am 07.12.2000).

Landesbericht Vereinigtes Königreich

A. Einführung

I. Aktueller Hintergrund

Zahlreiche Vorfälle wie die brutale Ermordung eines schwarzen Jugendlichen auf offener Straße durch Skinheads im Jahre 1992 oder zwei Bombenattentate im Frühjahr 1999 in London, welche aller Wahrscheinlichkeit nach ebenfalls auf das Konto rechtsextremer Gruppen gehen, bezeugen, daß Rassismus auch im Vereinigten Königreich ein Problem wachsenden Interesses ist.[1] Längst ist der in London vorherrschende Multikulturalismus in Frage gestellt. Gerade im Zusammenhang mit der Ermittlungsarbeit der Londoner Polizei wurde von *institutionellem Rassismus* gesprochen.[2]

Ebenso wie die Leugnung des Holocaust an Bedeutung zugenommen hat, wirkte sich diese Entwicklung, wie auch in anderen Staaten, auf die Inhalte in modernen Netzwerken aus.[3] So erschienen z. B. im Jahre 1994 die Namen zweier Hauptanführer der schottischen Anti-Defamation-League online, worauf diese zwei Personen massivem Telefonterror mit zahlreichen Morddrohungen durch Neonazis ausgesetzt wurden.[4] Hierbei handelt es sich um den ersten bekannt gewordenen Fall, in dem das Internet im Vereinigten Königreich zu neonazistischen Zwecken eingesetzt wurde.[5] Im selben Jahr wurde an der Middlesex

---

1 Hierzu: *Medosch*, Armin, Rassistischer Bombenterror erschüttert London, Telepolis vom 26.04.1999, unter: http://www.heise.de/tp/deutsch/inhalt/glosse/2785/1.html (abgerufen 07.12.2000).

2 Hierzu: *Medosch*, a.a.O.

3 Vgl. *Butler*, Holocaust Denial in England, Web Journal of Current Legal Issues 1997, Issue 4, unter: http://webjcli.ncl.ac.uk/1997/issue4/butler4.html (abgerufen am 07.12.2000), S. 1 ff.; *Capitanchik/Whine*, The Governance of Cyberspace: Racism on the Internet, S. 237 ff., in: Liberty (Ed.), Liberating Cyberspace, Civil Liberties, Human Rights and the Internet, London 1999.

4 *Capitanchik/Whine*, a.a.O., S. 243.

5 *Capitanchik/Whine*, a.a.O., S. 243.

University der E-mail-Account der universitären jüdischen Vereinigung zur Übermittlung rassistischer Botschaften eingesetzt.[6]

Gerichtsentscheidungen zur Verbreitung rassistischer oder nationalsozialistischer Inhalte im Datenwege existieren bislang nicht, was auch durch die Zweifel an der Anwendbarkeit der entsprechenden Strafvorschriften begründet ist.

II. Rechtssystem

Beim Vereinigten Königreich handelt es sich um einen Vertreter des anglo-amerikanischen Rechtskreises, der auch als derjenige des *common law* bezeichnet wird. Dieser Rechtskreis unterteilt sich in zwei Gruppen, nämlich in die des englischen und des hiervon abstammenden Rechts einerseits und in die des Rechts der Vereinigten Staaten andererseits. Zur Gruppe des englischen Rechts zählen neben England unter anderem auch die Länder Wales, Nordirland, die Republik Irland, Kanada, Australien und Neuseeland.[7] Schottland fällt jedoch nicht hierunter.[8]

Charakteristisch für den anglo-amerikanischen Rechtskreis ist dessen Grundlage im *case law* (Fallrecht) im Gegensatz zum *statute law* (Gesetzesrecht). Das von der englischen Rechtsprechung über Jahrhunderte hinweg entwickelte Fallrecht, welches auf einem Präjudiziensystem aufbaut, beruht auf der Prämisse, daß neuere Entscheidungen sich grundsätzlich an früheren zu orientieren haben, wobei gleichzeitig eine Bindung der unteren durch die höheren Gerichte besteht.[9] Dieser Bindung liegt die sogenannte *stare-decisis*-Doktrin zugrunde, welche wörtlich bedeutet, daß an Entscheidungen festzuhalten und nicht zu rütteln ist (*stare decisis et non quieta movere*).[10] Als weitere Rechtsquelle ist das Gesetzesrecht zu nennen, welches gegenüber dem Fallrecht nur sekundäre Bedeutung hat. Es hat hauptsächlich die Funktion, dieses zu ergänzen und zu korrigieren.[11] Hier wird unterschieden zwischen den parlamentarischen und nichtparlamen-

---

6 *Capitanchik/Whine*, a.a.O., S. 246.

7 *Rheinstein/Borries*, Einführung in die Rechtsvergleichung, 2. Auflage, München 1987, S. 80.

8 Schottland verbindet in seiner Rechtsordnung Elemente der beiden großen Rechtskreise, *Rheinstein/Borries*, a.a.O., S. 81. Hiervon ausgehend sind mit der Bezeichnung Vereinigtes Königreich stets und ausschließlich England und Wales gemeint.

9 *Bernstorff*, Einführung in das englische Recht, München 1996, S. 7.

10 *Blumenwitz*, Einführung in das anglo-amerikanische Recht, 6. Auflage, München 1998, S. 26.

11 *Bernstorff*, a.a.O., S. 7.

tarischen *statutes.*[12] Für die Auslegung von Gesetzen existieren unterschiedliche Regeln. Teilweise enthalten die einzelnen Gesetze selbst Abschnitte, in denen Legaldefinitionen zu finden sind. Eine weitere, gleichartige Hilfestellung bezüglich gängiger Begriffe bietet der *Interpretation Act 1978.* Die Rechtsprechung hat darüber hinaus selbst zahlreiche Interpretationsregeln aufgestellt.[13] Sofern einschlägiges *case law* die entscheidenden Auslegungsregeln selbst enthält, muß auf diese zurückgegriffen werden.

Das englische Strafrecht folgt keiner einheitlichen Kodifikation, sondern setzt sich aus einer Vielzahl von Einzelgesetzen zusammen, die einander auf gleicher Ebene gegenüberstehen. Auch in England gilt der Grundsatz *nulla poena sine lege*, weshalb eine Strafverfolgung nur möglich ist, wenn gegen ein bereits bestehendes strafrechtliches Verbot verstoßen wurde.[14]

Ein dem deutschen Strafrecht vergleichbarer dreistufiger Deliktsaufbau findet sich im englischen Strafrecht nicht. Die strafrechtliche Verantwortlichkeit (*criminal responsibility oder liability*) setzt eine strafbare Handlung (*actus reus*) und ein vorsätzliches oder fahrlässiges Handeln (*mens rea*) voraus, welche gleichzeitig vorliegen müssen (*actus reus and mens rea must coincide*).[15] Sehr grob und vereinfacht gesagt, kann der Begriff des *actus reus* mit demjenigen des objektiven, derjenige der *mens rea* mit demjenigen des subjektiven Tatbestandes im deutschen Recht verglichen werden. *Mens rea* erfaßt neben *intention* (Vorsatz) auch *recklessness* (grobe Fahrlässigkeit[16]). Der Begriff *intention* ist, ähnlich wie derjenige des Vorsatzes im deutschen Recht, sowohl als Absicht (*purpose*), als auch als sicheres Wissen um die Tatbestandsverwirklichung (*no substantial doubt*) auszulegen.[17] Manche Delikte erfordern statt *mens rea* nur *negligence* (Fahrlässigkeit). Von *strict liability offences* spricht man bei Delikten, bei denen nur der Nachweis des *actus reus* erforderlich ist. Diese Delikte, die sich also allein durch die strafrechtliche Verantwortlichkeit des Täters ohne Rücksicht auf subjektive Elemente oder Schuld charakterisieren, existieren nur in besonders schützenswerten Bereichen der *public welfare*, so z. B. dem Lebensmittelrecht.[18]

---

12 *Bernstorff*, a.a.O., S. 11.

13 *Bernstorff*, a.a.O., S. 12; *Blumenwitz*, a.a.O., S. 51 ff.

14 *Bernstorff*, a.a.O., S. 193.

15 *Bernstorff*, a.a.O., S. 193.

16 Der noch am ehesten zutreffende deutsche Begriff der groben Fahrlässigkeit gibt die Bedeutung von *recklessness* jedoch nur ungenau wieder.

17 *Barker/Padfield*, Law, 10. Auflage, Oxford 1998, S. 288.

18 *Barker/Padfield*, a.a.O., S. 289.

Ein Täter ist dann nicht strafrechtlich verantwortlich, wenn er nicht straffähig (*incapacity*) ist. Weitere anerkannte Gründe sind z. B. Irrtum (*mistake*), Zwang (*duress*), Selbstverteidigung (*self-defence*) und Notstand (*necessity*).[19]

III. Verfassungsrechtlicher Anknüpfungspunkt

Das britische Verfassungsrecht ermangelt sowohl eines geschriebenen Verfassungstextes als auch eines geschriebenen Grundrechtskatalogs. Dadurch, daß auch keine Verfassungsgerichtsbarkeit existiert, unterliegt das Parlament beim Gesetzeserlaß keinerlei Bindungen.[20] Der Schutzumfang der Grundrechte (*civil liberties*) ist daher nach dem zu ermitteln, was positiv durch gesetzliche Regelungen eingeräumt und negativ nach Abziehen der Freiheitsbeschränkungen übrig bleibt.[21]

Das Grundrecht des *freedom of expression* ist allgemein anerkannt.[22] Was die Schranken dieses Grundrechts angeht, so kommen unter anderem der Ehrschutz, das Recht des *contempt of court* oder die öffentliche Sicherheit und Ordnung in Betracht.[23] Die nachfolgende Untersuchung des Public Order Act 1986 wird zeigen, daß insbesondere die öffentliche Ordnung eine dieser Schranken ist.[24]

B. Strafvorschriften

I. Rassismusvorschriften

1. Überblick

Rassismus-Straftatbestände finden sich in den Sections 17 ff. des Public Order Act 1986. Die dort aufgeführten Strafvorschriften enthalten Bestimmungen über Äußerungen, Verhaltensweisen, Schriften, Aufzeichnungen, Theaterstücke, Programme und Material, das zum Rassenhaß aufstachelt.

---

19 *Bernstorff*, a.a.O., S. 196; *Barker/Padfield*, a.a.O, S. 293 ff.

20 *Kühling*, Die Kommunikationsfreiheit als europäisches Gemeinschaftsgrundrecht, Berlin 1999, S. 9.

21 *Kühling*, a.a.O., S. 9.

22 *Smith*, The offences against public order, Including the Public Order Act 1986, London 1987, 9-02.

23 *Kühling*, a.a.O., S. 349 f.

24 Hierzu auch *Smith*, a.a.O., 9-02.

Eine spezielle Jugendschutzvorschrift, welche das Überlassen von Schriften, die hauptsächlich aus Bildergeschichten bestehen und eine Darstellung der Begehung von Straftaten enthalten, an Kinder und Jugendliche bestraft, findet sich im *Children and Young Persons (Harmful Publications) Act 1955*.[25] Da diese Vorschrift jedoch keinen unmittelbaren Bezug zu Rassismusvorschriften hat – denkbar wäre allenfalls die Subsumtion von Comics über Konzentrationslager unter diesen Tatbestand, wobei die dort dargestellte Straftat der Völkermord und nicht die Verbreitung nationalsozialistischer Propaganda wäre – soll sie nicht Gegenstand dieser Untersuchung sein.

2. Der Public Order Act 1986

Der Public Order Act 1986 enthält in seinem Teil III die für die vorliegende Arbeit relevanten Rassismusvorschriften. Um unnötige Wiederholungen und Bezugnahmen bei den einzelnen Strafvorschriften zu vermeiden, soll nachfolgend Teil III im Zusammenhang vorgestellt und die tatbestandsübergreifenden Fragen bzw. Übereinstimmungen vorweg behandelt werden.

a) Normtexte

Section 17 Meaning of "racial hatred"[26]

In this Part „racial hatred" means hatred against a group of persons in Great Britain defined by reference to colour, race, nationality (including citizenship) or ethnic or national origins.

---

25 Children and Young Persons (Harmful Publications) Act 1955 (auszugsweise)
1. Works to which this Act applies
This Act applies to any book, magazine or other like work which is of a kind likely to fall into the hands of children or young persons and consists wholly or mainly of stories told in pictures (with or without the addition of written matter), being stories portraying –
the commission of crimes; or
(...)
in such a way that (...)
2. Penalty for printing, publishing, selling, etc., works to which this Act applies
(1) A person who prints, publishes, sells or lets on hire a work to which this Act applies, or has any such work in his possession for the purpose of selling it or letting it on hire, shall be guilty of an offence (...)

26 Übersetzung der Vorschrift:
Section 17 Bedeutung von „Rassenhaß"
In diesem Teil bedeutet „Rassenhaß" Haß gegen eine Personengruppe in Großbritannien, die sich durch ihre Zugehörigkeit zu einer Hautfarbe, Rasse, Nationalität (einschließlich Staatsbürgerschaft) oder ihre ethnische oder nationale Herkunft charakterisiert.

Section 18 Use of words or behaviour or display of written material[27]

(1) A person who uses threatening, abusive or insulting words or behaviour, or displays any written material which is threatening, abusive or insulting, is guilty of an offence if –

(a) he intends thereby to stir up racial hatred, or

(b) having regard to all the circumstances racial hatred is likely to be stirred up thereby.

(2) An offence under this section may be committed in a public or a private place, except that no offence is committed where the words or behaviour are used, or the written material is displayed, by a person inside a dwelling and are not heard or seen except by other persons in that or another dwelling.

(3) (...)

(4) In proceedings for an offence under this section it is a defence for the accused to prove that he was inside a dwelling and had no reason to believe that the words or behaviour used, or the written material displayed, would be heard or seen by a person outside that or any other dwelling.

---

27 Übersetzung der Vorschrift:

Section 18 Worte, Verhalten oder Zeigen von Schriften

(1) Wer drohende, ausfallende oder beleidigende Worte gebraucht, ein entsprechendes Verhalten äußert oder Schriften mit solchem Inhalt zeigt, macht sich strafbar, wenn er

(a) beabsichtigt, hierdurch zum Rassenhaß aufzustacheln oder

(b) es unter Berücksichtigung aller Umstände wahrscheinlich ist, daß hierdurch zum Rassenhaß aufgestachelt wird.

(2) Eine Straftat nach dieser Vorschrift kann an einem öffentlichen oder privaten Ort begangen werden, es sei denn, die gebrauchten Worte, das Verhalten oder die gezeigten Schriften werden von einer Person innerhalb einer Wohnung verwendet und werden von keinen anderen Personen als denjenigen in dieser oder einer anderer Wohnung vernommen oder gesehen.

(3) (...)

(4) In Strafverfahren wegen einer Straftat nach dieser Vorschrift kann sich der Beschuldigte damit verteidigen, daß er beweist, daß er innerhalb einer Wohnung war und keinen Grund zur Annahme hatte, daß die gebrauchten Worte, das Verhalten oder das gezeigte Material von einer Person außerhalb dieser oder einer anderen Wohnung vernommen oder gesehen werden könnten.

(5) Ist nicht erwiesen, daß der Täter beabsichtigte, zum Rassenhaß aufzustacheln, so macht er sich nach dieser Vorschrift nicht strafbar, wenn er weder beabsichtigte, noch sich der Tatsache bewußt war, daß seine Worte, sein Verhalten oder die Schriften drohend, ausfallend oder beleidigend sein könnten.

(6) Diese Vorschrift ist nicht anwendbar auf Worte, Verhalten oder Schriften, die nur zum Zwecke der Einfügung in eine Rundfunksendung, ein Kabelprogramm, eine Kabelsendung oder in einen Kabelprogrammdienst Verwendung finden sollen.

(5) A person who is not shown to have intended to stir up racial hatred is not guilty of an offence under this section if he did not intend his words or behaviour, or the written material, to be, and was not aware that it might be, threatening, abusive or insulting.

(6) This section does not apply to words or behaviour used, or written material displayed, solely for the purpose of being included in a programme broadcast or included in a cable programme or broadcast or included in a cable programme service.

Section 19 Publishing or distributing written material[28]

(1) A person who publishes or distributes written material which is threatening, abusive or insulting is guilty of an offence if -

(a) he intends thereby to stir up racial hatred, or

(b) having regard to all the circumstances racial hatred is likely to be stirred up thereby.

(2) In proceedings for an offence under this section it is a defence for an accused who is not shown to have intended to stir up racial hatred to prove that he was not aware of the content of the material and did not suspect, and had no reason to suspect, that it was threatening, abusive or insulting.

(3) References in this Part to the publication or distribution of written material are to its publication or distribution to the public or a section of the public.

---

28 Übersetzung der Vorschrift:

Section 19 Veröffentlichen oder Verteilen von Schriften

(1) Wer Schriften veröffentlicht oder verteilt, die drohend, ausfallend oder beleidigend sind, macht sich strafbar, wenn er

(a) beabsichtigt, hierdurch zum Rassenhaß aufzustacheln oder

(b) es unter Berücksichtigung aller Umstände wahrscheinlich ist, daß hierdurch zum Rassenhaß aufgestachelt wird.

(2) In Strafverfahren wegen einer Straftat nach dieser Vorschrift kann sich der Beschuldigte, wenn nicht erwiesen ist, daß er zum Rassenhaß aufstacheln wollte, damit verteidigen, daß er beweist, daß er sich des Inhalts des Materials nicht bewußt war, nicht vermutete sowie auch keinen Anlaß hatte, zu vermuten, daß es drohend, ausfallend oder beleidigend war.

(3) Sofern in diesem Teil von Veröffentlichen oder Verteilen von Schriften die Rede ist, ist das Veröffentlichen oder Verteilen an die Öffentlichkeit oder einen Teil der Öffentlichkeit gemeint.

Section 21 Distributing, showing or playing a recording[29]

(1) A person who distributes, or shows or plays, a recording of visual images or sounds which are threatening, abusive or insulting, is guilty of an offence if –

(a) he intends thereby to stir up racial hatred, or

(b) having regard to all the circumstances racial hatred is likely to be stirred up thereby.

(2) In this Part "recording" means any record from which visual images or sounds may, by any means, be reproduced; and references to the distribution, showing or playing of a recording are to its distribution, showing or playing to the public or a section of the public.

(3) In proceedings for an offence under this section it is a defence for an accused who is not shown to have intended to stir up racial hatred to prove that he was not aware of the content of the recording and did not suspect, and had no reason to suspect, that it was threatening, abusive or insulting.

(4) This section does not apply to the showing or playing of a recording solely for the purpose of enabling the recording to be (included in a programme service).

---

29 Übersetzung der Vorschrift:

Section 21 Verteilen, Vorführen oder Vorspielen einer Aufzeichnung

(1) Wer eine Bild- oder Tonaufzeichnung, die drohend, ausfallend oder beleidigend ist, verteilt, vorführt oder vorspielt, macht sich strafbar, wenn er

(a) beabsichtigt, hierdurch zum Rassenhaß aufzustacheln oder

(b) es unter Berücksichtigung aller Umstände wahrscheinlich ist, daß hierdurch zum Rassenhaß aufgestachelt wird.

(2) In diesem Teil bedeutet „Aufzeichnung" jegliche Aufzeichnung, durch die visuelle Bilder oder Töne auf irgendeine Weise wiedergegeben werden können; soweit von Verteilen, Vorführen oder Vorspielen die Rede ist, ist das Verteilen, Vorführen oder Vorspielen an die Öffentlichkeit oder einen Teil der Öffentlichkeit gemeint.

(3) In Strafverfahren wegen einer Straftat nach dieser Vorschrift kann sich der Beschuldigte, wenn nicht erwiesen ist, daß er zum Rassenhaß aufstacheln wollte, damit verteidigen, daß er beweist, daß er sich des Inhalts der Aufzeichnung nicht bewußt war, nicht vermutete sowie auch keinen Anlaß hatte, zu vermuten, daß dieser drohend, ausfallend oder beleidigend war.

(4) Diese Vorschrift ist nicht anzuwenden auf das Vorführen oder Vorspielen einer Aufzeichnung zum alleinigen Zweck, die Einfügung der Aufzeichnung in einen Kabelprogrammdienst zu ermöglichen.

Section 27 Procedure and punishment[30]

(1) No proceedings for an offence under this Part may be instituted in England and Wales except by or with the consent of the Attorney General.

(2) For the purposes of the rules in England and Wales against charging more than one offence in the same count or information, each of sections 18 to 23 creates one offence.

(3) A person guilty of an offence under this Part is liable –

(a) on conviction on indictment to imprisonment for a term not exceeding two years or a fine or both;

(b) on summary conviction to imprisonment for a term not exceeding six months or a fine not exceeding the statutory maximum or both.

Section 28 Offences by corporations[31]

(1) Where a body corporate is guilty of an offence under this Part and it is shown that the offence was committed with the consent or connivance of a director, manager, secretary or other similar officer of the body, or a person purporting to act in any such ca-

---

30 Übersetzung der Vorschrift:
Section 27 Verfahren und Strafe
(1) Strafverfahren wegen einer Straftat nach diesem Teil dürfen in England und Wales nur mit Zustimmung des Attorney General eingeleitet werden.
(2) Zur Einhaltung der Vorschrift, wonach in England und Wales nicht mehr als eine Straftat im selben Anklagepunkt oder derselben Anklageschrift anzuklagen ist, stellt jede der Vorschriften 18 bis 23 eine Straftat dar.
(3) Eine Person, die sich wegen einer Straftat nach Teil III strafbar gemacht hat, ist zu bestrafen
(a) im Falle der Verurteilung bei Anklageerhebung mit Freiheitsstrafe bis zu zwei Jahren oder einer Geldstrafe oder beidem;
(b) im Falle der Durchführung eines summarischen Verfahrens mit Freiheitsstrafe bis zu sechs Monaten oder mit Geldstrafe bis zur gesetzlichen Höchststrafe oder beidem.

31 Übersetzung der Vorschrift:
Art. 28 Straftaten von Personenvereinigungen
(1) Macht sich eine Personenvereinigung wegen einer Straftat nach diesem Teil strafbar und ist erwiesen, daß die Straftat mit Zustimmung oder in Kenntnis des Direktoriums, Geschäftsführers, Sekretärs oder eines anderen vergleichbaren Amtsinhabers der Personenvereinigung oder einer Person, die vorgibt, mit derartigen Vollmachten ausgestattet zu handeln, erfolgte, so ist sowohl diese Person als auch die Personenvereinigung dieser Straftat schuldig, strafrechtlich zu verfolgen und entsprechend zu bestrafen.
(2) Werden die Geschäfte einer Personenvereinigung durch die Mitglieder geführt, so ist Absatz (1) auf die Handlungen und Mängel eines Mitglieds im Zusammenhang mit der Ausübung seiner Funktionen der Geschäftsführung anzuwenden, so wie er auf das Direktorium angewandt wird.

pacity, he as well as the body corporate is guilty of the offence and liable to be proceeded against and punished accordingly.

(2) Where the affairs of a body corporate are managed by its members, subsection (1) applies in relation to the acts and defaults of a member in connection with his functions of management as it applies to a director.

Section 29 Interpretation[32]

In this Part -

‚broadcast' means broadcast by wireless telegraphy (within the meaning of the Wireless Telegraphy Act 1949) for general reception, whether by way of sound broadcasting or television;

‚cable programme service' has the same meaning as in the Cable and Broadcasting Act 1984

‚distribute', and related expressions, shall be construed in accordance with section 19 (3) (written material) and section 21 (2) (recordings);

‚dwelling' means any structure or part of structure occupied as a person's home or other living accommodation (whether the occupation is separate or shared with others) but

---

32 Übersetzung der Vorschrift

Art. 29 Auslegung

In diesem Teil

bedeutet „Sendung" eine allgemein empfängliche Übertragung über kabellose Telegraphen (innerhalb der Bedeutung des Wireless Telegraphy Act 1949), entweder als Rundfunk- oder Fernsehsendung.

hat „Kabelprogrammdienst" dieselbe Bedeutung wie im Cable and Broadcasting Act 1984;

sollen „verteilen" und verwandte Begriffe in Übereinstimmung mit Section 19 (3) (Schriften) und Section 21 (2) (Aufzeichnungen) ausgelegt werden;

bedeutet „Wohnung" jedes Bauwerk oder Teil eines solchen, das der Wohnung einer Person dient oder jede sonstige Wohnunterkunft (unabhängig davon, ob die Wohnung gesondert ist oder mit anderen geteilt wird), mit Ausnahme der nicht bewohnten Teile. Zu diesem Zwecke beinhaltet der Begriff „Bauwerk" auch Zelte, Wohnwagen, Fahrzeuge, Schiffe und andere vorübergehende oder bewegliche Bauwerke,

bedeutet „Programm" jeder Programmpunkt, der ausgestrahlt wird oder in einen Kabelprogramm-Dienst aufgenommen wird;

sollen „Veröffentlichen" und verwandte Begriffe im Zusammenhang mit Schriften in Übereinstimmung mit Section 19 (3) ausgelegt werden;

hat „Rassenhaß" die in Section 17 gegebene Bedeutung;

hat „Aufzeichnung" die in Section 21 (2) gegebene Bedeutung; „Vorspielen" und „Zeigen" und verwandte Begriffe sollen im Zusammenhang mit einer Aufzeichnung in Übereinstimmung mit jener Vorschrift ausgelegt werden;

„Schriften" beinhaltet jedes Zeichen oder andere sichtbare Darstellung.

does not include any part not so occupied, and for this purpose ‚structure' includes a tent, caravan, vehicle, vessel or other temporary or movable structure;

‚programme' means any item which is broadcast or included in a cable programme service;

‚publish', and related expressions, in relation to written material, shall be construed in accordance with section 19 (3);

‚racial hatred' has the meaning given by section 17;

‚recording' has the meaning given by section 21 (2), and ‚play' and ‚show', and related expressions, in relation to a recording, shall be construed in accordance with that provision;

‚written material' includes any sign or other visible representation.

a) *Normentstehung und Überblick*

Teil III des Public Order Act 1986, welcher die Straftaten über den Rassenhaß enthält, geht zum Teil zurück auf den Race Relations Act 1965, der seinerzeit erstmals ausdrücklich Strafvorschriften zur Aufstachelung zum Rassenhaß einführte. Eine erste Änderung fand durch den Race Relations Act 1976 statt. Im Public Order Act 1986 schließlich wurden, neben weiteren Änderungen, wie z. B. zu Beweislastfragen und zur Einräumung von Eingriffsbefugnissen für die Strafverfolgungsbehörden, erstmals Strafvorschriften bezüglich des Verteilens, Zeigens oder Vorspielens von Aufzeichnungen (Section 21), sowie des Besitzes von rassenhetzerischem Material (Section 23) neu aufgenommen.[33]

Insgesamt finden sich sechs Rassismus-Straftatbestände in Teil III des Public Order Act 1986. Section 18 erfaßt Äußerungen, Verhalten oder das Zeigen von Schriften (*written material*) und wird durch Section 19 ergänzt, welcher das Verteilen und Veröffentlichen von Schriften erfaßt. Section 20 befaßt sich mit öffentlichen Aufführungen von Theaterstücken (*play*) und ist daher nicht Gegenstand des Rechtsvergleichs. Untersucht werden soll dagegen Section 21, welcher das Verteilen, Vorführen und Vorspielen von Aufzeichnungen (*recording*) unter Strafe stellt. Nicht behandelt wird weiterhin Section 22, der Vorschriften bezüglich Rundfunk- und Fernsehsendungen, sowie Kabelprogrammen (*broadcasting or including programme in cable programme service*) enthält. Der Besitz von rassenhetzerischem Material wird in Section 23 unter Strafe gestellt und ist ebenfalls nicht Gegenstand dieser Untersuchung.

Was die drei zu untersuchenden Straftatbestände (Sections 18, 19, 21) angeht, so erfordern diese im Wesentlichen, daß eine Person eine Handlung ausführt, die den Gebrauch drohender (*threatening*), ausfallender (*abusive*) oder beleidigender (*insulting*) Worte, solchen Verhaltens oder Materials beinhaltet, und daß

---

33 *Smith*, a.a.O., 9-01.

diese Person entweder beabsichtigt, hierdurch zum Rassenhaß aufzustacheln oder es unter Berücksichtigung der Gesamtumstände wahrscheinlich ist, daß hierdurch zum Rassenhaß aufgestachelt wird.[34]

b) Geschütztes Rechtsgut

Entsprechend der Gesetzesbezeichnung Public Order Act bezwecken die in diesem Gesetz enthaltenen Strafbestimmungen den Schutz der öffentlichen Ordnung.[35]

c) Gemeinsame Tatbestandsmerkmale

aa) Begriff des Hasses

Dieser Begriff wird durch das Gesetz nicht weiter erläutert. Einigkeit dürfte darüber bestehen, daß diesem Begriff eine gewisse Schärfe anhaftet, die mit Merkmalen wie Feindschaft, Abneigung und Abscheu verbunden ist.[36]

bb) Geschützte Bevölkerungsgruppe

Section 17 Public Order Act 1986 enthält eine Legaldefinition dessen, was unter *Rasse* im Sinne der nachstehenden Vorschriften zu verstehen ist. Danach ist eine Personengruppe in Großbritannien gemeint, die durch ihre Zugehörigkeit zu einer Hautfarbe, Rasse, Nationalität (einschließlich Staatsangehörigkeit) oder ihre ethnische oder nationale Herkunft charakterisiert wird. Zu betonen ist hierbei, daß die Zugehörigkeit zu einer Religion nicht erfaßt ist.[37] Dies erlangt insbesondere Bedeutung im Zusammenhang mit der jüdischen Religion, die in dieser Form aus dem Anwendungsbereich des Section 17 herausfällt. Die Rechtsprechung hat sich hier jedoch mit einer weiten Auslegung des Begriffs *ethnische Herkunft* beholfen, so daß z. B. Juden, Sikhs und Roma unter diesen Begriff subsumiert werden können.[38]

---

34 *Smith/Hogan*, Criminal Law, 8. Auflage, London 1996, S. 770; *Card*, Criminal Law, 14. Auflage, London 1998, 14.46.

35 *Smith/Hogan*, a.a.O., S. 761; *Card*, Public Order, The New Law, London 1987, S. 97.

36 *Smith*, a.a.O., 9-06.

37 *Smith/Hogan*, a.a.O., S. 770; *Smith*, a.a.O., 9-06.

38 *Card*, Public Order, a.a.O., London 1987, S. 96; *Card*, Criminal Law, a.a.O., 14.46; *Smith*, a.a.O., 9-06.

cc) *Beabsichtigter oder wahrscheinlicher Rassenhaß (racial hatred intended or likely)*

Alle der unter Teil III des Public Order Act 1986 genannten Tatbestände setzen voraus, daß der Täter entweder beabsichtigt, durch sein Verhalten zum Rassenhaß aufzustacheln oder es unter Berücksichtigung der Gesamtumstände wahrscheinlich (*likely*) ist, daß hierdurch zum Rassenhaß aufgestachelt wird. Diese alternativen Erfordernisse sind recht eng gefaßt und auch so zu verstehen. Der Begriff des Aufstachelns (*stirring up hatred*) erfordert weit mehr als ein bloßes Verächtlichmachen oder Kränken; er beinhaltet auch ein aktives feindseliges Element.[39] Ob es wahrscheinlich ist, daß aufgrund eines besonderen Täterverhaltens zum Rassenhaß aufgestachelt wird, ist aufgrund der objektiven Umstände festzustellen. Der Täter muß sich dieser Tatsache nicht bewußt gewesen sein,[40] wobei sich in den einzelnen Tatbeständen unterschiedliche Beweislastregelungen hierfür finden. Im Einzelfall muß die Staatsanwaltschaft feststellen, daß sich unter der Zuhörerschaft bzw. Leserschaft Personen befanden, die unter Berücksichtigung der Gesamtumstände geeignet waren, zum Rassenhaß aufgestachelt zu werden. Daher ist eine Anklage nicht aussichtsreich, wenn nicht bewiesen ist, daß mindestens eine Person (so z. B. bei einer antirassistischen Vereinigung) für die Überredung, Rassenhaß zu empfinden, offen war.[41]

dd) *Drohendes, ausfallendes oder beleidigendes Verhalten (threatening, abusive or insulting)*

Alle Tatbestände des Teils III erfordern den Einsatz von drohendem, ausfallendem oder beleidigendem Verhalten. Ob ein solches Verhalten vorliegt, unterliegt der tatrichterlichen Würdigung, wobei die Auswirkungen abzuschätzen sind, die es auf einen vernünftigen Menschen in der Zuhörerschaft machen würde.[42] Ob sich die jeweilige Person tatsächlich bedroht etc. fühlte, ist unerheblich.[43] Daß das Erfordernis eines derartigen Verhaltens eine erhebliche Einschränkung der einzelnen Tatbestände mit sich bringt, liegt auf der Hand. Es wird mitunter behauptet, daß ein derart eng formulierter Tatbestand nur dazu führe, die Art der Ausdrucksweise bei der Aufstachelung zum Rassenhaß vorsichtiger zu gestalten, der Rassenhaß hierdurch aber nicht effektiv eingedämmt werde.[44] Rassisti-

---

39 *Card*, Public Order, a.a.O., S. 97 f.

40 *Card*, Public Order, a.a.O., S. 99.

41 *Card*, Public Order, a.a.O., S. 99.

42 *Card*, Public Order, a.a.O., S. 100.

43 *Card*, Public Order, a.a.O., S. 100.

44 *Card*, Public Order, a.a.O., S. 100.

sche Äußerungen in moderater Ausdrucksweise fallen daher überwiegend nicht in den Anwendungsbereich, auch wenn sie durchaus zur Aufstachelung zum Rassenhaß geeignet wären.[45]

Die bloße Belästigung von Mitgliedern einer unter Section 17 Public Order Act 1986 fallenden Bevölkerungsgruppe erfüllt keinen der in Teil III genannten Tatbestände.[46] Die hierdurch entstehende, stark diskutierte Gesetzeslücke wird jedoch seitens der britischen Regierung mit Rücksicht auf die schwierige Grenzziehung bei der Meinungsfreiheit und unter Verweisung auf das Schutzgut der öffentlichen Ordnung als hinnehmbar erachtet.[47]

d) *Täterkreis (Section 28)*

Daß der Kreis der potentiellen Täter der Vorschriften in den Sections 18 ff. nicht auf Einzelpersonen beschränkt ist, zeigt Section 28. Hiernach kann sich auch eine Personenvereinigung[48] über das Handeln ihrer verantwortlichen Personen wegen dieser Delikte strafbar machen. Daß dies nur für Delikte gelten kann, die wesensgemäß auf Personenvereinigungen anwendbar sind, erscheint selbstverständlich. Die Strafbarkeit der Personenvereinigung steht hierbei neben derjenigen des Autors.[49] Section 28 (1) geht jedoch noch weiter: Strafrechtlich verantwortlich ist neben der Personenvereinigung auch das Direktorium (Vorstand bzw. Aufsichtsrat), der Geschäftsführer, der Sekretär oder eine Person, die ein vergleichbares Amt in der Personenvereinigung innehat oder die vorgibt, mit derartigen Vollmachten ausgestattet zu sein, falls die Straftat mit Zustimmung oder in Kenntnis der Personenvereinigung erfolgte. Mit dieser Regelung geht Section 28 (1) über den Anwendungsbereich der Regeln zur Mittäterschaft hinaus und schafft damit eine wesentliche Beweiserleichterung für die Strafverfolgungsbehörde. Section 28 (2) enthält eine entsprechende Regelung für den Fall, daß die Geschäfte einer Personenvereinigung durch die Mitglieder geführt werden.

---

45 *Smith*, a.a.O., 9-07.

46 *Card*, Public Order, a.a.O., S. 99.

47 *Card*, Public Order, a.a.O., S. 100.

48 Die dem Begriff *corporation* zugrundeliegende deutsche Übersetzung (*Personenvereinigung*) erfaßt dessen Bedeutungsgehalt nur teilweise. Da *corporation* im Sinne des englischen Gesellschaftsrechts eigenständig auszulegen ist, darf der gewählte Begriff der *Personenvereinigung* in diesem Zusammenhang auch nur so verstanden werden.

49 *Card*, Public Order, a.a.O., S. 114.

e) *Strafen (Section 27)*

Als Strafen drohen im Falle der Verurteilung bei Anklageerhebung (*indictment*) höchstens zwei Jahre Gefängnis und/oder Geldstrafe (*fine*) in unbestimmter Höhe (Section 27 (3) (a) Public Order Act 1986). Bei Verurteilung im Schnellverfahren (*summary conviction*) sind sechs Monate Gefängnis und/oder Geldstrafe/buße maximal bis zur gesetzlichen Höchstsumme vorgesehen (Section 27 (3) (b) Public Order Act 1986).[50] Die Einleitung eines Ermittlungsverfahrens wegen einer der in Teil III des Public Order Act 1986 bezeichneten Delikte bedarf der Zustimmung des Attorney General (Section 27 (1) Public Order Act 1986).

3. Section 18 Public Order Act 1986 (Äußerungen, Verhalten oder Zeigen von Schriften)

Nach Section 18 (1) macht sich strafbar, wer drohende, ausfallende oder beleidigende Worte gebraucht, ein entsprechendes Verhalten äußert oder Schriften solchen Inhalts zeigt, wenn er beabsichtigt, hierdurch zum Rassenhaß aufzustacheln oder es unter Berücksichtigung aller Umstände wahrscheinlich ist, daß hierdurch zum Rassenhaß aufgestachelt wird.

a) *Tathandlung*

Tathandlungen sind das Gebrauchen (*use*) und das Zeigen (*display*). Diese Begriffe werden gesetzlich nicht definiert. Gebrauchen ist im weitestgehenden Sinne zu verstehen; eine Einschränkung ist nicht ersichtlich. Zeigen umfaßt neben seiner ursprünglichen Bedeutung auch das Ausstellen oder Zurschaustellen.[51] Es macht gemäß Section 18 (2) keinen Unterschied, ob die Straftat an einem öffentlichen Ort oder im Privatbereich begangen wurde.

Tatobjekte sind Äußerungen, ein Verhalten oder Schriften. Unter Äußerungen ist das gesprochene Wort (*words*) zu verstehen. Unter Verhalten (*behaviour*) fallen, als Gegenstück zum gesprochenen Wort, auch Gesten und Pantomime.[52]

Der Begriff Schriften (*written material*) wird in Section 29 definiert als jedes Zeichen (*sign*) oder jede andere sichtbare Darstellung (*visible representation*). Die Kasuistik ist hier äußerst dünn. Als Beispiele werden das Besprühen von Mauern mit Parolen oder das Tragen von Plaketten und Spruchbändern ge-

---

50 Das *statutory maximum* beträgt nach Section 32 des Magistrates Courts Act 1980 £ 5000.

51 *Card*, Public Order, a.a.O., S. 102.

52 *Card*, Public Order, a.a.O., S. 102.

nannt.[53] Unklar ist, ob bei den Zeichen auch Gegenstände mit Symbolcharakter einzubeziehen sind. So fiele z. B. eine orangefarbene Lilie als solche als religiöses Symbol nicht hierunter, wohl aber ein Plakat, das eine solche zeigt.[54]

b) Tatbestandsausschluß

Nicht strafbar macht sich, wer die Straftat in einer Wohnung (*dwelling*) begeht, wenn eine Kenntnisnahme durch andere als Personen in dieser oder einer anderen Wohnung nicht möglich ist (Section 18 (2)). Der Begriff der Wohnung ist definiert in Section 29 als Bauwerk oder Teil eines solchen, das der Wohnung von Menschen dient sowie jede sonstige Wohnunterkunft mit Ausnahme von deren nicht bewohnten Teilen. Eingeschlossen sind in diesem Zusammenhang Zelt, Wohnwagen, Fahrzeug, Schiff und andere vorübergehende oder bewegliche Bauwerke. Grund für die Regelung in Section 18 (2) ist die Herausnahme der privaten Meinungsäußerung aus dem Anwendungsbereich von Section 18. Der Beschuldigte kann sich gemäß Section 18 (4) damit verteidigen, daß er beweist, er habe sich in einer Wohnung befunden und keinen Grund zur Annahme gehabt, daß sein Verhalten oder seine Äußerungen von einer Person außerhalb dieser oder einer anderen Wohnung vernommen würden. Der Beweis der Wahrheit der Äußerungen stellt dagegen keinen Verteidigungsgrund dar.[55]

Ein weiterer Tatbestandsausschluß findet sich in Section 18 (6), wonach solche Schriften nicht erfaßt sind, die zum Zwecke der Einfügung in eine Rundfunksendung, ein Kabelprogramm, eine Kabelsendung oder einen Kabelprogrammdienst verwendet werden. Hintergrund dieser Regelung ist die Abgrenzung zum Anwendungsbereich von Section 22 (*Broadcasting or including programme in cable programme services*), welcher die Ausstrahlung derartiger Programme bzw. Sendungen erfaßt. Dies bedeutet nicht zwangsläufig, daß sämtliches aufgezeichnete Material tatbestandlich ausgenommen wäre. So fallen z. B. Worte und Verhalten, welche zwar aufgezeichnet, jedoch vor einem in einem Studio anwesenden Publikum geäußert werden, nicht unter Section 18 (6), da sie nicht ausschließlich der Aufzeichnung dienen.[56]

c) Anwendbarkeit auf die elektronische Datenübertragung

Ob Section 18 auf die Übertragung von Daten anwendbar ist, erscheint äußerst fraglich. In Betracht kommt lediglich eine Subsumtion unter den Begriff *written material*. Es existieren weder eingehende Literatur noch Rechtsprechung zu

---

53 *Smith*, a.a.O., 9-08; *Card*, Public Order, a.a.O., S. 40 f.

54 *Card*, Public Order, a.a.O., S. 41.

55 *Card*, Criminal Law, a.a.O., 14.47.

56 *Card*, Public Order, a.a.O., S. 101.

dieser Frage. Die vorhandene Literatur hat sich bislang auf *pornography* und *defamation* beschränkt. Nach einer Studie der Manchester Metropolitan University aus dem Jahre 1999 mit den Titel „Extremism and the Internet" sollen Websites unter den Begriff der Schriften zu subsumieren sein.[57] Auch andere Literaturstimmen äußern sich hierzu vorsichtig und schließen die generelle Anwendbarkeit der Sections 18 ff. auf die elektronische Datenübertragung nicht aus.[58]

Eine in diesem Zusammenhang hervorzuhebende Entwicklung fand in Bezug auf die beiden Obscene Publications Acts 1959 und 1964 statt. Tathandlung ist dort die *publication*, Tatobjekt ein *article*, worunter nach früherem Verständnis nur körperliche Gegenstände zu subsumieren waren. Die Ausweitung auf die elektronische Datenübertragung fand mit Section 1 (3) (b) des Public Order Act 1994 statt. Eine entsprechende Änderung des Public Order Act 1986 erfolgte hingegen bislang nicht.

Nach hiesigem Verständnis erscheint der Begriff *written material* primär nicht auf Daten anwendbar, da *schriftlich* seinem Wortsinn nach herkömmlicherweise auf einen körperlichen Gegenstand hinweist. Die Unterbegriffe *sign* (Zeichen) und *visible representation* (sichtbare Darstellung) hingegen erscheinen nicht von vornherein auf körperliche Gegenstände beschränkt. *Sign* könnte auch ein elektronisches Zeichen sein, eine Bildschirmanzeige könnte als *visible representation* aufgefaßt werden.

Die bestehenden Zweifel an der Anwendbarkeit auf die elektronische Datenübertragung liegen jedoch in Wirklichkeit darin begründet, daß der Wortlaut der einschlägigen Vorschriften ursprünglich nicht auf die Erfassung von Netzwerktechnik ausgerichtet war. So begegnet die Subsumtion des Tatbestandsausschlusses *inside a dwelling* einem gewissen Befremden, da ein Autor rassistischer E-mails kaum sicherstellen können wird, wo der Empfänger seinen Computer bzw. Notebook aufgestellt hat.

---

57 *Brophy/Craven/Fisher*, Extremism and the Internet, Februar 1999, S. 42.

58 *Darlington*, Extremism on the Net, unter: http://members.tripod.co.uk/rogerdarlington/extremism.html (abgerufen am 07.12.2000); Support Initiative for Multimedia Applications (SIMA), Legal issues to the development and use of word wide weg technologies at educational sites, unter: http://www.man.ac.uk/MVC/SIMA/legal/criminal.html (abgerufen am 07.12.2000). *Capitanchik/Whine* nehmen vorsichtig an, *„that the provisions of Part III of the Public Order Act 1986 might be relevant"*, ohne näher auf einzelne Tatbestandsmerkmale einzugehen; nicht genannt wird in diesem Zusammenhang jedoch Section 18 vgl. Capitanchik/Whine, a.a.O., S. 246 f.

d) Vorsatzformen (mens rea)

Bezüglich des Vorsatzes stellt Section 18 (5) eine differenzierte Regelung auf. So ist zunächst klarzustellen, daß der Begriff *intended* nicht nur als Absicht im Sinne zielgerichteten Wollens auszulegen ist, sondern vielmehr auch ein sicheres Wissen des Täters um die Tatbestandsverwirklichung erfaßt.[59] Es ist daher ausreichend, daß der Täter im Bewußtsein handelte, daß sein Verhalten zum Rassenhaß aufstacheln kann. Grundsätzlich muß die Staatsanwaltschaft beweisen, daß der Täter es beabsichtigte bzw. wußte, daß er zum Rassenhaß aufstachelt. Ist dieser Nachweis erbracht, so handelt es sich beim Merkmal *drohend, ausfallend oder beleidigend* um ein rein objektives, auf welches kein irgendwie gearteter Vorsatz des Täters gerichtet sein muß. Für den Fall, daß der Täter die Aufstachelung zum Rassenhaß nicht beabsichtigte bzw. sich einer solchen nicht bewußt war, eine solche also lediglich wahrscheinlich war, stellt Section 18 (5) folgende Regel auf: Der Beschuldigte macht sich dieser Straftat dann nicht schuldig, wenn er weder beabsichtigte, noch sich der Tatsache bewußt war, daß seine Äußerungen, sein Verhalten oder die von ihm gezeigten Schriften drohend, ausfallend oder beleidigend sein könnten. Dies ist dergestalt zu verstehen, daß die Staatsanwaltschaft nicht von vornherein eine derartige Absicht oder Bewußtsein des Beschuldigten beweisen muß. Der Beschuldigte trägt jedoch auch nicht die Beweislast für sein fehlendes Bewußtsein. Macht er das Fehlen eines solchen jedoch dergestalt geltend, daß sich Zweifel am Vorhandensein eines solchen überhaupt ergeben, so muß die Staatsanwaltschaft den Nachweis erbringen.

4. Section 19 Public Order Act 1986 (Veröffentlichen oder Verteilen von Schriften)

Nach Section 19 Public Order Act 1986 macht sich strafbar, wer Schriften verteilt oder veröffentlicht, die drohend, ausfallend oder beleidigend sind, wenn er hierbei beabsichtigt, zum Rassenhaß aufzustacheln oder es unter Berücksichtigung der Gesamtumstände wahrscheinlich ist, daß zum Rassenhaß aufgestachelt wird.

a) Tathandlung

Gemäß Section 19 (3) ist mit Veröffentlichen und Verteilen nur ein solches an die Öffentlichkeit oder an Teile der Öffentlichkeit gemeint. Was jedoch unter Veröffentlichen und Verteilen selbst zu verstehen ist, wird nicht definiert. Während sich der Begriff des Verteilens vom Wortsinn her erschließen läßt, so ist

---

59 *Smith*, a.a.O., 9-11.

beim Begriff des Veröffentlichens[60] fraglich, welche Größe der Adressatenkreis aufweisen muß. In diesem Zusammenhang zeigt jedoch bereits Section 19 (3), daß der Beschuldigte die Schriften genügend Personen zur Kenntnis gelangen lassen muß, damit von einem Teil der Öffentlichkeit die Rede sein kann.[61] Welche Mindestanzahl hierfür erforderlich ist, läßt sich nicht schematisch beantworten, sondern ist anhand einer natürlichen Betrachtungsweise zu ermitteln. So fallen nach der Entscheidung *Britton* die Mitglieder einer Familie nicht hierunter, wohl aber die Mitglieder eines Vereins.[62] Nach einem *obiter dictum* von Lord Parker CJ in dieser Entscheidung soll unter Teil der Öffentlichkeit ein abgrenzbarer Personenkreis zu verstehen sein, der ein gemeinsames Interesse verfolgt oder eine sonstige Gemeinsamkeit aufweist, und dessen Verbindung keinen privaten Charakter hat.[63]

Überschneidungen können sich ergeben zwischen dem Veröffentlichen (*publishing*) und dem Zeigen (*display*) von Schriften, da das in Section 18 (1) umschriebene Zeigen technisch gesehen immer auch ein Veröffentlichen beinhaltet, Veröffentlichen aber nicht notwendigerweise nur Zeigen ist. Aus diesem Grund ist der Begriff des Veröffentlichens durch denjenigen des Zeigens zu begrenzen.[64]

Tatobjekt sind auch hier Schriften (*written material*), wobei auf die Definition in Section 29 und auf die Ausführungen zu Section 18 zurückgegriffen werden kann. Dabei ist allerdings zu beachten, daß aufgrund der gegenüber Section 18 andersartigen Tathandlung auch ein andersartiges Spektrum an Tatobjekten in Betracht kommt. So fällt z. B. ein an eine Mauer geklebtes Poster zwar unter den Begriff *written material*, möglich ist jedoch nur ein Zeigen (*display*) im Sinne von Section 18, nicht aber ein Veröffentlichen (*publish*) oder Verteilen (*distribute*).

b) Anwendbarkeit auf die elektronische Datenübertragung

Hinsichtlich des Begriffs *written material* kann auf die Ausführungen zu Section 18 verwiesen werden. Die Tathandlung *publish* erscheint geeignet zur Anwendung auf die elektronische Datenübertragung. Allerdings wäre nach der

---

60 Nach *Smith*, a.a.O., 9-14 ist dieser zu definieren als „*sell, distribute by giving it away, letting it on hire or lending it*".

61 *Card*, Public Order, a.a.O., S. 104.

62 *R. v. Britton*, [1967], 2 QB 51; *Smith*, a.a.O., 9-14.

63 *R. v. Britton*, [1967], 2 QB 51; vgl. auch *Card*, Public Order, a.a.O., S. 105; *Smith*, a.a.O., 9-14.

64 *Card*, Public Order, a.a.O., S. 104.

Kommunikationsform zu differenzieren, wobei wohl wenigstens die Kommunikation über E-mail aus dem Anwendungsbereich herausfiele.

c) *Vorsatzformen (mens rea)*

Was Section 19 angeht, so muß die Staatsanwaltschaft keinen Vorsatz des Beschuldigten in Bezug auf den Inhalt der Schriften nachweisen. Ist nicht erwiesen, daß der Beschuldigte beabsichtigte bzw. im Bewußtsein handelte, zum Rassenhaß aufzustacheln, so kann dieser sich damit verteidigen, daß er den Inhalt der Schriften nicht kannte und auch nicht vermutete, noch einen Anlaß hatte, zu vermuten, daß diese drohenden, ausfallenden oder beleidigenden Inhalts seien. Die Voraussetzungen für diesen Einwand müssen kumulativ vorliegen.[65] Anders als bei Section 18 trägt der Beschuldigte hier die volle Beweislast.[66] Die Staatsanwaltschaft muß lediglich den Nachweis erbringen, daß die vom Beschuldigten mit seinem Wissen verbreiteten oder veröffentlichten Schriften geeignet waren, zum Rassenhaß aufzustacheln.

5. Section 21 Public Order Act 1986 (Verteilen, Vorführen oder Vorspielen einer Aufzeichnung)

Nach Section 21 wird bestraft, wer Aufzeichnungen, die drohend, ausfallend oder beleidigend sind, verteilt, vorführt oder vorspielt und hierbei beabsichtigt, zum Rassenhaß aufzustacheln oder es unter Berücksichtigung der Gesamtumstände wahrscheinlich ist, daß dadurch zum Rassenhaß aufgestachelt wird. Section 21 erweitert also den Anwendungsbereich des Teils III um ein weiteres Tatobjekt, nämlich Aufzeichnungen (*recordings*).

a) *Tathandlungen*

Section 29 bestimmt, daß die Tathandlungen *distribute*, *play* und *show* sowie hiermit verwandte Begriffe im Zusammenhang mit dem Begriff *recording* auszulegen sind. Section 21 (2) sieht vor, daß das Verteilen, Vorführen oder Vorspielen immer an die Öffentlichkeit oder an einen Teil der Öffentlichkeit gerichtet sein muß. Das Verleihen einer rassistischen Videokassette an einen Freund ist daher nicht erfaßt.[67] In Ermangelung einer der Section 18 (4) vergleichbaren Vorschrift, ist davon auszugehen, daß sowohl die öffentliche Tatbegehung als auch die Begehung im Privatbereich erfaßt ist.[68] So fällt auch die

---

65 *Smith*, a.a.O., 9-15.

66 *Hirst*, Criminal Law Statutes, London 1990, S. 297; *Smith/Hogan*, a.a.O., S. 771..

67 *Card*, Public Order, a.a.O., S. 106.

68 *Smith*, a.a.O., 9-21. Daß eine ausdrückliche Formulierung wie in Section 18 (4) fehlt, steht nicht entgegen, da es hier nicht um die Ausnahme von Wohnungen geht.

Vorführung eines Films vor Mitgliedern einer privaten rassistischen Vereinigung in den Anwendungsbereich von Section 21 (1), sofern diese einen Teil der Öffentlichkeit darstellt.[69] Auch macht es keinen Unterschied, ob die Tat innerhalb einer Wohnung begangen wird und von anderen Personen als denjenigen in dieser oder einer anderen Wohnung nicht wahrgenommen werden kann.

Tatobjekt ist die Bild- und Tonaufzeichnung (*recording*). Was hierunter zu verstehen ist, richtet sich, wie sich aus Section 29 ergibt, nach Section 21 (2). Hiernach ist unter *recording* jegliche Aufzeichnung zu verstehen, durch die visuelle Bilder oder Töne auf irgendeine Weise wiedergegeben werden können. So fällt beispielsweise eine Videokassette, eine Schallplatte, eine Audiokassette oder ein Kinofilm hierunter.[70] Es erscheint nicht ausgeschlossen, daß sich Überschneidungen mit dem Begriff *written material* dadurch ergeben könnten, daß dieser auch *visible representations* erfaßt. Wie bei Section 19 gilt jedoch auch hier, daß Gegenstände, die zum Begriff *recording* zählen, nur in den Anwendungsbereich von Section 21 fallen sollten.

b) Tatbestandsausschluß

Der in Section 21 (4) enthaltene Tatbestandausschluß ist vergleichbar mit demjenigen von Section 18 (6), weshalb hierauf verwiesen wird.[71]

c) Anwendbarkeit auf die elektronische Datenübertragung

Nach *Capitanchik/Whine* soll eine Subsumtion der elektronischen Datenübertragung unter Section 21 – unter Hinweis auf *visual images* – prinzipiell möglich sein.[72]

Auch nach hiesigem Verständnis erscheint der Begriff *recording* generell geeignet, Daten zu erfassen, allerdings nur einen Teilbereich: Es muß sich um eine Bild- oder Tonaufzeichnung handeln. Der Begriff *recording* könnte danach etwa Musikdateien oder Computerspiele umfassen. *Written material* in Section 19 und *recording* in Section 21 würden sich also insofern ergänzen. Da sich viele Dateien nicht generell nur einer Kategorie zuordnen lassen, erscheint diese Unterscheidung jedoch eher willkürlich. Denkbar erscheint auch die Subsumtion unter die einzelnen Tathandlungen *distribute*, *show* und *play*, wobei – wie im Falle von Section 19 – der Bezug zur Öffentlichkeit bzw. zu Teilen dieser zu beachten ist.

---

69 *Smith*, a.a.O., 9-21.

70 *Card*, Public Order, a.a.O., S. 106 f.

71 Vgl. Abschnitt B I 2 d).

72 *Capitanchik/Whine*, a.a.O., S. 247; auch *Whine*, a.a.O., S. 225., undifferenziert *Darlington*, a.a.O. und *SIMA*, a.a.O:

d) Vorsatzformen (mens rea)

Section 21 (3) stellt exakt dieselbe Regelung wie Section 19 (2) auf. Ist also nicht erwiesen, daß der Beschuldigte beabsichtigte oder im Bewußtsein handelte, zum Rassenhaß aufzustacheln, so kann er sich damit verteidigen, daß er beweist, daß er sich des Inhalts der Aufzeichnung nicht bewußt war, nicht vermutete sowie auch keinen Anlaß hatte, zu vermuten, daß sie drohenden, ausfallenden oder beleidigenden Inhalts ist. Im Übrigen kann auf die Ausführungen zu Section 19 (2) verwiesen werden.

II. Leugnungstatbestände

Eine spezielle Strafvorschrift zur Leugnung des Holocaust findet sich im Recht von England und Wales nicht, obwohl die Forderung nach der Schaffung einer solchen Vorschrift seit 1996 existiert, als auf einem Parteitag der Labour Party einstimmig die Einführung einer solchen im Falle eines Wahlsieges beschlossen wurde.[73] 1997 wurde über Mike Gapes, einem Labour MP, eine entsprechende Private Member's Bill eingebracht.[74] Der Erlaß eines speziellen Straftatbestandes wird jedoch insbesondere mit Rücksicht auf die *freedom of expression* als problematisch angesehen.[75] Eine Erfassung der Auschwitzlüge durch bereits existierende Gesetze ist derzeit nicht in befriedigender Weise möglich.[76]

Denkbar erschiene eine Subsumtion unter Section 1 des Malicious Communications Act 1998, wonach sich strafbar macht, wer anstößige (*indecent*), grob beleidigende (*grossly offensive*), drohende (*threat*) oder wissentlich falsche (*false and known or believed to be false by the sender*) Informationen versendet in der Absicht, beim Empfänger Kummer (*distress*) oder Sorge (*anxiety*) auszulösen.[77] Daß diese Vorschrift jedoch denkbar ungeeignet ist, um die Strafbarkeit

---

73 *Butler*, a.a.O..

74 *Butler*, a.a.O., S. 2.

75 *Butler*, a.a.O., S. 10.

76 *Butler*, a.a.O., S. 16; Ansätze, in welcher Form bereits geltende Gesetze geändert werden könnten, um einen entsprechenden Straftatbestand einzuführen, finden sich ebenfalls bei *Butler*, a.a.O., S. 11 ff., wo über konkrete Änderungen der defamation law, des Malicious Communications Act 1988 und des Public Order Act 1986 nachgedacht wird.

77 Malicious Communications Act 1988 (auszugsweise)

1. (1) Any person who sends to another person –
a letter or other article which conveys
(i) a message which its indecent or grossly offensive;
(ii) a threat; or
(iii) information which its false and known or believed to be false by the sender; or
any other article which its, in whole or part, of an indecent or grossly offensive nature,

der Leugnung des Holocaust grundsätzlich in den Griff zu bekommen, ist evident: So ergeben sich bereits Schwierigkeiten bei der Subsumtion unter den Begriff *grob beleidigende Information*. Auch die Einstufung als *wissentlich falsche Information* das Problem bereiten, einem überzeugten Holocaust-Leugner nachzuweisen, daß er sich der Falschheit seiner Aussagen bewußt ist. Letztlich wird sich der Beschuldigte darauf berufen, daß die Äußerungen nicht zum Zwecke der gezielten Erregung von Kummer und Sorge, sondern vor dem Hintergrund der Information erfolgten.[78]

Auch eine Subsumtion unter die Sections 17 ff. des Public Order Act 1986 erscheint schwierig,[79] da die Verbreitung der Leugnung des Holocaust auf drohende, ausfallende oder beleidigende Weise erfolgen und auch immer mit einer Aufstachelung zum Rassenhaß verbunden sein müßte. Nicht in jeder Leugnung des Holocaust kann jedoch eine Beleidigung oder eine Aufstachelung zum Rassenhaß gesehen werden.

III. Kennzeichen und Propagandamittel verfassungsfeindlicher Organisationen

Vorschriften, die das Verbreiten oder die Verwendung von Kennzeichen und Propagandamitteln verfassungsfeindlicher Organisationen erfassen, existieren im Vereinigten Königreich nicht.

IV. Aufforderung zu Straftaten

Auch spezielle Tatbestände zur Aufforderung zu Straftaten enthält das Strafrecht des Vereinigten Königreichs – soweit ersichtlich – nicht.

---

is guilty of an offence if his purpose, or one of his purposes, in sending it is that it should, so far as falling within paragraph (a) or (b) above, cause distress or anxiety to the recipient or to any other person to whom he intends that it or its contents or nature should be communicated.

(2) – (3) (...)

(4) A person guilty of an offence under this section shall be liable on summary conviction to a fine not exceeding level 4 on the standard scale.

78 *Butler*, a.a.O., S. 7.

79 Hierzu auch: *Butler*, a.a.O., S. 8.

C. Internationales Strafrecht

I. Prinzipien des internationalen Strafrechts

Die Frage nach der Anwendbarkeit des Rechts von England und Wales beantwortet sich für diesen Rechtsraum aus Sicht der Gerichte, nämlich danach, ob diese zuständig sind *(jurisdiction)*. Bei der Frage der Zuständigkeit folgen die Gerichte von England und Wales dem Grundsatz des Territorialitätsprinzips.[80] Danach erkennen diese Gerichte ihre Zuständigkeit für solche Straftaten an, die im Inland begangen wurden, ohne Rücksicht auf die Nationalität des Täters.[81] Mit Inland sind hierbei lediglich England und Wales und nicht das gesamte Staatsgebiet Großbritanniens gemeint, so daß diese Gerichte für in Schottland und Nordirland begangene Straftaten unzuständig sind.[82]

Ähnlich wie in anderen Rechtsordnungen existieren aber auch Fälle, in denen die Gerichte von England und Wales für Auslandstaten zuständig sind. Dies ist z. B. der Fall bei Mord und Totschlag durch britische Staatsbürger, Straftaten britischer Staatsangehöriger als Bedienstete der Krone in Ausübung ihrer Dienste oder bei terroristischen Straftaten.[83] Zu beachten ist hierbei, daß der Begriff des britischen Staatsbürgers sämtliche Bürger des Commonwealth umfaßt.[84] Schließlich existieren auch Spezialgesetze, die Sonderregelungen für die Zuständigkeit der Gerichte von England und Wales bezüglich bestimmter Straftaten regeln, so z. B. Section 43 des Telecommunications Acts 1984, der Criminal Justice Act 1993, Part I oder der Sex Offenders Act 1997.[85] Für alle übrigen Fälle verbleibt es beim Territorialitätsgrundsatz.

Was Straftaten angeht, die zum Teil im Inland und zum Teil im Ausland begangen werden, ist nach den Grundsatzurteilen *Treacy v. Director of Public Prosecution*[86] und *R. v. Harden*[87] entscheidend, ob die Tathandlung (*actus reus*) im

---

80 *Emmins*, A Practical Approach to Criminal Procedure, Third Edition, London 1985, S. 13; *Card*, Criminal Law, a.a.O., S. 83; *Wasik*, Crime and the Computer, Oxford 1991, S. 191.

81 *Emmins*, a.a.O., S. 13.

82 *Card*, a.a.O., S. 84; *Wasik*, a.a.O., S. 191.

83 *Emmins*, a.a.O., S. 13.

84 *Emmins*, a.a.O., S. 13.

85 Hierzu: *Ellison/Akdeniz*, Cyberstalking: The Regulation of Harassment on the Internet, S. 29 ff., 36, in: *Walker* (Hrsg.), Crime, Criminal justice and the Internet, London 1998.

86 *Treacy v. Director of Public Prosecution* [1971] AC 537.

87 *R. v. Harden* [1963] 1 QB 8.

Ausland vollendet (*completed*) wurde. Nach der traditionellen Rechtsprechung war hierbei auf die Verwirklichung des letzten wesentlichen Elements (*final essential element*) im Inland, also des Taterfolgs im Falle von Erfolgsdelikten, abzustellen.[88] Zumindest ein Teil dieses Taterfolgs mußte im Inland eintreten.[89] Der Ort der Tathandlung spielte für diese Betrachtungsweise keine Rolle. Nach neuerer Rechtsprechung soll bereits ausreichend sein, daß entweder die Tathandlung oder der Taterfolg in England oder Wales vorgenommen wurde bzw. eingetreten ist.[90] Anderenfalls gilt die Tat als im Ausland begangen. Bezüglich versuchter Delikte wählt die Rechtsprechung eine hypothetische Betrachtungswiese. Hier kommt es darauf an, ob die Gerichte bei Vollendung des Delikts zuständig gewesen wären. Dies gilt auch, wenn bislang keiner der den Versuch begründenden Akte im Inland stattfand.[91]

II. Internetstraftaten

Urteile oder Literatur zu dieser Frage existieren in England und Wales bislang nicht. Nach den oben dargestellten Grundsätzen erscheint die Zuständigkeit der Gerichte von England und Wales für Straftäter, die im Ausland illegale Internetseiten einspeisen, jedoch äußerst fraglich. Es erscheint unwahrscheinlich, daß nach den oben beschriebenen Grundsätzen das englische und walisische Strafrecht auf derartige Konstellationen anwendbar sein könnte. Denn das Abrufen von Informationen aus Netzwerken ist nach den analysierten Vorschriften kein irgendwie gearteter Taterfolg.

---

88 So die sog. *terminatory theory of jurisdiction* im Gegensatz zur *initiatory theory of jurisdiction*; *Card*, a.a.O., S. 84, Wasik, a.a.O., S. 191.

89 *Wasik*, a.a.O., S. 191.

90 In *Treacy v. Director of Public Prosecution* [1971] AC 537, S. 559 ff. zunächst nur als *obiter dictum*; *Wallace Duncan Smith*, [1996] 2 Cr App Rep 1, CA, 1 ff., 16 ff.

91 *Director of Public Prosecution v. Stonehouse* [1978] AC 55.

Landesbericht Kanada

A. Einführung

I. Aktueller Hintergrund

Am 11. Januar 1984 wurde in Kanada Anklage gegen den in Alberta als Lehrer tätigen *James Keegstra* erhoben, welcher in seiner jahrelangen Unterrichtstätigkeit als Sozialkundelehrer seinen Schülern verschiedene Thesen in Bezug auf Juden vermittelt hatte. So behauptete er beispielsweise, daß alle zentralen Ereignisse in der Geschichte auf einer Verschwörung der Juden basierten mit dem Ziel, die Weltherrschaft zu übernehmen. Die Juden würden bereits die Regierung, Banken, Gerichte und Medien unter ihrer Kontrolle haben. Der Holocaust sei ein Täuschungsmanöver. Die Juden würden sich selbst zu Verfolgten machen, obwohl doch umgekehrt sie für das Elend vieler verantwortlich seien.[1] Der Fall *Keegstra* hat für die strafrechtliche Beurteilung von Haßpropaganda zentrale Bedeutung erlangt, da er bis zum Supreme Court of Canada getragen wurde, vor dem eine verfassungsrechtliche Überprüfung der angewendeten Strafvorschrift erfolgte.[2]

Die in Kanada derzeit wohl bekannteste Person im Zusammenhang mit der Verbreitung der Auschwitzlüge ist *Ernst Zündel*, welcher für die Verbreitung seines Pamphlets „Did Six Million Really Die?“ in den achtziger Jahren zunächst zu fünfzehn, nach Aufhebung und Zurückverweisung durch das Rechtsmittelgericht zu neun Monaten Freiheitsstrafe auf Bewährung verurteilt wurde.[3] Mittlerweilen hat er seine Veröffentlichungstätigkeit im Internet nach Kalifornien verlegt. Dennoch wurden im Jahre 1998 vor der *Human Rights Commission*

---

1 *The Queen v. James Keegstra* [1990] 61 C.C.C. (3d) 1 unter: http://www.lexum.umontreal.ca/csc-scs/en/publies/1990/vol3/html/1990scr3_0697.html (abgerufen am 07.12.2000); ausführliche Fallstudie in: *Elman*, Her Majesty The Queen v. James Keegstra: The Control of Racism in Canada, A Case Study, S. 149 ff., in: *Greenspan/Levitt* (Hrsg.), Under the Shadow of Weimar, Democracy, Law and Racial Incitement in Six Countries, Westport 1993.

2 Ausführlich *Elman*, a.a.O., S. 149 ff.

3 *Prutschi*, The Zündel Affair, Trials and Appeals, unter: http://www.nizkor.org/hweb/people/p/prutschi-manuel/zundel-affair/za-02.html (abgerufen am 07.12.2000).

Anhörungen zur Frage durchgeführt, ob die von dem in Kanada ansässigen Ernst Zündel auf einem kalifornischen Server betriebene Zündelsite mit Art. 13 des *Canadian Human Rights Act* vereinbar sei.[4]

Nachdem Anfang 1998 in Kanada einige Webseiten zum Thema der Überlegenheit der weißen Rasse und zur Auschwitzlüge auftauchten, die über einen Service-Provider in British Columbia verbreitet wurden, loderte die Debatte über Haßpropaganda im Internet und ihre Bestrafung wieder auf.[5] *Bernard Klatt*, welcher das *Fairview Technology Centre* betreibt, ist wohl der bekannteste Provider Kanadas in Sachen Haßliteratur. Er stellt seinen Server insbesondere Neo-Nazis, Skinheads und Vertretern der Theorie von der Überlegenheit der weißen Rasse zur Verfügung.[6] So wurde eine Seite der *Charlemagne Hammer Skinheads* veröffentlicht, welche sich über Juden und Minderheiten lustig machten.[7] *Klatt* ist der Auffassung, daß die Strafgesetze zur Haßpropaganda nicht anwendbar seien. Dennoch stellte er seine Tätigkeit ein, als Strafverfolgungsbehörden einschritten.[8] Eine der Schwierigkeiten dieses Falles besteht in der Frage der Zuständigkeit (*jurisdiction*), da unklar ist, ob das einschlägige Material auf Servern innerhalb oder außerhalb von Kanada lagert.[9]

II. Rechtssystem

Kanada ist ein föderaler Staat und gliedert sich in zehn Provinzen. Das kanadische Recht zählt zum anglo-amerikanischen Rechtskreis und hier zum sogenannten Gebiet des englischen Rechts.[10] Eine Art Fremdkörper stellt das Privatrecht der Provinz Québec dar, welches auf den kontinental-europäischen Rechts-

---

4 *Cribb*, Canadian Net Hate Debate Flares, Wired News vom 25.3.1998, unter: http://www.wired.com/news/news/politics/story/11195.html (abgerufen am 07.12.2000); vgl. auch den Brief der Canadian Human Rights Commission vom 02.08.1996 an Ernst Zundel, durch welchen dem ihm mitgeteilt wird, daß Beschwerden vorlägen, abgedruckt bei *Farber*, From Marches to Modems: A Report on Organized Hate in Metro Toronto, Januar 1997, unter: http://www.cjc.ca/marchestomodems000.htm (abgerufen am 07.12.2000).

5 *Cribb*, a.a.O.

6 *Cribb*, a.a.O.

7 *Cribb*, a.a.O.

8 *Glave*, Canadian Hate Site Goes Dark, Wired News vom 27.04.1998, unter: http://www.wired.com/news/news/politics/story/11932.html (abgerufen am 07.12.2000).

9 *Glave*, a.a.O.

10 *Rheinstein/Borries*, Einführung in die Rechtsvergleichung, 2. Auflage, München 1987, S. 80.

kreis und hier auf die romanische Gruppe zurückgeht, was auf die Kolonisation durch Frankreich zurückzuführen ist.[11] Das Nebeneinander der zwei großen Rechtskreise in einem Staat ist in dieser Form einzigartig auf der Welt.

Neben dem Gesetzesrecht (*statutes*) spielt das Fallrecht (*case law*) die wichtigste Rolle im System der Rechtsquellen Kanadas.[12] Gesetze existieren sowohl auf Bundesebene als auch auf Ebene der Provinzen. Bezüglich des *case law* besteht auch in Kanada, ähnlich wie in England, eine Bindung der Gerichte an Präzedenzentscheidungen höherer Gerichte (*doctrine of stare decisis*).[13]

Das kanadische Strafrecht ist geregelt im Canadian Criminal Code (im folgenden: CCC). Die Straftat gliedert sich auch nach kanadischem Strafrecht in eine Tathandlung (*actus reus*) und ein subjektives Element (*mens rea*), welche gleichzeitig vorliegen müssen.[14] Die Straftaten gliedern sich, vergleichbar der deutschen Unterscheidung in Verbrechen und Vergehen, in *indictable offenses* und *summary conviction offenses*. Dieser Unterscheidung entsprechend sind zweierlei Strafverfahren vorgesehen, welche entweder mit einem *indictment* bzw. einer *summary conviction* enden. Straftaten, welche beide Rechtsfolgen ermöglichen, bezeichnet man als *hybrid offenses*.[15] Die Strafverfolgungsbehörde darf dann entscheiden, welches Verfahren sie einleitet.

III. Verfassungsrechtlicher Anknüpfungspunkt

Die Meinungsfreiheit ist in Art. 2 (b) der *Canadian Charter of Rights and Freedoms* normiert, welche auch andere Grundrechte wie Religions- und Glaubensfreiheit, Versammlungs- und Vereinigungsfreiheit aufzählt.[16] Die Meinungsfreiheit erfaßt sowohl die Freiheit, eine Meinung zu haben (*opinion*), als auch, eine

---

11 *Gall*, The Canadian Legal System, 3. Auflage, Toronto–Calgary–Vancouver 1990, S. 164.

12 *Gall*, a.a.O., S. 37.

13 *Gall*, a.a.O., S. 38, 274.

14 *Elman*, a.a.O., S. 149 ff., 175 (Fn. 6).

15 *Elman*, a.a.O., S. 149 ff., 175 (Fn. 5).

16 Die Vorschrift lautet:

Art. 2 Canadian Charter of Rights and Freedoms
Everyone has the following fundamental freedoms:
(a) (...)
(b) freedom of thought, belief, opinion and expression, including freedom of the press and other media of communication;
(c) (...)
(d) (...).

Meinung zu äußern (*expression*), wobei hierbei die Pressefreiheit (*freedom of the press*) und die Freiheit der Äußerung über andere Kommunikationsmedien (*other media of communication*) erwähnt werden. Die Bezugnahme auf andere Kommunikationsmedien schließt damit auch die modernen Medien ein.

Daß diese Grundrechte nicht uneingeschränkt gelten, zeigt bereits die *limitation clause* in Art. 1 der *Canadian Charter of Rights and Freedoms,*[17] welche die Voraussetzungen für die Verfassungsmäßigkeit eines die Meinungsfreiheit einschränkenden Gesetzes normiert. Nach kanadischem Verfassungsrecht erfolgt die verfassungsrechtliche Überprüfung zulässiger Grundrechtseinschränkungen zweistufig: Zunächst ist festzustellen, ob das in Frage kommende Gesetz das Grundrecht überhaupt einschränkt. Erst in einem zweiten Schritt ist dieses Gesetz am Maßstab von Art. 1 zu messen.[18] Das Gesetz muß hierbei ein Ziel verfolgen, welches die Einschränkung der Meinungsfreiheit rechtfertigt und muß in dieser Hinsicht auch verhältnismäßig sein, wobei auch im kanadischem Verfassungsrecht eine Verhältnismäßigkeitsprüfung zu erfolgen hat.[19] Die Gesetzgebung zu Pornographie und Haßpropaganda stellt solche zulässige Schranke dar.

B. Straftatbestände

I. Rassismusvorschriften

1. Überblick

Die kanadische Rechtsordnung verfügt über einen Rassismusstraftatbestand, welcher in Art. 319 CCC verortet ist. Die Vorschrift befaßt sich mit dem öffentlichen Aufstacheln zum Haß und dem willentlichen Schüren von Haß.

An dieser Stelle sei auch noch auf weitere Vorschriften von Interesse hingewiesen: Nach Art. 13 *Canadian Human Rights Act* stellt es eine diskriminierende Praktik dar, über ein Telekommunikationsunternehmen wiederholt Themen

---

17 Die Vorschrift lautet:

Art. 1 Canadian Charter of Rights and Freedoms

The Canadian Charter of Rights and Freedoms guarantees the rights and freedoms set out in it subject only to such reasonable limits prescribed by law as can be demonstrably justified in a free and democratic society.

18 *Shap*, Hate Crimes in the Electronic Media, unter: http://catalaw.com/logic/docs/ds-hate.html (abgerufen am 07.12.2000), S. 6.

19 *Sopinka*, Freedom of Speech and Privacy in the Information Age, 1994, unter: gopher://insight.mcmaster.ca/00/org/efc/doc/sfsp/sopinka (abgerufen am 07.12.2000).

mitzuteilen, welche geeignet sind, eine Person oder mehrere Personen dem Haß oder der Verachtung auszusetzen, weil sie sich von anderen aus Gründen unterscheidet, deren Heranziehung eine verbotene Diskriminierung darstellt.[20] Der Begriff des Telekommunikationsunternehmens (*telecommunications undertaking*) schließt auch die Verbreitung über das Internet ein.[21] Es handelt sich hierbei jedoch um keine Strafvorschrift. Der *Canadian Human Rights Act*, welcher mit dem Ziel erlassen wurde, ein friedliches Zusammenleben zwischen den Menschen ohne Rücksicht auf deren Unterschiede zu ermöglichen, zählt in Art. 3 unzulässige Diskriminierungsgründe auf. Hierunter fallen auch die Rasse, die nationale oder ethnische Herkunft, Hautfarbe und Religion.[22] Die Art. 4 ff. zählen auf, in welchem Zusammenhang eine derartige unzulässige Diskriminierung erfolgen kann (am Arbeitsplatz, durch Leistungsverweigerung, über Telekommunikationsunternehmen, etc.). Wegen einer solchen Diskriminierung kann Beschwerde bei der *Human Rights Commission* eingelegt werden, welche bestimmte Rechtsfolgen aussprechen kann (Art. 53 und 54). Darunter fallen zum Beispiel Unterlassungs- und Beseitigungsanordnungen, Schmerzensgeldzahlungen, Entschädigungsleistungen oder Schadensersatz zugunsten des/der Geschädigten. Das Verfahren nach dem *Human Rights Act* kann parallel zum Strafverfahren betrieben werden und dieses insofern hinsichtlich der Rechtsfolgen ergänzen.[23] In der Praxis scheint jedoch die Durchführung eines Verfahrens nach

---

20 Die Vorschrift lautet:
Art. 13 Human Rights Act
It is a discriminatory practice for a person or a group of persons acting in concert to communicate telephonically or to cause to be so communicated, repeatedly, in whole or in part by means of the facilities of a telecommunication undertaking within the legislative authority of Parliament, any matter that is likely to expose a person to hatred or contempt by reason of the fact that that person or those persons are identifiable on the basis of a prohibited ground of discrimination.
Subsection (1) does not apply in respect of any matter that is communicated in whole or in part by means of the facilities of a broadcasting undertaking.
(...).

21 *Glave*, a.a.O.; *Racicot/Hayes/Szibbo/Trudel*, The Cyberspace is not a No Law Land, Publication Date 03.02.1997, unter: http://strategis.ic.gc.ca/SSG/sf03117e.html (abgerufen am 07.12.2000), S. 98.

22 Die Vorschrift lautet:
Art. 3 Human Rights Act
For all purposes of this Act, the prohibited grounds of discrimination are race, national or ethnic origin, colour, religion, age, sex, sexual orientation, marital status, family status, disability and conviction for which a pardon has been granted.
(...).

23 *Shap*, a.a.O., S. 16.

dem *Human Rights Act* gegenüber einem Strafverfahren als der gängigere Weg, da das Strafverfahren tatbestandlich wie beweisrechtlich höhere Anforderungen stellt.[24]

Weitere derartige Bestimmungen zu Haßpropaganda in Rundfunk und Fernsehen finden sich im *Broadcasting Act.* Ähnliche Vorschriften ohne strafrechtlichen Charakter finden sich auch in den *Provincial Human Rights Acts* wie dem *Saskatchewan Human Rights Code* und *Manitoba Human Rights Act.*[25]

2. Art. 319 CCC (Öffentliches Aufhetzen zum Haß und willentliches Schüren von Haß)

a) *Normtext*

Art. 319 CCC[26]

---

24 *Glave*, a.a.O.

25 Hierzu *Shap*, a.a.O., S. 17; *Racicot/Hayes/Szibbo/Trudel*, a.a.O., S. 87.

26 Übersetzung der Vorschrift:
Art. 319
(1) Wer zum Haß gegen eine abgrenzbare Gruppe durch Mitteilung von Erklärungen an einem öffentlichem Ort aufhetzt, ist, wenn dieses Aufhetzen geeignet ist, zu einer Störung des Friedens zu führen, schuldig
(a) einer abzuurteilenden Straftat und mit Freiheitsstrafe bis zwei Jahren zu bestrafen; oder
(b) einer im summarischen Verfahren zu bestrafenden Straftat.
(2) Wer willentlich den Haß gegen eine abgrenzbare Gruppe durch Mitteilung von Behauptungen, ausgenommen im privaten Gespräch, schürt, ist schuldig
(a) einer abzuurteilenden Straftat und mit Freiheitsstrafe bis zu zwei Jahren zu bestrafen; oder
(b) einer im summarischen Verfahren zu bestrafenden Straftat.
(3) Niemand darf wegen einer Straftat nach Absatz (2) verurteilt werden
(a) wenn er beweist, daß die mitgeteilten Behauptungen wahr waren;
(b) wenn er gutgläubig seine Meinung zu einem religiösen Thema ausgedrückt oder versucht hat, sie argumentativ unter Beweis zu stellen;
(c) wenn die Behauptungen sich auf irgendeinen Gegenstand des öffentlichen Interesses bezogen, dessen Erörterung im öffentlichen Interesse gewesen sei und er aus nachvollziehbaren Gründen glaubte, diese seien wahr; oder
(d) wenn er gutgläubig beabsichtigte, auf Themen, welche Haßgefühle gegen eine abgrenzbare Gruppe in Kanada hervorrufen oder die Tendenz hierzu besitzen, aufmerksam zu machen, um sie auszuräumen.
(4) Ist eine Person wegen einer Straftat nach Art. 318 oder nach den Absätzen (1) und (2) dieses Artikels schuldig gesprochen worden, so kann der Vorsitzende Richter am Landgericht oder der Richter im Urteil anordnen, daß alle Gegenstände, die zur Bege-

(1) Every one who, by communicating statements in any public place, incites hatred against any identifiable group where such incitement is likely to lead to a breach of the peace is guilty of

(a) an indictable offence and is liable to imprisonment for a term not exceeding two years; or

(b) an offence punishable on summary conviction.

(2) Every one who, by communicating statements, other than in private conversation, wilfully promotes hatred against any identifiable group is guilty of

(a) an indictable offence and is liable to imprisonment for a term not exceeding two years; or

(b) an offence punishable on summary conviction.

(3) No person shall be convicted of an offence under subsection (2)

(a) if he establishes that the statements communicated were true;

(b) if, in good faith, he expressed or attempted to establish by argument an opinion on a religious subject;

(c) if the statements were relevant to any subject of public interest, the discussion of which was for the public benefit, and if on reasonable grounds he believed them to be true; or

(d) if, in good faith, he intended to point out, for the purpose of removal, matters producing or tending to produce feelings of hatred toward an identifiable group in Canada.

(4) Where a person is convicted of an offence under section 318 or subsection (1) or (2) of this section, anything by means of or in relation to which the offence was committed, on such conviction, may, in addition to any other punishment imposed, be ordered by the presiding provincial court judge or judge to be forfeited to Her Majesty in right of

---

hung der Straftat gebraucht wurden oder die im Zusammenhang mit ihr stehen, zusätzlich zu einer anderen auferlegten Strafe, zugunsten Ihrer Majestät der Provinz, in der diese Person schuldig gesprochen wurde, eingezogen werden.

(5) Die Absätze 199 (6) und (7) sind mit denjenigen Modifikationen, welche die Umstände erfordern, anwendbar auf Art. 318 oder Absatz (1) oder (2).

(6) Ein Strafverfahren wegen einer Straftat nach Absatz (2) darf nicht ohne die Zustimmung des Attorney General eingeleitet werden.

(7) In diesem Artikel

schließt der Begriff „Mitteilung“ die Kommunikation mittels Telephon, Rundfunkübertragung oder auf andere akustische oder sichtbare Weise ein;

hat der Begriff „abgrenzbare Gruppe“ dieselbe Bedeutung wie in Art. 318;

schließt der Begriff „öffentlicher Ort“ jeglichen Ort ein, zu dem die Öffentlichkeit Zutritt hat, von Rechts wegen oder auf ausdrückliche oder stillschweigende Einladung.

schließt der Begriff „Erklärungen“ das gesprochene, geschriebene, elektronisch oder elektromagnetisch oder anders aufgezeichnete Wort ein, sowie Gesten, Zeichen oder andere sichtbare Darstellungen.

the province in which that person is convicted, for disposal as the Attorney General may direct.

(5) Subsections 199 (6) and (7) apply with such modifications as the circumstances require to section 318 or subsection (1) or (2) of this section.

(6) No proceedings for an offence under subsection (2) shall be instituted without the consent of the Attorney General.

(7) In this section,

„communicating" includes communicating by telephone, broadcasting or other audible or visible means;

„identifiable group" has the same meaning as in section 318;

„public place" includes any place to which the public have access as of right or by invitation, express or implied;

„statements" includes words spoken or written or recorded electronically or electromagnetically or otherwise, and gestures, signs or other visible representations.

b) Normentstehung und Überblick

Kanada ist Vertragsstaat der UN-Rassismuskonvention von 1966. Im Jahre 1965 setzte der damalige Justizminister ein Beratungskomitee ein, welches sich insbesondere mit der Problematik des Rassenhasses in Kanada befassen sollte.[27] Das Komitee kam 1966 in seinem *Report of the Special Committee on Hate Propaganda in Canada* zu dem Ergebnis, daß die existierenden Strafvorschriften zur Erfassung der Rassenhaßproblematik nicht ausreichend seien. Gleichzeitig sprach das Komitee Empfehlungen zur Einführung von Strafbestimmungen aus, welche schließlich im Jahre 1970 in Form des Abschnitts über Haßpropaganda (heute die Art. 318 und 319 CCC) in den Canadian Criminal Code Eingang fanden.[28]

Art. 319 CCC erfaßt zweierlei Straftatbestände, zum einen das öffentliche Aufhetzen zum Haß (Absatz 1), zum anderen das willentliche Schüren von Haß (Absatz 2). Absatz 3 stellt eine Reihe von Verteidigungsgründen zu Absatz 2 auf. Absatz 4 regelt die Einziehung von Tatmitteln im Urteil, während Absatz 5 bestimmte Gegenstände hiervon wieder ausnimmt. Absatz 6 schreibt vor, daß kein Strafverfahren ohne die Zustimmung des Attorney General eingeleitet werden darf. Absatz 7 enthält eine Reihe von Definitionen zu Tatbestandsmerkmalen.

---

27 *Elman*, a.a.O., S. 149 ff., 152.

28 *Elman*, a.a.O., S. 149 ff., 152.

c) *Geschützes Rechtsgut*

Die Art. 319 und 318 CCC überschreibt das Strafgesetzbuch mit der Bezeichnung *Haßpropaganda* (*hate propaganda*). Eine genaue Zuordnung zu einem bestimmten Rechtsgut wird hierbei nicht vorgenommen.

d) *Tathandlungen*

aa) *Art. 319 Abs.1 CCC*

Tathandlung des Absatzes 1 ist das Aufhetzen zum Haß gegen eine abgrenzbare Gruppe an einem öffentlichen Ort durch Mitteilung von Erklärungen, wenn dieses Aufhetzen geeignet ist, den Frieden zu stören.

Zu Art. 319 CCC ist das bereits erwähnte und in vielerlei Hinsicht richtungsweisende Urteil *R. v. Keegstra*[29] des Supreme Court ergangen, welches sich zwar hauptsächlich mit Fragen des Absatzes 2 befaßt, jedoch auch für Absatz 1 wichtige Auslegungshinweise gibt.

Nach *R. v. Dionne* ist der Begriff des Aufhetzens (*incite*) auszulegen als jemanden dazu drängen oder aufstacheln, etwas zu tun.[30] Der Begriff *Mitteilungen* (*communicate*) schließt nach der Legaldefinition in Absatz 7 sämtliche Kommunikationsformen ein, sei es Telephon, Rundfunkübertragung oder andere akustische oder sichtbare Übertragungsweisen. Was unter *Erklärungen* (*statements*) zu verstehen ist, ist ebenfalls in Absatz 7 geregelt: Diese beinhalten das gesprochene, geschriebene, elektronisch oder elektromagnetisch oder anders aufgezeichnete Wort, sowie Gesten, Zeichen oder andere sichtbare Darstellungen. Bezüglich des Begriffes der *abgrenzbaren* Gruppe wird in Art. 319 Abs. 7 Bezug genommen auf Art. 318. Man versteht darunter also einen Teil der Öffentlichkeit, der sich von anderen durch Hautfarbe, Rasse, Religion oder ethnische Herkunft unterscheidet.

Der Begriff *öffentlicher Ort* (*public place*) ist legaldefiniert in Absatz 7, wonach jeder Ort erfaßt ist, zu dem die Öffentlichkeit Zutritt hat, sei es von Rechts wegen oder auf ausdrückliche oder stillschweigende Einladung. Mit Blick auf Art. 319 Abs. 2, bei dem Privatgespräche ausdrücklich ausgenommen werden, stellt sich hier die berechtigte Frage, ob Art. 319 Abs. 1 dergestalt zu verstehen

---

29 *The Queen v. James Keegstra* [1990] 61 C.C.C. (3d) 1 unter: http://www.lexum.umontreal.ca/csc-scs/en/publies/1990/vol3/html/1990scr3_0697.html (abgerufen am 07.12.2000).

30 *R. v. Dionne* [1990], 107 N. B. R. (2d) 38 (N. B. C. A.), zitiert nach: *Racicot/Hayes/Szibbo/Trudel*, a.a.O.

ist, daß auch Privatgespräche an einem öffentlichen Ort erfaßt sein sollen. Ausführungen im bereits zitierten Urteil *R. v. Keegstra* lassen diesen Schluß zu.[31]

Das Aufhetzen zum Haß muß weiterhin geeignet sein, zu einer Störung des Friedens zu führen. Ausführungen im Urteil *R. v. Buzzanga and Durocher* weisen darauf hin, daß die Tathandlung zu einer unmittelbaren Friedensstörung führen muß.[32]

bb) Art. 319 Abs. 2 CCC

Tathandlung des Absatzes 2 ist das willentliche Schüren von Haß gegen eine abgrenzbare Gruppe durch Mitteilung von Erklärungen, wobei private Gespräche (*private conversation*) ausgenommen sind. Bezüglich der Begriffe Schüren[33] (*promote*), abgrenzbare Gruppe (*identifiable group*), Mitteilung (*communicating*) und Erklärungen (*statements*) kann Bezug genommen werden auf die Ausführungen zu Art. 318 CCC sowie zu Art. 319 Abs. 2 CCC.

Hinsichtlich der Ausnahme von Privatgesprächen (*other than in private conversation*) handelt es sich um einen Tatbestandsausschluß, nicht um einen Verteidigungsgrund. Der Begriff *conversation* ist dem Strafgesetzbuch fremd. Die Entscheidung *R. v. Keegstra*[34] läßt jedoch erkennen, daß kein Unterschied zum Begriff *communication* besteht, da das Gericht diese Begriffe austauschbar verwendet. Zur Auslegung des Begriffs *private* wird für gewöhnlich auf Art. 8 der *Canadian Charter of Rights and Freedoms* zurückgegriffen, welcher sich mit unrechtmäßiger Durchsuchung und Beschlagnahme befaßt. Danach ist eine Durchsuchung unrechtmäßig, wenn die Erwartung gehegt werden konnte, es handle sich um die Privatsphäre (*expectation of privacy*).[35] Dies könne angenommen

---

31 So *Shap*, a.a.O., S. 8. In *R. v. Keegstra* [1990] 3 S. C. R. 697, a.a.O., heißt es: *„that the legislation excludes private conversation, rather than including communications made in a public forum, suggests that the expression of hatred in a place accessible to the public is not sufficient to activate the legislation (...) Section 319 (1) covers statements communicated „in a public place“, suggesting that a wider scope of prohibition was intended where the danger occasioned by the statements was of an immediate nature, while the wording of s. 319 (2) indicates that private conversations taking place in public areas are not prohibited“.*

32 *R. v. Buzzanga and Durocher* [1979], 49 C.C.C. (2d) 369 (Ont. C. A.), zitiert nach: *Racicot/Hayes/Szibbo/Trudel*, a.a.O., S. 91.

33 Anders als in Art. 318 CCC wurde *promote* angesichts des Zusammenhangs mit Haß nicht mit fördern, sondern mit schüren übersetzt.

34 *R. v. Keegstra* [1990] 3 S. C. R. 697, a.a.O.

35 *R. v. Wong* [1987], 34 C.C.C. (3d) 51.

werden bei einer Wohnung, einem Fahrzeug, einem Büro oder einer Aktentasche.[36]

Die in Art. 319 Abs. 3 CCC aufgezählten Gründe stellen Verteidigungsgründe (*defenses*) dar. Nach Absatz 3 (a) kann der Beschuldigte den Wahrheitsbeweis führen, indem er beweist, daß die von ihm mitgeteilten Erklärungen der Wahrheit entsprachen. Gemäß Absatz 3 (b) kann er einwenden, daß er gutgläubig seine Meinung zu einem religiösen Thema ausgedrückt hat oder versucht hat, sie argumentativ unter Beweis zu stellen. Weiterhin kann der Beschuldigte nach Absatz 3 (b) einwenden, seine Erklärungen hätten sich auf einen Gegenstand des öffentlichen Interesses bezogen, dessen Diskussion im öffentlichen Interesse gewesen sei und er habe aus nachvollziehbaren Gründen geglaubt, diese seien wahr. Schließlich kann sich der Beschuldigte nach Absatz 3 (d) auch darauf berufen, er habe gutgläubig beabsichtigt, auf Themen aufmerksam zu machen, welche Haßgefühle gegen eine abgrenzbare Gruppe in Kanada hervorrufen oder die Tendenz hierzu besitzen, und dies zu dem Zwecke, diese Themen auszuräumen.

e) Anwendbarkeit auf die elektronische Datenübertragung

Bislang existiert keine Rechtsprechung zur Anwendbarkeit von Art. 319 CCC auf die elektronische Datenübertragung. In der Diskussion um die Anwendbarkeit der Strafvorschriften zeichnet sich jedoch bereits ab, daß für die Verbreitung über Netzwerke dasselbe gelten müsse wie für die Printmedien.[37] Dies wurde auch als Ergebnis des *International Symposium on Hate on the Internet 1997* festgehalten, an dem etwa hundert Fachleute aus den unterschiedlichsten Kreisen, einschließlich der Regierung, teilnahmen: „There was a consensus not to introduce new measures to regulate the Internet, but that laws and international standards that exist against hate should be applied."[38] Der Autor *Daniel Shap*[39], sowie eine Studie im Auftrag von *Industry Canada* mit dem Titel *The Cyberspace is not a No Law Land*[40], welche breite Anerkennung erfahren hat, haben sich ausführlich mit der Problematik befaßt.

Der Begriff *communicating* und derjenige der *statements*, welche beide in Art. 319 Abs. 1 und 2 CCC auftauchen, sind nach Auffassung von *Raci-*

---

36 *R. v. Wong*, 34 C.C.C. (3d) 51.

37 So z. B. Farber, a.a.O., oder Cribb, a.a.O.

38 International Symposium on Hate on the Internet 1997: Executive Summary and Recommendations, unter: http://www.media-awareness.ca/eng/issues/internet/resource/recomend.htm (abgerufen am 07.12.2000).

39 *Shap*, a.a.O.

40 *Racicot/Hayes/Szibbo/Trudel*, a.a.O.

cot/Hayes/Szibbo/Trudel weit genug, um Internettexte, Video-, Graphik- und Sound-Files zu erfassen.[41] Die Aufzählung in Art. 319 Abs. 7 CCC sei nicht erschöpfend.

aa) Art. 319 Abs. 1 CCC

Schwieriger erscheint die Subsumtion unter den für Art. 319 Abs. 1 CCC entscheidenden Begriff *öffentlicher Ort*. Der Wortlaut der Legaldefinition in Art. 319 Abs. 7 CCC, welcher von Orten spricht, zu denen die Öffentlichkeit Zutritt hat, schließt virtuelle Orte nicht notwendig aus.[42] Dies scheint auch durch verschiedene Urteile bestätigt zu werden, in denen davon ausgegangen wird, daß sich eine Person unter anderem auch dann an einem öffentlichen Ort befindet, wenn sie sich auf einem Privatgrundstück aufhält, jedoch dem Blick der Öffentlichkeit ausgesetzt ist.[43]

Zum Zwecke der Differenzierung hinsichtlich der Dienste in internationalen Netzwerken, welche unter den Begriff *öffentlicher Ort* subsumiert werden können, läßt sich als Auslegungshilfe auf ergangene Rechtsprechung zu nicht-virtuellen Örtlichkeiten zurückgreifen.

Das Ergebnis der Studie von *Racicot/Hayes/Szibbo/Trudel* zu Art. 319 Abs. 1 CCC läßt sich dahingehend zusammenfassen, daß sämtliche in Kanada abrufbaren Dienste, mit Ausnahme privater E-mails, als *öffentlicher Ort* anzusehen sind.[44]

Die Anwendbarkeit von Art. 319 Abs. 1 CCC auf Homepages und andere frei zugängliche Teile des Internet erscheint danach zunächst unproblematisch, weil hier keinerlei Zugangsbeschränkungen existieren. Auch Bulletin Boards können als *öffentlicher Ort* angesehen werden, selbst wenn als Zugangserfordernis Passwörter, Benutzernamen oder -gebühren verlangt werden. Nach der Rechtsprechung ist nämlich nicht erforderlich, daß die gesamte Öffentlichkeit Zugang zu einem bestimmten Ort haben muß.[45] Auch „Privatgrundstücke“ können ein

---

41 *Racicot/Hayes/Szibbo/Trudel*, a.a.O., S. 88 f.

42 So im Ergebnis auch *Shap*, a.a.O., S. 9; *Racicot/Hayes/Szibbo/Trudel*, a.a.O., S. 89.

43 *R. v. McEwen, R. v. Figluizii, R. v. Wise, R. v. Smith*, zitiert bei *Racicot/Hayes/Szibbo/Trudel*, a.a.O., Fn. 30; und bei *Shap*, a.a.O., Fn. 48.

44 *Racicot/Hayes/Szibbo/Trudel*, a.a.O., S. 90.

45 *Tegstrom v. The Queen*, [1971] 1 W.W.R. 147 (Sask. D.C.), zitiert nach: *Racicot/Hayes/Szibbo/Trudel*, a.a.O., S. 89.

öffentlicher Ort sein, wenn Teile der Öffentlichkeit ohne den Widerspruch des „Eigentümers" das Grundstück betreten dürfen.[46]

Das Gegenstück hierzu bilden E-mails. Da diese im Normalfall nur an bestimmte Adressaten gerichtet sind und andere Personen als diese keinen Zugriff haben, dürften sie aus dem Anwendungsbereich von Art. 319 Abs. 1 CCC herausfallen.[47] *Shap* allerdings tendiert hier zu einem anderen Ergebnis: Da im Gegensatz zu Art. 319 Abs. 2 CCC *private conversations* nicht ausgenommen seien, zu denen E-mails zählen würden, so würden diese vom Begriff *öffentlicher Ort* erfaßt werden.[48] Dieser Auffassung kann nicht gefolgt werden, da sie den Begriff *öffentlicher Ort* so weit ausdehnt, daß dieser als tatbestandseingrenzendes Merkmal völlig seine Funktion verliert.

bb) Art. 319 Abs. 2 CCC

Absatz 2 unterscheidet sich von Absatz 1 im Wesentlichen dadurch, daß sich die Kommunikation nicht an einem öffentlichen Ort vollziehen muß, stattdessen aber Privatgespräche aus dem Tatbestand herausfallen. Daß ein *Privatgespräch* nicht bloß das Gegenstück zum *öffentlichen Ort* ist, zeigt bereits das Kriterium der *expectation of privacy*, welches eine eigene Betrachtungsweise auferlegt. Die Differenzierung bezüglich der in Netzwerken denkbaren Dienste hat sich daher allein an diesem Kriterium zu orientieren.

Daß beim Versenden einer E-mail an einen privaten Empfänger von einer *expectation of privacy* ausgegangen werden sollte, liegt zunächst nahe.[49] Die Rechtsprechung zum Kriterium der *expectation of privacy* bei Briefen, mit denen E-mails zumeist verglichen werden, ist jedoch uneinheitlich. Nach der Entscheidung *Regina v. Newall*[50] des British Columbia Supreme Court müsse nämlich berücksichtigt werden, daß der Empfänger eines Briefes diesen anderen Personen zeigen oder dieser verlegt und in die Hände dritter Personen gelangen könnte. Dies sei bei Telefonaten oder privaten Diskussionen nicht der Fall. Völlig entgegengesetzt entschied ein District Court Judge in Neufundland in der Entscheidung *R. v. Crane*[51], daß der Schutz von Briefen nicht geringer sein

---

46 *R. v. Lavoie* [1968] 1 C. C. C. 265 (N.B.C.A.), zitiert nach: *Racicot/Hayes/Szibbo/Trudel*, a.a.O., S. 90.

47 So auch *Racicot/Hayes/Szibbo/Trudel*, a.a.O., S. 89 f.

48 *Shap*, a.a.O., S. 10.

49 So auch *Shap*, a.a.O., S. 12; *Racicot/Hayes/Szibbo/Trudel*, a.a.O., S. 94.

50 *R. v. Newall et al* (No. 3) [1982], 69 C.C.C. (2d) 284 (B.C.S.C.), zitiert nach: *Racicot/Hayes/Szibbo/Trudel*, a.a.O., S. 94.

51 *R. v. Crane* [1985], 45 C R. (3d) 368 (Nfld. D. Ct.), zitiert nach: *Racicot/Hayes/Szibbo/Trudel*, a.a.O., S. 94.

dürfe als der von Telefonaten, die Durchsuchung und Beschlagnahme von privater Post also prima facie als unrechtmäßig angesehen werden sollte. In Anwendung der Rechtsprechung *Regina v. Newall* würde damit nur eine in Echtzeit erfolgende interaktive Audio-Chat-Session, nicht jedoch eine Chat-Session in Textform, als Privatgespräch einzustufen sein.[52] Folgt man der anderen Ansicht, könnten neben E-mails auch geschlossene Mailing-lists sowie private Bulletin Boards herausfallen.[53] Allerdings soll der „*many-to-many*"-Charakter dieser Art von Kommunikation wiederum gegen die Annahme eines Privatgesprächs sprechen.[54] Die Studie von *Racicot/Hayes/Szibbo/Trudel* kommt daher zu dem Ergebnis, daß bei Webseiten, Bulletin Boards, Mailing-lists und Newgroups keine *expectation of privacy* gegeben sein dürfte.[55] Nur im Falle von E-mail und interaktiven Audio-Chat-Sessions sei dieser Charakter gewahrt.

f) Vorsatzformen

Der Begriff *incite* in Absatz 1 erfordert, in Abgrenzung zu demjenigen des *willentlichen Schürens* (*wilfully promote*) in Absatz 2, wie bereits der Wortlaut andeutet, kein zusätzliches Willenselement.[56] Für Absatz 1 ist daher, den Grundsätzen des allgemeinen Strafrechts entsprechend, *mens rea* und damit auch grobe Fahrlässigkeit (*recklessness*) ausreichend. Absatz 2 erfordert dagegen vorsätzliches Handeln (*intention*).

g) Strafen

Bezüglich der Strafen wird sowohl in Absatz 1 als auch Absatz 2 danach differenziert, ob es sich um eine *indictable offence* handelt oder eine *summary conviction* erfolgt. Im ersten Fall beträgt die Höchststrafe zwei Jahre Gefängnis. Die Einziehung von Tatmitteln bestimmt sich nach Art. 319 Abs. 4 CCC.

Das Strafverfahren wegen einer Straftat nach Art. 319 CCC darf nur mit Zustimmung des Attorney General eingeleitet werden.

---

52 *Racicot/Hayes/Szibbo/Trudel*, a.a.O., S. 97.

53 *Racicot/Hayes/Szibbo/Trudel*, a.a.O., S. 96.

54 *Racicot/Hayes/Szibbo/Trudel*, a.a.O., S. 96.

55 *Racicot/Hayes/Szibbo/Trudel*, a.a.O., S. 96.

56 *R. v. Buzzanga and Durocher* [1979], 49 C.C.C. (2d) 369 (Ont. C. A.), zitiert nach: *Racicot/Hayes/Szibbo/Trudel*, a.a.O., S. 91.

II. Leugnungstatbestände

1. Überblick

Das Leugnen des Holocaust wurde in den bereits erwähnten Verurteilungen von Ernst Zündel unter Art. 181 CCC subsumiert. Diese Vorschrift erfaßt das Verbreiten falscher Nachrichten (*spreading false news*).[57] Sie bietet gegenüber den Art. 318 und 319 CCC den großen Vorteil, daß zur Einleitung eines Strafverfahrens nicht die Zustimmung des Attorney General erforderlich ist. Die Vorschrift wurde jedoch zu einem späteren Zeitpunkt auf Betreiben des Ernst Zündel vom Supreme Court[58] als nicht vereinbar mit der Meinungsfreiheit und entsprechend für verfassungswidrig erklärt.[59] Dieses Urteil, welches sich nur mit der Verfassungsmäßigkeit der angegriffenen Vorschrift und nicht mit der Verurteilung Zündels befaßt, scheint von diesem irrtümlich als Freispruch aufgefaßt worden zu sein.[60]

Art. 318 CCC läßt sich unter die Gruppe der Leugnungstatbestände im weitesten Sinne subsumieren. Tathandlung ist hier zwar nicht das Leugnen, sondern nur das Befürworten und Fördern des Völkermordes, doch erscheint eine Einordnung unter die Leugnungstatbestände gleichwohl sinnvoll.

---

57 Die Vorschrift lautet:
Art. 181 CCC
Everyone who wilfully publishes a statement, tale or news that he knows is false and that causes or is likely to cause injury or mischief to a public interest is guilty of an indictable offence and is liable to imprisonment for two years.

58 Supreme Court of Canada: 1992 Zündel Judgement, unter: http://www.nizkor.org/hweb/people/z/zundel-ernst/supreme-court/ (abgerufen am 07.12.2000).

59 *Elman*, a.a.O., S. 149 ff., 167; *Farber*, a.a.O.

60 *Prutschi*, a.a.O.

2. Art. 318 CCC (Befürworten des Völkermordes)

a) Normtext

Art. 318 CCC[61]

(1) Every one who advocates or promotes genocide is guilty of an indictable offence and liable to imprisonment for a term not exceeding five years.

(2) In this section, „genocide“ means any of the following acts committed with intent to destroy in whole or in part any identifiable group, namely,

(a) killing members of the group; or

(b) deliberately inflicting on the group conditions of life calculated to bring about its physical destruction.

(3) No proceedings for an offence under this section shall be instituted without the consent of the Attorney General.

(4) In this section, „identifiable group“ means any section of the public distinguished by colour, race, religion or ethnic origin.

b) Normentstehung und Überblick

Art. 318 umschreibt in Absatz 1 die Tathandlung, das Befürworten oder Fördern des Völkermordes. Die Absätze 2 und 4 enthalten Legaldefinitionen. Absatz 3 schreibt die Zustimmung des Attorney General zur Einleitung von Strafverfahren vor.

c) Geschütztes Rechtsgut

Auf die Ausführungen zu B I 2 c) wird verwiesen.

---

61 Übersetzung der Vorschrift:

Art. 318 CCC

(1) Wer den Völkermord befürwortet oder fördert, macht sich einer anzuklagenden Straftat schuldig und wird mit Freiheitsstrafe bis zu fünf Jahren bestraft.

(2) In diesem Artikel bedeutet „Völkermord“ irgendeine der folgenden Handlungen, die mit der Absicht begangen wird, irgendeine abgrenzbare Gruppe ganz oder zum Teil zu zerstören, nämlich

(a) das Töten von Mitgliedern der Gruppe; oder

(b) das bewußte Auferlegen von Lebensbedingungen an die Gruppe mit dem Ziel, deren physische Zerstörung herbeizuführen.

(3) Ein Strafverfahren wegen einer Straftat nach diesem Abschnitt darf ohne die Zustimmung des Attorney General nicht eingeleitet werden.

(4) In diesem Artikel bedeutet „abgrenzbare Gruppe“ irgendeinen Teil der Öffentlichkeit, der sich durch Hautfarbe, Rasse, Religion oder ethnische Herkunft von anderen unterscheidet.

d) *Tathandlungen*

Tathandlung in Art. 318 CCC ist das Befürworten (*advocate*) oder Fördern (*promote*) des Völkermordes. Was unter Völkermord im Sinne dieser Vorschrift zu verstehen ist, wird in Absatz 2 aufgelistet. Hierunter fallen Handlungen, die in der Absicht begangen werden, eine abgrenzbare Gruppe ganz oder teilweise zu zerstören, nämlich das Töten von Mitgliedern einer solchen Guppe oder das bewußte Auferlegen von Lebensbedingungen mit dem Ziel, deren physische Zerstörung herbeizuführen. Der Begriff *abgrenzbare Gruppe* wird in Absatz 4 legaldefiniert. Es muß sich demnach um einen Teil der Öffentlichkeit handeln, der sich durch Hautfarbe, Rasse, Religion oder ethnische Herkunft von anderen unterscheidet. Davon, daß es sich um eine inländische Bevölkerungsgruppe handeln muß, ist nicht die Rede.

Die Begriffe *promote* und *advocate* werden im CCC nicht definiert. Bislang existiert auch keine Rechtsprechung zu Art. 318 CCC.[62] In der Sache *R. v. Keegstra* wurde der Begriff „promote" allerdings im Zusammenhang mit Art. 319 Abs. 2 CCC ausgelegt, wonach ein über das bloße Ermutigen oder Fördern hinausgehendes aktives Unterstützen oder Anstacheln erforderlich ist.[63] Die deutsche Übersetzung „Fördern" gibt die Bedeutung dieses Wortes, ebenso wie das französische „fomenter" nicht deutlich genug wieder.

Die Vorschrift unterscheidet nicht danach, an welchem Ort die Tathandlung erfolgte. Weder wird – wie in Art. 319 Abs. 1 – gefordert, daß sie an einem öffentlichen Ort erfolgt, noch sind Privatgespräche, anders als in Art. 319 Abs. 2 CCC ausgeschlossen.[64]

e) *Anwendbarkeit auf die elektronische Datenübertragung*

Art. 318 CCC unterscheidet nicht nach der Art des Mediums, über welches die Tathandlung zu erfolgen hat. Auch wird nicht danach unterschieden, ob die Tat öffentlich oder im Privatbereich begangen wurde. Es ist daher davon auszugehen, daß sämtliche Kommunikationsformen in Netzwerken erfaßt werden.[65] Hier kann auf die Ausführungen zu Art. 319 CCC Bezug genommen werden. Anders als im Falle des Art. 319 CCC ist jedoch keine Unterscheidung nach der Art der Dienste vorzunehmen, da die Vorschrift nicht auf ein Öffentlichkeitserfordernis abstellt. Auf Handlungen der Provider scheint die Vorschrift jedoch

---

62 *Shap*, a.a.O., S. 7.

63 *R. v. Keegstra*, [1990] 3 S. C. R. 697, a.a.O.

64 *Shap*, a.a.O., S. 7.

65 *Racicot/Hayes/Szibbo/Trudel*, a.a.O.; *Shap*, a.a.O., S. 7.

nicht anwendbar zu sein, da der Begriff „promote" ein weit über das passive Dulden bestimmter Aktivitäten hinausgehendes Verhalten erfordert.[66]

f) Vorsatzformen

Die Vorschrift erfordert, dem allgemeinen Strafrecht entsprechend, *mens rea.*

g) Strafen

Die vorgeschriebene Strafe ist Freiheitsstrafe bis zu fünf Jahren. Die Einziehung richtet sich wiederum nach Art. 319 Abs. 4 CCC. Es handelt sich um ein *indictable offence*. Das Strafverfahren darf nur mit Zustimmung des Attorney General eingeleitet werden.

III. Kennzeichen und Propagandamittel verfassungsfeindlicher Organisationen

Das kanadische Strafrecht kennt keinerlei Strafvorschriften zur Erfassung der Verbreitung oder Verwendung von Kennzeichen oder Propagandamitteln verfassungsfeindlicher Organisationen.

IV. Aufforderung zu Straftaten

Auch spezielle Tatbestände zur strafrechtlichen Erfassung der Aufforderung zu Straftaten enthält der CCC – soweit ersichtlich – nicht.

---

66 *Shap*, a.a.O., S. 8.

C. Internationales Strafrecht

I. Normtext

Art. 6 CCC[67]

(1) (...)

(2) Subject to this Act or any other Act of Parliament, no person shall be convicted or discharged under section 730 of an offence committed outside Canada.

(3) (...)

II. Grundsätze des internationalen Strafrechts

Nach Art. 6 Abs. 2 CCC darf grundsätzlich niemand wegen einer im Ausland begangenen Tat für schuldig erklärt werden. Hieraus wird ersichtlich, daß auch Kanada dem Territorialitätsprinzip folgt. Ausnahmen vom Territorialitätsprinzip ergeben sich aus dem sehr umfangreichen Art. 7 CCC, welcher unter anderem Vorschriften im Zusammenhang mit dem Luftraum, internationalen Gewässern, Geiselnahmen, nuklearen Stoffen, Folter, Kriegsverbrechen und Verbrechen gegen die Menschlichkeit etc. enthält.

III. Internetstraftaten

Die Problematik strafbarer Inhalte im Internet wurde, soweit ersichtlich, bislang nur zivilrechtlich untersucht. Das Thema der *jurisdiction* war Gegenstand der bedeutenden zivilrechtlichen Entscheidung *Braintech, Inc. v. Kostiuk* des Court of Appeal for British Columbia vom 18. März 1999.[68] Die Klägerin, eine Gesellschaft mit Sitz in Vancouver, hatte den Beklagten vor einem Gericht in

---

67 Übersetzung der Vorschrift:

Art. 6 CCC

(1) (...)

(2) Vorbehaltlich anderer Vorschriften in diesem Gesetz oder jeden anderen bundesstaatlichen Gesetzes, darf niemand wegen einer im Ausland begangenen Straftat für schuldig erklärt oder von einer solchen aufgrund von Art. 730 freigesprochen werden.

(3) (...).

68 *Braintech, Inc. v. Kostiuk*, 1999 BCCA 0169, Urteil des Court of Appeal for British Columbia vom 18.03.1999, unter: http://www.courts.gov.bc.ca/jdb-txt/ca/99/01/c99-0169.txt (abgerufen am 07.12.2000).

Texas (USA) auf Schadensersatz wegen verleumderischer Behauptungen an einem Bulletin Board verklagt. Die Zuständigkeit des Gerichts in Texas begründete die Klägerin neben der Kenntnisnahmemöglichkeit an diesem Ort damit, daß sie selbst über eine Forschungs- und Entwicklungsniederlassung in Austin (Texas) verfüge. Der Beklagte wurde mit der Rüge der Unzuständigkeit des Gerichts nicht gehört und unterlag. Gegen das Urteil des Gerichts in British Columbia, vor dem die Klägerin die Urteilsanerkennung zunächst erfolgreich betrieben hatte, legte der Beklagte Rechtsmittel ein und obsiegte. Richter *Goldie* vom Court of Appeal führte aus, daß zur Begründung der Zuständigkeit eines Gerichts an einem Ort ein bestimmtes aktives Verhalten des Beklagten an diesem Ort erforderlich sei, wie z. B. Wohnsitz oder Geschäftstätigkeit im Zuständigkeitsbereich. Genannt wird das Kriterium der Vorhersehbarkeit (*foreseeability*); Es komme darauf an, ob der Beklagte vernünftigerweise damit rechnen muß, daß sein Verhalten zu einem Prozeß an dem jeweiligen Ort führen kann.[69] Es würde sich erdrückend auf die Meinungsfreiheit auswirken, wenn das bloße Anbringen von Anmerkungen auf einem Bulletin Board dazu führen könnte, daß der Verantwortliche an jedem Ort der Welt vor Gericht „gezerrt" werden könnte, an welchem ein Zugriff auf das Internet möglich ist.[70] Anders sei dies jedoch, wenn der Beklagte Geschäfte über das Internet betreibe und Vertragsverhältnisse mit den Bewohnern eines anderen Landes begründe.[71] Es gebe auch einen Zwischenbereich, in welchem die Zuständigkeitsbegründung von Art und Umfang der Interaktivität und der geschäftlichen Natur abhinge, in der Informationen auf einer Webseite ausgetauscht würden.[72]

Diese Entscheidung basiert natürlich auf den Grundsätzen des Internationalen Zivilprozeßrechts und nicht auf denen des Internationalen Strafrechts. Voraussetzung für die Bejahung der Zuständigkeit eines Gerichts ist dort die *real and substantial connection* des Streitgegenstandes mit einem bestimmten Land. Für

---

69 *Braintech, Inc. v. Kostiuk*, a.a.O., [60].

70 *Braintech, Inc. v. Kostiuk*, a.a.O. [63] : *"It would create a crippling effect on freedom of expression if, in every jurisdiction the world over in which access to Internet could be achieved, a person who posts fair comment on a bulletin board could be haled before the courts of each of those countries where access to this bulletin could be obtained."*

71 *Braintech, Inc. v. Kostiuk*, a.a.O., [60]: *„At one end of the spectrum are situations where a defendant clearly does business over the Internet. If the defendant enters into contracts with residents of a foreign jurisdiction that involve the knowing and repeated transmission of computer files over the Internet, personal jurisdiction is proper...".*

72 *Braintech, Inc. v. Kostiuk*, a.a.O., [60]: *„The middle ground is occupied by interactive Web sites where a user can exchange information with the host computer. In these cases, the exercise of jurisdiction is determined by examining the level of interactivity and commercial nature of the exchange of information that occurs on the Web site."*

das Internationale Strafrecht gelten andere Kriterien, insbesondere kommt es bei Ländern, die auf den Begehungsort (Territorialitätsprinzip) abstellen, maßgeblich darauf an, was hierzu zählt. Allerdings erscheint die vielbeachtete Entscheidung des Court of Appeal richtungsweisend in ihrer Kernaussage, daß niemand zwangsläufig befürchten müsse, durch das bloße Einbringen von Inhalten in das Internet Gesetze anderer Länder zu verletzen.[73]

In der Studie von *Racicot/Hayes/Szibbo/Trudel* wird diese Problematik unter einem völlig anderen Gesichtspunkt als demjenigen des internationalen Strafrechts diskutiert. Die Frage ist dort, ob der Begriff *öffentlicher Ort* in Art. 319 Abs. 1 CCC auch so ausgelegt werden kann, daß er Nachrichten erfaßt, welche auf einem ausländischen Server abgelegt und in Kanada gelesen werden können.[74] Zur Klärung dieser Frage könnten die bereits zuvor zitierten Entscheidungen beitragen, wonach eine Person auch dann als an einem öffentlichen Ort befindlich angesehen wird, wenn sie sich zwar auf einem Privatgrundstück aufhält, jedoch dem Blick der Öffentlichkeit ausgesetzt ist.[75] Wendet man diese Grundsätze an, so kommt es nur darauf an, ob die auf dem ausländischen Server abgelegten Nachrichten in Kanada abgerufen werden können.[76] Ob der Autor der Nachricht diese von Kanada aus auf den Server verbrachte oder nicht, würde nach dieser Betrachtung keine Rolle spielen.

In *Zündel v. Canada*[77] wurde die *jurisdiction*-Problematik der auf einem kalifornischen Server zu findenden Zündelseite damit umschifft, daß auf die bereits in Kanada im Umlauf befindliche hard-copy-Version abgestellt wurde.

---

73 *Akin*, Court rules on Internet's jurisdictional boundaries, National Post vom 26.04.1999, unter: http://www.nationalpost.com/financialpost.asp?f=990426/2523355 (abgerufen am 03.10.1999).

74 *Racicot/Hayes/Szibbo/Trudel*, a.a.O., S. 90.

75 *R. v. McEwen*, [1980] 4 W.W.R. 85 (Sask. Prov. Ct), *R. v. Figluizii* (1981), 59 C.C.C. (2d) 144 (Alta Q.B.), *R. v. Wise* (1982), 67 C.C.C. (2d) 231(B.C. Co. Ct.), *R. v. Smith* (1989), 49 C.C.C. (3d) 127 (B.C.C.A.), zitiert nach *Racicot/Hayes/Szibbo/Trudel*, a.a.O., Fn. 30; und bei *Shap*, a.a.O., Fn. 48.

76 *Racicot/Hayes/Szibbo/Trudel*, a.a.O., S. 90.

77 *Zündel v. Canada*, Federal Court of Canada, 22.09.1998, unter: http://www.fja.gc.ca/en/ct/1998/orig/html/19998fca23221.0.en.html (abgerufen am 06.09.1999).

Landesbericht Vereinigte Staaten von Amerika

A. Einführung

I. Aktueller Hintergrund

Der multikulturelle Charakter der US-amerikanischen Gesellschaft ist schon seit jeher weniger als Bereicherung denn als Nährboden von Haßgefühlen und Vorbehalten unter den Bevölkerungsgruppen erlebt worden. Diese Entwicklung dauert bis zur heutigen Zeit an, wenn sie sich nicht sogar verstärkt hat. Der Haß hat sich hierbei auf die unterschiedlichsten Gruppen konzentriert, so z. B. auf Flüchtlinge aus Südamerika, muslimische Studenten oder arabische Ladenbesitzer.[1] Gegenwärtig sind vier Bevölkerungsgruppen am stärksten betroffen: Schwarze, Juden, Homosexuelle und Asiaten.[2] Straftaten, die durch den Haß gegen bestimmte Gruppen motiviert sind, werden in den Vereinigten Staaten gemeinhin als *Hate Crimes* bezeichnet. Das Federal Bureau of Investigations versteht unter diesem Begriff Straftaten gegen eine Person oder Güter, welche ganz oder teilweise durch die Abneigung des Täters gegen eine Rasse, Religion, eine Gruppe von bestimmter ethnischer/nationaler Herkunft oder sexueller Neigung begründet sind.[3]

Was religiös motivierte Straftaten angeht, so stehen diejenigen mit antisemitischem Hintergrund statistisch gesehen an der Spitze, obgleich der Antisemitismus in den Vereinigten Staaten nie das Ausmaß erreicht hat, das er in manchem europäischen Staat angenommen hat.[4] Führend, was die Verbreitung der Auschwitz-Lüge angeht, ist das *Institute for Historical Review*, welches unter dem Deckmantel seriöser, wissenschaftlicher Tätigkeit Geschichtsverfälschungen betreibt.

---

1 *Altschiller*, Hate Crimes: A Reference Handbook, 1. Auflage, Santa Barbara, California 1999, S. 3.

2 *Altschiller*, a.a.O., S. 3.

3 Zitiert bei *Altschiller*, a.a.O., S. 2.

4 *Altschiller*, a.a.O., S. 6f.

Seit 1913 kämpft die *Anti-Defamation League*[5] (ADL) gegen den Antisemitismus und andere Formen von Diskriminierung. Als derzeit größte Organisation in diesem Bereich veröffentlicht sie seit 1979 die Ergebnisse ihrer Recherchen in einem jährlichen Bericht.[6] Im Jahre 1981 stellte sie in diesem Zusammenhang der Öffentlichkeit einen Modellgesetzesentwurf vor, welcher Vorschläge zur Einführung von Straftatbeständen zur Erfassung antisemitisch motivierter Straftaten sowie solcher gegenüber anderen Minderheiten enthielt. Der Modellgesetzesentwurf wurde von einer breiten Masse der Einzelstaaten in dieser oder veränderter Form umgesetzt.[7]

Auch zahlreiche andere staatliche und nichtstaatliche Organisationen in den Vereinigten Staaten beschäftigen sich mit der Observierung und Bekämpfung von *Hate Crimes* in ihren unterschiedlichsten Ausprägungen.[8] Im Zusammenhang mit der Diskriminierung von Afroamerikanern haben insbesondere die in den letzten Jahren erfolgten Brandstiftungen in deren Kirchen das öffentliche Interesse erregt. Hier wurde durch Präsident Clinton eigens die *National Church Arson Task Force* (NCATF) eingerichet.[9] Mit der Erforschung von Gewalt gegen Homosexuelle beschäftigt sich die 1984 eingesetzte *National Gay and Lesbian Task Force*[10] (NGLTF).[11] Die Förderung der Rechte von amerikanischen Asiaten hat sich das *National Asian Pacific American Legal Consortium* (NAPALC) zum Ziel gesetzt.[12]

Die Initiative *HateWatch*[13] observiert seit einigen Jahren rechtsextreme Gruppen im Netz. In einer ständig wachsenden Datenbank hat sie über 200 Haßgruppen zusammengestellt, auf deren Homepages verwiesen wird und zu denen auch ergänzende Informationen angeboten werden.[14] Auf diese Weise entsteht ein

---

5 Im Internet unter http://www.adl.org zu finden.

6 *Downs*, Racial Incitement Law and Policy in the United States: Drawing the Line between Free Speech and Protection against Racism, S. 107 dd, 109, in: *Greenspan/Levitt*, Under the Shadow of Weimar: Democracy, Law and Racial Incitement in Six Countries, Westport 1993; *Altschiller*, a.a.O., S. 7.

7 *Altschiller*, a.a.O., S. 15.

8 Einen guten Überblick bietet *Altschiller*, a.a.O., S. 131 ff.

9 *Altschiller*, a.a.O., S. 3.

10 Im Internet unter http://www.ngltf.org zu finden.

11 *Altschiller*, a.a.O., S. 9.

12 *Altschiller*, a.a.O., S. 13.

13 Im Internet unter http://www.hatewatch.org zu finden.

14 *Stillich*, Haßparolen im Cyberspace, Die Zeit vom 16.12.1998, unter: http://www.archiv.zeit.de/daten/pages//199852.comp_hatewatch_.html (abgerufen am 08.08.1999).

feingerastertes Bild der rechten Szene. Die Verantwortlichen von *HateWatch* erhoffen sich mit dieser radikalen Informationspolitik, daß sich die Agitatoren auf diese Weise selbst entlarven werden.[15] Zwischenzeitlich ist jedoch die Gegeninitiative *HateWatch of America* ins Leben gerufen worden, welche über eine zum Verwechseln ähnliche Webadresse verfügt[16] und als Haßgruppen z. B. Homosexuellenverbände und antirassistische Organisationen aufführt. Diese „Fälschung" hat es sich vor allem zum Ziel gesetzt, für Verwirrung zu sorgen und *HateWatch* bei ihrer Informationspolitik zu behindern.

Das *Simon Wiesenthal Center*[17] wurde schon vor langer Zeit im Andenken an die Opfer des Holocaust und zur Verteidigung der Rechte von Juden und anderen Gruppen gegründet. Es ist in vielen Bereichen aktiv und seit 1997 im Internet vertreten, wo es zu Dokumentationszwecken die Initiative *CyberWatch*[18] ins Leben gerufen hat. Während durch diese im Jahre 1999 in den USA noch 1400 Websites rassistischen Inhalts festgestellt wurden, stieg die Anzahl zu Beginn des Jahres 2000 bereits auf 2100 an.[19] Besonders bedenklich seien hierbei speziell für Kinder eingerichtete Websites von Gruppierungen wie dem Ku Klux Klan.[20]

Auch von staatlicher Seite ist man an der Beobachtung und Erfassung von *Hate Crimes* interessiert. Im Jahre 1990 trat der *Hate Crime Statistics Act* in Kraft, welcher der Erhebung und Erfassung von Daten über Straftaten mit rassistischem, religiösem, ethnischem oder in der sexuellen Neigung begründetem Hintergrund dient. Jährlich verabschiedet das FBI die aufgrund dieser Daten zusammengestellten *Hate Crime Statistics*.[21]

II. Rechtssystem

Die USA zählen zum anglo-amerikanischen Rechtskreis. Es handelt sich um einen föderalistischen Bundesstaat mit 50 Einzelstaaten, denen nach der Verfassung (*Constitution of the United States of America*) grundsätzlich die Gesetz-

---

15 *Stillich*, a.a.O.

16 Im Internet unter http://www.hatewatch.com zu finden.

17 Im Internet unter http://www.wiesenthal.com zu finden.

18 Im Internet unter http://www.wiesenthal.com/watch/index.html zu finden.

19 *Rötzer*, UN für eine globale Bekämpfung des Rassismus, Telepolis vom 17.02.2000, unter: http://www.heise.de/tp/deutsch/inhalt/co/5805/1.html (abgerufen am 07.12.2000).

20 *Rötzer*, a.a.O.

21 *Downs*, a.a.O., S. 107, 109; *Altschiller*, a.a.O., S. 16.

gebungskompetenz zukommt.[22] Die einzelnen Bundeskompetenzen sind enumerativ aufgezählt, eine Durchbrechung dieses Prinzips erfolgt unter anderem durch die Befugnis des Kongresses zum Erlaß von Vorschriften zur Regelung des zwischenstaatlichen Handels (*Interstate Commerce*).[23]

Der anglo-amerikanischen Rechtsquellenlehre ist die bereits im Landesbericht des Vereinigten Königreichs erwähnte Aufgliederung in Richterrecht (*Case Law*) und Gesetzesrecht (*Statute Law*) gemein, wobei Letzterem dem Grundsatze nach nur zweitrangige Bedeutung zukommt.[24] Gesetze haben danach die Funktion, das Case Law zu ergänzen, welches dem bereits erklärten Präjudiziensystem folgt.[25] Das US-amerikanische Gesetzesrecht läßt sich, der föderalistischen Struktur entsprechend, in Bundes- und Landesgesetzgebung aufteilen. Die Bundesgesetze bezeichnet man als *Acts of Congress*, teilweise auch als *Federal Statutes*.[26] Das Gesetzesrecht der Einzelstaaten (*State Legislation*) ist mannigfaltig. Es gliedert sich in die Staatsverfassung (*state constitution*), die Gesetze im engeren Sinne (*state statutes*), das Verordnungsrecht (*state administrative rules and regulations*) sowie die Normen des örtlichen oder regionalen Selbstverwaltungsrechts (*Municipal ordinances, rules and regulations*).[27]

Das materielle Strafrecht der USA ist, da dem Bund keine ausdrückliche Gesetzgebungskompetenz auf diesem Gebiet zusteht, grundsätzlich Sache der Einzelstaaten.[28] Der Bund hat jedoch zum Erlaß strafrechtlicher Regelungen andere Gesetzgebungskompetenzen in Anspruch genommen.[29] In zunehmendem Maße treten strafrechtliche Kodifikationen an die Stelle der Einzelgesetze, was auch auf den Impuls des *Model Penal Code* zurückzuführen ist, der vom American Law Institute im Jahre 1962 vorgeschlagen wurde.[30] Weite Bereiche des Straf-

---

22 *Blumenwitz*, Einführung in das anglo-amerikanische Recht, 6. Auflage, München 1998, S. 47; *Hay*, Einführung in das amerikanische Recht, 3. Auflage, Darmstadt 1990, S. 3.

23 *Blumenwitz*, a.a.O., S. 47; zu den Voraussetzungen der sogenannten *commerce-clause*: *Farnsworth*, An Introduction to the Legal System of the United States, 3. Auflage, New York 1996, S. 148 f.

24 *Blumenwitz*, a.a.O., S. 45.

25 *Blumenwitz*, a.a.O., S. 25; ausführlich *Farnsworth*, a.a.O., S. 50 ff.

26 *Blumenwitz*, a.a.O., S. 47.

27 *Blumenwitz*, a.a.O., S. 48.

28 *Hay*, Einführung in das amerikanische Recht, 3. Auflage, Darmstadt 1990, S. 210.

29 *Hay*, a.a.O., S. 210.

30 *Hay*, a.a.O., S. 210.

rechts zählen zum *Common Law*, dessen Prinzipien auch die zahlreichen Einzelgesetze zusammenhält und zu einem System verbindet.[31]

Die Straftat setzt sich nach US-amerikanischem Strafrecht zusammen aus einer Tathandlung (*actus reus*)[32] und einem subjektiven Element (*mens rea*)[33]. Die Straftaten gliedern sich in Verbrechen (*felonies*) und Vergehen (*misdemeanors*), wobei für die Unterscheidung entweder das Strafmaß, die Art der Haftanstalt, der Rechtsfolgenausspruch im Urteil oder die gesetzliche Bestimmung selbst ausschlaggebend ist.[34] Übertretungen (*violations*) zählen in der Regel nicht zum Strafrecht und haben Bußgelder zur Folge.[35]

III. Verfassungsrechtlicher Anknüpfungspunkt

Im Jahre 1789 erging die Bill of Rights, welche zehn Verfassungszusätze (*Amendments*) beinhaltet. Der erste dieser Verfassungszusätze, das sogenannte First Amendment, aus dem Jahre 1791, ist seitdem als Grundlage der Meinungsfreiheit (*freedom of expression* oder *of speech*) anerkannt. Nach dem First Amendment[36] soll der Kongress keine Gesetze verabschieden, welche die Meinungsfreiheit einschränken.

Die Meinungsfreiheit erfaßt sämtliche Kommunikationsarten und ist nicht auf bestimmte Medien beschränkt.[37] Entsprechend sind auch die modernen Kommunikationsformen, insbesondere die Kommunikation über Netzwerke, erfaßt.[38]

---

31 *Blumenwitz*, a.a.O., S. 17.

32 Einzelheiten z. B. bei *Loewy*, Criminal law in a nutshell, 2. Auflage, St. Paul, Minn. 1987, S. 140 ff.

33 Einzelheiten z. B. bei *Loewy*, a.a.O., S. 118 ff.

34 *Hay*, a.a.O., S. 210.

35 *Hay*, a.a.O., S. 210.

36 Der Wortlaut lautet:
First Amendment:
Congress shall make no law respecting an establishment of religion, or prohibiting the free exercise thereof; or abridging the freedom of speech, or of the press, or the right of the people peaceably to assemble, and to petition the Government for a redress of grievances.

37 *Loundy*, E-LAW 4: Computer Information Systems Law and System Operator Liability, Seattle University Law Review, Volume 21, Number 4, Summer 1998, auch unter: http://www.loundy.com/E-LAW/E-Law4-full.html (abgerufen am 07.12.2000), S. 22.

38 *Loundy*, a.a.O., S. 22.

B. Straftatbestände

I. Rassismusvorschriften

1. Überblick

Ausgangspunkt jeglicher Betrachtung von Äußerungsdelikten im US-amerikanischen Strafrecht ist stets die im First Amendment niedergelegte Meinungsfreiheit (*freedom of speech*). Strafrechtliche Vorschriften existieren in den USA in einigen, die Meinungsfreiheit naturgemäß einschränkenden Bereichen wie z. B. der Pornographie (*pornography*) oder der Verleumdung (*defamation*). Im Bereich von *hate speech* dominiert jedoch weitgehend das Recht auf Meinungsfreiheit,[39] welches als eines der wichtigsten Grundrechte der US-amerikanischen Verfassung gilt.[40] Deren außergewöhnlich hoher Stellenwert soll einen größtmöglichen Pluralismus sichern. Entsprechend ist der *US Supreme Court* der Ansicht, daß ein gutes Mittel gegen „*bad speech*“ die „*good counterspeech*“ sei.[41] Der *US Supreme Court* schreibt damit, zugunsten eines pluralistischen und demokratischen Umfeldes, die staatliche Neutralität gegenüber bestimmten Äußerungsinhalten vor. Nur in bestimmten Bereichen, in denen der Schutz anderer, unmittelbar gefährdeter oder geschädigter Güter vorrangig ist, darf die Meinungsfreiheit eingeschränkt werden. Grundsätzlich überwiegt diese nämlich das Interesse, die Gesellschaft vor einer Äußerung und den von dieser ausgehenden möglichen Gefahren zu schützen.[42] Nicht zuletzt deshalb wurden die USA auf einem Expertentreffen in Genf zur Vorbereitung der UN-Weltkonferenz gegen Rassismus im Jahre 2001 als „sicherer Hafen für Rassisten“ bezeichnet.[43]

Die USA haben das Internationale Übereinkommen zur Beseitigung jeder Form von Rassendiskriminierung von 1966 im Jahre 1994 ratifiziert.[44] Im Hinblick auf die hiermit verbundenen gesetzgeberischen Verpflichtungen wurde jedoch folgender Vorbehalt[45] abgegeben:

---

39 *Wallace/Mangan*, Sex, Laws and Cyberspace, New York 1996, S. 244.

40 *Loundy*, a.a.O., S. 22.

41 *Downs*, a.a.O., S. 107 ff., 128.

42 *Downs*, a.a.O., S. 107 ff., 110.

43 *Rötzer*, a.a.O.

44 Hierzu: *Kretzmer*, Freedom of Speech and Racism, 8 Cardozo Law Review 1987, 445, 450.

45 Übersetzung des Vorbehalts:
I. Die Zustimmung des Senats wird unter folgenden Vorbehalten erteilt:

The Senate's advice and consent is subject to the following reservations:

(1) That the Constitution and laws of the United States contain extensive protections of individual freedom of speech, expression and association. Accordingly, the United States does not accept any obligation under this Convention, in particular under articles 4 and 7, to restrict those rights, through the adoption of legislation or any other measures, to the extent that they are protected by the Constitution and laws of the United States.

(2) (...)

Dieser Vorbehalt soll sicherstellen, daß der verfassungsrechtliche Stellenwert der Meinungsfreiheit durch die Ratifikation des Rassismusübereinkommens unangetastet bleibt. Ausdrücklich wird jegliche Verpflichtung der USA abgelehnt, Maßnahmen zu ergreifen, die die Meinungsfreiheit einschränken könnten.

Verfassungsrechtlich nicht zu billigen sind nach der Rechtsprechung des *US Supreme Court* die sogenannten *fighting words*, welche entweder ihren Adressaten herausfordern, eine Menschenmenge in Unruhe versetzen, kränkend oder drohend sind. Sofern sich dies überhaupt in eine der hier vorgesehenen Kategorien zuordnen läßt, so vielleicht in diejenige der Rassismusvorschriften. Eine weitere relevante Gruppe ist die *advocacy of lawless action*, die im Rahmen der Vorschriften über die Aufforderung zu Straften dargestellt wird. Rassistische Äußerungen, welche keiner der genannten Kategorien mit ihren strengen Voraussetzungen zuzuordnen sind, werden verfassungsrechtlich toleriert, sofern von ihnen nur eine abstrakte Gefährdung ausgeht.

Soweit ersichtlich, existieren auch keinerlei Vorstöße, um die im gesamten *hate speech*-Bereich ganz offensichtlich existierenden Lücken durch das Rechtsinstitut der *defamation* zu schließen. Deren tatbestandliche Voraussetzungen erscheinen jedoch bereits zu eng, um Teilbereiche der *hate speech* zu erfassen. Ganz allgemein darf ein Betroffener nach dem Common Law Klage wegen *defamation* erheben, wenn eine ehrenrührige Tatsache boshaft über ihn verbreitet wird.[46] In den Fällen rassistischer Äußerungen (oder auch der Holocaust-Leugnung) werden diese Voraussetzungen schwerlich zu bejahen sein.

---

(1) Die Verfassung und die Gesetze der Vereinigten Staaten enthalten ausführliche Bestimmungen zum Schutz der Redefreiheit, des Rechts auf freie Meinungsäußerung und die Vereinigungsfreiheit. Die Vereinigten Staaten übernehmen deshalb keine Verpflichtung aufgrund dieses Übereinkommens, insbesondere der Artikel 4 und 7, diese Rechte durch die Annahme von Rechtsvorschriften oder sonstige Maßnahmen zu beschränken, soweit sie durch die Verfassung und die Gesetze der Vereinigten Staaten geschützt sind.

(2) (...).

46 *Stuckey*, Internet and Online Law, New York 1998, § 2.02 (1).

Die *Hate-Crime*-Gesetzgebung beschränkt sich in ihrer gegenwärtigen Ausprägung hauptsächlich darauf, gewisse Motive strafbarer Handlungen (außer Äußerungen) strafschärfend zu berücksichtigen. Straftaten, die durch Gründe der Rasse, Hautfarbe, Religion, der ethnischen oder nationalen Herkunft bestimmt sind, werden auch als *Bias-motivated Crimes*[47] bezeichnet. Daß sich derartige Motive strafschärfend auswirken, erscheint verfassungsrechtlich unbedenklich.[48] Die Initiative hierzu erfolgte im Jahre 1981 durch die *model hate crimes legislation* der *Anti-Defamation League* und wurde bislang vom weit überwiegenden Teil der Bundesstaaten übernommen.[49]

2. Ausprägungen der *fighting words*-Doktrin

Da eine umfassende Darstellung der relevanten Äußerungsdelikte sämtlicher US-amerikanischer Einzelstaaten den Rahmen dieser Arbeit sprengen würde, soll nachfolgend – ausgehend vom Recht auf Meinungsfreiheit – anhand der durch die Verfassungsrechtsprechung festgelegten Grenzen dargestellt werden, in welchem Umfang Strafgesetze zu *hate speech* verfassungsrechtlich zulässig sind. In der Rechtsprechung haben sich diesbezüglich Entwicklungen in unterschiedliche Richtungen herauskristallisiert, welche von der Rechtslehre den verschiedenen Gruppen zugeordnet werden. Anzumerken ist hierbei, daß sich die nachfolgend dargestellte Rechtsprechung teilweise weniger mit der Verfassungsmäßigkeit einzelner Strafgesetze selbst,[50] als vielmehr mit deren verfassungsgemäßer Auslegung beschäftigt. Im Übrigen sind die hieraus zu entnehmenden verfassungsrechtlichen Grundsätze auch auf sonstige staatliche Maßnahmen anzuwenden, die das Recht auf freie Meinungsäußerung einschränken können.

---

47 Instruktiv: *Kelly* (Hrsg.), Bias Crime: American law enforcement and legal responses, 2. Auflage, Chicago 1993.

48 Zur Kritik: *Altschiller*, a.a.O., 23 f.

49 *Altschiller*, a.a.O., S. 15.

50 Anders als in der deutschen Verfassungsgerichtsbarkeit besteht in den USA nicht das Rechtsmittel der abstrakten Normenkontrolle. Dies hat zur Konsequenz, daß der US Supreme Court eine Gesetzesprüfung nur dann vornehmen kann, wenn sich in einem Rechtsstreit die Frage der Verfassungsmäßigkeit eines Gesetzes stellt. Das Gericht hat dann nur die Befugnis, das Gesetz für den konkreten Fall für Unanwendbar zu erklären. Der US Supreme Court entscheidet im Übrigen nicht nur in speziell verfassungsrechtlichen Fragen, sondern auch in Fragen des Zivil-, Straf- und Verwaltungsrechts, vgl. *Doehring*, Allgemeine Staatslehre, 2. Auflage, Heidelberg 2000, S. 198.

a) *Fighting words*

Im gängigen Sprachgebrauch versteht man unter *fighting words* in Kampfbereitschaft für eine Sache vorgebrachte, herausfordernde oder aufsässige Äußerungen. Nach der Rechtsprechung des *US Supreme Court* fallen hierunter Aussagen, die durch ihre bloße Äußerung bereits eine Verletzung hervorrufen oder eine unmittelbare Friedensstörung hervorzurufen geeignet sind.[51] Diese sogenannte *fighting words*-Doktrin wurde 1942 mit der Entscheidung *Chaplinsky v. New Hampshire*[52] des *US Supreme Court* ins Leben gerufen. Danach besitzen solche Äußerungen weder eine wesentliche Funktion bei der Darstellung bestimmter Ansichten, noch sind sie zur Wahrheitsfindung geeignet, weshalb sie von geringem moralischem Wert sind.[53] Da das gesellschaftliche Interesse an Ordnung und Moral hier klar vorrangig sei, seien *fighting words* auch nicht von der Meinungsfreiheit gedeckt.[54] Zur Tatbestandserfüllung müssen die Äußerungen eine direkte Tendenz besitzen, ihren Adressaten zu Gewalthandlungen herauszufordern. Ob dies der Fall ist, beurteilt sich nicht nach dem subjektiven Adressatenhorizont, sondern danach, ob eine Person von durchschnittlicher Intelligenz aufgrund der Äußerung zu Gewalt herausgefordert wäre.[55] Die der Entscheidung zugrunde liegenden Äußerungen („*damn racketeer*" und „*damn Fascist*") wurden vom *US Supreme Court* als Schimpfworte eingestuft, die unter den konkreten Umständen geeignet waren, eine Durchschnittsperson zu einer Revanche herauszufordern und dadurch eine Friedensstörung zu verursachen.[56]

---

51 *Downs*, a.a.O., S. 107 ff., 112; *Loundy*, a.a.O., S. 24.

52 *Chaplinsky v. New Hampshire*, 315 U. S. 568 (1942), unter: http://caselaw.findlaw.com/scripts/getcase.pl?navby=search&linkurl=<%LINKURL%>&graphurl=<%GRAPHURL%>&court=US&case=/us/315/568.html (abgerufen am 07.12.2000): „*those which by their very utterance inflict injury or tend to incite an immediate breach of the peace*".

53 *Chaplinsky v. New Hampshire*, a.a.O.: „*(...) are no essential part of any exposition of ideas, and are of such slight social value as a step to truth (...)*".

54 *Chaplinsky v. New Hampshire*, a.a.O.: „*any benefit that may be derived from them is clearly outweighed by the social interest in order and morality*"; *Downs*, a.a.O., S. 107 ff., 112.

55 *Loundy*, a.a.O., S. 24.

56 Die Verurteilung beruhte auf der Anwendung eines Gesetzes des Staates New Hampshire (Chapter 378, Section 2 Public Laws of New Hampshire) mit folgendem Wortlaut: "*No person shall address any offensive, derisive or annoying word to any other person who is lawfully in any street or other public place, nor call him by any offensive or derisive name, nor make any noise or exclamation in his presence and hearing with intent to deride, offend or annoy him, or to prevent him from pursuing his lawful business or occupation.*", vgl. *Chaplinsky v. New Hampshire*, a.a.O.

b) *Restless crowds*

Die *fighting words*-Rechtsprechung hat sich über Jahre hinweg kontinuierlich weiterentwickelt. Im weiteren Sinne erfaßt sie nicht nur die Fälle, in denen ein gekränkter Adressat zum Rückschlag herausgefordert wird, sondern auch diejenigen, in denen eine Zuhörerschaft feindselig oder unruhig gestimmt wird (*hostile audiences* oder *restless crowds*)[57]. Erfaßt sind also vor allem Situationen, in denen eine Menschenmenge auf bestimmte Äußerungen derart wild reagiert, daß sie von Polizeibeamten nicht mehr zu bändigen ist. In solchen Fällen stellt sich die Frage, ob der Schutz der Meinungsfreiheit der öffentlichen Ordnung vorgeht. In der Entscheidung *Terminiello v. Chicago*[58] war der katholische Priester Terminiello zu einer Geldstrafe verurteilt worden, da er sich in einer Rede zum Thema „*Christian Nationalism or World Communism – Which?*“ vor mehr als 8000 Personen unter anderem gehässig über politische und rassische Gruppierungen geäußert hatte. Auch griff er die kommunistischen zionistischen Juden an, die keine amerikanischen Juden seien und in den USA daher nicht erwünscht seien. Schließlich bezeichnete er die Gruppe der ca. 1000 rabiat gegen die Veranstaltung Protestierenden, die von außen „Faschisten! Hitlerianer!“ schrieen, als schleimigen Abschaum, Schlangen, Bettwanzen und dergleichen. Die Protestierenden versuchten, den Eintretenden die Kleider vom Leib zu reißen, 28 Fenster zerbrachen, Stinkbomben wurden geworfen. Das Ausgangsgericht hatte ausgeführt, daß der Begriff der Friedensstörung (*breach of peace*) auch Äußerungen einschließe, welche die Öffentlichkeit zu Wut aufhetzen, zum Streit einladen oder die einen Zustand der Unruhe schaffen.[59] Dies wurde vom *US Supreme Court* nicht aufrechtgehalten: Danach seien gerade obengenannte Umstände Ausprägungen der freien Meinungsäußerung. Die Voraussetzungen von *fighting words* seien erst erreicht, wenn bewiesen sei, daß die Äußerungen die klare und unmittelbare Gefahr eines bedeutenden Übels hervorriefen, welches über bloße Unannehmlichkeit, Ärger oder Unruhe hinausgeht.[60] Diese

---

57 Terminologie von *Shiffrin/Choper*, The First Amendment, Cases-Comments-Questions, 2. Auflage, St. Paul, Minnesota 1996, S. 154.

58 *Terminiello v. Chicago*, 337 U. S. 1 (1949), unter: http://caselaw.findlaw.com/scripts/getcase.pl?navby=search&linkurl=<%LINKURL%>&graphurl=<%GRAPHURL%>&court=US&case=/us/337/1.html (abgerufen am 07.12.2000).

59 Die Verurteilung beruhte auf einer *city odinance* aus Chicago wegen Friedensstörung *(breach of peace)*, wobei konkret ein *"misbehaviour which violates the public peace and decorum"* angenommen wurde.

60 *Terminiello v. Chicago*, a.a.O.: „*(...) unless shown likely to produce a clear and present danger of a serious substantive evil that rises far above public inconvenience, annoyance, or unrest (...)*“.

Aussage wurde auch durch das Urteil *Feiner v. New York*[61] bestätigt. Danach erscheint der Einsatz staatlicher Macht zur Vorbeugung und Bestrafung (nur) bei direkter und gegenwärtiger Gefahr von Ausschreitungen, Unruhen, Eingriffen in den öffentlichen Straßenverkehr oder anderer unmittelbarer Bedrohung von öffentlicher Sicherheit, Frieden und Ordnung gerechtfertigt.[62]

c) *Offensive words*

Mit einer weiteren Ausprägung von *fighting words*, nämlich den *offensive words*, hatte sich der *US Supreme Court* im Fall *Cohen v. California*[63] zu befassen. Unter *offensive words* werden in diesem Zusammenhang Äußerungen verstanden, welche von bestimmten Zuhörern als anstößig oder unverschämt angesehen werden könnten. Der Beschuldigte hatte in einem Gerichtsgebäude in Los Angeles eine Jacke mit der Aufschrift „*Fuck the Draft*“[64] getragen. Hierdurch wollte er auf seinen Unmut über den Vietnamkrieg und die Einberufung zu diesem hinweisen. Die Verurteilung Cohens durch den *California Court of Appeal* basierte auf der Begründung, daß sein Verhalten die Tendenz hatte, andere zu Gewalthandlungen herauszufordern. Zuschauer könnten aufstehen und Cohen tätlich angreifen oder versuchen, ihm gewaltsam die Jacke zu entreißen.[65] Der *US Supreme Court* war entgegengesetzter Auffassung: Worte oder Äußerungen, die sich nicht an einen speziellen Adressaten richten, werden von ihrer Zuhörerschaft auch unterschiedlich aufgefaßt und können nicht vernünftigerweise als

---

61 *Feiner v. New York*, 340 U. S. 315 (1951), unter: http://caselaw.findlaw.com/scripts/getcase.pl?navby=search&linkurl=<%LINKURL%>&graphurl=<%GRAPHURL%>&court=US&case=/us/340/315.html (abgerufen am 07.12.2000): „*When clear and present danger of riot, disorder, interference with traffic upon the public Street or other immediate threat to public safety, peace, or order, appears, the power of the State to prevent or punish is obvious.*“

62 Auch hier war der Beschuldigte wegen Friedensstörung (*breach of peace*) in Anwendung von 722 New York Penal Code verurteilt worden, da er durch eine Rede eine Menschenmenge in Aufruhr versetzt hatte. Nach den Ausführungen des US Supreme Court war die verfassungsrechtlich erforderliche Gefährdungslage (*clear and present danger*) im konkreten Fall jedoch gegeben.

63 *Cohen v. California*, 403 U. S. 15 (1971), http://caselaw.findlaw.com/scripts/getcase.pl?navby=search&linkurl=<%LINKURL%>&graphurl=<%GRAPHURL%>&court=US&case=/us/403/15.html (abgerufen am 07.12.2000).

64 Unter „Draft“ wird die Einberufung beim Militär verstanden.

65 *Cohen v. California*, a.a.O. Die Verurteilung stützte sich auf 415 California Penal Code, wonach folgende Handlung ein Vergehen darstellt: „*(...) maliciously and wilfully disturbs the peace or quiet of any neighbourhood or person (...) by loud or unusual noise, or by tumultuous or offensive conduct.*“

persönlicher Angriff gewertet werden. Die strafrechtliche Verfolgung bestimmter Worte und Aussagen würde daher eine Beschneidung der Meinungsfreiheit darstellen. Im konkreten Fall hatte das Urteil der Vorinstanz weder dargelegt, daß Cohen tatsächlich gewalttätige Absichten gezeigt hatte oder daß er dies wollte, noch daß die Zuschauer – ohne daß sie hätten wegschauen können – tatsächlich Anstoß an der Aufschrift genommen hätten. Bloße Befürchtungen in diese Richtungen seien in keiner Weise ausreichend.

d) Threatening words

Neben *fighting words* sind auch drohende Äußerungen strafbar. Auf diese soll jedoch mangels Sachzusammenhangs nicht näher eingegangen werden.

e) Hate and racist speech

Aus dem Jahre 1978 stammen die Entscheidungen betreffend die Gemeinde *Skokie*, welche sich speziell mit nationalsozialistischen Äußerungsformen beschäftigen. Eine Chicagoer Nazi-Partei hatte eine friedliche Demonstration in Skokie geplant, einer Gemeinde, in der über Tausend Überlebende von Konzentrationslagern wohnen. Es sollten Nazi-Uniformen getragen und Hakenkreuze gezeigt werden.

Das von der Gemeinde vor dem State Court erwirkte Versammlungsverbot hielt einer verfassungsrechtlichen Überprüfung durch den *Illinois Supreme Court* jedoch nicht stand.[66] Das Gericht nahm hierbei Bezug auf die in der *Cohen*-Entscheidung und in späteren Entscheidungen zur *fighting-words*-Doktrin niedergelegten Grundsätze, wobei es zum Ergebnis gelangte, daß das Versammlungsverbot das First Amendment verletze.

Auch die Verbotsverfügungen der Gemeinde, wonach die Verbreitung von Material, welches religiösen oder Rassenhaß fördert, zur strafbaren Handlung erklärt wurde, konnten nicht aufrechterhalten bleiben.[67] Der Court of Appeal for

---

66 *Village of Skokie v. National Socialist Party of America*, 69 Ill. 2d 605, 373 N.E. 2d 21 (1978), zitiert nach: *Bollinger*, The tolerant society, New York 1986, S. 12 (Fn. 1); *Downs*, a.a.O., S. 107 ff., 115.; vgl. auch *National Socialist Party v. Skokie*, 432 U. S. 43 (1977), unter: http://caselaw.findlaw.com/scripts/getcase.pl?navby=search &linkurl=<%LINKUR.../43.htm (abgerufen am 28.06.00) und *National Socialist Party of America v. Village of Skokie*, 434 U.S. 1327 (1977), unter: http://caselaw.findlaw.com/scripts/getcase.pl?navby=search&linkurl=<%LINK.../1327.htm (abgerufen am 28.06.00).

67 Als Vergehen strafbar sollte folgendes Verhalten sein: *"(...) public display of markings and clothing of symbolic significance"*, vgl. *Collin v. Smith*, 578 F.2d 1197 (7th Cir. 1978) cert. denied 439 U.S. 916 (1978), zitiert nach: *Shiffrin/Choper*, a.a.O., S. 196; *Bollinger*, a.a.O., S. 13 (Fn. 1).

the 7th Circuit führte hierbei aus, die Gemeinde hätte nicht gewalttätige Ausschreitungen bzw. Reaktionen, sondern vielmehr die Zufügung eines psychischen Traumas gegenüber den Holocaust-Überlebenden und anderen jüdischen Einwohnern befürchtet. Hier wurde das bereits aus der *Terminiello*-Entscheidung bekannte Argument des bedeutenden Übels („*substantive evil*“) angeführt. Ähnlich wie in der *Cohen*-Entscheidung führte das Gericht jedoch aus, daß die öffentliche Verbreitung von Ansichten nicht schon deshalb verboten werden dürfe, weil diese für einige der Hörer kränkend sein könnten. Der von der Gemeinde Skokie angerufene *US Supreme Court* wies das Rechtsmittel zurück und traf dementsprechend keine Sachentscheidung, weshalb die *fighting-words*-Rechtsprechung auf der Ebene des *US Supreme Court* bislang nicht im Zusammenhang mit rassistischen Äußerungsformen untersucht wurde.[68]

3. Anwendbarkeit auf die elektronische Datenübertragung (*Cyberhate*)

Trotz der hoch gesteckten Voraussetzungen für die Strafbarkeit von *fighting words* ist der sogenannte *Cyberhate,* also die Verbreitung derartiger Äußerungen über Netzwerke, Gegenstand einiger strafrechtlicher Untersuchungen gewesen. Sofern die in Frage kommende Äußerung strafbaren Charakter hat, besteht Einigkeit darüber, daß es auf die Art des Verbreitungsmediums nicht ankommen dürfe.[69] So fallen die klassischen Äußerungsdelikte wie *defamation, libel* und *fighting words* unstreitig aus dem Schutzbereich des First Amendment heraus und sind auch im Wege der Datenübertragung strafbar.[70] Die Hürden, die der *US Supreme Court* im Falle von *hate speech* an die materielle Strafbarkeit stellt, dürften bei der Verbreitung im Datenwege jedoch zu zusätzlichen Schwierigkeiten führen.

Hinsichtlich *fighting words* stellt *Bradley* zu Recht fest, daß die Voraussetzungen dieser Doktrin bei der Übertragung von rassistischen oder Haß schürenden Informationen über Netzwerke schwerlich erfüllt sein werden, da es unwahrscheinlich ist, daß sich der Empfänger – anders als bei einer Konfrontation von

---

68 *Smith v. Collin*, a.a.O. unter: http://caselaw.findlaw.com/scripts/getcase.pl?navby=search&linkurl=<%LINKU.../916.htm (abgerufen am 28.06.00).

69 *Bradley*, Cyberhate and the First Amendment, Fall 1995, unter: http://wings.buffalo.edu/Complaw/CompLawPapers/bradley.html (abgerufen am 07.12.2000); *Hyman*, A Draft of a Legal Policy Paper on how to Deal with the Dissemination of Racist and Holocaust-Denial Information via Electronic Media, particularly the Internet, März 1995, unter: http://www.oise.on.ca/~ajhyman/legalp.html (abgerufen am 07.12.2000); *Macavinta*, Conviction in online threat case, CNET News.com vom 11.02.1998, unter: http://news.cnet.com/news/0-1005-202-326457.html (abgerufen am 07.12.2000); *Loundy*, a.a.O., S. 22.

70 *Bradley*, a.a.O.; *Hyman*, a.a.O.

Angesicht zu Angesicht – allein durch das Lesen der elektronischen Nachricht (z. B. einer E-mail) zu einer unmittelbaren gesetzeswidrigen Handlung herausgefordert fühlt.[71] *Loundy* führt hingegen aus, daß die *fighting words*-Rechtsprechung, anders als die noch zu besprechende *lawless action*-Rechtsprechung, nicht auf eine Unmittelbarkeit der Reaktion des Lesers (*immediacy*) abstelle.[72] Diese müsse daher nicht unmittelbar auf das Absenden der Nachricht folgen. Die Äußerungen seien dann als gemacht anzusehen, wenn die Nachricht gelesen werde.[73] Auch die Tatsache, daß sich der Absender in weiter Entfernung aufhalte, hindere nicht die Übermittlung der Äußerung in Kampfbereitschaft. Eine unmittelbare Reaktion seitens des Empfängers könne etwa darin bestehen, daß er sich am Account des Absenders zu schaffen mache.[74]

Zwei Urteile beschäftigen sich mit drohenden Äußerungen in Netzwerken: Im Jahre 1994 wurde ein Student verurteilt, der per E-mail Präsident Clinton angedroht hatte, an einem der nächsten Tage nach Washington zu kommen und ihn zu erschießen.[75] Ein weiterer nicht vom First Amendment geschützter Fall der rassistischen persönlichen Bedrohung mit dem Tode ereignete sich im Jahre 1996 in Kalifornien: Anfang 1998 wurde Anklage gegen einen 21-jährigen Studenten der University of California at Irvine erhoben. Dieser hatte ein mit „Asian Hater" unterzeichnetes E-mail an eine Gruppe von überwiegend Asiaten geschickt, in welchem er diesen androhte, sie persönlich umzubringen.[76] In einem Votum der Jury wurde bestätigt, daß eine Bedrohung über das Internet genauso zu behandeln sei wie über Telefon oder per Post;[77] der Autor wurde im Februar 1998 für schuldig befunden.[78]

II. Leugnungstatbestände

Die Leugnung des Holocaust gehört in den USA zu denjenigen Bereichen, in denen die Meinungsfreiheit klar überwiegt. Strafvorschriften zu diesem Themenkomplex existieren nicht, da sie verfassungsrechtlich nicht erlaubt sind.

---

71 *Bradley*, a.a.O.

72 *Loundy*, a.a.O., S. 24; ebenso: *Hyman*, a.a.O.

73 *Loundy*, a.a.O., S. 24.

74 *Loundy*, a.a.O., S. 24.

75 *Loundy*, a.a.O., S. 23.

76 Im Originaltext heißt es: „*I personally will make it my life career to find and kill every one of you personally.*" bei *Macavinta*, a.a.O.

77 Weitere Einzelheiten bei *Macavinta*, a.a.O.

78 *Altschiller*, a.a.O., S. 14.

III. Kennzeichen und Propagandamittel verfassungsfeindlicher Organisationen

Dasselbe gilt für den Bereich der Kennzeichen und Propagandamittel verfassungsfeindlicher Organisationen. Strafvorschriften in diesem Bereich werden verfassungsrechtlich nicht gebilligt.[79]

IV. Aufforderung zu Straftaten

1. Überblick

Verfassungsrechtlich nicht geschützt sind weiterhin Äußerungen, die eng mit einer illegalen Handlung verbunden sind, wie z. B. die Aufforderung zu einer unmittelbar drohenden strafbaren Handlung. Diese Gruppe wird als *advocacy of lawless action* (Gutheißung gesetzeswidriger Handlungen) bezeichnet.

2. *Speech advocating lawless action*

Der *US Supreme Court* hatte im Urteil *Brandenburg v. Ohio*[80] über Äußerungen einer Klangruppierung zu entscheiden, welche sich auf einem Feld versammelt hatte und dort für rassistische Gewalt eingetreten war, was in den Fernsehnachrichten übertragen worden war. Der *US Supreme Court* hob die Verurteilung[81] des Brandenburg auf und führte aus, daß eine solche Gutheißung *(advocacy of lawless action)* darauf gerichtet und auch geeignet sein muß, unmittelbar zu gesetzeswidrigen Handlungen aufzuhetzen oder diese hervorzurufen.[82] Sie muß gewissermaßen der Auslöser hierfür sein. Die bloße Befürwortung gesetzeswidriger Handlungen fällt demnach nicht in den Anwendungsbereich dieser Rechtsprechung.[83] Auch dürfte klar sein, daß eine *dangerous tendency*, also die bloße Möglichkeit einer zukünftigen Rechtsverletzung, nicht ausreichend ist. Diese Rechtsprechung geht zurück auf die aus dem Jahre 1919 stammende und

---

79 Vgl. hierzu insbesondere die Ausführungen zu Abschnitt B I 2 e.

80 *Brandenburg v. Ohio*, 395 U.S. 444 (1969), unter: http://caselaw.findlaw.com/scripts/getcase.pl?navby=search&linkurl=<%LINKURL%>&graphurl=<%GRAPHURL%>&court=US&case=/us/395/444.html (abgerufen am 07.12.2000).

81 Diese war auf ein Strafgesetz aus Ohio gestützt worden, wonach u. a. nachfolgendes Verhalten eine strafbaren Handlung darstellte: *"(...) advocate[s] the duty, necessity, or propriety of crime, sabotage, violence, or unlawful methods of terrorism as a means of accomplishing industrial or political reform (...)"*, zit. nach *Downs*, a.a.O., S. 114.

82 *Brandenburg v. Ohio*, a.a.O.: *„(...) where such advocacy is directed to inciting or producing imminent lawless action and is likely to incite or produce such action."*

83 *Loundy*, a.a.O., S. 22; *Downs*, a.a.O., S. 107 ff., 114.

heutzutage im Wesentlichen immer noch gültige Entscheidung *Schenck v. United States*[84], in der erstmals über die *advocacy of lawless action* befunden worden war. Danach war es eine Frage des Einzelfalls, ob die verwendeten Worte die klare und unmittelbare Gefahr der Verwirklichung eines bedeutenden Übels mit sich brachten, wobei es insbesondere auf Verwirklichungsnähe und -grad ankam.[85]

3. Anwendbarkeit auf die elektronische Datenübertragung

Im Falle der *advocacy of lawless action* nimmt *Loundy* eine genaue Differenzierung nach den einzelnen Internetdiensten vor.[86] Den Ausgangspunkt seiner Betrachtung bildet das Kriterium der *immediacy*, welches das Kernelement der *Brandenburg*-Entscheidung war. Bezüglich Mitteilungen auf einem Bulletin Board System oder in einer Usenet Newsgroup führt *Loundy* aus, daß diese oft auch noch Wochen nach ihrer Anbringung gelesen würden. Es sei in einem solchen Fall daher nur schwer vorstellbar, wie diese unmittelbar zu einer ungesetzlichen Handlung aufhetzen können sollen.[87] Im Falle eines Chatgesprächs sei dies viel wahrscheinlicher, da die Äußerungen unmittelbar übertragen würden.[88] *Loundy* scheint damit auf eine Echtzeitübertragung abzustellen. Auch im Falle von E-mails dürfte die Anwendbarkeit der *Brandenburg*-Rechtsprechung fraglich sein, da nicht zwingend davon ausgegangen werden kann, daß die Nachricht sofort gelesen wird und daher dieselbe Wirkung hat wie das gesprochene Wort.[89] Im Zusammenhang mit E-mails zitiert *Loundy* die vielbeachtete Entscheidung des *US Supreme Court* im Fall *Baker*[90]. Dort hatten zwei Männer E-mails ausgetauscht, in denen sie ihre Fantasien über die Entführung, Folterung und Ermordung von Frauen ausgelebt und Pläne zur Durchführung ihrer Ideen diskutiert hatten. Eine Verurteilung nach 18 U.S.C. § 875 (c) scheiterte hier je-

---

84 *Schenck v. United States*, 249 U.S. 47 (1919), unter: http://caselaw.findlaw.com/scripts/getcase.pl?navby=search&linkurl=<%LINKURL%>&graphurl=<%GRAPHURL%>&court=US&case=/us/249/47.html (abgerufen am 07.12.2000).

85 *Schenck v. United States*, a.a.O.: „*(The) question in every case is whether the words used are used in such circumstances and are of such a nature as to create a clear and present danger that they will bring about the substantive evils that Congress has a right to prevent. It is a question of proximity and degree.*“

86 *Loundy*, a.a.O., S. 22.

87 *Loundy*, a.a.O., S. 22.

88 *Loundy*, a.a.O., S. 23.

89 Im Ergebnis auch: *Hyman*, a.a.O.

90 *United States v. Baker*, 890 F Supp. 1375 (E.C. Mich. 1995), unter: http://ic.net/~sberaha/baker.html (abgerufen am 07.12.2000).

doch schon daran, daß der Kreis der potentiellen Opfer nicht ausreichend konkretisiert und die vorzunehmenden Handlungen nicht genügend beschrieben worden waren.[91] Eine Verurteilung hätte vorausgesetzt, daß die Drohung so eindeutig, unbedingt, unmittelbar und bestimmt ist, daß sie eine ernsthafte Ausführungsabsicht und deren Unmittelbarkeit vermittelt.[92]

C. Internationales Strafrecht

I. Normtexte

Amendment VI (1791)[93]

In all criminal prosecutions, the accused shall enjoy the right to a speedy and public trial, by an impartial jury of the State and district wherein the crime shall have been committed, which district shall have been previously ascertained by law, and to be informed of the nature and cause of the accusation; to be confronted with the witnesses against him; to have compulsory process for obtaining Witnesses in his favor, and to have the Assistance of Counsel for his defence.

Section 1.03 Model Penal Code

Territorial Applicability

(1) Except as otherwise provided in this Section, a person may be convicted under the law of this State of an offense committed by his own conduct or the conduct of another for which he is legally accountable if:

(a) either the conduct which is an element of the offense or the result which is such an element occurs within the State; or

(b) conduct occurring outside the State is sufficient under the law of this State to constitute an attempt to commit an offense within the State; or

(c) conduct occurring outside the State is sufficient under the law of this State to constitute a conspiracy to commit an offense within the State and an overt act in furtherance of such conspiracy occurs within the State; or

(d) conduct occurring within the State establishes complicity in the commission of, or an attempt, solicitation or conspiracy to commit, an offense in another jurisdiction which also is an offense under the law of this State; or

(e) the offense consists of the omission to perform a legal duty imposed by the law of this State with respect to domicile, residence or a relationship to a person, thing or transaction in the State; of

---

91 *United States v. Baker*, a.a.O.

92 *United States v. Baker*, a.a.O.

93 Auf eine Übersetzung der nachfolgenden Normtexte wurde verzichtet.

(f) the offense is based on a statute of this State which expressly prohibits conduct outside the State, when the conduct bears a reasonable relation to a legitimate interest of this State and the actor knows or should know that his conduct is likely to affect that interest.

(2) Subsection (1) (a) does not apply when either causing a specified result or a purpose to cause or danger of causing such a result is an element of an offense and the result occurs or is designed or likely to occur only in another jurisdiction where the conduct charged would not constitute an offense, unless a legislative purpose plainly appears to declare the conduct criminal regardless of the place of the result.

(3) Subsection (1) (a) does not apply when causing a particular result is an element of an offense and the result is caused by conduct occurring outside the State which would not constitute an offense if the result had occurred there, unless the actor purposely or knowingly caused the result within the State.

(4) When the offense is homicide, either the death of the victim or the bodily impact causing death constitutes a „result", within the meaning of Subsection (1) (a) and if the body of a homicide victim is found within the State, it is presumed that such result occurred within the State.

(5) This State includes the land and water and the air space above such land and water with respect to which the State has legislative jurisdiction.

II. Prinzipien des internationalen Strafrechts

Die Problematik des internationalen Strafrechts in den USA ist eine doppelte: Zum einen betrifft sie herkömmlicherweise die Abgrenzung nationaler Strafgewalt gegenüber ausländischen Staaten. Zum anderen erfaßt sie im Falle der USA auch die Frage nach der innerstaatlichen Kompetenzverteilung. Hier muß weiterhin beachtet werden, daß die Bundesgerichte für die Verfolgung von Straftaten nach Bundesstrafrecht, die Einzelstaaten für die Verfolgung von Straftaten nach ihrem eigenen Strafrecht zuständig sind.[94]

Einen verfassungsrechtlichen Anhaltspunkt für die Bestimmung der Zuständigkeit liefert zunächst einmal der sechste Verfassungszusatz, wonach auf den Tatort abzustellen ist. Derjenige Staat sei zuständig, in dem die Straftat begangen wurde („*wherein the crime shall have been committed*").

Die Zuständigkeit für Straftaten nach Bundesstrafrecht ergibt sich aus Titel 18 des U.S. Code, Section 7, welcher sich mit der territorialen Zuständigkeit und mit Taten auf US-amerikanischen Schiffen und Luftfahrzeugen befaßt. Nur bestimmte Straftaten werden vom Bundesstrafrecht erfaßt; die Verfassung ver-

---

94 *Wells/Weston*, Criminal Law, Santa Monica, California 1978, S. 140.

langt, daß entsprechende Gesetze auf Bundesebene notwendig und eigentümlich („*necessary and proper*") sind.[95]

Die Vorschriften betreffend die Zuständigkeit der Einzelstaaten sind mannigfaltig und unüberschaubar. Der überwiegende Teil der Einzelstaaten orientiert sich jedoch an der Mustervorschrift Section 1.03 des Model Penal Code, welche das Territorialitätsprinzip umschreibt. Die allgemein gültige sogenannte *rule of lex loci delicti* besagt zudem, daß die Zuständigkeit am Ort des Unrechts besteht, also am Ort der Handlung oder des Erfolgs der Straftat.[96]

Bei der Festlegung des internationalen Strafrechts durch die Einzelstaaten und den Bundesstaat, sei es in Form von Gesetzesrecht oder auch Richterrecht, bestehen grundsätzlich nur die durch das Völkerrecht gesetzten Grenzen. Das durch das American Law Institute verabschiedete sogenannte *Third Restatement of Foreign Relations of the United States* enthält diesbezüglich für die USA Regelungen von besonderer Wichtigkeit und Akzeptanz.[97] Bei einem Restatement handelt es sich jedoch nicht um positives Recht, sondern nur um eine Rechtserkenntnisquelle, mit der in der Regel das geltende Recht wiedergegeben wird.[98] Das *Third Restatement* kodifiziert jedenfalls Regeln für die innerstaatliche Kompetenzverteilung; ob es auch Völkergewohnheitsrecht widerspiegelt, ist fraglich.[99] Traditionell – wie auch im *Third Restatement* – wird unterschieden zwischen der *jurisdiction to prescribe* oder *legislative jurisdiction* (Anordnungshoheit), der *jurisdiction to adjudicate* oder *judicial jurisdiction* (Gerichtshoheit) und der *jurisdiction to enforce* oder *executive jurisdiction* (Vollstreckungshoheit).[100] Mit *jurisdiction* ist hierbei nicht nur die *criminal jurisdiction* bezeichnet; vielmehr sind sämtliche Regelungsbereiche des Rechts erfaßt.

Unter *jurisdiction to prescribe* wird die Hoheit eines Staates verstanden, seine eigenen Gesetze auf bestimmte Personen und Umstände anwendbar zu ma-

---

95 *Wells/Weston*, a.a.O., S. 145.

96 *Wells/Weston*, a.a.O., S. 148.

97 *Meng*, Regeln über die Jurisdiktion der Staaten im amerikanischen Restatement (Third) of Foreign Relations Law, Archiv des Völkerrechts 1989, 156 ff.

98 *Meng*, a.a.O., S. 157 f.

99 *Meng*, a.a.O., S. 165 ff.

100 *Wilske/Schiller*, International Jurisdiction in Cyberspace: Which States May Regulate the Internet?, S. 4, unter: http://www.law.indiana.edu/fclj/pubs/v50/no1.wilske.html (abgerufen am 11.03.2000); zu den Prinzipien auch: *Menthe*, Jurisdiction in Cyberspace: A Theory of International Spaces, unter: http://www.mtter.org/volfour/menthe_art.html (abgerufen am 18.04.2001).

chen.[101] Sie bezieht sich auf die legislative Gewalt und schränkt gleichzeitig deren Kompetenzen ein.[102] Herkömmliche und anerkannte Anknüpfungsmomente für die *jurisdiction to prescribe* sind das Territorialitätsprinzip (*territoriality principle*), das Personalitätsprinzip (*nationality principle*), das Schutzprinzip (*protective principle*) und das Auswirkungsprinzip (*effects principle*). Dies sind auch die in den Sections 402 des *Third Restatement* genannten Möglichkeiten der Anknüpfung, wobei Section 403 eine Einschränkung durch das Kriterium der *reasonableness* (Vernünftigkeitsgebot) vorschreibt. Schließlich darf ein Staat seinen Strafanspruch auch für bestimmte Rechtsgüter, die gewohnheitsrechtlich oder vertraglich international als besonders schutzwürdig und deren Verletzung als strafwürdig angesehen wird, festlegen; sog. Weltrechtsprinzip (*universality principle*).[103]

Das *effects principle*, welches vom *Third Restatement* als ein Unterfall des Territorialitätsprinzips behandelt wird, besagt, daß auch in demjenigen Staat die Zuständigkeit begründet sein kann, in dem die schädlichen Wirkungen einer Tat eingetreten sind, unabhängig davon, wo die Tat begangen wurde.[104] Daß es sich beim *effects principle* im Einzelfall um ein schwaches Anknüpfungskriterium handelt,[105] welches einer allzu extensiven Auslegung Tür und Tor öffnen kann, liegt auf der Hand.

Unter *jurisdiction to adjudicate* versteht man die Kompetenz staatlicher Gerichte, Personen oder Sachen der eigenen Rechtsprechung zu unterwerfen. Anknüpfungspunkt ist nach Section 421 (1) auch hier das Kriterium der *reasonableness*. Gemäß Section 421 (2) erscheint die Ausübung der Gerichtshoheit z. B. dann vernünftig, wenn eine Person sich in dem jeweiligen Staat aufhält, dort wohnhaft ist, dessen Staatsangehörigkeit besitzt, dort regelmäßig geschäftlich tätig ist oder dies war (dann allerdings nur bezogen auf die geschäftliche Tätigkeit), oder außerhalb des Staates eine Geschäftstätigkeit ausübte, die erhebliche, unmittelbare und vorhersehbare Auswirkungen innerhalb dieses Staates hatte (auch hier nur bezogen auf diese Tätigkeit).[106] Limitiert wird durch diese Regelungen

---

101 *Wilske/Schiller*, a.a.O., S. 5; *Meng*, a.a.O., S. 156 ff., 163.

102 *Perritt*, Jurisdiction and the Internet: Basic Anglo/American Perspectives, unter: http://www.ilpf.org/confer/present99/perritt.htm (abgerufen am 08.12.2000)

103 *Ipsen*, Völkerrecht, 4. Auflage, München 1999, § 38 Rz. 7.

104 *Wilske/Schiller*, a.a.O., S. 8; *Menthe*, a.a.O., S. 3..

105 *Wilske/Schiller*, a.a.O., S. 8; *Menthe*, a.a.O., S. 3.

106 Vgl. *Wilske/Schiller*, a.a.O., S. 14 f.

also die judikative Gewalt[107]. In internationalen strafrechtlichen Fällen wird zumeist auf die Anwesenheit des Beschuldigten im Inland abgestellt.[108]

In Ermangelung einer *jurisdiction to prescribe* darf *jurisdiction to adjudicate* nur ausgeübt werden, wenn das Gericht bereit ist, das Recht eines fremden Staates anzuwenden, was bei strafrechtlichen Sachverhalten kaum der Fall sein wird.[109] Die *jurisdiction to adjudicate* ist daher – ebenso wie die *jurisdiction to enforce* – für den hier interessierenden Bereich von wenig Bedeutung.

III. Internetstraftaten

Unproblematisch dürfte es nach dem *territoriality principle* im Rahmen der *jurisdiction to prescribe* sein, die Zuständigkeit nationaler Gerichte für solche Personen zu begründen, die auf eigenem Hoheitsgebiet Informationen in das Internet einspeisen oder herunterladen (*Theory of the Uploader and the Downloader*).[110] Auch bei der Anknüpfung an das Recht des Standortes des Servers, auf dem sich schädliche Inhalte befinden (*law of the server*), handelt es sich um eine mögliche Ausprägung des *territoriality principle*.[111] Etliche Autoren in der US-amerikanischen Literatur befassen sich mit der *jurisdiction*-Problematik und bieten auch für grenzüberschreitende Sachverhalte mögliche Lösungsansätze an.[112]

Präzedenzfälle zum internationalen Strafrecht existieren in den USA – soweit ersichtlich – bislang nicht. Die Entscheidung *United States v. Thomas*[113], welche den Bereich der Pornographie betrifft, beschäftigt sich zwar mit der innerstaatlichen *jurisdiction*-Problematik. Sie spricht aber auch grenzüberschreitende Fragen an und ist daher auch für das internationale Strafrecht von Interesse. Im

---

107 *Perritt*, Jurisdiction and the Internet, a.a.O.

108 *Wilske/Schiller*, a.a.O., S. 15.

109 *Wilske/Schiller*, a.a.O., S. 4, 15.

110 Vgl. *Menthe*, a.a.O., S. 4 f.

111 Vgl. *Menthe*, a.a.O., S. 7 ff.

112 Vgl. z. B. *Menthe*, a.a.O., S. 1 ff.; *Wilske/Schiller*, a.a.O., S. 1 ff.; *Oberding/Norderhang*, A Separate Jurisdiction for Cyberspace?, unter: http://www. ascusc.org/jcmc/vol2/issue1/juris.html (abgerufen am 07.12.2000); *Vartanian*, The Internet and Federal Courts: Issues and Obstacles, unter: http://www.kentlaw. edu/cyberlaw/ (abgerufen am 11.07.2000); *Perritt*, The Internet is Changing the Public International Legal.System, unter: http://www.kentlaw.edu/cyberlaw/perrittnetchg.htm (abgerufen am 08.12.2000)

113 *United States v. Thomas*, 74 F. 3d 701 (6th Cir. 1996), cert. denied, 117 S. Ct. 74 (1996); unter: http://www.epic.org/free_speech/censorship/us_v_thomas.html (abgerufen am 28.06.00).

genannten Fall betrieben die Angeklagten in Kalifornien ein Bulletin Board mit pornographischen Bildern unterschiedlichster Art (auch Kinderpornographie). Zu diesen Dateien erhielten nur solche Mitglieder mit Paßwort Zugang, welche sich angemeldet und eine Gebühr entrichtet hatten. Ein Undercover-Agent, der als Mitglied aufgenommen worden war, nahm daraufhin aus Memphis, Tennessee, Zugriff auf das betreffende Material, und speicherte es ab. Die Anklageerhebung und Verurteilung erfolgte vor dem Federal Court in Tennessee und nicht in Kalifornien. Die Verteidigung rügte erfolglos die Unzuständigkeit des Gerichts, welches seine Zuständigkeit mit dem Argument begründet hatte, daß die Auswirkungen des strafrechtlichen Verhaltens auch Tennessee erreichten, weshalb dieser Gerichtsstand der geeignete sei.[114]

Das Urteil *United States v. Thomas* wird von *Wilske/Schiller* unter das *effects principle* eingeordnet.[115] Es erscheint jedoch zweifelhaft, ob man dieser Entscheidung den allgemeinen Grundsatz entnehmen kann, daß stets die Gerichte desjenigen Staates zuständig sind, in dem auf Dateien Zugriff genommen wird. Beachtet werden muß nämlich hier zum einen, daß es sich im konkreten Fall um den sensiblen Bereich der (Kinder-)Pornographie handelte; eine verschärfte Handhabung also sicherlich beabsichtigt war.[116] Des weiteren muß auch berücksichtigt werden, daß den Betreibern im vorliegenden Fall aufgrund der vorangegangenen Anmeldung der Mitglieder bekannt war, an welchem Ort die entsprechenden Dateien heruntergeladen werden würden.[117] Letztlich betrifft dieser Fall auch nur die innerstaatliche *jurisdiction*-Problematik und begegnet damit geringeren Souveränitätshürden als bei entsprechendem internationaler Kontext.

Als extrem muß sicherlich ein Memorandum[118] des Attorney Gerneral *Humphrey* aus Minnesota angesehen werden, in dem dieser sämtliche Internet-Benutzer und Provider warnt und großzügig seine Zuständigkeit für sämtliche Vorgänge im Internet, die sich auf Minnesota auswirken können, behauptet.[119] Insbeson-

---

114 *United States v. Thomas*, a.a.O.: „*(...) the effects of the Defendant's criminal conduct reached the Western District of Tennessee, and that district was suitable for accurate fact-finding (...)*".

115 *Wilske/Schiller*, a.a.O., S. 8.

116 *Satterlee*, Stephens, Burke & Burke LLP, The Cybarrister Page: Cases Finding Jurisdiction on the Basis of Internet Contacts, unter: http://www.ssbb.com/nojuris.html (abgerufen am 07.12.2000).

117 *Wilske/Schiller*, a.a.O., S. 8.

118 Minnesota Memorandum, unter: http://www.state.mn.us/ebranch/ag/memo.txt, zitiert nach: *Wilske/Schiller*, a.a.O., S. 9 (Fn. 95); sehr kritisch hierzu *Menthe*, a.a.O., S. 5 ff.

119 *Wilske/Schiller*, a.a.O., S. 9; *Menthe*, a.a.O., S. 5.

dere seien sämtliche Informationen erfaßt, die wissentlich in Minnesota verbreitet würden[120]. Nach diesem Memorandum ist also Vorsatz hinsichtlich der Verbreitung in Minnesota erforderlich, um die Zuständigkeit der dortigen Gerichte zu begründen.

Der Attorney General von Florida hält hingegen bei Internetvorgängen (im gegenständlichen Fall bezogen sich die Äußerungen auf virtuelle Spielkasinos) das Federal Government für eventuelle Anordnungen zuständig. Vermieden werden solle damit eine „*patchwork attention*" der Einzelstaaten.[121]

In zivilrechtlicher Hinsicht existiert umfangreiche Rechtsprechung, die sich mit der innerstaatlichen *jurisdiction*-Problematik beschäftigt. Hier hat sich auf der Basis der *jurisdiction to adjudicate* die Theorie der *minimum contacts* durchgesetzt, wonach die beklagte Partei aufgrund einer Gesamtwürdigung genügend Verbindungen zum Gerichtsstand aufweisen muß, in der Form, daß sie vernünftigerweise damit rechnen mußte, aufgrund dieser nachhaltigen Verbindungen an einem fernen Gericht verklagt zu werden.[122]

Eine besonders anschauliche Formel, welche die *minimum contacts*-Theorie für den Internet-Bereich griffig macht, wurde in der Entscheidung *Zippo Manufacturing Co. v. Zippo Dot Com Inc.*[123] gefunden, welche sich mit Domainrecht beschäftigt. Hier wurde ausgeführt, daß die Frage nach der Zuständigkeit eines Gerichts mit Hilfe einer Stufenleiter (*sliding scale*) zu beantworten sei. Am

---

120 Minnesota Memorandum, a.a.O.: "*(...) transmit information via the Internet knowing that information will be disseminated in Minnesota (...)*", „*(...) intentionally causes a result within the state prohibited by the criminal laws of this state (...)*".

121 *Wilske/Schiller*, a.a.O., S. 9.

122 *International Shoe Co. v. Washington,* 326 U.S. 310 (1945), unter: http://caselaw.findlaw.com/cgi-bin/getcase.pl?court=us&vol=326&invol=310 (abgerufen am 07.12.2000); *Burger King Corp. v. Rudzewicz*, 471 U. S. 462 (1985), unter: http://caselaw.findlaw.com/scripts/getcase.pl?navby=search&linkurl=<%LINKURL%> &graphurl=<%GRAPHURL%>&court=US&case=/us/471/462.html (abgerufen am 07.12.2000); *World Wide Volkswagen Corp. v. Woodson*, 444 U. S. 286 (1980), unter: http://caselaw.findlaw.com/scripts/getcase.pl?navby=search&linkurl=<%LINKURL%> &graphurl=<%GRAPHURL%>&court=US&case=/us/444/286.html (abgerufen am 07.12.2000); hierzu auch *Williams*, The Internet – A Basis for Jurisdiction?, unter: http://www.williamspatent.com/article01.html (abgerufen am 07.12.2000); *Galkin*, The Law Long Arm Of The Law, unter: http://www.smartbiz.com/sbs/columns/ galkin16.htm (abgerufen am 07.12.2000); An Overwiev of the Law of personal (adjudicatory) jurisdiction: the United States perspective, unter: http://www.kentlaw. edu/cyberlaw/docs/rfc/usview.html (abgerufen am 08.12.2000).

123 *Zippo Manufacturing Co. v. Zippo Dot Com Inc.*, 952 F. Supp. 1119 (W.D.Pa. 1997), unter: http://www.bna.com/e-law/cases/zippo.html (abgerufen am 07.12.2000).

Ende derselben stünden passive Websites, die lediglich Informationen vermittelten, am anderen Ende interaktive Websites, welche mit Bewohnern einer bestimmten Region in geschäftlichen Kontakt treten. Es komme hiernach stets auf den Grad der Aktivität und auf deren Zusammenhang mit dem Klagegegenstand an.

Ob die *minimum contacts*-Formel die Zuständigkcit US-amerikanischer Gerichte auch bei internationalen Sachverhalten zu begründen vermag, erscheint sehr fraglich. Mimimale Verbindungen mögen zwar ausreichend sein, um innerstaatliche Zuständigkeitsfragen zu lösen, jedoch kaum, um in die Souveränität fremder Staaten einzugreifen.

Teil 3: Rechtsvergleich

A. Systematik des Rechtsvergleichs

I. Vorbemerkungen

Wie bereits in der Einleitung dargestellt, dient nachfolgender Rechtsvergleich vor allem der Herausarbeitung eines strafrechtlichen Mindeststandards unter den behandelten Staaten, dessen Kenntnis für die realistische Einschätzung der Einführbarkeit und Durchsetzbarkeit von Harmonisierungsvorschriften unumgänglich ist. Der Begriff „Harmonisierung" kann hierbei im weitesten Sinne verstanden werden. Idealerweise umfaßt er jedoch direkt anwendbare, gemeinsame Bestimmungen für alle beteiligten Staaten. Nur hierdurch erscheint gewährleistet, daß die strafrechtlichen Maßstäbe in allen diesen Staaten dieselben sind. Letztlich existieren mehrere Methoden der Harmonisierung,[1] von denen nur eine an bereits existierende Mindeststandards anknüpft. Denkbar ist unter anderem auch, daß sich Staaten auf der Basis eines Kompromisses auf einen Mittelwert einigen.[2] Jedenfalls erscheint im hier untersuchten Bereich, der aufgrund des zunehmenden Einsatzes moderner Informationstechnologien den nationalen Kontrollmöglichkeiten weitgehend entzogen ist, ein anderer Weg als eine Harmonisierung auf lange Sicht kaum gangbar.[3]

Die Darstellung der verschiedenen Rechtsordnungen und deren einschlägiger Strafvorschriften hat gezeigt, daß zunächst drei Rechtskreise zu unterscheiden sind: der deutsche (Deutschland, Österreich, Schweiz), der romanische (Frankreich, Spanien), sowie der anglo-amerikanische (Vereinigtes Königreich, USA, Kanada).[4] Die hierdurch bedingten Unterschiede in Art und Struktur der

---

1 Zum Begriff der Harmonisierung vgl. *Klip*, Harmonisierung des Strafrechts – eine fixe Idee?, NStZ 2000, 626, 627. *Klip* unterscheidet drei Stufen der Harmonisierung, wobei die erste Stufe in der Umsetzung gemeinsamer verbindlicher Verpflichtungen in nationales Recht besteht, das national gehandhabt wird. Als zweite Stufe bezeichnet *Klip* direkt anwendbare gemeinsame Bestimmungen für alle Staaten, deren Handhabung jedoch national erfolgt. Erst im Rahmen der dritten Stufe existieren gemeinsame Bestimmungen, gemeinsame Verfahrensordnungen sowie eine gemeinsame Verfahrens- und Verfolgungspraxis.

2 Vgl. hierzu *Klip*, NStZ 2000, 626, 627.

3 Vgl. zur strafrechtlichen Harmonisierung auf europäischer Ebene *Sieber*, Memorandum für ein Europäisches Modellstrafgesetzbuch, JZ 1997, 369, 374.

4 Für einen Rechtsvergleich zum Thema „Democracy, Law and Racial Incitement" zwischen den Ländern Deutschland, Frankreich, Kanada, USA, Vereinigtes Königreich und Israel vgl. *Roth*, The Law of Six Countries: An Analytical Comparison, S. 177 ff., in: *Greenspan/Levitt*, Under the Shadow of Weimar, Westport 1993.

Strafvorschriften wirken sich auf einen systematischen Vergleich teilweise erschwerend aus. Die Tatsache, daß es sich bei den behandelten Staaten teilweise um föderale Staaten handelt, führt hingegen zu keinen zusätzlichen Schwierigkeiten, da die relevanten Strafvorschriften (mit Ausnahme der Vereinigten Staaten) grundsätzlich auf Ebene des Bundes und nicht auf derjenigen der Bundesstaaten angesiedelt sind.

II. Gruppierung der Straftatbestände

Bereits im Rahmen einer vorläufigen Systematisierung und Gliederung der gesammelten Straftatbestände ließen sich verschiedene Gruppen von Strafvorschriften erkennen. So trennt z. B. der überwiegende Teil der untersuchten Staaten das strafrechtliche Phänomen des Rassismus von dem des Neonazismus in Form der Auschwitzlüge gesetzestechnisch und dogmatisch. Diese normtechnische Trennung ist hauptsächlich darauf zurückzuführen, daß den einzelnen Vorschriften unterschiedliche gesetzgeberische Motive und Schutzgüter zugrunde liegen. Letztlich führt diese Trennung zu der bereits bei den Landesberichten erfolgte Zuordnung der Straftatbestände zu bestimmten Gruppen; gleichzeitig ermöglicht sie eine übersichtlichere Gegenüberstellung zum Zwecke des Rechtsvergleichs. Folgende Gruppen wurden insgesamt gebildet:

(I) Rassismusvorschriften

(II) Leugnungstatbestände

(III) Kennzeichen und Propagandamittel verfassungsfeindlicher Organisationen

(IV) Aufforderung zu Straftaten

In einem Einzelfall – Österreich – war die Zuordnung von Straftatbeständen zu bestimmten Gruppen nicht durchgängig möglich. Der in diesem Sinne einzigartige Straftatbestand des § 3g Verbotsgesetz (Betätigung im nationalsozialistischen Sinne) ist derart umfassend, daß die Zuordnung sowohl zu den Rassismusvorschriften als auch zu den Leugnungstatbeständen und zu den Kennzeichen und Propagandamitteln verfassungswidriger Organisationen nur Teilaspekte der Vorschrift erfaßt.

Die Gliederung in Gruppen bietet dennoch den Vorteil, daß sie vorhandene „Lücken" in den jeweiligen Rechtsordnungen deutlich zutage treten läßt. So wiesen z. B. die USA im Bereich der Rassismusvorschriften ein Defizit auf, auf das später noch näher eingegangen wird. Leugnungstatbestände fehlen im gesamten anglo-amerikanischen Rechtskreis.[5] Strafrechtliche Regelungen zu Kennzeichen und Propagandamitteln verfassungswidriger Organisationen exis-

---

5 Kanada verfügt jedoch über einen Leugnungstatbestand im weiteren Sinne, vgl. hierzu Teil 3, Abschnitt B II.

tieren lediglich in Deutschland und Österreich.[6] Tatbestände, welche die Aufforderung zu Straftaten beinhalten, finden sich als Strafnormen – soweit ersichtlich – nur im deutschen Rechtskreis (Deutschland, Österreich, Schweiz) und in Frankreich.

III. Geschützte Rechtsgüter

Ein an den jeweiligen Schutzgütern orientierter Rechtsvergleich erscheint nicht sinnvoll. Zum einen hat die Darstellung in den einzelnen Landesberichten gezeigt, daß sich das geschützte Rechtsgut aus der jeweiligen Vorschrift häufig nicht klar ergibt. Im Falle der Rassismusvorschriften z. B. finden sich vage Formulierungen wie „öffentliche Ordnung, friedliches Zusammenleben, Menschenwürde, Rechte Dritter". Dogmatische oder tatbestandliche Konsequenzen der Zuordnung einer Vorschrift zum einen oder anderen Rechtsgut lassen sich hierbei nicht erkennen. Lediglich die deutsche Rechtsordnung benennt bei den Rassismusvorschriften den Jugendschutz als weiteres Schutzgut, was im konkreten Fall zum Erlaß spezieller Jugendschutzvorschriften geführt hat.[7] Bei einer Gesamtschau der behandelten Staaten läßt sich jedoch festhalten, daß das geschützte Rechtsgut für den Rechtsvergleich allenfalls von untergeordneter Bedeutung ist.

IV. Gesetzestechnik und Verfassungsrecht

Die Strafvorschriften entspringen einheitlich dem einfachen Gesetzesrecht. Überwiegend handelt es sich um Vorschriften der nationalen Strafgesetzbücher oder in strafrechtlichen Nebengesetzen. So sind die Rassismusstraftatbestände in den Ländern Deutschland[8], Österreich[9], Schweiz[10], Kanada[11] und Spanien[12] im nationalen Strafgesetzbuch enthalten. Im Falle Frankreichs sind diese im Pressegesetz[13] enthalten; das Vereinigte Königreich bedient sich des Public Order

6 In Frankreich existiert lediglich ein Übertretungstatbestand (Art. R. 645-1 NCP).

7 § 21 GjSM und § 130 Abs. 2 Nr. 1c StGB; § 12 JÖSchG.

8 § 130 Abs. 1 und 2 StGB; § 21 GjSM und § 12 JÖSchG stellen strafrechtliche Nebengesetze dar.

9 § 283 StGB; beim Sonderfall des § 3g Verbotsgesetz handelt es sich um ein strafrechtliches Nebengesetz.

10 Art. 261bis StGB.

11 Art. 319 CCC.

12 Art. 510 CP.

13 Art. 24 Abs. 6, Art. 32 Abs. 2, Art. 33 Abs. 3 Pressegesetz.

Act 1986 als Form des sogenannten *statute law*.[14] Leugnungstatbestände sind in den Ländern Deutschland[15], Schweiz[16] und Spanien[17] im Strafgesetzbuch enthalten. Österreich verfügt über einschlägige Straftatbestände im NSDAP-Verbotsgesetz[18], Frankreich im Pressegesetz[19]. Strafvorschriften zu Kennzeichen und Propagandamitteln verfassungswidriger Organisationen sind in Deutschland im Strafgesetzbuch,[20] in Österreich im NSDAP-Verbotsgesetz[21] verortet. Auch die untersuchten Vorschriften zur Aufforderung zu Straftaten entstammen dem einfachen Gesetzesrecht.[22]

Einige Staaten ergänzen ihr strafrechtliches Schutzniveau durch entsprechende Übertretungs- oder Ordnungswidrigkeitentatbestände (in Frankreich: *contraventions*; in Österreich: *Verwaltungsübertretungen*), die z. T. nicht als Strafvorschriften, sondern als Verwaltungsunrecht anzusehen sind. Besonders in Fällen, in denen – in Ermangelung strafrechtlicher Vorschriften – die betreffende Materie nur durch Ordnungswidrigkeitentatbestände geregelt und damit auf ein niedrigeres Schutzniveau gestellt wurde, werden auch solche Vorschriften in den Rechtsvergleich einbezogen.

Die Darstellung der einzelnen Landesberichte hat weiterhin gezeigt, daß in sämtlichen untersuchten Staaten die Meinungsfreiheit als eines der wichtigsten demokratischen Grundrechte verfassungsrechtlich verbürgt ist.[23] Entsprechende Strafvorschriften bewegen sich daher immer im Spannungsfeld zwischen Meinungsfreiheit, öffentlicher Ordnung, Rechten Dritter bzw. der sonst im Einzelfall zum Tragen kommenden Schutzgüter. Die widerstreitenden Interessen in Einklang zu bringen, ist Aufgabe des einzelnen Staates. Daß hierbei der Meinungs-

---

14 Es handelt sich um das geschriebene Gesetzesrecht im Gegensatz zum Fallrecht (*case law*); vgl. Landesbericht Vereinigtes Königreich, Teil 2, Abschnitt A II.

15 § 130 Abs. 3 und 4 StGB, sowie §§ 185, 194 StGB im Falle der einfachen Auschwitzlüge, vgl. dazu den Landesbericht, Teil 2, Abschnitt B II 2 c).

16 Art. 261bis Abs. 4 StGB.

17 Art. 607 Abs. 2 CP.

18 § 3h und § 3g Verbotsgesetz; zum Verhältnis der beiden Vorschriften vgl. den Landesbericht, Teil 2, Abschnitt B I 2 d), II 2 und 3.

19 Art. 24bis und Art. 24 Abs. 3 und 4 Pressegesetz.

20 §§ 86, 86a StGB.

21 § 3g Verbotsgesetz; § 3 Abs. 1 Abzeichengesetz (Übertretungstatbestand).

22 Für **Deutschland**: § 111 StGB, § 21 GjSM; für **Österreich**: § 3d VerbotsG, §§ 281, 282 StGB; für die **Schweiz**: Art. 259 StGB; für **Frankreich**: Art. 23, 24 Pressegesetz, Art. 227-21 NCP.

23 Vgl. in den einzelnen Landesberichten, Teil 2, jeweils unter Abschnitt A III.

freiheit der Vorrang eingeräumt werden kann und auch wird, zeigt ganz deutlich das Beispiel der USA, wo die Abwägung zugunsten der Meinungsfreiheit den Erlaß von Strafvorschriften in diesem Bereich nahezu vollständig ausschließt.[24]

V. Rechtsfolgen und prozessuale Fragen

Im Zusammenhang mit den Strafvorschriften soll auch auf strafrechtliche Nebenfolgen wie die Einziehung von Gegenständen und auf prozessuale Besonderheiten wie die Zustimmung des Attorney General zur Einleitung eines Strafverfahrens eingegangen werden.

VI. Internationales Strafrecht

Als gesonderte Rubrik werden auch das internationale Strafrecht und vor allem die sich aus der grenzüberschreitenden elektronischen Datenübertragung ergebenden Sonderprobleme einem Rechtsvergleich unterzogen.

B. Rechtsvergleich

I. Rassismusvorschriften

Mit Ausnahme der USA verfügt jeder der untersuchten Staaten über ausreichende Strafbestimmungen gegen rassistische Äußerungsformen.[25] Dies ist vor allem darauf zurückzuführen, daß sämtliche hier behandelten Staaten Vertragsstaaten des Internationalen Übereinkommens zur Beseitigung jeder Form von Rassendiskriminierung aus dem Jahre 1966 (ICERD)[26] sind. Die Ausgestaltung der entsprechenden Strafnormen deckt sich daher in weiten Teilen, wenn auch nicht alle Staaten das Übereinkommen gleichermaßen und vollständig innerstaatlich umgesetzt haben. Ein Teil dieser Staaten (Österreich, Schweiz, Frankreich, Vereinigtes Königreich und die USA) hat in Bezug auf die Kriminalisierungsverpflichtung aus Art. 4 ICERD Vorbehalte bzw. Interpretationserklärun-

---

24 Vgl. hierzu den Landesbericht, Teil 2, Abschnitt B I 1.

25 Für **Deutschland:** § 130 Abs. 1 und 2 StGB, § 21 GjSM; für **Österreich:** § 283 StGB, § 3g Verbotsgesetz, Art. IX Abs. 1 Z 4 EGVG (Übertretungstatbestand); für die **Schweiz:** Art. 261bis StGB; für **Frankreich:** Art. 24 Abs. 6, 32 Abs. 2, 33 Abs. 3 Pressegesetz bzw. Art. R. 624-3, R. 624-4 und R. 625-7 NCP (Übertretungstatbestände); für **Spanien:** Art. 510 CP; für **Kanada:** Art. 319 Abs. 1 und 2 CCC; für das **Vereinigte Königreich:** Sections 18, 19, 21 Public Order Act 1986.

26 International Convention on the Elimination of all Forms of Racial Discrimination, im folgenden als ICERD abgekürzt.

gen abgegeben, um sich im Hinblick auf die Meinungs-, Vereinigungs- und Versammlungsfreiheit verfassungsrechtlich abzusichern. Während die Erklärungen Österreichs, der Schweiz, Frankreichs und des Vereinigten Königreichs jedoch im Wesentlichen Bezug nehmen auf die Meinungsfreiheit im Sinne der Allgemeinen Erklärung der Menschenrechte, haben die USA ausdrücklich klargestellt, daß sie keinerlei Verpflichtung übernehmen, die durch die Verfassung und Gesetze der Vereinigten Staaten geschützte Meinungsfreiheit zu beschränken.[27]

In den USA werden durch die sogenannte *fighting-speech*-Rechtsprechung des US Supreme Court sehr hohe Anforderungen an die Strafbarkeit rassistischer Äußerungen gestellt.[28] Im überwiegenden Teil der Fälle ist solchen keine strafrechtliche Relevanz zuzumessen.[29] Der überragende Stellenwert der Meinungsfreiheit in den USA hat zur Folge, daß diese nur bei Hinzukommen weiterer Umstände, die konkrete Gefährdungslagen begründen, zurücktreten muß. So beispielsweise, wenn mit Äußerungen die klare und unmittelbare Gefahr eines bedeutenden Übels geschaffen wird, das auch in einer ungesetzlichen Handlung bestehen kann.[30] Da der Bereich der Rassismusvorschriften von den USA damit strafrechtlich kaum abgedeckt ist, bleibt diese Rechtsordnung für den Rechtsvergleich außer Betracht.

1. Entstehungsgeschichte

a) Internationales Übereinkommen zur Beseitigung jeder Form von Rassendiskriminierung (ICERD)

Der Erlaß strafrechtlicher Rassismustatbestände diente in einigen Rechtsordnungen vorwiegend dem Zweck der innerstaatlichen Umsetzung des Rassismusübereinkommens. So erließ z. B. Frankreich nach dem Beitritt zum Übereinkommen im Jahre 1972 ein Rassismusgesetz, mit dem die Art. 24 Abs. 6, Art. 32 Abs. 2 und 33 Abs. 3 in das Pressegesetz eingefügt wurden. Kanada führte Art. 319 CCC im Jahre 1970 ein, nachdem ein Beratungskomitee zu dem Ergebnis gelangt war, daß die existierenden Strafvorschriften im Hinblick auf das Rassimusübereinkommen nicht ausreichend seien. Die Schweiz gehört zu den Staaten, bei denen die Ratifikation des Übereinkommens noch nicht lange zurückliegt. Art. 261bis des schweizerischen StGB stammt aus dem Jahre 1994.

---

27 Zum Wortlaut vgl. den Landesbericht, Abschnitt B I 1. Zur mangelhaften Umsetzung des Übereinkommens durch die USA vgl. auch *Kretzmer*, Freedom of Speech and Racism, 8 Cardozo Law Review 1987, 445, 450.

28 Vgl. hierzu den Landesbericht, Teil 2, Abschnitt B.

29 Vgl. hierzu den Landesbericht, Teil 2, Abschnitt B.

30 Vgl. hierzu den Landesbericht, Teil 2, Abschnitt B.

Das Rassismusübereinkommen geht auf die am 12.12.1960 durch die Generalversammlung der Vereinten Nationen angenommene Resolution 1510 (XV) zurück, in der alle Erscheinungsformen rassischen, religiösen und nationalen Hasses im politischen, wirtschaftlichen, sozialen, erzieherischen und kulturellen Bereich des gesellschaftlichen Lebens als Verletzung der UNO-Charta und der Allgemeinen Erklärung der Menschenrechte verurteilt werden.[31] Im Jahre 1962 wurde die Menschenrechtskommission der Vereinten Nationen daraufhin um den Entwurf einer Erklärung und eines Übereinkommens über die Beseitigung aller Formen von Rassendiskriminierung gebeten. Die Erklärung über die Beseitigung aller Formen von Rassendiskriminierung (Resolution 1904 (XVIII)) wurde am 23.11.1963 angenommen. Das Internationale Übereinkommen zur Beseitigung jeder Form von Rassendiskriminierung wurde von der Generalversammlung schließlich am 21.12.1965 einstimmig angenommen und trat am 04.01.1969 in Kraft. Zu den Vertragsstaaten zählen unter anderem sämtliche hier untersuchten Staaten.

Art. 4 des Übereinkommens lautet:

Art. 4 ICERD

Die Vertragsstaaten verurteilen jede Propaganda und alle Organisationen, die auf Ideen oder Theorien hinsichtlich der Überlegenheit einer Rasse oder einer Personengruppe bestimmter Hautfarbe oder Volkszugehörigkeit beruhen oder die irgendeine Form von Rassenhaß und Rassendiskriminierung zu rechtfertigen oder zu fördern suchen; sie verpflichten sich, unmittelbare und positive Maßnahmen zu treffen, um jedes Aufreizen zur Rassendiskriminierung und alle rassisch diskriminierenden Handlungen auszumerzen; zu diesem Zweck übernehmen sie unter gebührender Berücksichtigung der in der Allgemeinen Erklärung der Menschenrechte niedergelegten Grundsätze und der ausdrücklich in Artikel 5 des vorliegenden Übereinkommens genannten Rechte unter anderem folgende Verpflichtungen:

a) jede Verbreitung von Ideen, die sich auf die Überlegenheit einer Rasse oder den Rassenhaß gründen, jedes Aufreizen zur Rassendiskriminierung und jede Gewalttätigkeit oder Aufreizung dazu gegen eine Rasse oder eine Personengruppe anderer Hautfarbe oder Volkszugehörigkeit sowie jede Unterstützung rassenkämpferischer Betätigung einschließlich ihrer Finanzierung zu einer nach dem Gesetz strafbaren Handlung zu erklären,

b) die Organisationen und alle organisierten oder sonstigen Propagandatätigkeiten, welche die Rassendiskriminierung fördern und dazu aufreizen, als gesetzwidrig zu erklären und zu verbieten und die Beteiligung an derartigen Organisationen oder Tätigkeiten als eine nach dem Gesetz strafbare Handlung anzuerkennen,

c) nicht zuzulassen, daß staatliche oder örtliche Behörden oder öffentliche Einrichtungen die Rassendiskriminierung fördern oder dazu aufreizen.

---

31 *Strauss*, Das Verbot der Rassendiskriminierung, Zürich 1991, S. 90.

Das Übereinkommen verpflichtet die Vertragsstaaten in Art. 4 zur Ergreifung strafrechtlicher Maßnahmen zur Sanktionierung bestimmter Erscheinungsformen der Rassendiskriminierung. Nach Art. 4a und b besteht für die Vertragsstaaten die Verpflichtung, folgende Handlungen gesetzlich zur strafbaren Handlung zu erklären:

- die Verbreitung von Ideen, die sich auf die Überlegenheit einer Rasse oder den Rassenhaß gründen
- das Aufreizen zur Rassendiskriminierung
- jede Gewalttätigkeit oder Aufreizung zur Gewalttätigkeit gegen eine Rasse oder eine Personengruppe anderer Hautfarbe oder Volkszugehörigkeit
- jede Unterstützung rassenkämpferischer Betätigung
- die Beteiligung an Organisationen und an allen organisierten oder sonstigen Propagandatätigkeiten, welche die Rassendiskriminierung fördern oder dazu aufreizen.

Überwiegend wird die Formulierung „zu einer nach dem Gesetz strafbaren Handlung zu erklären“ als Verpflichtung aufgefaßt, strafrechtliche und nicht nur zivilrechtliche Verantwortlichkeit einzuführen.[32] Daß es sich um eine Kriminalisierungsverpflichtung handelt, geht jedoch bereits aus dem Wortlaut deutlich hervor.

Nach Art. 4 ICERD hat die Verpflichtung zur Ergreifung strafrechtlicher Sanktionen weiterhin „unter gebührender Berücksichtigung der in der Allgemeinen Erklärung der Menschenrechte niedergelegten Grundsätze“ zu erfolgen. Diese als *due regard*-Klausel bezeichnete Formulierung wurde auf Wunsch der skandinavischen Staaten eingefügt, um eventuellen Kollisionen mit widerstreitenden Grund- und Menschenrechten wie der Meinungsäußerungs- und Versammlungsfreiheit zu begegnen.[33] Hierdurch sollte ein Ausgleichsmechanismus geschaffen werden, um den unterschiedlichen kulturellen, politischen und rechtlichen Hintergründen eines jeden Vertragsstaates gebührend Rechnung zu tragen.[34] Die *due regard*-Klausel rechtfertigt es jedoch prinzipiell nicht, von den Verpflichtungen des Art. 4 abzuweichen. Da die Meinungsäußerungs- und Versammlungsfreiheit keine absoluten, unbeschränkbaren Rechte darstellen, darf diesen nicht grundsätzlich der Vorrang eingeräumt werden. Vielmehr hat durch Abwä-

---

32 *Strauss*, a.a.O., S. 119.

33 *Strauss*, a.a.O., S. 116.

34 *Strauss*, a.a.O., S. 117.

gung und Anwendung des Verhältnismäßigkeitsgrundsatzes ein gerechter Ausgleich stattzufinden.[35]

Gleichwohl bestehen unterschiedliche Auffassungen der Vertragsstaaten zur Auslegung der Verpflichtungen des Art. 4, wie sich auch schon bei der Ausgestaltung einzelner Strafvorschriften gezeigt hat. So ist etwa fraglich, ob die Strafbarkeit der Verbreitung rassistischer Ideen auf Handlungen mit Öffentlichkeitsbezug beschränkt werden darf, wie dies in den meisten Ländern umgesetzt wurde,[36] oder ob die Verbreitung rassistischer Ideen geeignet sein muß, Gewalt hervorzurufen, Haß zu schüren oder die öffentliche Ordnung zu stören.[37] Letztlich handelt es sich bei diesen Fragen um solche der Anwendung der *due regard*-Klausel, da die Wahrung der Meinungsäußerungsfreiheit gewisse tatbestandliche Einschränkungen rechtfertigen kann.[38]

b) Internationaler Pakt über bürgerliche und politische Rechte

Ein weiteres in diesem Zusammenhang zu nennendes internationales Übereinkommen stellt der Internationale Pakt über bürgerliche und politische Rechte aus dem Jahre 1966 dar, dessen Art. 20 Abs. 2 wie folgt lautet:

> ***Art. 20 Abs. 2 IPBürg***
>
> Jedes Eintreten für nationalen, rassischen oder religiösen Haß, durch das zu Diskriminierung, Feindseligkeit oder Gewalt aufgestachelt wird, wird durch Gesetz verboten.

Sämtliche hier untersuchten Staaten sind Vertragsstaaten dieses Paktes.[39]

2. Systematisierung der Rassismustatbestände

Bei den Straftatbeständen handelt es sich teilweise um komplexe Normen mit zahlreichen Tatbestandsalternativen und Tathandlungen.[40] Häufig sind die einzelnen Tatbestandsalternativen auch miteinander verwoben und dogmatisch nicht streng zu trennen, wodurch der Rechtsvergleich erheblich erschwert wird. Für eine übersichtliche Darstellung erscheint eine Systematisierung auch der Rassismustatbestände durch Bildung von Gruppen unentbehrlich. Bei der Systematisierung der Tathandlungen bietet es sich grundsätzlich an, die Kategorien zu

---

35 *Strauss*, a.a.O., S. 119.

36 *Strauss*, a.a.O., S. 121.

37 *Strauss*, a.a.O., S. 122.

38 *Strauss*, a.a.O., S. 122.

39 Das Vereinigte Königreich und die USA haben Vorbehalte in Bezug auf die Einführung neuer Gesetze aufgrund Art. 20 IPBürg abgegeben.

40 Vgl. nur § 130 Abs. 1 und 2 StGB.

übernehmen, welche Art. 4a ICERD für Äußerungsdelikte vorgibt, allerdings in leicht modifizierter Form und ergänzt um eine weitere Kategorie.[41]

In Anlehnung an Art. 4a ICERD werden daher in einer ersten Gruppe sämtliche Formen des Aufforderns und Aufreizens zur Rassendiskriminierung, zum Haß und zur Gewalttätigkeit gegen eine Rasse oder eine Personengruppe anderer Hautfarbe oder Volkszugehörigkeit zusammengefaßt.[42] In einer zweiten Gruppe erfolgt die Zusammenfassung von Straftatbeständen, welche die Verbreitung von rassistischen Ideen, Ideologien etc. erfassen. Eine letzte, nicht auf das Rassismusübereinkommen zurückzuführende Gruppe stellen die rassistischen Beleidigungstatbestände im weiteren Sinne dar, welche neben „echten" Beleidigungen auch das Beschimpfen, Verleumden, Verächtlichmachen von Bevölkerungsgruppen etc. erfassen (sog. *group libel*).

Größere Schwierigkeiten bereitet hierbei die Einordnung der ihrer Struktur nach anders gelagerten Sections 18, 19 und 21 des Public Order Act 1986 im Vereinigten Königreich, die Elemente einer jeden Gruppe enthalten, aber in keine dieser Gruppen vollständig einzuordnen sind. Die beiden ersten Tatbestandsalternativen von Section 18 Public Order Act 1986 (*words* und *behaviour*) wurden daher der ersten und der dritten Gruppe, die dritte Alternative (*written material*) sowie die Sections 19 und 21 Public Order Act 1986 wurden der zweiten Gruppe zugeordnet.

Einen nicht schematisch in eine spezielle Kategorie einzuordnenden Sonderfall stellt die bereits erwähnte Vorschrift § 3g VerbotsG dar, die jegliche Betätigung im nationalsozialistischen Sinne unter Strafe stellt. Die Darstellung im österreichischen Landesbericht hat gezeigt, daß es sich hierbei um einen facettenreichen Tatbestand handelt, der auch einer Subsumtion noch nicht gerichtlich überprüfter Verhaltensweisen offensteht. Es handelt sich dem Grunde nach um keinen echten Rassismustatbestand. Andererseits sind bestimmte nationalsozialistisch motivierte Verhaltensweisen auch rassistischen Ursprungs.[43] Auf diese Sondervorschrift sei daher vorweg hingewiesen.

---

41 *Kretzmer*, a.a.O., S. 494, schlägt folgende Kategorien vor: *group libel*, *breach of peace* und *anti-hate legislation*. Diese Aufteilung erscheint für die hier getroffene Auswahl der Staaten nicht zweckmäßig.

42 Dem Wortlaut des internationalen Übereinkommens entsprechend müßte strenggenommen zwischen Aufreizen zur Rassendiskriminierung und Gewalt oder Aufreizung dazu gegen eine Rasse getrennt werden, vgl. auch *Strauss*, a.a.O., S. 123 f.

43 Das österreichische Recht sieht darüber hinaus auch einen den deutschen Ordnungswidrigkeiten vergleichbaren Übertretungstatbestand in Art. IX Abs. 1 Z 4 EGVG vor, der die Verbreitung nationalsozialistischen Gedankenguts unter Strafe stellt. Auch dieser Tatbestand läßt sich den Rassismustatbeständen in einem weiteren Sinne zuordnen.

a) *Aufreizen zu Haß, Gewalt und Diskriminierung*

Mit Ausnahme der USA verfügen sämtliche Staaten über Straftatbestände, die sich unter die Vorschriften bezüglich Aufreizen zum Haß, zur Gewalt und Diskriminierung zusammenfassen lassen.[44]

aa) *Geschützte Rechtsgüter*

Die geschützten Rechtsgüter sind im Kern sehr ähnlich. Der deutsche Rechtskreis nennt übereinstimmend den öffentlichen Frieden als maßgeblich geschütztes Rechtsgut,[45] wobei subsidiär auch die Menschenwürde als Schutzobjekt diskutiert wird.[46] Im Falle Frankreichs und des Vereinigten Königreichs dienen die entsprechenden Strafvorschriften der öffentlichen Ordnung (*ordre public, public order*).[47] Die spanische Vorschrift bezweckt den Schutz der Verfassung.[48]

bb) *Gegenstand des Aufreizens*

Zunächst ist festzustellen, daß die einzelnen Staaten unterschiedliche Gegenstände des Aufreizens beschreiben, nämlich Haß, Gewalt und Diskriminierung. Hierbei muß festgehalten werden, daß Art. 4a ICERD nur vorschreibt, das Aufreizen zur Rassendiskriminierung und zu rassistischer Gewalttätigkeit, nicht jedoch das Aufreizen zum Rassenhaß zur strafbaren Handlung zu erklären.[49] Der Rassenhaß ist jedoch in sämtlichen Rechtsordnungen als zusätzlicher Gegen-

---

44 Für **Deutschland**: § 130 Abs. 1 Nr. 1 StGB; für **Österreich**: § 283 Abs. 1 und 2 StGB; für die **Schweiz**: Art. 261bis Abs. 1 StGB; für **Frankreich**: Art. 24 Abs. 6 Pressegesetz, Art. R. 625-7 NCP (Übertretungstatbestand); für **Spanien**: Art. 510 Abs. 1 CP; für **Kanada**: Art. 319 CCC; für das **Vereinigte Königreich**: Section 18 Public Order Act 1986 (hinsichtlich der Tatbestandsalternativen *words or behaviour* handelt es sich um eigene Äußerungen).

45 Für **Deutschland:** vgl. den Landesbericht unter B I 2 c); für die **Schweiz:** vgl. den Landesbericht unter B I 2 c); für **Österreich:** vgl. den Landesbericht unter B I 3 c).

46 Für **Deutschland:** vgl. den Landesbericht unter B I 2 c); für die **Schweiz:** vgl. den Landesbericht unter B I 2 c).

47 Für **Frankreich:** vgl. den Landesbericht unter B I 2 c); für das **Vereinigte Königreich:** vgl. den Landesbericht unter B I 2 c).

48 Vgl. den Landesbericht, Teil 2, unter B I 2 c).

49 Anders dagegen der Internationale Pakt über bürgerliche und politische Rechte. Hiernach wird das Eintreten für Haß, durch welches zu *Diskriminierung*, *Feindseligkeit* oder *Gewalt* aufgestachelt wird, gesetzlich verboten.

stand enthalten.[50] Das Aufreizen zur Rassendiskriminierung enthalten hingegen lediglich die Rechtsordnungen des deutschen (Deutschland[51], Österreich[52], Schweiz[53]) und des romanischen (Frankreich[54], Spanien[55]) Rechtskreises[56]. Das Aufreizen zu rassistischer Gewalt ist ebenfalls nur im deutschen[57]

---

50 Für **Deutschland**: § 130 Abs. 1 Nr. 1 StGB; für **Österreich**: § 283 Abs. 2 StGB; für die **Schweiz**: Art. 261bis Abs. 1 StGB; für **Frankreich**: Art. 24 Abs. 6 Pressegesetz, Art. R. 625-7 CP (Übertretungstatbestand); für **Spanien**: Art. 510 Abs. 1 CP; für **Kanada**: Art. 319 Abs. 1 CCC; für das **Vereinigte Königreich**: Section 18 Public Order Act 1986.

Vgl. auch **Italien**: Art. 3 Abs. 1 b) des Gesetzes Nr. 654 vom 13. Oktober 1975, modifiziert durch die Verordnung (*decreto-legge*) Nr. 122 vom 26. April 1993, übernimmt ganz offensichtlich passagenweise den Wortlaut von Art. 4a ICERD, wobei der Rassenhaß jedoch hinzugefügt wurde. Der Wortlaut lautet:

> Art. 3 (1)
> Salvo che il fatto costituisca più grave reato, ai fini dell'attuazione della disposizione dell'Art. 4 della convenzione, è punito con la reclusione da uno a quattro anni:
> a) (..)
> b) chi, in qualsiasi modo, incita alla discriminiazione o all'odio, o incita a commettere o commette violenza o atti di provocazione alla violenza, per motivi razziali, etnici, nazionali o religiosi.
>
> Übersetzung der Vorschrift:
> Art. 3 (1)
> Zum Zwecke der Umsetzung von Art. 4 des Übereinkommens wird – wenn die Tat nicht eine schwerwiegendere Straftat darstellt – mit Gefängnis von einem bis zu vier Jahren bestraft:
> a) wer aus rassischen, ethnischen, nationalen oder religiösen Gründen auf irgendeine Weise zur Diskriminierung oder zum Haß aufhetzt oder zu Gewalttätigkeiten oder zu Aufforderungshandlungen hierzu aufhetzt oder diese selbst begeht.
>
> b) (...)

51 § 130 Abs. 1 Nr. 1 StGB.

52 § 283 Abs. 1 StGB.

53 Art. 261bis Abs. 1 StGB.

54 Art. 24 Abs. 6 Pressegesetz; Art. R. 625-7 NCP (Übertretungstatbestand).

55 Art. 510 Abs. 1 CP.

56 Kanada enthält eine thematisch ähnliche Vorschrift im Human Rights Act, der jedoch keine strafrechtlichen Bestimmungen enthält, vgl. den Landesbericht unter Abschnitt B I 1.

57 Im Falle der **Schweiz** fehlt eine solche Tatbestandsalternative im Rahmen der Rassismustatbestände. Eingreifen könnte jedoch Art. 259 StGB (Öffentliche Aufforderung zu Verbrechen oder zu Gewalttätigkeit).

(Deutschland[58], Österreich[59]) und romanischen (Frankreich[60] und Spanien[61]) Rechtskreis vorgesehen.[62] Zusammenfassend bedeutet dies also, daß die hier untersuchten Staaten des anglo-amerikanischen Rechtskreises – entgegen ihrer Verpflichtung aus Art. 4a ICERD – keine speziellen Strafvorschriften bereithalten, die das Aufreizen zur Rassendiskriminierung und zu rassistischer Gewalt bestrafen.

Der Begriff des Hasses wird in den unterschiedlichen Rechtsordnungen überwiegend einheitlich verwendet (*Haß, haine, odio, hatred*). Nur die österreichische Rechtsordnung verwendet in § 283 Abs. 2 StGB den Überbegriff der *Hetze*, worunter jedoch auch der Appell an Gefühle und Emotionen mit dem Ziel, Haßgefühle zu wecken und zu verstärken, zu verstehen ist.[63]

Der Begriff der Diskriminierung wird als solcher nur von Frankreich (*discrimination*)[64], Spanien (*discriminación*)[65] und der Schweiz (*Diskriminierung*)[66] gebraucht. Unter den Überbegriff *der feindseligen Handlung* im österreichischen Recht sollen jedoch auch Diskriminierungen fallen.[67] Das deutsche Recht verwendet hingegen den engeren Begriff der *Willkürmaßnahmen,* welcher nur solche diskriminierenden Maßnahmen erfaßt, die den elementaren Geboten der Menschlichkeit widersprechen.[68]

Der Begriff der Gewalt wird ebenfalls nicht einheitlich verwendet. So ist in der deutschen Rechtsordnung von *Gewaltmaßnahmen,*[69] in Österreich von *feindseli-*

---

58 § 130 Abs. 1 Nr. 1 StGB.

59 § 283 Abs. 1 StGB.

60 Art. 24 Abs. 6 Pressegesetz.

61 Art. 510 Abs. 1 CP.

62 Im Fall der **USA** ergibt sich eine mögliche begrenzte Anwendbarkeit der *advocacy of lawless action*-Rechtsprechung des Supreme Court auf die Fälle, in denen unmittelbar zu einer ungesetzlichen Handlung, die auch eine Gewalthandlung sein kann, angestachelt wird, vgl. den Landesbericht, Teil 2, Abschnitt B II 1.

63 Vgl. hierzu den Landesbericht Abschnitt B I 2 d) cc).

64 Art. 24 Abs. 4 Pressegesetz.

65 Art. 510 Abs. 1 CP.

66 Art. 261bis Abs. 1 StGB. Tatbestandsmäßig sind jedoch nur solche Diskriminierungen, die mit einem Grundrechtseingriff verbunden sind, vgl. hierzu den Landesbericht, Teil 2, Abschnitt B I 2 b) bb).

67 Vgl. hierzu den Landesbericht, Teil 2, Abschnitt B I 3 d) bb).

68 Vgl. hierzu den Landesbericht, Teil 2, Abschnitt B I 2 d) aa) (b).

69 § 130 Abs. 1 Nr. 1 StGB.

gen Handlungen,[70] in Frankreich von *violence*[71] und in Spanien von *violencia*[72] die Rede. Der deutsche Begriff der *Gewaltmaßnahmen* erfaßt hierbei nur physische Gewalt.[73] Ob dies auch für Spanien und Frankreich zutrifft, ist unklar. Der österreichische Begriff der *feindseligen Handlung* ist demgegenüber wesentlich weiter, da er nicht nur Gewaltakte erfaßt, sondern sämtliche gefühlsbetonten Handlungen, zu denen auch ein Lokalverbot zählen kann.[74]

cc) Tathandlungen

Das von Art. 4a ICERD vorgesehene *Aufreizen*[75] als Tathandlung wird nicht von sämtlichen Staaten verwendet, sondern teilweise durch Verben mit einer anderen Bedeutungsnuance ersetzt. Gleichzeitig läßt sich feststellen, daß diese Verben auch im Hinblick auf die Gegenstände Haß, Diskriminierung und Gewalt unterschiedlich eingesetzt werden.

So verwenden Österreich, Deutschland, Kanada und das Vereinigte Königreich den Begriff des *Aufreizens* und ähnliche Begriffe wie *aufstacheln*[76], *to incite*[77] und *to stir up*[78], die allesamt ein emotionales Element enthalten, nur im Zusammenhang mit Rassenhaß. Die Schweiz, Frankreich und Spanien verwenden dahingegen im Zusammenhang mit Rassenhaß das nicht mit einem Appell an die Gefühle verbundene Verb *aufrufen*[79], *provoquer*[80] und *provocar*[81]. Welcher Grundgedanke diesem terminologischen Unterschied zugrundeliegt, erscheint unklar. Das schweizerische Bundesgericht hat insoweit nunmehr klargestellt, daß *aufrufen* als *aufreizen* zu verstehen sei.[82] Es läßt sich daher zusammenfassen, daß der deutsche und der anglo-amerikanische Rechtskreis (soweit einschlä-

---

70 § 283 Abs. 1 StGB.

71 Art. 24 Abs. 6 Pressegesetz.

72 Art. 510 Abs. 1 CP.

73 Vgl. hierzu den Landesbericht, Teil 2, Abschnitt B I 2 d) aa) (b).

74 *Niggli*, Rassendiskriminierung, Zürich 1996, Rz. 757.

75 Im Originalwortlaut des Übereinkommens: incitement (engl.)/incitation (frz.)/incitación (span.).

76 § 130 Abs. 1 Nr. 1 StGB.

77 Art. 319 Abs. 1 CCC.

78 Section 18 Public Order Act 1986.

79 Art. 261bis Abs. 1 StGB.

80 Art. 24 Abs. 6 Pressegesetz.

81 Art. 510 Abs. 1 CP.

82 Vgl. hierzu den Landesbericht, Teil 2, Abschnitt B I 2 b) bb).

gige Vorschriften vorhanden sind) das Verb *aufreizen* und bedeutungsverwandte Verben im Zusammenhang mit Rassenhaß gebrauchen. Der romanische Rechtskreis gebraucht im Gegensatz hierzu das Verb *auffordern*. Kanada verwendet in einem weiteren Straftatbestand den Begriff des *promote* im Zusammenhang mit Rassenhaß.[83] Diese Tathandlung findet in keiner der untersuchten Rechtsordnungen eine Entsprechung.

Im Zusammenhang mit rassistischen Diskriminierungen werden durchgehend gefühlsneutrale Verben wie *auffordern* (Deutschland[84], Österreich[85]), *aufrufen* (Schweiz[86]), *provoquer* (Frankreich[87]) und *provocar* (Spanien[88]) verwendet. Österreich bietet jedoch alternativ auch das *Aufreizen* an.

Bezüglich Gewaltmaßnahmen dominieren ebenfalls Verben wie *auffordern* (Deutschland[89], Österreich[90], Schweiz[91]) und *provoquer* (Frankreich[92]) bzw. *provocación* (Spanien[93]).

Im Falle des Vereinigten Königreichs muß im Zusammenhang mit der Tathandlung darauf hingewiesen werden, daß die Tatbestandsstruktur bedeutende Unterschiede zu den übrigen soeben behandelten Strafvorschriften anderer Rechtsordnungen aufweist. Wird dort zu Haß, Diskriminierung oder Gewalt aufgereizt oder aufgefordert, so ist der Rassenhaß in Section 18 des Public Order Act 1986 nur eine vom Täter beabsichtigte oder wahrscheinliche Folge drohender, ausfallender oder beleidigender Worte und Verhaltensweisen. Tathandlung in Section 18 ist somit der Gebrauch drohender, ausfallender oder beleidigender Worte und Verhaltensweisen.

---

83 Art. 319 Abs. 2 CCC.

84 § 130 Abs. 1 Nr. 1 StGB.

85 § 283 Abs. 1 StGB.

86 Art. 261bis Abs. 1 StGB.

87 Art. 24 Abs. 6 Pressegesetz.

88 Art. 510 Abs. 1 CP.

89 § 130 Abs. 1 Nr. 1 StGB.

90 § 283 Abs. 1 StGB. Auch hier existiert die Alternative des *Aufreizens*.

91 Es handelt sich hier um den oben angesprochenen Sonderfall des Art. 259 Abs. 2 StGB.

92 Art. 24 Abs. 6 Pressegesetz. Der Wortlaut des Übereinkommens gibt in desem Zusammenhang in der französischen Originalübersetzung abweichend vom englischen und spanischen Text das Verb *provoquer* vor.

93 Art. 510 Abs. 1 CP.

Hinsichtlich der Tathandlung sind grundsätzlich alle denkbaren Äußerungsformen erfaßt.[94] Nur im Falle des Vereinigten Königreichs sind die Kommunikationsformen auf Worte und Verhaltensweisen beschränkt.[95]

dd) Geschützter Bevölkerungsteil

Sämtliche untersuchten Staaten erfassen als Gegenstand des Hasses, der Diskriminierung und der Gewalt eine durch bestimmte Merkmale charakterisierte Personengruppe oder –mehrheit. Im Falle der Schweiz[96] und Frankreichs[97] reicht sogar eine einzige Person aus. Den Begriff der (Personen-)gruppe verwenden hierbei die Schweiz,[98] Österreich,[99] Frankreich,[100] Spanien,[101] das Vereinigte Königreich[102] und Kanada[103]. Deutschland stellt auf einen *Teil der Bevölkerung* ab;[104] Österreich[105] erfaßt neben Personengruppen auch Kirchen und Religionsgesellschaften, Spanien[106] auch Vereinigungen.

Die Eigenschaften, durch die sich die Person/Personengruppe charakterisiert, legen den Schutzumfang der Vorschrift fest. Die meisten Staaten bedienen sich einer abschließenden Aufzählung, bei der – in unterschiedlichem Umfang – überwiegend vergleichbare Charakteristika wie Rasse, Ethnie, Herkunft, Hautfarbe oder Glaube und Religion verwendet werden.[107] Antisemitismus ist hierbei von jeder Rechtsordnung eingeschlossen, auch wenn im Einzelfall eine Sub-

---

94 Hierzu auch: *Roth*, a.a.O., S. 177, 192 f.

95 Section 18 Public Order Act 1986.

96 Art. 261bis Abs. 1 StGB.

97 Art. 24 Abs. 6 Pressegesetz.

98 Art. 261bis Abs. 1, 4 StGB.

99 § 283 Abs. 1 StGB.

100 Art. 24 Abs. 6 StGB.

101 Art. 510 Abs. 1 CP.

102 Section 17 Public Order Act 1986.

103 Art. 319 CCC. Der Begriff der Gruppe wird in Art. 318 Abs. 4 i.V.m. Art. 319 Abs. 7 CCC legaldefiniert als *section of the public.*

104 § 130 Abs. 1 StGB. Hinsichtlich des Schriftenverbreitungstatbestandes § 130 Abs. 2 StGB wird hingegen daneben auch der Begriff der Gruppe verwendet.

105 § 283 Abs. 1 StGB.

106 Art. 510 Abs. 1 CP.

107 Für **Österreich**: § 283 Abs. 1 StGB; für die **Schweiz**: Art. 261bis Abs. 1 StGB; für **Frankreich**: Art. 24 Abs. 6 Pressegesetz; für das **Vereinigte Königreich**: Section 17 Public Order Act 1986; für **Kanada**: Art. 319 Abs. 1, Abs. 7, 318 Abs. 4 CCC.

sumtion entweder unter das Kriterium *Rasse*, *Glaube* oder *ethnische Herkunft* erfolgt. Bemerkenswert erscheint an dieser Stelle, daß das Vereinigte Königreich die Kriterien der Religion, des Glaubens oder ähnliches nicht kennt.[108] Einen erheblich weiteren Schutzumfang weisen demgegenüber Deutschland und Spanien auf. Im Falle Spaniens erfolgt dies durch Einbeziehung weiterer Merkmale wie die familiäre Situation, das Geschlecht, sexuelle Orientierung, Krankheit und Behinderung.[109] Deutschland verzichtet mit der Formulierung *Teile der Bevölkerung*[110] auf jegliche Festlegung eingrenzender Merkmale, so daß z. B. auch Berufsgruppen erfaßt sind.

Hervorzuheben ist weiterhin, daß es sich im Falle Deutschlands, Österreichs, Kanadas und des Vereinigten Königreichs um tatsächliche Charakteristika der Personengruppe handeln muß. Im Falle der Schweiz sind diese als Motive des Täters (*wegen*[111]) formuliert, so daß die Zuschreibung zu einer Personengruppe durch den Täter ausreichend erscheint.[112] In Frankreich ist weiterhin auch die Nicht-Zugehörigkeit (*non-appartenance*) zu einer Personengruppe ein taugliches Charakteristikum.[113]

Teilweise ist erforderlich, dass eine *inländische* Bevölkerungsgruppe betroffen ist. Dies ist bei Österreich (*inländisch*)[114] und dem Vereinigten Königreich (*in Great Britain*)[115] ausdrücklich vorgesehen. Bei der deutschen Regelung folgt dies hinsichtlich des Äußerungstatbestandes aus der Auslegung des Begriffs *Teile der Bevölkerung*.[116]

---

108 hierzu *Roth*, a.a.O., S. 194.

109 Art. 510 Abs. 1 CP.

110 § 130 Abs. 1 Nr. 1 StGB.

111 Art. 261bis Abs. 1 StGB.

112 Ausdrücklich für die Schweiz, vgl. den Landesbericht, Teil 2, Abschnitt B I 2 b) aa). Dies gilt auch für den französischen Übertretungstatbestand Art. R. 625-7 NCP, welcher gegenüber Art. 24 Abs. 6 Pressegesetz die klarstellende Formulierung *vraie ou supposée* enthält. Unklar bleibt dies für die französische (*à raison*) und spanische (*por motivos*) Regelung, welche ebenfalls subjektiv formuliert sind.

113 Art. 24 Abs. 6 Pressegesetz, Art. R. 625-7 NCP.

114 Art. 283 Abs. 1 StGB.

115 Art. 17 Public Order Act 1986.

116 Vgl. den Landesbericht, Teil 2, Abschnitt B I 2 d) aa) (a).

ee) Öffentlichkeit der Tathandlung

Einheitlich setzen die einzelnen Rechtsordnungen voraus, daß die Begehung öffentlich erfolgen muß.[117] Nur Frankreich stellt auch die nichtöffentliche Aufforderung zu rassistischer Diskriminierung, Haß und Gewalt unter Strafe, allerdings nur in Form eines Übertretungstatbestandes (*contravention*).[118]

Bei der Umschreibung des Öffentlichkeitskriteriums wird teilweise schlicht der Begriff *öffentlich*[119] oder *public place*[120] verwendet, zum Teil erfolgt eine detailreiche Aufzählung[121] oder es wird eine medienähnliche Publizität gefordert.[122] Eine Negativabgrenzung nehmen Kanada (*other than in private conversation*)[123] und das Vereinigte Königreich (*dwelling*)[124] vor. Deutschland verzichtet zwar vom Wortlaut her völlig auf ein Publizitätskriterium,[125] stellt jedoch einen Öffentlichkeitsbezug durch ein anderes Tatbestandsmerkmal her (*in einer Weise, die geeignet ist, den öffentlichen Frieden zu stören*).[126]

Im Einzelnen wird ein exakter Vergleich – wie die nähere Darstellung zeigen wird – durch die beim Öffentlichkeitsbegriff vorherrschenden unterschiedlichen

---

117 Anders **Italien**: Nach Art. 3 Abs. 2 des Gesetzes Nr. 654 vom 13. Oktober 1975 (in der Fassung vom 26. April 1993) stellt die Öffentlichkeit ledglich einen Strafschärfungsgrund dar. Der Wortlaut lautet:

> Art. 3 (2)
>
> La pena di cui al comma 1 è aumentata se il fatto è commesso col mezzo della stampa o con altro mezzo di propaganda, ovvero in pubbliche riunioni.

Übersetzung der Vorschrift:

> Art. 3 (2)
>
> Die nach Absatz 1 zu verhängende Strafe erhöht sich, wenn die Tat durch ein Druckwerk, ein anderes Propagandamittel oder in einer öffentlichen Versammlung begangen wurde.

118 Vgl. Art. R. 625-7 NCP.

119 Für die **Schweiz**: Art. 261bis Abs. 1 StGB; für **Österreich**: § 283 Abs. 1 StGB.

120 Für **Kanada**: Art. 319 Abs. 1, Abs. 7 CCC; für das **Vereinigte Königreich**: Section 18 (2) Public Order Act 1986.

121 Für **Frankreich**: Art. 23 Pressegesetz. Der Übertretungstatbestand R. 625-7 NCP unterscheidet sich von Art. 24 Abs. 6 Pressegesetz im Wesentlichen dadurch, daß er die nichtöffentliche Tatbegehung erfaßt.

122 Für **Spanien**: Art. 510 Abs. 1 CP.

123 Für **Kanada:** Art. 319 Abs. 2 CCC.

124 Section 18 (2) Public Order Act 1986.

125 Vgl. § 130 Abs. 1 StGB.

126 Vgl. hierzu den Landesbericht, Teil 2, Abschnitt B I 2 d) aa) (d).

Betrachtungsweisen erheblich erschwert. Zusammenfassend läßt sich hier nur festhalten, daß das Kriterium der Öffentlichkeit nicht auf die tatsächliche Wahrnehmung, sondern nur deren Möglichkeit durch einen unbestimmt großen Personenkreis abstellt.

Kanada[127] und Deutschland[128] verfügen über den breitesten Öffentlichkeitsbegriff. Nach Art. 319 Abs. 2 CCC sind nur Privatgespräche (*private conversation*) vom Tatbestand ausgenommen. Diese liegen nach der kanadischen Rechtsprechung in Situationen vor, in denen berechtigterweise die Erwartung gehegt werden könne, es handle sich um die Privatsphäre.[129] Eine ähnliche Einschränkung gilt für die deutsche Rechtsordnung. Hiernach muß mit einem Bekanntwerden in der Öffentlichkeit gerechnet werden; die Äußerung muß eine sogenannte Öffentlichkeitsfähigkeit besitzen.[130]

Einen im Gegensatz hierzu zahlenmäßig festgelegten, jedoch ebenfalls breiten Öffentlichkeitsbegriff, weist Österreich auf. Hier wird ein Richtwert von zehn Personen angenommen.[131] Die Schweiz setzt eine Wahrnehmungsmöglichkeit durch einen unbestimmten Personenkreis voraus, der nicht durch persönliche Beziehungen zusammenhängt.[132] Dies wird in Spanien dadurch noch weiter eingegrenzt, daß die Aufforderung über ein Medium mit Breitenwirkung im Sinne einer medienähnlichen Publizität oder vor einer Ansammlung von Personen zu erfolgen hat.[133] Die kanadische Rechtsordnung sieht vor, daß Erklärungen an einem *öffentlichen Ort* mitgeteilt werden (*any public place*), wobei öffentlicher Ort jeder Ort ist, zu dem die Öffentlichkeit Zutritt hat (*any place to which the public have access*).[134] Die Bedeutung des Begriffs *public place* im Vereinigten Königreich erschließt sich im Gegenschluß zu dem in Section 29 Public Order Act 1986 näher definierten Begriff der Wohnung *(dwelling)*.[135]

---

127 Allerdings nur für den Fall des *promote hatred*, vgl. Art. 319 Abs. 2 CCC.

128 Vgl. § 130 Abs. 1 StGB.

129 Vgl. den Landesbericht, Teil 2, Abschnitt B I 2 d) bb).

130 Vgl. den Landesbericht, Teil 2, Abschnitt B I 2 d) aa) (d).

131 Vgl. den Landesbericht, Teil 2, Abschnitt B I 3 d) bb).

132 Vgl. den Landesbericht, Teil 2, Abschnitt B I 2 b) bb).

133 Vgl. Art. 18 Abs. 1 CP.

134 Art. 319 Abs. 1, Abs. 7 CCC.

135 Section 18 (2), 27 Public Order Act 1986.

ff) Anwendbarkeit auf die elektronische Datenübertragung

Übereinstimmend werden die Äußerungsdelikte in sämtlichen Staaten vom Grundsatz her als für die elektronische Datenübertragung anwendbar erachtet.[136]

Da der Tatbestand in sämtlichen Staaten durch das Öffentlichkeitskriterium eingeschränkt ist, muß jedoch differenziert werden. In wenigen Staaten hat sich bislang eine ausgefeilte Kasuistik entwickelt, die nach der Art von Diensten in modernen Netzwerken unterscheidet, so daß in den Landesberichten teilweise auf die – mitunter sehr dürftigen – Ausführungen von Einzelstimmen in Literatur und Lehre Bezug genommen werden mußte.

Im Falle Frankreichs ist eine Abgrenzung zwischen der *communication audiovisuelle* und der *correspondance privée* erforderlich.[137] Dies führt zu dem Ergebnis, daß jedenfalls WWW-Seiten und öffentliche Informationsdienste als öffentlich anzusehen sind. Dies gilt auch für Diskussionsforen, die keine erhöhten Zugangsvoraussetzungen an ihre Teilnehmer stellen, sowie für Mailing-lists und Newsgroups, die für jedermann zugänglich sind. Sämtliche Vorgänge der Individualkommunikation, insbesondere E-mails sind dagegen als nichtöffentlich anzusehen.[138] Dieselben Grundsätze dürften für Deutschland[139] und ähnlich auch für Österreich[140] gelten. Da *öffentlich* nach der österreichischen Rechtsprechung jedoch die Wahrnehmbarkeit durch mindestens zehn Personen voraussetzt, wären auch geschlossene Mailing-lists und Newsgroups als öffentlich anzusehen, wenn die Anzahl von zehn Teilnehmern auch nur geringfügig überschritten ist.[141] Auf einen unbestimmt großen Adressatenkreis stellt die Schweiz (*öffentlich*)[142] und wohl auch Spanien (*medio de difusión*)[143] ab. Nach schwei-

---

136 Für **Deutschland**: vgl. den Landesbericht, Teil 2, Abschnitt B I 2 e); für **Österreich**: vgl. den Landesbericht, Teil 2, Abschnitt B I 3 e); für die **Schweiz**: vgl. den Landesbericht, Teil 2, Abschnitt B I 2 e); für **Frankreich**: vgl. den Landesbericht, Teil 2, Abschnitt B I 2 e) (*communication audiovisuelle*); für **Spanien**: vgl. den Landesbericht, Teil 2, Abschnitt B I 2 e); für das **Vereinigte Königreich**: vgl. den Landesbericht, Teil 2, Abschnitt B I 2 e); für **Kanada**: vgl. den Landesbericht, Teil 2, Abschnitt B I 2 e).

137 Vgl. den Landesbericht, Teil 2, Abschnitt B I 2 e).

138 Vgl. den Landesbericht, Teil 2, Abschnitt B I 2 e).

139 Vgl. den Landesbericht, Teil 2, Abschnitt B I 2 d) aa) (e).

140 Vgl. den Landesbericht, Teil 2, Abschnitt B I 3 e).

141 Vgl. den Landesbericht, Teil 2, Abschnitt B I 3 e).

142 Vgl. den Landesbericht, Teil 2, Abschnitt B I 2 e).

143 Vgl. den Landesbericht, Teil 2, Abschnitt B I 2 e).

zerischem Strafrecht soll es darauf ankommen, ob die Information an eine unbestimmte Anzahl von Personen gerichtet sei. Neben der Kontrollierbarkeit des Adressatenkreises wird hier auch auf das Bestehen eines Vertrauensbandes zwischen Autor und Adressaten abgestellt.[144]

Die Auslegung des Tatbestandsmerkmals *public place* im Falle Kanadas führt demgegenüber zu einem etwas anderen Ergebnis. Danach sollen nur E-mails tatbestandlich ausgenommen sein.[145] Für den Bereich des Vereinigten Königreichs bestehen bislang kaum Erkenntnisse: sollte eine Anwendbarkeit auf die elektronische Datenübertragung gegeben sind, so wäre auch hier der Anwendungsbereich durch das Öffentlichkeitskriterium eingeschränkt.

Frankreich vervollständigt mit Art. 625-7 NCP auch im Rahmen der elektronischen Datenübertragung das Schutzniveau, indem auch nichtöffentliche Vorgänge bestraft werden. Hierdurch werden diejenigen Kommunikationsformen erfaßt, die aus dem Tatbestand des Art. 24 Abs. 6 Pressegesetz herausfallen. Erfaßt werden damit auch die Fälle der Punkt-zu-Punkt-Kommunikation (E-mail) und solche Mailing-lists bzw. Newsgroups, die nicht für jedermann zugänglich sind.

gg) Eignung zur Störung des öffentlichen Friedens oder der öffentlichen Ordnung

Die deutsche, österreichische und kanadische Rechtsordnung grenzen ihre Straftatbestände weiterhin noch durch ein zusätzliches Erfordernis ein: Die Tat muß auf eine Weise erfolgen, die geeignet ist, den *öffentlichen Frieden* zu stören (Deutschland)[146] bzw. hierzu zu führen (Kanada)[147] bzw. die *öffentliche Ordnung* (Österreich)[148] zu gefährden.

hh) Tatbestandsausschluß- und Verteidigungsgründe

Zahlreiche Tatbestandsausschlüsse sieht die kanadische Rechtsordnung im Falle des Schürens von Haß (Art. 319 Abs. 2 CCC) vor. Es handelt sich hierbei unter anderem um Tatbestandsausschlüsse wie etwa den Wahrheitsbeweis, die Gut-

---

144 Vgl. den Landesbericht, Teil 2, Abschnitt B I 2 e).

145 Vgl. den Landesbericht, Teil 2, Abschnitt B I 2 e) aa). Hinsichtlich Art. 319 Abs. 2 CCC (*wilfully promote hatred*) zwingt das von der Rechtsprechung zur Auslegung von *other than in private conversation* entwickelte Kriterium der *expectation of privacy* zu einer etwas anderen Betrachtungsweise. Im Ergebnis bestehen jedoch kaum Unterschiede, vgl. den Landesbericht, Teil 2, Abschnitt B I 2 e) bb).

146 § 130 Abs. 1 StGB.

147 Art. 319 Abs. 1 CCC.

148 § 283 Abs. 1 StGB.

gläubigkeit der Meinungskundgabe zu einem religiösen Thema oder den Versuch, diese argumentativ unter Beweis zu stellen. Für die hier untersuchten Gruppen (Aufreizen zu Haß, Gewalt und Diskriminierung) stellen diese völlig atypische Einwände dar, die in keiner anderen Rechtsordnung eine Entsprechung finden.

ii) Vorsatzformen

Einheitlich wird von sämtlichen Regelungen Vorsatz gefordert.[149] Im Falle der in Art. 319 Abs. 2 CCC enthaltenen Tathandlung *to promote hatred* ist mehr als bedingter Vorsatz erforderlich (*wilfully*). Eine sehr differenzierte Regelung stellt das Vereinigte Königreich auf, wonach zunächst entscheidend ist, ob der Täter im Bewußtsein handelte, durch sein Verhalten zum Rassenhaß aufzustacheln.[150] Ist dieser Nachweis erbracht, so ist hinsichtlich des drohenden, ausfallenden oder beleidigenden Inhalts seiner Äußerungen oder seines Verhaltens kein Vorsatz erforderlich. Dagegen macht sich der Täter nicht schuldig, wenn er sich dieses Inhalts nicht bewußt war.[151]

Nur Fahrlässigkeit ist beim französischen Übertretungstatbestand der nichtöffentlichen Aufforderung zu rassistischer Diskriminierung, Haß und Gewalt erforderlich.[152]

kk) Strafen und sonstige Rechtsfolgen

Einheitlich drohen sämtliche Rechtsordnungen als Rechtsfolge Freiheitsstrafe an, wobei hinsichtlich deren Höhe Unterschiede bestehen. Freiheitsstrafe bis zu fünf Jahren droht in Deutschland,[153] bis zu drei Jahren in der Schweiz[154] und Spanien[155], bis zu zwei Jahren in Österreich[156], Kanada[157] und im Vereinigten

---

149 Für **Deutschland:** vgl. den Landesbericht, Teil 2, Abschnitt B I 2 f); für **Österreich:** vgl. den Landesbericht, Teil 2, Abschnitt B I 3 f); für die **Schweiz:** vgl. den Landesbericht, Teil 2, Abschnitt B I 2 f); für **Frankreich:** vgl. den Landesbericht, Teil 2, Abschnitt B I 2 f); für **Spanien:** vgl. den Landesbericht, Teil 2, Abschnitt B I 2 f); für **Kanada:** vgl. den Landesbericht, Teil 2, Abschnitt B I 2 f).

150 Entgegen dem Worlaut (*intends to stir up racial hatred*) ist Absicht im engeren Sinne nicht erforderlich, vgl. den Landesbericht, Teil 2, Abschnitt B I 2 e).

151 Vgl. Section 18 (5) Public Order Act 1986.

152 Art. R. 625-7 NCP.

153 § 130 Abs. 1 StGB.

154 Art. 261bis StGB.

155 Art. 510 Abs. 1 CP.

156 § 283 Abs. 1 StGB.

Königreich[158] und bis zu einem Jahr in Frankreich[159]. Deutschland sieht eine auf drei Monate Freiheitsstrafe erhöhte Mindeststrafe vor. Eine alternative oder kumulative Geldstrafe ermöglichen die Schweiz, Spanien, Frankreich und das Vereinigte Königreich.

Grundsätzlich verfügen die behandelten Staaten auch über Vorschriften zur Einziehung von Gegenständen, die als Tatmittel verwendet wurden oder aus der Tatbegehung hervorgegangen sind.[160] Weitere, für Rassismustatbestände spezifische Nebenfolgen sind nicht vorgesehen.[161]

Die Zustimmung des Attorney General zur Einleitung eines Strafverfahrens setzen Kanada[162] und das Vereinigte Königreich[163] voraus.

b) *Verbreitung rassistischer Informationen*

Art. 4a des Internationalen Übereinkommens zur Beseitigung jeder Form von Rassendiskriminierung verpflichtet die Vertragsstaaten, jede Verbreitung von Ideen, die sich auf die Überlegenheit einer Rasse oder den Rassenhaß gründen, zur strafbaren Handlung zu erklären. Im Gegensatz zu den soeben untersuchten Tatbeständen sind deutlich weniger der hier behandelten Staaten dieser Verpflichtung durch den Erlaß neuer Straftatbestände nachgekommen.[164] Auch die in den Rechtsordnungen Deutschland[165], Schweiz[166], Spanien[167] und Vereinig-

---

157 Art. 319 Abs. 1 und 2 CCC.

158 Section 27 (3) Public Order Act 1986. Im Summarischen Verfahren drohen nach Section 27 (3) (b) Public Order Act 1986 dagegen nur Freiheitsstrafe bis 6 Monate oder Geldstrafe.

159 Art. 24 Abs. 6 Pressegesetz.

160 Für **Deutschland:** § 74 StGB; für die **Schweiz**: Art. 59 Abs. 1 StGB; für **Österreich**: § 26 StGB; für **Spanien**: Art. 127 CP; für **Kanada**: Art. 319 Abs. 4 CCC.

161 Vgl. z. B. für **Frankreich**: Art. 24 Abs. 7 Pressegesetz.

162 Vgl. 319 Abs. 6 CCC.

163 Vgl. Section 27 (1) Public Order Act 1986.

164 Keine entsprechenden Straftatbestände sehen vor: die USA, Kanada, Österreich und Frankreich (bezüglich Frankreich kritisch: *Korman*, La diffusion d'idées racistes, JCP 1989 I 3404.

165 § 130 Abs. 2 StGB; § 21 GjSM.

166 Art. 261bis Abs. 2 StGB.

167 Art. 510 Abs. 2 CP.

tes Königreich[168] existierenden Regelungen entsprechen den Vorgaben überwiegend nicht.[169]

Da es sich um Straftatbestände handelt, die strukturell sehr unterschiedlich sind, läßt sich ein gemeinsamer Kerngehalt nur bedingt ermitteln. Es läßt sich jedoch zunächst festhalten, daß es bei dieser Gruppe – in Abgrenzung zu den unter a) behandelten Tatbeständen – neben der Weitergabe eigener auch um die Weitergabe fremder Informationen geht. Insbesondere sind hier die Schriftenverbreitungstatbestände erfaßt.

So stellt Deutschland Herstellungs- und Verbreitungshandlungen von Schriften unter Strafe,[170] die zum Haß gegen Teile der Bevölkerung oder gegen eine bestimmte Gruppe aufstacheln, zu Gewalt- oder Willkürmaßnahmen gegen sie auffordern oder die Menschenwürde anderer dadurch angreifen, daß Teile der Bevölkerung oder eine vorbezeichnete Gruppe beschimpft, böswillig verächtlich gemacht oder verleumdet werden.[171] Des weiteren zählen hierzu auch die deutschen Straftatbestände der Verbreitung von zum Rassenhaß anreizender und daher jugendgefährdender Schriften.[172] Die Schweiz bestraft die öffentliche Verbreitung von Ideologien, die auf die systematische Herabsetzung oder Ver-

---

168 Section 18, 19 und 21 Public Order Act 1986.

169 Geradezu vorbildlich hingegen **Italien**: Art. 3 Abs. 1 a) des Gesetzes Nr. 654 vom 13. Oktober 1975, modifiziert durch die Verordnung (*decreto-legge*) Nr. 122 vom 26. April 1993 wurde ganz offensichtlich an den Wortlaut von Art. 4a ICERD angeglichen. Der Wortlaut lautet:

Art. 3 (1)

Salvo che il fatto costituisca più grave reato, ai fini dell'attuazione della disposizione dell'Art. 4 della convenzione, è punito con la reclusione da uno a quattro anni:

c) chi, diffonde in qualsiasi modo idee fondate sulla superioritá o sull'odio razziale e etnico.

d) (..).

Übersetzung der Vorschrift:

Art. 3 (1)

Zum Zwecke der Umsetzung von Art. 4 des Übereinkommens wird – wenn die Tat nicht eine schwerwiegendere Straftat darstellt – mit Gefängnis von einem bis zu vier Jahren bestraft:

c) wer auf irgendeine Weise Ideen verbreitet, die sich auf der Überlegenheit einer Rasse oder Ethnie oder auf Rassen- oder Völkerhaß gründen.

d) (..)

170 Auch die Verbreitung durch Rundfunk ist erfaßt, vgl. § 130 Abs. 2 Abs. 2 StGB.

171 § 130 Abs. 2 StGB.

172 § 21 GjSM.

leumdung der Angehörigen einer Rasse, Ethnie oder Religion gerichtet sind.[173] Spanien stellt das Verbreiten beleidigender Informationen über bestimmte Gruppen in Bezug auf Charakteristika wie Rasse, Herkunft etc. unter Strafe.[174] Von den Vorschriften des Vereinigten Königreiches werden Veröffentlichungshandlungen bezüglich Schriften und Aufzeichnungen erfaßt, welche drohend, ausfallend oder beleidigend sind, wenn der Täter hierdurch beabsichtigt, zum Rassenhaß aufzustacheln oder dies wahrscheinlich ist.[175] Auf die österreichische Sondervorschrift des § 3g Verbotsgesetz (Betätigung im nationalsozialistischen Sinne) soll auch an dieser Stelle wieder hingewiesen werden, da davon auszugehen ist, daß auch das Verbreiten von Ideen, die auf der Überlegenheit einer Rasse oder Rassenhaß gründen, zu den Hauptbeispielen nationalsozialistischer Betätigung zählen.[176]

aa) Geschützte Rechtsgüter

Die durch die entsprechenden Regelungen geschützten Rechtsgüter sind dieselben wie bereits bei den unter a) besprochenen Tatbeständen. Die deutsche Rechtsordnung verfolgt darüber hinaus jugendschützende Aspekte, indem auch das Zugänglichmachen von Schriften an Personen unter 18 Jahren unter Strafe gestellt wird.[177]

bb) Tatobjekte

Im Kernbereich sehen sämtliche Rechtsordnungen übereinstimmend vor, daß Informationen beleidigenden Inhalts erfaßt sind. Dies steht in erheblichem Widerspruch zur Vorgabe in Art. 4a ICERD, welcher vorsieht, daß es sich um Ideen handeln muß, die sich auf die Überlegenheit einer Rasse oder den Rassenhaß gründen. So schreiben dies die Rechtsordnungen Deutschlands (*beschimpfen, böswillig verächtlich machen, verleumden*),[178] der Schweiz (*Verleumdung*)[179],

173 Art. 261bis Abs. 2 StGB.

174 Art. 510 Abs. 2 CP.

175 Section 18 (hinsichtlich *written material*), 19 und 21 Public Order Act 1986.

176 Auch auf den insoweit einschlägigen Übertretungstatbestand zur Verbreitung nationalsozialistischen Gedankenguts (Art. IX Abs. 1 Z 4 EGVG) wird hingewiesen.

177 § 130 Abs. 2 Nr. 1 c StGB; § 21 GjSM.

178 § 130 Abs. 2 StGB.

179 Art. 261bis Abs. 2 StGB.

Spaniens (*injuriosas*)[180] und des Vereinigten Königreichs (*abusive, insulting*)[181] vor.

Die Regelungen Deutschlands gehen insofern weiter, als auch Informationen des unter a) behandelten *aufstachelnden* Inhalts erfaßt sind.[182] Die Schweiz erfaßt darüber hinaus auch solche Informationen, die auf die *systematische Herabsetzung* der Angehörigen einer Rasse, Ethnie oder Religion gerichtet sind.[183] Auch die Regelungen des Vereinigten Königreichs sind insofern weitergehend, als *drohende* Informationen eingeschlossen sind.[184]

Im Fall der deutschen Rechtsordnung und derjenigen des Vereinigten Königreichs müssen die relevanten Informationen in Schriften (*written material*) bzw. Aufzeichnungen (*recording*) festgehalten sein. Die schweizerische und spanische Rechtsordnung sind dagegen nicht auf gegenständliche Informationen beschränkt.

cc) Tathandlungen

Tathandlung ist überwiegend das Verbreiten solcher Informationen, wie es die deutsche[185], schweizerische, spanische (*difundir*) und britische (*display, publish, distribute, show, play*) Rechtsordnung vorsieht. Unter Verbreiten wird hierbei in der Regel die Weitergabe einer Information mit dem Ziel der Kenntnisnahme durch einen unbestimmten Personenkreis verstanden.[186]

Die deutsche Rechtsordnung erfaßt darüber hinaus in ihren jugendschützenden Straftatbeständen das Zugänglichmachen an Personen unter 18 Jahren.[187] Wie-

---

180 Art. 510 Abs. 2 CP; der Wortlaut erscheint hier etwas mißverständlich. Wie die Auslegung ergibt, muß es sich jedoch um eine unwahre Tatsache handeln, vgl. den Landesbericht, Teil 2, Abschnitt B I d) bb).

181 Sections 18, 19, 21 Public Order Act 1986.

182 § 130 Abs. 2 StGB.

183 Art. 261bis Abs. 2 StGB.

184 Section 18, 19 und 21 Public Order Act. 1986.

185 § 130 Abs. 2 Nr. 1 b StGB enthält daneben noch folgende, dem Verbreiten bedeutungsähnliche Tathandlungen: *öffentlich ausstellen, anschlagen, vorführen, sonst zugänglich machen*. Letzteres stellt hierbei den Oberbegriff dar. Selbständige Bedeutung erlangt das *zugänglich machen* im Falle nichtkörperlicher Verbreitungsgegenstände.

186 Für **Deutschland:** vgl. den Landesbericht, Teil 2, Abschnitt B I 2 d) bb) (b) (aa); für die **Schweiz:** vgl. den Landesbericht, Teil 2, Abschnitt B I 2 d) cc) (hier folgt diese Auslegung aus einer Zusammenschau mit dem weiteren Tatbestandsmerkmal *öffentlich*); für das **Vereinigte Königreich:** vgl. den Landesbericht, Teil 2, Abschnitt B I 3 b), 4 b).

187 Vgl. § 130 Abs. 2 Nr. 1 c StGB; § 21 GjSM.

terhin geht sie über jegliche Arten von Verbreitungshandlungen weit hinaus, indem sie auch Handlungen im Vorfeld des Verbreitens nennt, wie Herstellung, Anbieten, Einführen etc.[188]

dd) Geschützter Bevölkerungsteil

Hinsichtlich der geschützten Bevölkerungsteile ergeben sich bei der schweizerischen und der britischen Regelung gegenüber den bereits bei unter a) dd) gemachten Ausführungen keine Änderungen. Auch Deutschland stellt nunmehr in seinem Schriftenverbreitungstatbestand neben inländischen Teilen der Bevölkerung auch auf eine nationale, rassische, religiöse oder durch ihr Volkstum bestimmte Gruppe ab, mit der Folge, daß nunmehr auch ausländische Personengruppen erfaßt sind.[189] Unklar erscheint, warum Spanien in dieser Tatbestandsalternative auf das Merkmal der familiären Situation verzichtet.[190]

ee) Öffentlichkeit der Tathandlung

Das zusätzliche Erfordernis einer öffentlichen Tatbegehung ist teilweise nicht audrücklich vorgesehen, da die Tathandlung des Verbreitens bereits das Zugänglichmachen an einen unbestimmten Personenkreis impliziert.[191] Die Schweiz normiert dennoch auch hier die Öffentlichkeit der Tatbegehung,[192] da das Verbreiten hier nur das Inumlaufbringen, nicht jedoch die Wahrnehmungsmöglichkeit durch unbestimmt viele Menschen erfaßt.[193] Auch die deutsche Rechtsordnung schreibt Öffentlichkeit in der Variante des *sonst öffentlich Zugänglichmachens* vor,[194] welches den Überbegriff über das Verbreiten darstellt. Das Vereinigte Königreich differenziert hinsichtlich der unterschiedlichen Tathandlungen. Im Zusammenhang mit Schriften (*written material*) ist zu unterscheiden zwischen dem Zeigen (*display*) und dem Veröffentlichen (*publish*) bzw. Verteilen (*distribute*); im ersten Fall besteht eine Ausnahme hinsichtlich der Begehung in einer Wohnung (*dwelling*).[195] In den Fällen des Veröffentlichens und des Verteilens hat dies an die Öffentlichkeit oder einen Teil von die-

---

188 Vgl. § 130 Abs. 2 Nr. 1 d StGB.

189 Vgl. den Landesbericht, Teil 2, Abschnitt B I 1 d) a) aa) (a).

190 Vgl. Art. 510 Abs. 2 CP.

191 So auch *Strauss*, a.a.O., S. 122.

192 Vgl. Art. 261bis Abs. 2 StGB.

193 Vgl. den Landesbericht, Teil 2, Abschnitt B I 1 d) cc).

194 § 130 Abs. 2 Nr. 1 b StGB.

195 Vgl. Section 18 (1) und (2) Public Order Act 1986.

ser zu erfolgen.[196] Im Falle des Verteilens, Vorführens oder Vorspielens einer Aufzeichnung gilt dasselbe.[197]

ff) Anwendbarkeit auf die elektronische Datenübertragung

Die genannten Tathandlungen sind auch auf Verbreitungshandlungen im Wege der elektronischen Datenübertragung anwendbar.[198] Für die deutsche Rechtsordnung gilt nach der Rechtsprechung, daß ein Verbreiten die Übertragung eines körperlichen Gegenstandes voraussetzt.[199] Auch war zunächst fraglich, ob der Begriff der *Schriften* elektronische Daten überhaupt erfasse. Der deutsche Gesetzgeber ist insoweit klarstellend tätig geworden, als § 11 Abs. 3 StGB durch das Informations- und Kommunikationsdienstegesetz (IuKDG) auf Datenspeicher erweitert wurde, so daß auch auf elektronischem Wege verbreitete Inhalte vom Schriftenbegriff erfaßt werden. Als Verbreitungshandlung wird jedoch das Zugänglichmachen herangezogen, da dieses nur auf den Inhalt einer Information abzielt und damit auch nichtkörperliche Gegenstände erfaßt.[200]

Im Hinblick darauf, daß die einschlägigen Staaten – sei es durch Verwendung des Begriffs *verbreiten* oder des Begriffs *öffentlich* – auf einen unbestimmten Kreis möglicher Adressaten abstellen, ist auch hier zwischen den einzelnen Diensten zu differenzieren, wobei in diesem Zusammenhang auf die bereits gemachten Ausführungen verwiesen wird.

gg) Sozialadäquanzklausel

Ausdrücklich normiert nur die deutsche Strafvorschrift eine Sozialadäquanzklausel in § 130 Abs. 5 i.V.m. § 86 Abs. 3 StGB. Hierdurch sollen solche Schriften tatbestandlich ausgenommen werden, die der staatsbürgerlichen Aufklärung, der Abwehr verfassungswidriger Bestrebungen, der Kunst, der Wissenschaft, der Forschung, der Lehre, der Berichterstattung über Vorgänge des Zeitgeschehens, der Geschichte oder ähnlichen Zwecken dienen. Dieser

---

196 Vgl. Section 19 (3) Public Order Act 1986.

197 Vgl. Section 21 (2) Public Order Act 1986.

198 Für die **Schweiz**: vgl. den Landesbericht, Teil 2, Abschnitt B I 2 e); für **Spanien**: vgl. den Landesbericht, Teil 2, Abschnitt B I 2 e); vgl. auch **Italien**: Tathandlung in Art. 3 Abs. 1 a) des Gesetzes Nr. 654 vom 13. Oktober 1975 (in der Fassung vom 26. April 1993) ist auch hier das Verbreiten (*diffonde*). Aufgrund des Zusatzes *in qualsiasi modo* (auf irgendeineWeise) dürfte die Anwendbarkeit auf die elektronische Datenübertragung gesichert sein.

199 Vgl. hierzu den Landesbericht, Teil 2, Abschnitt B I 1 d) bb) (d).

200 Vgl. den Landesbericht, Teil 2, Abschnitt B I 1 d) bb) (bb).

Rechtsgedanke ist auch den anderen Rechtsordnungen nicht fremd.[201] Im Falle des Verbreitens von Schriften, die verleumderischen, beschimpfenden oder zum Rassenhaß anreizenden Inhalts sind, erscheint eine Grundrechtsausübung aber auch bereits tatbestandlich ausgeschlossen.

hh) Vorsatzformen

Hinsichtlich der Vorsatzformen finden sich unterschiedliche Regelungen in den einzelnen Rechtsordnungen. Grundsätzlich wird eine vorsätzliche Tatbegehung vorausgesetzt.[202] Spanien läßt jedoch neben der vorsätzlichen auch eine Tatbegehung aus leichtfertiger Geringschätzung der Wahrheit (*temerario desprecio hacia la verdad*) genügen.[203] Bei den im deutschen Gesetz über die Verbreitung jugendgefährdender Schriften und Medieninhalte (GjSM) enthaltenen Straftatbeständen genügt ebenfalls Fahrlässigkeit.[204]

Differenziert ist auch hier die Regelung des Vereinigten Königreichs. Hatte der Täter das Bewußtsein, daß die von ihm verbreiteten Informationen zum Rassenhaß aufstacheln, so ist Vorsatz hinsichtlich des drohenden, ausfallenden oder beleidigenden Inhalts der Informationen nicht erforderlich. Kann Ersteres nicht nachgewiesen werden, macht sich der Täter nicht strafbar, wenn er sich des drohenden, ausfallenden oder beleidigenden Inhalts nicht bewußt war,[205] bzw. keinen Anlaß hatte, dies zu vermuten.[206]

ii) Strafen und sonstige Rechtsfolgen

Einheitlich sind Freiheitsstrafen und/oder Geldstrafen vorgesehen. In Deutschland[207], der Schweiz[208] und Spanien[209] beträgt der Strafrahmen bis zu drei

---

201 Im Hinblick auf diese Alternative des Art. 4a ICERD bestand unter den Vertragsstaaten Einigkeit darüber, daß die Vorschrift nicht so ausgelegt werden dürfe, daß sie die Verbreitung wissenschaftlicher Meinungen, die sich mit Fragen der Rasse auseinandersetzen, nicht gestatten würde, vgl. *Strauss*, a.a.O., S. 120.

202 Für **Deutschland:** vgl. den Landesbericht, Teil 2, Abschnitt B I 1 f); für die **Schweiz:** vgl. den Landesbericht, Teil 2, Abschnitt B I 1 f)

203 Art. 510 Abs. 2 CP.

204 § 21 Abs. 3 GjSM.

205 Section 18 (5) Public Order Act 1986.

206 Vgl. Section 19 (2) und 21 (3) Public Order Act 1986. Anders als bei Section 18 (5) handelt es sich um einen Verteidigungsgrund.

207 § 130 Abs. 2 StGB.

208 Art. 261bis Abs. 5 i.V.m. Abs. 2 StGB.

209 Art. 510 Abs. 2 i.V.m. Abs. 1 CP.

Jahre, im Vereinigten Königreich[210] bis zu zwei Jahre. Im Falle der Verwirklichung des § 3g des österreichischen Verbotsgesetzes beträgt die Höchststrafe sogar zehn Jahre, bei besonderer Gefährlichkeit bis zu 20 Jahre. Die Einleitung eines Ermittlungsverfahrens bedarf im Vereinigten Königreich auch hier der Zustimmung des Attorney General.[211]

c) Beleidigungen im weiteren Sinne

Unter die dritte Kategorie fallen einerseits echte Beleidigungstatbestände mit rassistischem Hintergrund, des weiteren zählen hierzu auch Vorschriften, in denen eine Bevölkerungsgruppe beschimpft, verleumdet, verhetzt, herabgesetzt oder verächtlich gemacht wird. Im ersten Falle handelt es sich der Natur nach um Beleidigungstatbestände, nicht um Rassismusvorschriften. Über derartige Straftatbestände verfügt lediglich Frankreich.[212] Im zweiten Falle lassen sich die Vorschriften – bereits aus gesetzessystematischen Gründen – noch zu den Rassismustatbeständen rechnen. Tatbestände dieser Art sind im deutschen Rechtskreis (Deutschland, Österreich, Schweiz) und im Vereinigten Königreich vertreten.[213]

Soweit in einigen Rechtsordnungen entsprechende Straftatbestände nicht existieren, kann eine Erfassung der jeweiligen Verhaltensweisen über die nationalen Beleidigungsvorschriften erfolgen. Im Falle Spaniens[214] und Österreichs[215] sieht das nationale Strafgesetzbuch sogar einen benannten Strafschärfungsgrund der rassistischen Beweggründe vor. Über dessen Anwendung im Zusammenhang mit den Beleidigungstatbeständen gelangt man zu einem vergleichbaren Ergebnis.

aa) Geschützte Rechtsgüter

Die Einordnung unter die Beleidigungs- oder Rassismustatbestände wirkt sich insbesondere auf das geschützte Rechtsgut unterschiedlich aus: Während Belei-

---

210 Section 27 (3) (a) Public Order Act 1986. Im Summarischen Verfahren beträgt die Höchststrafe wiederum 6 Monate Freiheitsstrafe, vgl. Section 27 (3) (b) Public Order Act 1986.

211 Section 27 (1) Public Order Act 1986.

212 Art. 32 Abs. 2 und Art. 33 Abs. 3 Pressegesetz; Art. R. 624-3 und 624-4 NCP (Übertretungstatbestände).

213 Für **Deutschland**: § 130 Abs. 1 Nr. 2 StGB; für **Österreich**: § 283 Abs. 2 StGB; für die **Schweiz**: Art. 261bis Abs. 4 Var. 1 StGB; für das **Vereinigte Königreich** Section 18 Public Order Act 1986 (hinsichtlich *words* und *behaviour*).

214 Vgl. Art. 22 Abs. 4a CP.

215 Vgl. § 33 Nr. 5 StGB.

digungstatbestände in erster Linie ehrschützend sind, dienen die Rassismusvorschriften hauptsächlich dem öffentlichen Frieden.[216]

bb) Tathandlungen

Es existieren zahlreiche unterschiedliche Tathandlungen. Im Kern ist ihnen gemein, daß es sich um Äußerungen handelt, welche das Ehrgefühl einer Person oder Personengruppe betreffen und somit eine Aussage über deren Wertschätzung enthalten. Da es sich nur teilweise um aus dem Recht der Beleidigungstatbestände entlehnte Begriffe handelt, welche auch nicht immer synonym verwendet werden, erscheint Systematisierung schwierig.

An Straftatbeständen, welche nur die Kundgabe von Tatsachen – im Gegensatz zu Werturteilen – erfassen, lassen sich lediglich die französische (*diffamation*)[217] und die deutsche (*verleumden*)[218] Regelung herausarbeiten. Im Übrigen verfügen die deutsche Rechtsordnung (*beschimpfen, böswillig verächtlich machen*),[219] die österreichische (*beschimpfen, verächtlich machen suchen*),[220] die schweizerische (*herabsetzen, diskriminieren*),[221] die französische (*injure*)[222] und die Rechtsordnung des Vereinigten Königreichs (*insulting*)[223] über Tatbestandshandlungen, die eine Kundgabe von Mißachtung auf der Ebene von Werturteilen erfassen.

cc) Geschützter Bevölkerungsteil, Öffentlichkeit der Tathandlung und Anwendbarkeit auf die elektronische Datenübertragung

Hinsichtlich des geschützten Bevölkerungsteils, der Öffentlichkeit der Tathandlung und der Anwendbarkeit auf die elektronische Datenübertragung kann auf die Ausführungen zu a) in vollem Umfang verwiesen werden.

---

216 Für **Deutschland**: vgl. den Landesbericht, Teil 2, Abschnitt B I 2 c); für **Österreich:** vgl. den Landesbericht, Teil 2, Abschnitt B I 3 c); für die **Schweiz:** vgl. den Landesbericht, Teil 2, Abschnitt B I 2 c).

217 Vgl. Art. 32 Abs. 2 Pressegesetz.

218 § 130 Abs. 1 Nr. 2 StGB.

219 Vgl. § 130 Abs. 1 Nr. 2 StGB.

220 Vgl. § 283 Abs. 2 StGB.

221 Art. 261bis Abs. 4 StGB.

222 Art. 33 Abs. 3 Pressegesetz.

223 Section 18 Public Order Act 1986.

Auch an dieser Stelle ergänzt Frankreich sein Schutzniveau, in dem es durch Übertretungstatbestände die nichtöffentliche rassistische Beleidigung und Diffamierung unter Strafe stellt.[224]

dd) Sonstige Tatbestandsmerkmale

Die schweizerische Rechtsordnung verlangt in dieser Tatbestandsalternative eine *Begehung in einer gegen die Menschenwürde verstoßenden Weise*, wobei ein besonders schwerwiegender Angriff auf die Menschenwürde erforderlich ist.[225] Nach der deutschen Rechtsordnung ist zum einen ein *Angriff auf die Menschenwürde*, zum anderen auch hier wieder die Begehung *in einer Weise, die geeignet ist, den öffentlichen Frieden zu stören*, vorausgesetzt.[226] Unter a) wurde bereits darauf hingewiesen, daß über das Kriterium der Friedensstörung in der deutschen Rechtsordnung der Öffentlichkeitsbezug der Tathandlung hergestellt wird.

ee) Vorsatzformen

Überwiegend sehen die Rechtsordnungen auch das Erfordernis des Vorsatzes vor.[227] Hinsichtlich der sehr differenzierten Regelung in der Rechtsordnung des Vereinigten Königreichs wird auf die bereits gemachten Ausführungen verwiesen. Eine Sonderregel im Bereich der Diffamierung stellt Art. 35bis des französischen Pressegesetzes auf, der eine widerlegbare Vermutungsregelung trifft. Derjenige, der diffamierende Tatsachen verbreitet, sei sich des verletzenden oder ehrenrührigen Charakters dieser Tatsachen bewußt. Der Antritt des Gegenbeweises ist an hohe Voraussetzungen geknüpft.[228]

Fahrlässige Begehung ist ausreichend im Rahmen der französischen Übertretungstatbestände zur nichtöffentlichen rassistischen Beleidigung und Diffamierung.[229]

---

224 Vgl. Art. R. 624-3 und 624-4 NCP.

225 Vgl. den Landesbericht, Teil 2, Abschnitt B I 1 d) ee).

226 Vgl. § 130 Abs. 1 Nr. 2 StGB.

227 Für **Deutschland**: vgl. den Landesbericht, Teil 2, Abschnitt B I 1 f); für **Österreich**: vgl. den Landesbericht, Teil 2, Abschnitt B I 2 f); für die **Schweiz**: vgl. den Landesbericht, Teil 2, Abschnitt B I 1 f); für **Frankreich**: vgl. den Landesbericht, Teil 2, Abschnitt B I 2 f), 3 f); für das **Vereinigte Königreich**: vgl. den Landesbericht, Teil 2, Abschnitt B I 2 e).

228 Vgl. den Landesbericht, Teil 2, Abschnitt B I 2 f).

229 Art. R. 624-3 und 624-4 NCP.

ff) Strafen und sonstige Rechtsfolgen

Die einzelnen Staaten sehen eine Ahndung durch Freiheitsstrafen vor; Deutschland bis zu fünf Jahre,[230] die Schweiz bis zu drei Jahre,[231] Österreich[232] und das Vereinigte Königreich[233] bis zu zwei Jahre, Frankreich bis zu einem Jahr bei der Diffamierung[234] und bis zu zehn Monate bei der Beleidigung.[235] Alternative oder kumulative Geldstrafe ordnen nur die Schweiz, Frankreich und das Vereinigte Königreich an.

Im Vereinigten Königreich bedarf die Einleitung eines Ermittlungsverfahrens weiterhin der Zustimmung des Attorney General.[236]

II. Leugnungstatbestände

Bei den Leugnungstatbeständen wird eine Unterscheidung getroffen: Als Leugnungstatbestände im engeren Sinne behandelt diese Arbeit Äußerungsdelikte, die das Leugnen des Völkermordes unter Strafe stellen. Unter Leugnungstatbeständen im weiteren Sinne sind Äußerungsdelikte zu verstehen, welche die Völkermordleugnung nicht direkt beschreiben, jedoch mit der Leugnung des Völkermordes eng zusammenhängen, weil sie diesen etwa rechtfertigen oder gutheißen.

Strafvorschriften zur Leugnung des Holocaust im engeren Sinne existieren, wenn auch in unterschiedlichem Umfang, nur im deutschen (Deutschland[237], Österreich[238], Schweiz[239]) und romanischen (Frankreich[240], Spanien[241])

---

230 § 130 Abs. 1 Nr. 2 StGB.

231 Art. 261bis Abs. 4 i.V.m. Abs. 5 StGB.

232 § 283 Abs. 2 i.V.m. Abs. 1 StGB.

233 Section 27 (3) (a) Public Order Act 1986. Im Summarischen Verfahren beträgt die Höchststrafe wiederum 6 Monate Freiheitsstrafe, vgl. Section 27 (3) (b) Public Order Act 1986.

234 Art. 32 Abs. 2 Pressegesetz.

235 Art. 33 Abs. 3 Pressegesetz.

236 Vgl. Section 27 (1) Public Order Act 1986.

237 § 130 Abs. 3 und 4 StGB.

238 Bemerkenswert erscheint, daß Österreich gleich über drei Tatbestände verfügt, um die Holocaustleugnung zu erfassen: § 3g und § 3h Verbotsgesetz, sowie Art. IX Abs. 1 Z 4 EGVG (Übertretungstatbestand); Zur Anwendbarkeit des § 3g Verbotsgesetz auf die Holocaustleugnung vgl. den Landesbericht, Teil 2, unter B II 1 und 2.

239 Art. 261bis Abs. 4 StGB.

240 Art. 24bis Pressegesetz.

Rechtskreis. Der anglo-amerikanische Rechtskreis mit seinen Vertretern Vereinigtes Königreich, USA und Kanada hält keine entsprechenden Strafvorschriften bereit.[242] Zu begründen ist dies mit der in diesen Staaten herrschenden Vorrangstellung der Meinungsfreiheit, die dem Erlaß entsprechender Vorschriften entgegensteht.[243] Der in Kanada ursprünglich zur Verfolgung des bekannten Holocaust-Leugners Ernst Zündel herangezogene Art. 181 CCC (*spreading false news*) wurde vom Supreme Court im Jahre 1992 für verfassungswidrig erklärt.[244] Verblieben ist in Kanada nur ein Tatbestand, der gemäß der vorgegebenen Einteilung den Leunungstatbeständen im weiteren Sinne zuzuordnen ist.

Über eigenständige Leugnungstatbestände im weiteren Sinne verfügen Kanada mit Art. 318 CCC (*advocating genocide*) und Frankreich mit Art. 24 Abs. 3 und 4 Pressegesetz (*apologie de crimes*). Im deutschen Rechtskreis und Spanien sind hierzu keine speziellen Straftatbestände vorgesehen. Die von den genannten Vorschriften erfaßten Tathandlungen werden dort jedoch bereits als weitere Tatbestandsalternative in den Leugnungstatbeständen im engeren Sinne aufgeführt.

In Österreich existiert weiterhin mit Art. X Abs. 1 Z 4 EGVG auch ein Übertretungstatbestand, der die Verbreitung nationalsozialistischen Gedankenguts mit Geldstrafe ahndet. Dieser ergänzt die im Verbotsgesetz enthaltenen Leugnungstatbestände insofern, als er auch die fahrlässige Begehung unter Strafe stellt.

1. Entstehungsgeschichte

Die Entstehung bzw. Einführung der Straftatbestände der Holocaustleugnung in den einzelnen Ländern ist, anders als bei den Rassismusvorschriften, nicht auf eine völkerrechtliche Verpflichtung zurückzuführen. Vielmehr zeigt sich, daß unterschiedliche rechtspolitische Auslöser für die Einführung oder Präzisierung der entsprechenden Vorschriften zu finden sind. Österreich mit dem NSDAP-Verbotsgesetz aus dem Jahre 1945 und Deutschland mit seiner Rechtsprechung zur einfachen und qualifizierten Auschwitzlüge zählen zu denjenigen Staaten, die im Zuge der Auseinandersetzung mit dem Nationalsozialismus sicherlich frühzeitig um die Einführung strafrechtlicher Sanktionen bemüht waren. In den neunziger Jahren läßt sich nun eine neue Befassung mit der Holocaust-Materie erkennen, die sich auf die innenpolitischen Phänomene wachsender neonazistischer Tendenzen zurückführen läßt. So stammen die entsprechenden Strafvor-

---

241 Art. 607 Abs. 2 CP.

242 Auch die hier nicht näher behandelte Rechtsordnung **Italien** kennt keine vergleichbare Vorschrift.

243 Bezüglich der **USA** vgl. den Landesbericht, Teil 2, Abschnitt B II; bezüglich des **Vereinigten Königreichs** vgl. den Landesbericht, Teil 2, Abschnitt B II.

244 Vgl. hierzu den Landesbericht, Teil 2, Abschnitt B II 1.

schriften in Frankreich aus dem Jahre 1990[245] und in der Schweiz aus dem Jahre 1994[246]. In dieser Phase führten auch Österreich und Deutschland weitere Vorschriften ein, die eine erleichterte Handhabe bei der Verfolgung von Holocaust-Leugnern ermöglichen sollen.[247]

2. Gesetzestechnik

Die Strafvorschriften sind auf der Ebene des einfachen Gesetzesrechts zu finden. Während Deutschland, die Schweiz und Spanien entsprechende Vorschriften in ihr Strafgesetzbuch aufgenommen haben, setzte Österreich demgegenüber mit dem Erlaß des NSDAP-Verbotsgesetzes ein deutlicheres Zeichen. Frankreich siedelt diese Vorschriften im Pressegesetz an.

3. Geschütztes Rechtsgut

Die durch die Leugnungstatbestände zu schützenden Rechtsgüter sind nicht primär vergleichbar; bedingt durch die unterschiedliche systematische Stellung der jeweiligen Vorschriften im Gesetz läßt sich teilweise keine rechtspolitisch und dogmatisch saubere Durchdringung erkennen. So wird im Falle der Schweiz, wo der Leugnungstatbestand als eigener Absatz in der Rassismusnorm Art. 261bis StGB angesiedelt wurde, mit dem öffentlichen Frieden dasselbe Rechtsgut herangezogen, das auch zur Begründung der Rassismusnorm dient.[248] Ähnlich verhält es sich mit Spanien, wo der Leugnungstatbestand in der Völkermordvorschrift anzutreffen ist: dort wird auf das friedliche Zusammenleben der Völker abgestellt.[249] Auch in Frankreich wird als geschütztes Rechtsgut für sämtliche Strafvorschriften des Pressegesetzes die öffentliche Ordnung[250] angesehen. Lediglich Deutschland und Österreich formulieren einen klaren Rechtsgüterschutz: In Österreich stehen der Schutz vor dem Wiedererstehen des

---

245 Art. 24bis Pressegesetz

246 Art. 261bis Abs. 4 StGB.

247 § 3h des österreichischen Verbotsgesetzes soll nunmehr das reine Inabredestellen des nationalsozialistischen Völkermords erfassen, § 130 Abs. 3 und 4 des deutschen StGB die sogenannte einfache Auschwitzlüge.

248 Vgl. hierzu den Landesbericht, Teil 2, Abschnitt B II 2 b).

249 Vgl. hierzu den Landesbericht, Teil 2, Abschnitt B II 2 c).

250 Vgl. hierzu den Landesbericht, Teil 2, Abschnitt B II 2 c).

historischen Nationalsozialismus,[251] in Deutschland auch vor dem Neonazismus[252] im Vordergrund.

4. Tathandlungen

Bei den Tathandlungen lassen sich unterschiedliche Regelungsansätze erkennen. Zum einen kann differenziert werden nach Staaten, die bei der Tathandlung auf das Leugnen, Verharmlosen, Rechtfertigen etc. durch den Täter selbst abstellen. Hier sind Deutschland (hinsichtlich § 130 Abs. 3 StGB), Österreich[253], die Schweiz[254] und Frankreich[255] zu nennen. Zum anderen gibt es Staaten, die auf das Verbreiten derartiger Inhalte abstellen. Hierzu zählt Spanien[256] sowie Deutschland mit dem zusätzlichen Schriftenverbreitungstatbestand (§ 130 Abs. 4 StGB). Im letzteren Fall können leugnende und verbreitende Person auseinanderfallen; nicht nur eigene, sondern auch fremde Information kann verbreitet werden. Die spanische und deutsche Regelung gehen insofern weiter.

Bei den Leugnungshandlungen im engeren Sinne verwenden sämtliche Strafvorschriften des deutschen und romanischen Rechtskreises einheitlich das Verb *leugnen* (französisch: *contester*, spanisch: *negar*).[257] Der deutsche Rechtkreis erfaßt darüber hinaus noch die Tathandlung *verharmlosen*, wobei diese in Österreich und der Schweiz durch den Zusatz *gröblich* eingeschränkt wird. Deutschland erscheint damit als der Staat mit der größten Variationsbreite in dieser Alternative.

Bei den Tathandlungen, die sich als Leugnen im weiteren Sinne verstehen lassen, werden Verben wie *billigen*, *gutheißen* und *rechtfertigen* verwendet, die

---

251 Vgl. hierzu den Landesbericht, Teil 2, Abschnitt B II 3 c), B I 2 c).

252 Vgl. hierzu den Landesbericht, Teil 2, Abschnitt B I 2 c. Über § 130 Abs. 3, 4, 2 Nr. 1 c StGB ist auch der Teilaspekt des Jugendschutzes erfaßt. Soweit die qualifizierte Auschwitzlüge unter §§ 185, 189, 194 StGB subsumiert wurde, stand der Ehrschutz im Vordergrund.

253 § 3h VerbotsG.

254 Art. 261bis Abs. 4 StGB.

255 Art. 24bis Pressegesetz.

256 Art. 607 Abs. 2 CP.

257 Für **Deutschland**: § 130 Abs. 3 und 4 StGB; für **Österreich**: § 3h VerbotsG; für die **Schweiz**: Art. 261bis Abs. 4 StGB; für **Frankreich**: Art. 24bis Pressegesetz; für **Spanien**: Art. 607 Abs. 2 CP.

zwar bedeutungsverwandt sind, sich dennoch voneinander unterscheiden. Ein gemeinsamer Überschneidungsbereich läßt sich hierbei nicht feststellen.[258]

5. Gegenstand des Leugnens bzw. der Rechtfertigung

Das engste Schutzkonzept weisen hier Österreich[259], Deutschland[260] und Frankreich[261] auf, welche lediglich nationalsozialistischen Völkermord und Verbrechen gegen die Menschlichkeit erfassen, wohingegen Spanien[262] und die Schweiz[263] jeglichen Völkermord und andere Verbrechen gegen die Menschlichkeit miteinbeziehen.

6. Öffentlichkeit der Tathandlung

Einheitlich gilt in den behandelten Staaten das Erfordernis der Öffentlichkeit der Tathandlung. So muß nach der deutschen und schweizerischen Rechtsordnung die Begehung *öffentlich*[264] erfolgen, nach der österreichischen *öffentlich auf eine Weise, daß es vielen Menschen zugänglich wird*[265]. Frankreich bedient sich der bereits erwähnten detailreichen Aufzählung zur Umschreibung des Kriteriums der Öffentlichkeit.[266] Spanien verwendet den auf einen größeren Personenkreis abzielenden Begriff der *difusión* als Tathandlung.[267] Das gleiche gilt für den deutschen Schriftenverbreitungstatbestand des § 130 Abs. 4 StGB (*verbreiten, öffentlich zugänglich machen*). Ein Vergleich hinsichtlich der „Größe" der

---

258 Für **Deutschland**: § 130 Abs. 3 und 4 StGB (*billigen*); für **Österreich**: § 3h VerbotsG (*gutheißen, rechtfertigen*), vgl. auch die Vorschrift des § 282 Abs. 2 StGB (Gutheißung mit Strafe bedrohter Handlungen); für die **Schweiz**: Art. 261bis Abs. 4 StGB (*zu rechtfertigen suchen*); für **Frankreich**: Art. 24 Abs. 3 und 4 Pressegesetz (*apologie*); für **Spanien**: Art. 607 Abs. 2 CP (*justificar*); für **Kanada**: Art. 318 CCC (*advocate or promote*).

259 § 3h VerbotsG.

260 § 130 Abs. 3 und 4 StGB.

261 Art. 24bis Pressegesetz. Hinsichtlich Art. 24 Abs. 3 und 4 Pressegesetz werden jedoch auch sonstige Verbrechen gegen die Menschlichkeit erfaßt.

262 Art. 607 Abs. 2 CP. Spanien bezieht darüber hinaus auch die Verbreitung von Ideen oder Lehren ein, die eine Rehabilitierung von Regimen anstreben, die Völkermordpraktiken schützen.

263 Art. 261bis Abs. 4 StGB.

264 Für **Deutschland**: § 130 Abs. 3 StGB; für die **Schweiz**: Art. 261bis Abs. 4 StGB.

265 Dies gilt, sofern § 3h VerbotsG betroffen ist.

266 Art. 24bis, 24 Abs. 3 und 4 i.V.m. Art. 23 Pressegesetz.

267 Art. 607 Abs. 2 CP.

jeweiligen Öffentlichkeit erscheint hierbei kaum durchführbar. Generell wird jedoch auf eine Wahrnehmungsmöglichkeit durch unbestimmt viele Menschen abgestellt.[268]

Eine gewisse Öffentlichkeit ist – entgegen dem Wortlaut – auch erforderlich, sofern die Auschwitzlüge unter den österreichischen Tatbestand § 3g Verbotsgesetz (Betätigung im nationalsozialistischen Sinne) subsumiert wird. Eine Betätigung im nationalsozialistischen Sinne könne nämlich nur dann vorliegen, wenn sie von anderen Menschen wahrgenommen werden kann, da nur so das Ziel der Wiedereinrichtung eines Naziregimes in Österreich erreicht werden kann. Auf eine bestimmte Größe der Öffentlichkeit soll es jedoch nicht ankommen.[269]

Auf die öffentliche Verbreitung verzichtete Deutschland hinsichtlich der vor 1994 von den §§ 185, 194 StGB erfaßten sogenannten einfachen Auschwitzlüge.[270] Das Befürworten des Völkermordes nach der kanadischen Vorschrift Art. 318 CCC muß ebenfalls nicht öffentlich erfolgen.

7. Anwendbarkeit auf die elektronische Datenübertragung

Hinsichtlich der generellen Anwendbarkeit der aufgezählten Strafvorschriften auf die elektronische Datenübertragung bestehen grundsätzlich keinerlei Bedenken. Daß der deutsche Gesetzgeber hinsichtlich des Schriftenverbreitungstatbestandes[271] klarstellend tätig wurde, ist bereits erwähnt worden. Ähnliches gilt für die Formulierungen in Spanien (*por cualquier medio*[272]), Österreich (*in einem anderen Medium*[273]) und Frankreich (*communication audiovisuelle*[274]), die

---

268 Für **Deutschland**: vgl. den Landesbericht, Teil 2, Abschnitt B II 2 d); für **Österreich:** vgl. den Landesbericht, Teil 2, Abschnitt B II 3 d). Als Richtwert gilt, daß die Äußerung für rund zehn Personen unmittelbar wahrnehmbar sein und rund 30 Personen zugänglich sein muß; für die **Schweiz:** den Landesbericht, Teil 2, Abschnitt B I 2 d) aa), ee); für **Frankreich**: vgl. den Landesbericht, Teil 2, Abschnitt B II 2 d); für **Spanien**: vgl. den Landesbericht, Teil 2, Abschnitt B II 2 d).

269 Vgl. hierzu den Landesbericht, Teil 2, Abschnitt B I 2 d).

270 Vgl. hierzu den Landesbericht, Teil 2, Abschnitt B II 2 b).

271 § 130 Abs. 4 i.V.m. Abs. 2 StGB.

272 Vgl. Art. 607 Abs. 2 CP. Über den noch recht jungen Begriff des Verbreitungsmediums (*medio de difusión*) bestehen bislang keine Erkenntnisse.

273 Vgl. § 3h VerbotsG. Der Begriff des Mediums ist hier im Sinne des Mediengesetzes auszulegen, so daß auf die Massenverbreitung abgezielt wird. Allerdings ist bei der elektronischen Datenübertragung auch die wesentlich weitere Variante *sonst öffentlich auf eine Weise, daß es vielen Menschen zugänglich wird*, erfüllt.

274 Vgl. Art. 23 Pressegesetz.

bereits die Entstehung entsprechender Zweifel verhindern. Aber auch in denjenigen Fällen, in denen der Gesetzgeber hinsichtlich der elektronischen Variante nicht eigens klarstellend tätig geworden ist, erscheint eine Anwendbarkeit auf die elektronische Datenübertragung gegeben. Dies ist damit zu begründen, daß bei den genannten Äußerungsdelikten eine vom Gesetzgeber beabsichtigte Eingrenzung auf bestimmte Kommunikationsmedien nicht ersichtlich ist.

Einschränkend wirkt allein das Erfordernis der Öffentlichkeit, das auch hier eine differenziertere Betrachtung hinsichtlich der in Frage kommenden Kommunikationsarten und Dienste erfordert. Auf die oben gemachten Ausführungen wird verwiesen.

8. Sozialadäquanzklausel

Ausdrücklich normiert wiederum nur die deutsche Strafvorschrift eine Sozialadäquanzklausel in § 130 Abs. 5 i.V.m. § 86 Abs. 3 StGB, durch die solche Handlungen tatbestandlich ausgenommen werden sollen, die eine Grundrechtsausübung im Sinne des Art. 5 GG darstellen. Wie bereits ausgeführt, existiert dieser Regelungsgedanke nicht allein im deutschen Recht. Was die übrigen Staaten betrifft – sofern sich die einschlägige Literatur mit diesem Problem befaßt – ist die verfassungsrechtliche Absicherung der relevanten Strafvorschriften vielmehr durch die Auslegung der Tatbestandsmerkmale *leugnen, verharmlosen, rechtfertigen etc.* sicherzustellen. So leugnet derjenige nicht den Holocaust, der sich mit ihm kritisch auseinandersetzt.[275]

9. Weitere Tatbestandsmerkmale bzw. Eingrenzungen

Eine weitere tatbestandliche Einschränkung, die nur Deutschland vornimmt, ist das Erfordernis der Begehung der Tat in einer Art und Weise, die geeignet ist, den öffentlichen Frieden zu stören.[276] Es handelt sich hierbei um dieselbe Eingrenzung, die bereits bei den Rassismustatbeständen erfolgte. Im deutschen Landesbericht wurde darauf hingewiesen, daß es sich angesichts des Öffentlichkeitserfordernisses der Vorschrift um keine echte Einschränkung handelt.[277]

---

275 Für **Österreich:** vgl. den Landesbericht, Teil 2, Abschnitt B I 2 d); für die **Schweiz:** vgl. den Landesbericht, Teil 2, Abschnitt B II 2 d); für **Frankreich:** vgl. den Landesbericht, Teil 2, Abschnitt B II 2 d).

276 Vgl. § 130 Abs. 3, 4 StGB.

277 Vgl. den Landesbericht, Teil 2, Abschnitt B II 2 d).

10. Vorsatzformen

Sämtliche der untersuchten Strafvorschriften erfordern Vorsatz.[278] Lediglich Österreich erweitert sein Schutzniveau mit dem Übertretungstatbestandes Art. IX Abs. 1 Z 4 EGVG, indem auch die fahrlässige Verbreitung nationalsozialistischen Gedankenguts unter Strafe gestellt wird.

11. Strafen und sonstige Rechtsfolgen

Die gesetzlich vorgegebenen Strafrahmen weisen gravierende Unterschiede auf, die teilweise sicherlich der rechtspolitischen Überprüfung bedürfen.[279] Sämtliche untersuchten Staaten geben zunächst die Freiheitsstrafe als Rechtsfolge vor. Die höchste Strafdrohung sieht Österreich vor mit Freiheitsstrafe von bis zu zehn Jahren, bei besonderer Gefährlichkeit bis zu 20 Jahren.[280] Sodann folgen Frankreich (fünf Jahre)[281] und Deutschland[282] und Kanada[283] (bis zu fünf Jahre), die Schweiz (bis zu drei Jahre)[284] und Spanien (bis zu zwei Jahre)[285]. Im Falle von Österreich[286] und Spanien[287] sind zudem Mindeststrafen von einem Jahr vorgesehen. Alternative oder kumulative Geldstrafen sehen Deutschland[288], Frankreich[289] und die Schweiz[290] vor. Hinsichtlich der sonstigen Rechtsfolgen kann auf die bereits erfolgten Ausführungen verwiesen werden.

---

278 Für **Deutschland**: § 130 Abs. 3 und 4 StGB; für **Österreich**: § 3g und h VerbotsG; für die **Schweiz**: Art. 261bis Abs. 4 StGB; für **Frankreich**: Art. 24bis Pressegesetz; für **Spanien**: Art. 607 Abs. 2 CP.

279 Insbesondere in **Österreich** wirkte sich die hohe Strafdrohung des § 3g VerbotsG (fünf bis zehn Jahre Freiheitsstrafe) für die Geschworenen als hohe Hemmschwelle für die Verurteilung aus (vgl. den Landesbericht, Teil 2, Abschnitt B I 1 b)). Mit dem seit 1992 neuen Strafrahmen von einem bis zu zehn (bei besonderer Gefährlichkeit zwanzig) Jahren steht Österreich noch immer an der Spitze.

280 §§ 3g, h Verbotsgesetz.

281 Art. 24bis Pressegesetz.

282 § 130 Abs. 3 StGB. Im Falle des Schriftenverbreitungstatbestandes beträgt die Höchststrafe Freiheitsstrafe bis zu 3 Jahre.

283 Art. 318 Abs. 1 CCC.

284 Art. 261bis StGB.

285 Art. 607 Abs. 2 CP.

286 §§ 3g, h Verbotsgesetz.

287 Art. 607 Abs. 2 CP.

288 § 130 Abs. 3 und 4 StGB.

289 Art. 24bis Pressegesetz (300.000 F); Art. 24 Abs. 3 und 4 Pressegesetz (300.000 F).

Die Einleitung eines Ermittlungsverfahrens bedarf nach kanadischem Recht der Zustimmung des Attorney General.[291]

III. Kennzeichen und Propagandamittel verfassungswidriger Organisationen

Strafrechtliche Vorschriften zur Erfassung der Verbreitung von Kennzeichen und Propagandamitteln verfassungswidriger Organisationen sind alleine in Deutschland[292] und Österreich[293] vorhanden. Österreich verfügt ergänzend über einen speziellen Übertretungstatbestand im Abzeichengesetz. In Frankreich sind Verhaltensweisen dieser Kategorie durch Art. R. 645-1 NCP ausschließlich auf die Ebene der Übertretungen gestellt.

1. Strafvorschriften

Deutsche Vorschriften sind die §§ 86, 86a StGB, welche das Verbreiten, bestimmte Vorbereitungshandlungen des Verbreitens und das in Datenspeichern öffentlich Zugänglichmachen von Propagandamitteln verfassungswidriger Organisationen, sowie das Verbreiten und öffentliche Verwenden von Kennzeichen verfassungswidriger Organisationen unter Strafe stellen. In gegenständlicher Hinsicht versteht man unter Propagandamitteln Schriften, unter Kennzeichen körperliche und nichtkörperliche Charakteristika bestimmter Organisationen.

Diese Strafvorschriften finden in den anderen hier behandelten Rechtsordnungen auf der Ebene des Strafrechts keine unmittelbare Entsprechung.[294] Selbst die

---

290 Art. 261bis StGB i.V.m. Art. 48 Ziff. 1 Abs. 1 StGB (maximal 40.000 F).

291 Vgl. Art. 318 Abs. 3 CCC.

292 §§ 86, 86a StGB.

293 § 3g VerbotsG.

294 Anders die hier nicht näher behandelte Rechtsordnung **Italiens**: Art. 2 der Verordnung (*decreto-legge*) Nr. 122 vom 26. April 1993 erfaßt das Ausführen von Ausdrucks- und Verhaltensweisen (z. B. durch entsprechendes Grüßen) und das Zurschaustellen von Emblemen oder Symbolen bestimmter rassistischer Gruppierungen in öffentlichen Versammlungen:

> Art. 2
> Chiunque, in pubbliche ruinioni, compia manifestazioni esteriori od ostenti emblemi o simboli propri o usuali delle organizzazioni, associazioni, movimenti o gruppi di cui all'Art. 3 della legge 13 ottobre 1975, n. 654, è punito con la pena della reclusione fino a tre anni e con la multa da lire duecentomila a lire cinquecentomila.
>
> Übersetzung der Vorschrift:
> Art. 2

österreichische Rechtsordnung enthält in ihrem NSDAP-Verbotsgesetz keine vergleichbar formulierten Tatbestände. Dennoch erscheint – wie die österreichische Rechtsprechung zeigt – die Subsumtion einiger typischer nationalsozialistischer Betätigungsformen wie Hitlergruß, Inumlaufbringen von Grablichtern mit Hakenkreuzen und Klebevignetten mit Nazi-Parolen sowie Anbringen entsprechender Aufkleber und Parolen unter § 3g VerbotsG möglich, da es sich hierbei um eine „Betätigung im nationalsozialistischen Sinn" handeln kann.[295] Eine solche Betätigung muß des weiteren, wie unter B II 6 bereits ausgeführt, einen gewissen Öffentlichkeitsbezug haben.

Österreich und Frankreich verfügen weiterhin über Übertretungstatbestände.[296] Nach dem österreichischen Abzeichengesetz dürfen – unter Androhung einer Geldbuße – dem Grundsatz nach Abzeichen, wozu auch Embleme, Symbole und Kennzeichen zählen, sowie Uniformen oder Uniformteile einer in Österreich verbotenen Organisation weder getragen noch zur Schau gestellt, dargestellt oder verbreitet werden (§ 1 Abs. 1 Abzeichengesetz). Das Abzeichengesetz ergänzt damit den rein auf nationalsozialistische Betätigungsformen abstellenden § 3g VerbotsG insofern, als es sämtliche verbotenen Organisationen erfaßt. Nach Art. R. 645-1 Abs. 1 des französischen Nouveau Code Pénal wird mit einer Geldbuße belegt, wer in der Öffentlichkeit eine Uniform, ein Abzeichen oder ein Emblem trägt oder zeigt, das an solche erinnert, die von Mitgliedern einer kriminellen Vereinigung im Sinne des Art. 9 des Statuts des Internationalen Militärgerichts im Anhang zum Londoner Beschluß vom 8.8.1945 oder von Personen, die wegen bestimmter Verbrechen gegen die Menschlichkeit verurteilt wurden, getragen oder gezeigt wurden.

Zusammenfassend läßt sich daher festhalten, daß Deutschland, Österreich und Frankreich im Kern, wenn auch auf unterschiedlichem Schutzniveau, das öffentliche Verwenden bzw. Verbreiten von Propagandamitteln und Kennzeichen nationalsozialistischer Art unter Strafe/Buße stellen. Deutschland und Österreich erfassen darüber hinaus auch sonstige verbotene Organisationen.

Wer in öffentlichen Versammlungen äußerliche Bekundungen ausführt oder Embleme oder Symbole zur Schau stellt, die charakteristisch oder üblich sind für Organisationen, Vereinigungen, Bewegungen oder Gruppen im Sinne des Art. 3 des Gesetzes vom 13.10.1975, Nr. 645, wird mit Gefängis bis zu drei Jahren und mit einer Geldstrafe von 200.000 bis 500.000 Lire bestraft.

295 Vgl. hierzu den Landesbericht, Teil 2, Abschnitt B III 1 d).

296 Für **Österreich**: § 3 Abs. 1 Abzeichengesetz; für **Frankreich**: Art. R. 645-1 Abs. 1 NCP.

2. Anwendbarkeit auf die elektronische Datenübertragung

Sämtliche Tatbestände sind anwendbar auf die Begehung im Wege der elektronischen Datenübertragung. In § 86 StGB ist dies nach der Gesetzesnovelle von 1997 nun ausdrücklich vorgesehen („*in Datenspeichern öffentlich zugänglich macht*")[297]; für § 86a StGB gilt dies nach neuerer Rechtsprechung ebenfalls („*öffentlich [...] verwendet*")[298]. Was § 3g VerbotsG angeht, so ist die Anwendbarkeit auf die elektronische Datenübertragung aufgrund der weiten Formulierung unproblematisch.[299] Über die Anwendbarkeit von § 3 Abs.1 Abzeichengesetz und Art. R. 645-1 NCP auf entsprechende Vorgänge bestehen bislang keinerlei Erkenntnisse, eine Anwendbarkeit erscheint jedoch nicht ausgeschlossen.

Allerdings wird auch hier aufgrund des Tatbestandsmerkmals der Öffentlichkeit der Tathandlungen eine Differenzierung nach der Art der Dienste erforderlich sein.

IV. Aufforderung zu Straftaten

Spezielle Strafvorschriften, die den Aufruf zu Straftaten unter Strafe stellen, sind – soweit ersichtlich – nur im deutschen und romanischen Rechtskreis vertreten. So enthalten lediglich Deutschland, Österreich, die Schweiz und Frankreich relevante Straftatbestände.[300] Spanien verfügt, wie sich aus Art. 18 Abs. 1 CP ergibt, über keinen allgemeinen Aufforderungstatbestand, vielmehr ist die Aufforderung zu Straftaten nur in den einzelnen, gesetzlich vorgesehenen Fällen strafbar. Bei dieser Vorschrift handelt es sich jedoch nicht um einen Straftatbestand, sondern um eine Vorschrift des Allgemeinen Teils.

Der anglo-amerikanische Rechtskreis enthält – soweit ersichtlich – keine einschlägigen Strafvorschriften. Dies mag zum einen dadurch gerechtfertigt sein, daß die Reichweite der Vorschriften über die Anstiftung in den einzelnen Staaten unterschiedlich ausgestaltet ist, mit der Folge, daß Teilbereiche des von den anderen Staaten unter der Rubrik „Öffentliche Aufforderung zu Straftaten" beschriebenen Straftatbestandes unter die Regeln der Anstiftung subsumiert werden könnten. Zum anderen ist der mangelnde Regelungsbedarf in einigen Staaten mit dem durch eine solche Vorschrift entstehenden Eingriff in die Meinungs-

---

297 Vgl. hierzu den Landesbericht, Teil 2, Abschnitt B III 2 e).

298 Vgl. hierzu den Landesbericht, Teil 2, Abschnitt B III 3 e).

299 Vgl. hierzu den Landesbericht, Teil 2, Abschitt B I 2 e).

300 Für **Deutschland**: § 111 StGB, § 21 GjSM; für **Österreich**: § 3d VerbotsG, §§ 281, 282 StGB; für die **Schweiz**: Art. 259 StGB; für **Frankreich**: Art. 23, 24 Pressegesetz, Art. 227-21 NCP.

freiheit zu begründen. Eine über den Anwendungsbereich der Anstiftung hinausgehende Regelung wird dann aus verfassungsrechtlichen Gründen abgelehnt.

Da ein Vergleich insoweit nur bedingt möglich ist, soll auch hier vorweg auf die als sehr restriktiv einzustufende Rechtsprechung des US-amerikanischen Supreme Court zur *advocacy of lawless action* (Gutheißung gesetzeswidriger Handlungen) hingewiesen werden, nach der aus Verfassungsgründen nur solche Gutheißungen strafrechtlich verfolgbar sind, die darauf gerichtet und auch geeignet sind, unmittelbar zu gesetzwidrigen Handlungen aufzuhetzen oder diese hervorzurufen.[301] Eine derartige Gutheißung muß gewissermaßen der Auslöser für die unmittelbar bevorstehende Handlung sein.

1. Entstehungsgeschichte

Entstehungsgeschichtlich lassen sich keine Auslöser für die Einführung der relevanten Strafvorschriften in den jeweiligen Rechtsordnungen festhalten. Systematisch gesehen werden diese Vorschriften überwiegend als Ergänzung der Regeln über die Anstiftung verstanden.

2. Gesetzestechnik

Gesetzestechnisch sind die Vorschriften auch hier auf der Ebene des einfachen Gesetzesrechts, und zwar in den nationalen Strafgesetzbüchern zu finden. Die französische und die österreichische Rechtsordnung enthalten weitere Vorschriften im Pressegesetz bzw. NSDAP-Verbotsgesetz.

3. Geschütztes Rechtsgut

Bei der Frage nach dem geschützten Rechtsgut nähern sich die untersuchten Staaten im Kern an, wenn auch im Einzelfall unterschiedliche Teilaspekte in den Vordergrund gestellt werden. Die österreichische und schweizerische Rechtsordnung zielen auf einen Schutz des öffentlichen Friedens ab,[302] während Deutschland nur sekundär auf den inneren Gemeinschaftsfrieden abstellt.[303] Nach der französischen Rechtsordnung ist der *ordre public* geschütztes Rechtsgut.[304] Die deutsche Rechtsordnung sieht primär dasjenige Rechtsgut als ge-

---

301 Vgl. hierzu den Landesbericht der **USA**, Abschnitt B II 1.

302 Für **Österreich**: vgl. den Landesbericht, Teil 2, Abschnitt B IV 3 c) und 4 c); für die **Schweiz**: vgl. den Landesbericht, Teil 2, Abschnitt B III 2 c).

303 Vgl. den Landesbericht, Teil 2, Abschnitt B IV 2 c).

304 Vgl. den Landesbericht, Teil 2, Abschnitt B IV 2 c).

schützt an, welches der Tat zugrunde liegt, zu der aufgefordert wird. Dies gilt in Österreich nur als Nebenaspekt.[305]

Im Sonderfalle des österreichischen § 3g VerbotsG steht, wie bereits mehrfach erwähnt, der Schutz vor dem Wiederentstehen des Nationalsozialismus im Vordergrund. Im Falle des französischen Art. 227-21 NCP handelt es sich um eine hauptsächlich jugendschützende Vorschrift.

4. Tathandlungen

Einheitlich wird das Verb *auffordern* (französisch *provoquer*, spanisch *provocar)* zur Umschreibung der Tathandlung eingesetzt.[306] Wie unter a) bereits ausgeführt, unterscheidet sich der Begriff der Aufforderung von dem bei den Rassismustatbeständen gebräuchlichen Begriff des Aufreizens im Wesentlichen dadurch, daß er des dort gegebenen Elementes der emotionalen Willensbeeinflussung entbehrt.

Die österreichische Rechtsordnung verwendet darüber hinaus noch die Begriffe *aneifern* und *zu verleiten suchen* bzw. *zu diesem Zwecke verherrlichen* oder *anpreisen* (§ 3d VerbotsG), sowie *gutheißen* (§ 282 Abs. 2 StGB). Die Begriffe *verherrlichen* und *anpreisen* können hierbei durchaus als Fälle der Gutheißung angesehen werden. Auf die mit der Aufforderung zu Straftaten verwandten Gutheißung von Straftaten, welche auch in anderen Rechtsordnungen vorgesehen ist, soll jedoch nicht näher eingegangen werden.[307]

---

305 Vgl. den Landesbericht, Teil 2, Abschnitt B IV 4 c).

306 Für **Deutschland**: § 111 Abs. 1, Abs. 2 StGB; für **Österreich**: § 3d VerbotsG, §§ 281, 282 Abs. 1 StGB; für die **Schweiz**: Art. 259 Abs. 1, Abs. 2 StGB; für **Frankreich**: Art. 23, 24 Pressegesetz, Art. 227-21 CP; für **Spanien**: Art. 18 CP.

307 Zusätzliche Voraussetzung einer Gutheißung nach § 282 Abs. 2 des österreichischen StGB ist, daß diese geeignet ist, das allgemeine Rechtsempfinden zu empören oder zur Begehung einer solchen Handlung aufzureizen. Die Gutheißung kann sich, in Abgrenzung zur Aufforderung, nur auf bereits begangene Taten beziehen. Daß es sich bei der Gutheißung – entgegen dem natürlichen Wortsinn – um eine mit der Aufforderung verwandte Tathandlung handelt, zeigt die bereits erwähnte spanische Vorschrift des Art. 18 Abs. 1 UAbs. 2 CP: Danach ist Gutheißung die Darlegung von Ideen oder Lehren, welche das Verbrechen verherrlichen oder dessen Täter rühmen. Sie ist nur als Form der Aufforderung strafbar und auch nur, wenn sie nach den Umständen eine unmittelbare Aufforderung zur Begehung einer Straftat darstellt (zum genauen Wortlaut vgl. den Landesbericht, Teil 2, Abschnitt B I 2 a). In dieselbe Richtung geht auch die oben bereits angesprochene US-amerikanische Rechtsprechung zur *advocacy of lawless action*, vgl. den Landesbericht, Teil 2, Abschnitt B II. § 140 Nr. 2 des deutschen StGB stellt die *Billigung* von bestimmten schwerwiegenden Straftaten unter Strafe, wenn dies öffentlich, in einer Versammlung oder durch Verbreiten von Schriften in einer Art erfolgt, die

5. Gegenstand der Aufforderung

Im Kern läßt sich festhalten, daß der Gegenstand der Aufforderung eine Straftat sein muß, so daß Ordnungswidrigkeiten wie auch Übertretungen grundsätzlich ausscheiden. Einigkeit herrscht im deutschen Rechtskreis und Frankreich auch darüber, daß hinsichtlich der Straftat jedenfalls Verbrechen einzubeziehen sind. Die Rechtsordnungen Deutschland, Österreich und Frankreich erfassen daneben auch sämtliche Vergehen, die Schweiz nur solche mit Gewalttätigkeit.[308] Im Falle Spaniens ist die Anwendbarkeit des Art. 18 Abs. 1 CP auf bestimmte, einzeln benannte Straftaten beschränkt. Dies gilt in Frankreich nur für den Fall der öffentlichen Aufforderung, die ohne Erfolg verbleibt.[309]

Das österreichische Recht erfaßt auch Handlungen, bei denen es sich nicht um Straftaten handeln muß: § 3g VerbotsG sanktioniert die Aufforderung zu verbotenen Handlungen nach dem VerbotsG, § 281 StGB zum allgemeinen Ungehorsam gegen ein Gesetz, wobei jedes Gesetz in Betracht kommt.

Die deutsche, französische und spanische Rechtsordnung sehen weiterhin vor, daß die Aufforderung die Straftat *unmittelbar* (spanisch: *directamente)* verursacht haben muß bzw. daß zwischen Anstiftung und Tatausführung eine direkte Verknüpfung (*lien direct*) besteht.[310]

Die französische Jugendschutztatbestand des Art. 227-21 CP verlangt darüber hinaus, daß es sich um eine *gewohnheitsmäßige* Begehung von Straftaten handeln muß, verzichtet im Gegenzug hierzu auf das Erfordernis der öffentlichen Begehungsweise.

Grundsätzlich gelten die genannten Straftatbestände sowohl für die erfolgreiche wie auch für die erfolglose Aufforderung. Deutschland trifft hier zwar tatbestandlich eine Unterscheidung, die sich jedoch nur auf die Rechtsfolgen auswirkt. Im Falle Frankreichs hat diese Unterscheidung Bedeutung für die Breite des Spektrums von Straftaten, zu denen aufgefordert wird. Während sich die er-

---

geeignet ist, denn öffentlichen Frieden zu stören. Nach § 1 Abs. 1 GjSM gelten weiterhin Schriften, die Verbrechen verherrlichen, als jugendgefährdend. Auch Art. 24 Abs. 3 des französischen Pressegesetzes stellt die öffentliche Rechtfertigung von bestimmten Straftaten (*apologie*) unter Strafe.

308 Für **Deutschland**: §§ 111 i.V.m. 11 Nr. 5 StGB (nach deutschem Recht sind weiterhin nur rechtswidrige Taten erfaßt); für **Österreich**, § 282 Abs. 1 StGB; für **Frankreich**: Art. 23 Pressegesetz, Art. 227-21 NCP; für die **Schweiz**: Art. 259 Abs. 2 StGB.

309 Vgl. Art. 24 Pressegesetz.

310 Für **Deutschland**: vgl. den Landesbericht, Teil 2, Abschnitt B IV 1 d) aa); für **Frankreich**: vgl. den Landesbericht, Teil 2, Abschnitt B IV 1 d), 3 d); für **Spanien**: vgl. Art. 18 Abs. 1 CP.

folglose Aufforderung (sog. *provocation non suivie d'effet*) auf einzelne ausgewählte Delikte beschränkt,[311] kann sich die erfolgreiche Aufforderung (sog. *provocation suivie d'effet*) auf sämtliche Straftaten beziehen.[312]

6. Öffentlichkeit der Tathandlung

Weitere Voraussetzung ist die in fast sämtlichen Straftatbeständen vorgesehene öffentliche Begehungsweise. So muß die Tat nach der schweizerischen Rechtsordnung *öffentlich*,[313] nach der deutschen Rechtsordnung *öffentlich, in einer Versammlung oder durch Verbreiten von Schriften* erfolgen,[314] nach der österreichischen Rechtsordnung *in einer Weise, daß es einer breiteren Öffentlichkeit zugänglich wird* (sog. qualifizierte Öffentlichkeit)[315] bzw. *öffentlich oder vor mehreren Leuten, in Druckwerken, verbreiteten Schriften oder bildlichen Darstellungen*[316]. Frankreich bedient sich wiederum der bereits mehrfach erwähnten Aufzählung in Art. 23 Pressegesetz, die der Umschreibung des Öffentlichkeitskriteriums dient. Im Falle Spaniens muß es sich um ein Medium handeln, welches die öffentliche Verbreitung ermöglicht (*otro medio de eficacia semejante, que facilite la publicidad*).[317]

Hier muß darauf hingewiesen werden, daß der Begriff der sogenannten qualifizierten Öffentlichkeit in der österreichischen Rechtsordnung mit seinem Erfordernis einer medienähnlichen Publizität[318] als deutlich enger gegenüber dem gewöhnlichen Öffentlichkeitsbegriff anzusehen ist, auf den bereits mehrfach eingegangen wurde.

Lediglich der jugendschützende französische Tatbestand des Art. 227-21 NCP sieht eine öffentliche Begehungsweise nicht vor. Die Verweisung auf das Pressegesetz in Art. 227-28 NCP bei einer Begehung im Wege der geschriebenen oder audiovisuellen Presse bezieht sich lediglich auf das Verantwortlichkeitssystem des Pressegesetzes,[319] hat jedoch keine tatbestandlichen Konsequenzen.

---

311 Vgl. Art. 24 Abs. 1 und 2 Pressegesetz.

312 Vgl. Art. 23 Pressegesetz. Dies gilt nicht für Art. 227-21 NCP.

313 Vgl. Art. 259 StGB.

314 Vgl. § 111 StGB.

315 Vgl. §§ 281, 282 StGB.

316 Vgl. § 3d VerbotsG.

317 Vgl. Art. 18 Abs. 1 CP.

318 Vgl. den Landesbericht, Teil 2, Abschnitt B IV 3 d).

319 Vgl. den Landesbericht, Teil 2, Abschnitt B IV 3 e).

7. Anwendbarkeit auf die elektronische Datenübertragung

Da es sich bei den untersuchten Straftatbeständen um Äußerungsdelikte handelt, deren Begehung nicht auf bestimmte Kommunikationsmedien beschränkt ist, ist eine Anwendbarkeit auf die elektronische Datenübertragung unproblematisch möglich. Wie bereits mehrfach an dieser Stelle beschrieben, sind jedoch im Hinblick auf das Öffentlichkeitserfordernis Einschränkungen zu treffen. Zu beachten ist hier die restriktive Bedeutung des soeben erläuterten Begriffs der qualifizierten Öffentlichkeit in der österreichischen Rechtsordnung. Des weiteren sind auch im Hinblick auf das in Deutschland, Frankreich und Spanien existierende Unmittelbarkeitskriterium Einschränkungen denkbar, so z. B. wenn ein übermittelter Inhalt erst lange Zeit später gelesen wird.

8. Vorsatzformen

Vorsätzliches Handeln wird in allen Rechtsordnungen vorausgesetzt.[320] Hierbei ist teilweise streitig, ob der Auffordernde die Vollendung der jeweiligen Straftat wollen muß.[321]

9. Strafen und sonstige Rechtsfolgen

Einheitlich sehen sämtliche Staaten als Rechtsfolge Freiheitsstrafe und/oder Geldstrafe vor. Hinsichtlich der Höhe der Strafe lassen sich teilweise bedeutende Unterschiede feststellen. Bemerkenswert erscheint auch an dieser Stelle der in § 3d des österreichischen VerbotsG vorgesehene Strafrahmen bis zu zehn Jahren, bei besonderer Gefährlichkeit bis zu 20 Jahren. Die deutsche, französische und spanische Rechtsordnung schreiben im Falle der erfolgreichen Aufforderung die Bestrafung gleich einem Anstifter bzw. Beteiligten vor.[322] Im Ergebnis bedeutet dies einen Rückgriff auf den Strafrahmen desjenigen Delikts, zu dem aufgefordert wurde. Im Übrigen geben Deutschland und Frankreich Frei-

---

320 Für **Deutschland**: vgl. den Landesbericht, Teil 2, Abschnitt B IV 2 f); für **Österreich**: vgl. den Landesbericht, Teil 2, Abschnitt B IV 2 f), 3 f), 4 f); für die **Schweiz**: vgl. den Landesbericht, Teil 2, Abschnitt B IV 1 f); für **Frankreich**: vgl. den Landesbericht, Teil 2, Abschnitt B IV 1 f), 3 f).

321 Nach deutschem Recht muß die Vollendung nicht gewollt sein. Der Täter muß lediglich wollen, daß seine Aufforderung ernst genommen wird. Vgl. den Landesbericht, Teil 2, Abschnitt B IV 2 f). Nach schweizerischem Recht ist streitig, ob die Vollendung der Straftat gewollt sein muß; vgl. den Landesbericht, Teil 2, Abschnitt B IV 1 f).

322 Für **Deutschland**: vgl. § 111 Abs. 1 StGB; für **Frankreich**: vgl. Art. 23 Pressegesetz; für **Spanien**: vgl. Art. 18 Abs. 2 CP.

heitsstrafen bis zu fünf Jahren,[323] die Schweiz bis zu drei Jahren,[324] und Österreich bis zu zwei[325] bzw. einem[326] Jahr vor. Daß die Strafe für die erfolglose Aufforderung geringer sein muß als für die erfolgreiche Anstiftung, bestimmt ausdrücklich nur die deutsche Rechtsordnung,[327] wobei dieses Kriterium in den übrigen Rechtsordnungen sicherlich über die Strafzumessung Einfluß auf die Rechtsfolge nehmen wird.

V. Internationales Strafrecht

1. Grundsätze des Internationalen Strafrechts

Bei der Frage nach dem anwendbaren Recht stellen sämtliche Staaten übereinstimmend auf das Territorialitätsprinzip ab. Danach ist das Strafrecht eines Staates grundsätzlich nur auf diejenigen Straftaten anzuwenden, die im Inland begangen wurden.[328] Wann eine Straftat als im Inland begangen gilt, richtet sich überwiegend nach dem sogenannten Ubiquitätsprinzip, wobei als Begehungsort sowohl der Ort der Tathandlung als auch derjenige des Taterfolges in Betracht kommen.[329]

Das Weltrechtsprinzip, wonach Straftaten unabhängig von ihrem Tatort in einem anderen Staat verfolgt werden dürfen, gilt lediglich für ein kleines Segment besonders schützenswerter Rechtsgüter. Es handelt sich hierbei zumeist um Rechtsgüter, hinsichtlich deren Schutz ein internationaler Konsens besteht. Die

---

323 Für **Deutschland**: vgl. § 111 Abs. 2 StGB. Zu den Einzelheiten dieses etwas komplizierten Strafrahmens, vgl. den Landesbericht, Teil 2, Abschnitt B IV 1 g). Für **Frankreich**: vgl. Art. 227-21 NCP.

324 Vgl. Art. 259 StGB.

325 Vgl. § 282 StGB.

326 Vgl. § 281 StGB.

327 Vgl. § 111 Abs. 2 StGB.

328 Für **Deutschland**: § 3 StGB; für **Österreich**: § 62 StGB; für die **Schweiz**: Art. 3 Abs. 1 StGB; für **Frankreich**: Art. 113-2 NCP; für **Spanien**: Art. 8 Código Civil; für das **Vereinigte Königreich**: vgl. den Landesbericht, Teil 2, Abschnitt C 2; für **Kanada**: Art. 6 Abs. 2 CCC; für die **USA**: vgl. den Landesbericht, Teil 2, Abschnitt C 1.

329 Für **Deutschland**: § 9 Abs. 1 StGB; für **Österreich**: § 67 Abs. 2 StGB (sogenannte Kombinations- oder Einheitstheorie); für die **Schweiz**: Art. 7 Abs. 1 StGB; für **Frankreich**: vgl. den Landesbericht, Teil 2, Abschnitt C 2; für **Spanien**: vgl. den Landesbericht, Teil 2, Abschnitt C 2 (str.); für das **Vereinigte Königreich**: vgl. den Landesbericht, Teil 2, Abschnitt C 2.

hier bezeichneten Straftaten fallen nach keiner der untersuchten Rechtsordnungen unter das Weltrechtsprinzip.

In Einzelfällen kann bei geeigneten Konstellationen auch das aktive Personalitätsprinzip zur Anwendung gelangen, so z. B. wenn die Straftat im Ausland von einem Staatsangehörigen des betreffenden Staaten begangen wurde und auch die übrigen, im Einzelfall erforderlichen Voraussetzungen vorliegen.

2. Internetstraftaten

Eine besondere Herausforderung an das internationale Strafrecht stellt sich im Zusammenhang mit grenzüberschreitender Datenübertragung bei der Frage, ob die Strafgesetze einer Rechtsordnung schon dann anwendbar sein können, wenn ein strafrechtlich zu mißbilligender Inhalt, der über einen ausländischen Server ins Netz eingestellt wurde, im Inland abrufbar ist. Die Erfassung und Diskussion dieses Problems steckt in einer Reihe von Staaten noch in den Kinderschuhen bzw. wurde bislang lediglich unter zivilrechtlichen Aspekten erörtert.[330] In Frankreich und Deutschland existiert bereits einschlägige Rechtsprechung. Interessanterweise haben die Gerichte in beiden Fällen ihre Zuständigkeit für derartige Auslandssachverhalte bejaht.

Nach dem französischen Urteil *Faurisson* soll französisches Strafrecht bereits in den Fällen anwendbar sein, in denen ein illegaler Inhalt – ungeachtet seiner Herkunft – in Frankreich abrufbar ist.[331] Diese Abrufmöglichkeit stelle einen strafbarkeitsbegründenden Umstand *(fait constitutif)* im Sinne von Art. 113-2 NCP dar.[332] Mit dieser Auffassung wird letztlich eine weltweite Zuständigkeit Frankreichs für Internet-Inhalte begründet. Hinsichtlich des Nachweises der Urheberschaft an einer illegalen Seite werden jedoch im Gegenzug hierzu sehr hohe Hürden gesetzt.[333]

In dieselbe Richtung bewegen sich auch die zivilrechtlichen *Yahoo*-Entscheidungen des *Tribunal de Grande Instance de Paris*, durch welche unter anderem die amerikanische Gesellschaft *Yahoo! Inc.* dazu verpflichtet wurde, bestimmte Internet-Inhalte auf einem amerikanischen Server für französische Nutzer zu

---

330 Vgl. für **Kanada** den Landesbericht, Teil 2, Abschnitt C III; für die **USA** den Landesbericht, Teil 2, Abschnitt C III.

331 Tribunal de Grande Instance de Paris, Urteil vom 13.11.1998, Affaire *Faurisson*, unter: http://www.legalis.net/legalnet/decisions/illicite_divers/correc_paris_1198.htm (abgerufen am 07.12.2000).

332 Vgl. hierzu den Landesbericht, Teil 2, Abschnitt C III.

333 Vgl. hierzu den Landesbericht, Teil 2, Abschnitt C III.

sperren.[334] Die fraglichen Seiten, auf denen Naziobjekte zu Versteigerungszwecken gezeigt wurden, verstießen gegen Art. R. 645-1 NCP.

Nunmehr hat sich auch der deutsche Bundesgerichtshof in seiner Entscheidung vom 12.12.2000 mit dieser Fragestellung des internationalen Strafrechts auseinandergesetzt. Er kommt zu dem Ergebnis, daß die §§ 130 Abs. 1 und 3 StGB auch dann anwendbar seien, wenn ein ausländischer Staatsbürger auf einem ausländischen Server Inhalte bereitstellt, die in Deutschland abgerufen werden können.[335] Für die Tatbestandsverwirklichung entscheidend sei, ob die Inhalte geeignet sind, den inländischen öffentlichen Frieden zu stören. In einem solchen Fall sei ein inländischer Erfolg im Sinne des § 9 Abs. 1 3. Alt StGB zu bejahen.[336]

Wesentlich vorsichtiger, teilweise internetspezifisch differenzierend gehen die deutsche Literatur und Lehre mit diesem Problemkreis um: Hier mehren sich die Stimmen, die für eine eigenständige Auslegung des Begriffs Erfolg im grenzüberschreitenden Datenbereich eintreten. Teilweise wird hierbei gefordert, daß die Tat einen besonderen Bezug zur Bundesrepublik aufweist, der z. B. in einem Anknüpfungspunkt an Deutschland oder in einem finalen Interesse, in Deutschland wirken zu wollen, bestehen kann.[337] Nach einem neueren Vorschlag von *Sieber* ist darauf abzustellen, ob Daten mit Hilfe von Push-Technologien aktiv ins Inland befördert werden. In diesem Fall trete ein Tathandlungserfolg im Inland ein, da der Täter dort die Möglichkeit der Kenntnisnahme eines Inhalts eröffne. Im Falle von Pull-Technologien sei ein inländischer Tatort zu verneinen.[338]

Differenzierende Stimmen zur Frage des Vorliegens eines Erfolges finden sich auch in der österreichischen Literatur. Auch dort mehren sich die Stimmen, wonach dieser Begriff weit auszulegen sei. Die Diskussionsvorschläge konzentrie-

---

334 Tribunal de Grande Instance de Paris, Affaire *UEFJ et LICRA c/ Yahoo! Inc. et Yahoo France*, Ordonnance de référé vom 22.05.2000, unter: http://www.legalis.net/jnet/decisions/responsablite/ord_tgi-paris_220500.htm (abgerufen am 31.03.2001), Ordonnance de référé vom 11.08.2000, unter: http://www.legalis.net/jnet/decisions/responsablite/ord_tgi-paris_110800.htm (abgerufen am 31.03.2001) und Ordonnance de référé vom 20.11.2000, unter: http://www.lapres.net/html/ya2011f.html (abgerufen am 07.04.2001).

335 BGH NJW 2000, 624.

336 BGH NJW 2000, 624, 627.

337 Vgl. hierzu umfassend den Landesbericht, Teil 2, Abschnitt C III.

338 Vgl. *Sieber*, NJW 1999, 2065 ff.; vgl. hierzu auch umfassender den Landesbericht, Teil 2, Abschnitt C III.

ren sich jedoch hauptsächlich auf eine teleologische Reduktion des Tatbestandes auf Fälle, in denen der Täter subjektiv im Inland wirken wollte.[339]

Was die Schweiz anbelangt, so existieren ebenfalls Lösungsvorschläge mit unterschiedliche Ansätzen. Nach *Rosenthal* ist auf subjektive Elemente abzustellen, die auch aus bestimmten Merkmalen einer Internetseite gefolgert werden könnten.[340] Nach *Riklin* soll die Kenntnisnahmemöglichkeit im Inland, ähnlich der Rechtsprechung bei den Ehrverletzungsdelikten, einen Tatort im Inland begründen.[341]

Eine klare Linie läßt sich aus der vorhandenen Literatur im deutschen Rechtskreis nicht herausarbeiten. Festhalten läßt sich jedoch jedenfalls, daß in Literatur und Lehre die Tendenz besteht, den Begriff Erfolg im Falle der grenzüberschreitenden elektronischen Datenübertragung über den Wortlaut hinaus vorsichtig auszudehnen und somit auch Fälle zu erfassen, in denen – bei Vorliegen bestimmter weiterer Umstände – ein rechtswidriger Inhalt im Inland lediglich abrufbar ist.

Die weitere Entwicklung sowie die zukünftige Rechtsprechung dieser und anderer Staaten werden zeigen, wie man die angesprochenen Fragen nicht nur theoretisch, sondern vor allem praktisch in den Griff bekommen kann.

C. Zusammenfassung und Schlußbetrachtung

I. Rassismusvorschriften

Die Darstellung in den Landesberichten hat ergeben, daß die meisten Staaten das Phänomen des Rassismus in mehr oder weniger ausgeprägter Form kennen, wobei allerdings jeweils unterschiedliche Bevölkerungsgruppen betroffen sind. So stehen z. B. in Frankreich und Spanien nordafrikanische Einwanderer im Vordergrund, in Deutschland dagegen Türken, Gastarbeiter und Asylanten. Bei den staatlichen Reaktionsformen hiergegen lassen sich zwei Gegenpole feststellen. Auf der einen Seite stehen die Vereinigten Staaten von Amerika, welche den Erlaß strafrechtlicher Vorschriften zum Zwecke der Sicherung eines größtmöglichen Pluralismus als hinderlich ansehen. Auf der anderen Seite ist die relativ einheitliche Reaktionsform der europäischen Staaten zu beobachten, die den Erlaß von Schutzgesetzen nicht zuletzt aufgrund der zunehmenden kulturellen

---

339 Vgl. den Landesbericht, Teil 2, Abschnitt C III.

340 *Rosenthal*, Projekt Internet, Zürich 1997, S. 207 f.

341 *Riklin*, Information Highway und Strafrecht, S. 559, 583, in: *Hilty* (Hrsg.), Information Highway: Beiträge zu rechtlichen und tatsächlichen Fragen, Bern 1996.

Vielfalt für erforderlich erachten.[342] Ein internationaler Konsens ist in diesem Bereich bereits durch Art. 4a des Internationalen Übereinkommens zur Beseitigung jeder Form von Rassendiskriminierung erzielt worden. Dieser hat jedoch nur völkerrechtlich verpflichtende Bedeutung und führt nicht zu einer echten strafrechtlichen Harmonisierung.

Nachfolgend sollen die strafrechtlichen Erkenntnisse aus dem Rechtsvergleich in den jeweiligen Gruppen zusammenfassend dargestellt und eine eventueller bestehender gemeinsamer Mindeststandard festgehalten werden.

1. Aufreizen zu Haß, Gewalt und Diskriminierung

Einschlägige Straftatbestände finden sich im deutschen (Deutschland, Österreich, Schweiz), romanischen (Frankreich, Spanien) und – mit Ausnahme der USA – im anglo-amerikanischen (Vereinigtes Königreich, Kanada) Rechtskreis. Die einzelnen Strafvorschriften bewegen sich im Groben auf einem einheitlichen Schutzniveau und sind auch hinsichtlich der Tatbestandsstruktur miteinander vergleichbar. Lediglich die Strafvorschriften im Vereinigten Königreich fallen in bezug auf Tatbestandsvoraussetzungen und Tatbestandsstruktur aus dem Rahmen. Zum einen vermischen sie Tatbestandselemente der bei den Rassismustatbeständen gebildeten drei Gruppen, zum anderen ist auch die Tatbestandsstruktur mit keiner der genannten Rechtsordnungen in Einklang zu bringen.

In den USA verbietet bereits die Verfassung den Erlaß vergleichbarer Strafvorschriften. Die oben angesprochene *fighting-speech*-Rechtsprechung, welche hier den verfassungsrechtlichen Rahmen feststeckt, ist in der Regel zu eng, um relevante Sachverhalte zu erfassen.

Bei einem Vergleich der Tathandlungen ist festzustellen, daß lediglich der deutsche und der anglo-amerikanische Rechtskreis das Verb *aufreizen* oder das bedeutungsverwandte *aufstacheln* (*to incite* bzw. *to stir up*) verwenden. Die Staaten des romanischen Rechtskreises hingegen gebrauchen das nicht mit einem Appell an die Emotionen verbundene Verb *auffordern* (*provoquer*, bzw. *provocar*).

Weiterhin ist festzuhalten, daß sich die völkerrechtlichen Kriminalisierungsverpflichtungen aus Art. 4a ICERD nur auf das Aufreizen zur Rassendiskrimierung und zu rassistischer Gewalttätigkeit, nicht jedoch auf das Aufreizen zum Rassenhaß beziehen. Sämtliche Staaten des deutschen, romanischen und angloamerikanischen Rechtskreises stellen dennoch die Aufforderung zum Rassenhaß unter Strafe. Die Aufforderung zur Rassendiskriminierung und zu rassistischer

---

342 Vgl. hierzu auch *Roth*, a.a.O., S. 180.

Gewalt wird hingegen nur in den Staaten des deutschen und romanischen Rechtskreises bestraft.

Bei den geschützten Personengruppen überschneiden sich die von den einzelnen Staaten aufgezählten Merkmale jedenfalls hinsichtlich Rasse und Ethnie. Überwiegend werden auch die Herkunft oder Nation genannt. In der Rechtsordnung Deutschlands, Österreichs und des Vereinigten Königreichs sind des weiteren nur inländische Bevölkerungsgruppen geschützt.

Weiterhin sehen sämtliche Staaten – ohne daß dies in Art. 4a ICERD angelegt ist – vor, daß die Begehung in irgend einer Weise öffentlich erfolgen muß, wobei den einzelnen Rechtsordnungen teilweise sehr unterschiedliche Öffentlichkeitsbegriffe zugrunde liegen. Deutschland, Frankreich und Kanada schränken den Tatbestand dadurch noch weiter ein, daß die Begehung der Tat geeignet sein muß, den öffentlichen Frieden oder die öffentliche Ordnung zu stören.

Vorsätzliches Handeln ist durchgehend erforderlich. Nur Frankreich erweitert seinen Schutz durch die Einbeziehung auch fahrlässigen Handelns im Rahmen eines Übertretungstatbestandes.

Der Mindeststandard in den Ländern des deutschen, romanischen und angloamerikanischen Rechtskreises (mit Ausnahme der USA und entsprechender Zurückhaltung bezüglich des Vereinigten Königreichs) besteht demzufolge in der vorsätzlichen öffentlichen Aufforderung zum Haß gegen eine inländische Personengruppe aus Gründen ihrer Rasse oder Ethnie, wenn die Tat geeignet ist, den öffentlichen Frieden oder die öffentliche Ordnung zu stören.

2. Verbreitung rassistischer Informationen

Hierbei handelt es sich zwar um eine Tathandlung, die in Art. 4a ICERD vorgesehen ist, wodurch die Vertragsstaaten verpflichtet wären, in ihren Rechtsordnungen einschlägige Straftatbestände einzuführen. Allerdings hat der Rechtsvergleich gezeigt, daß ein Teil der untersuchten Staaten seiner diesbezüglichen Umsetzungspflicht überhaupt nicht, ein anderer Teil (Deutschland, Schweiz, Spanien, Vereinigtes Königreich) dagegen nur teilweise nachgekommen ist. In der Tat folgt keiner der hier behandelten Staaten vollständig der Vorgabe, die Verbreitung von Ideen, die sich auf die Überlegenheit einer Rasse oder den Rassenhaß gründen, in dieser Form unter Strafe zu stellen.[343] Überdies lassen sich grundlegende Unterschiede sowohl hinsichtlich Tathandlung und –struktur feststellen. Die Bestimmung eines gemeinsamen Mindeststandards in diesem Bereich erscheint daher nicht möglich.

---

343 Anders hingegen **Italien**: Art. 3 Abs. 1 a) des Gesetzes Nr. 654 vom 13. Oktober 1975, modifiziert durch die Verordnung Nr. 122 vom 26. April 1993, gibt Art. 4a ICERD insofern nahezu wortlautgetreu wider.

3. Beleidigungen im weiteren Sinne

Art. 4a ICERD sieht Tatbestände der rassistischen Beleidigung oder Diffamierung nicht vor. Nur die Rechtsordnungen des deutschen Rechtskreises (Deutschland, Österreich, Schweiz) sowie Frankreichs und des Vereinigten Königreichs enthalten derartige, über einfache Ehrdelikte hinausgehende Tathandlungen. Mit Ausnahme der französischen Vorschriften, die tendenziell als Ehrdelikte einzuordnen sind, sind diese Straftatbestände ihrer Natur nach eher den Rassismustatbeständen mit der Folge einer inhaltlich unterschiedlichen Ausgestaltung zuzuordnen.

Im Kern erfassen alle diese Vorschriften Tathandlungen, die eine Kundgabe von Mißachtung in Form eines Werturteils ausdrücken. Mißachtenskundgebungen auf der Ebene von Tatsachen sind daneben nur in der französischen und in der deutschen Rechtsordnung vorgesehen. Zur Umschreibung der Tathandlung werden hierbei Verben unterschiedlicher Bedeutung eingesetzt. Selbst innerhalb des deutschen Rechtskreises sind daher kaum echte Überschneidungsbereiche festzustellen, auch wenn die Tathandlungen teilweise nur in Nuancen voneinander abweichen.

Einige Staaten verfügen in ihren Strafgesetzbüchern über den benannten Strafschärfungsgrund der rassistischen Motive und gelangen so im Zusammenhang mit der Anwendung der einfachen Beleidigungstatbestände zu vergleichbaren Rechtsfolgen.

Zusammenfassend ist festzustellen, daß die Bestimmung eines Mindeststandards Schwierigkeiten begegnet. Allerdings besteht hier auch kein dringender Regelungs- bzw. Handlungsbedarf. Die in den nationalen Strafgesetzbüchern vorhandenen einfachen Beleidigungstatbestände erscheinen ausreichend, um Fälle der rassistischen Beleidigung und Diffamierung zu erfassen, zumal ein rassistischer Hintergrund strafschärfend berücksichtigt werden kann. Die Schaffung einer gemeinsamen Regelung hätte in diesem Bereich vor allem Symbolcharakter.

II. Leugnungstatbestände

Bei der Gruppe der Leugnungstatbestände erscheint bemerkenswert, daß in den untersuchten Rechtsordnungen des anglo-amerikanischen Rechtskreises die Leugnung des Holocaust im engeren Sinne strafrechtlich nicht erfaßt wird. Die Ursachen für ein Fehlen derartiger Vorschriften sind vor allem historischer und politischer Art. Letztlich führt dies in den betroffenen Rechtsordnungen dazu, daß derartige Äußerungen verfassungsrechtlich nicht mißbilligt und damit sogar geschützt werden.

Im deutschen und romanischen Rechtskreis hingegen sind Strafvorschriften auf einem recht einheitlichen Schutzniveau vorhanden. Ein Konsens besteht in diesen Rechtskreisen jedenfalls dahingehend, daß der nationalsozialistische Völkermord und Verbrechen gegen die Menschlichkeit erfaßt werden. Auch wird die Tathandlung des Leugnens einheitlich verwendet. Das (gröbliche) Verharmlosen ist nur im deutschen Rechtskreis vorgesehen. Hinsichtlich der Leugnungsvarianten im weiteren Sinne ist keine Einheitlichkeit festzustellen, wenn auch sehr ähnliche Tathandlungen gegeben sind: Überwiegend wird das Verb *rechtfertigen* verwendet, teilweise auch das Verb *billigen* oder *gutheißen*. Das Verbreiten fremder Inhalte wird nur von wenigen Rechtsordnungen erfaßt, das Verbreiten eigener Inhalte dagegen von sämtlichen. Eine öffentliche Begehungsweise wird durchgängig vorausgesetzt. Lediglich im Falle der nach deutschem Recht unter die §§ 185, 189 StGB fallenden Auschwitzlüge ist auch die nichtöffentliche Begehungsweise möglich.[344] Das Kriterium der Sozialadäquanz wird teilweise klarstellend verwendet. Im Grunde erscheint es jedoch überflüssig, wenn man bedenkt, daß derjenige den Völkermord nicht leugnet oder verharmlost, der sich kritisch mit ihm auseinandersetzt. Einheitlich wird eine vorsätzliche Begehung vorausgesetzt. Österreich erweitert hier sein Schutzniveau durch die Bestrafung auch der fahrlässigen Begehung im Rahmen eines Übertretungstatbestandes.

Zusammenfassend ist als Mindeststandard im deutschen und romanischen Rechtskreis das vorsätzliche öffentliche Leugnen von nationalsozialistischem Völkermord und Verbrechen gegen die Menschlichkeit festzuhalten.

III. Kennzeichen und Propagandamittel verfassungsfeindlicher Organisationen

Im Bereich der Kennzeichen und Propagandamittel verfassungsfeindlicher Organisationen verfügen lediglich drei Staaten (Deutschland, Österreich und Frankreich) über einschlägige Vorschriften. Diese unterschiedliche Regelungsdichte ist auch hier ganz offensichtlich historisch und politisch bedingt. Gerade Deutschland, Österreich und Frankreich haben konkrete Erfahrungen mit dem Nationalsozialismus gemacht.[345] Dadurch, daß die einschlägigen Regelungen teilweise nur in Übertretungstatbeständen enthalten sind, ist das Schutzniveau sehr uneinheitlich. Deutschland bietet hierbei strafrechtlich den umfassendsten Schutz (§§ 86, 86a StGB), gefolgt von Österreich (§ 3g VerbotsG). Es handelt sich zusammenfassend fraglos um denjenigen Bereich, der unter den hier behandelten als am wenigsten konsensfähig anzusehen ist.

---

344 Vgl. den Landesbericht, Teil 2, Abschnitt B II 3 e).

345 Dasselbe gilt auch für die hier nicht näher behandelte Rechtsordnung **Italiens**, auf deren relevante Strafvorschriften in zahlreichen Fußnoten eingegangen wurde.

IV. Aufforderung zu Straftaten

Einschlägige Strafvorschriften sind hier nur im deutschen Rechtskreis sowie – in eingeschränktem Maße – im romanischen Rechtskreis vertreten. Hierbei weist der deutsche Rechtskreis in sich ein recht einheitliches Bild auf, so daß sich ein Mindeststandard relativ einfach festlegen läßt. Einheitlich wird hiernach mindestens die vorsätzliche öffentliche Aufforderung zu Verbrechen und Vergehen mit Gewalttätigkeit unter Strafe gestellt.

Die Einbeziehung des romanischen Rechtskreises führt zu einer wesentlichen Herabsetzung des Schutzniveaus, da die spanische Vorschrift generell und die französische Vorschrift für den Fall der erfolglosen Aufforderung auf bestimmte Arten von Straftaten beschränkt sind. Ein gemeinsamer Mindeststandard ließe sich daher nur für den Fall der vorsätzlichen öffentlichen Aufforderung zu einer ausgewählten Zahl von Straftaten erreichen.

V. Anwendbarkeit auf die elektronische Datenübertragung

Die wachsende Zahl rassistischer und neonazistischer Internetseiten hat bei den meisten Staaten zu einer Überprüfung der bestehenden Rechtsvorschriften auf ihre Tauglichkeit im Zusammenhang mit der elektronischen Datenübertragung geführt. Selten wurde hier – anders als im Bereich der Kinderpornographie – ein legislativer Handlungsbedarf gesehen; die meisten Rechtsordnungen halten ihre einschlägigen Strafvorschriften für anwendbar.

Die Tatsache, daß nahezu sämtliche einschlägigen Straftatbestände eine öffentliche Begehung voraussetzen, zwingt jedoch zu einer Differenzierung nach der Art der in Anspruch genommenen Internetdienste. Während weitgehend Einigkeit darüber besteht, daß jedenfalls WWW-Seiten und andere, jedermann zugängliche Bereiche des Internet als öffentlich, Privatkorrespondenz wie E-mail hingegen als nichtöffentlich anzusehen ist, herrscht hinsichtlich der Grenzbereiche wie Newsgroups und Mailing-lists noch Unklarheit. Im Laufe der Entwicklung wird sich hier durch Rechtsprechung und Literatur eine Kasuistik ausbilden.

VI. Internationales Strafrecht

Weniger eingehend hat sich ein Großteil der untersuchten Staaten bislang mit Fragen des internationalen Strafrechts im Zusammenhang mit der grenzüberschreitenden elektronischen Datenübertragung befaßt. Lediglich in Frankreich und Deutschland existiert einschlägige Rechtsprechung.

Grundsätzlich läßt sich festhalten, daß in sämtlichen Staaten das Territorialitätsprinzip verankert ist, wonach das eigene Strafrecht nur auf Straftaten anzuwenden ist, die im Inland begangen werden. Die Frage der Anwendbarkeit nationalen Strafrechts auf Internet-Inhalte, welche sich auf ausländischen Servern befinden und die im Inland lediglich abrufbar sind, erscheint überwiegend noch nicht gesichert. Lediglich für Frankreich[346] und Deutschland[347] ist bereits gerichtlich entschieden, daß das nationale Strafrecht auch in dieser Konstellation zur Anwendung gelangen soll bzw. kann. Literatur und Lehre des deutschen Rechtskreises hingegen äußern sich diesbezüglich restriktiv und differenzieren teilweise internetspezifisch. Danach müssen weitere besondere Umstände hinzutreten, damit die Anwendung des nationalen Strafrechts berechtigt erscheint.[348]

VII. Ausblick

Wie der vorliegende Rechtsvergleich und die darin ermittelten strafrechtlichen Mindeststandards zeigen, ist die internationale Staatengemeinschaft mit ihren unterschiedlichen Rechtskulturen bislang noch weit entfernt von der Chance einer echten strafrechtlichen Harmonisierung auf internationaler Ebene. Ein Großteil der hier behandelten Staaten verfügt zwar bereits über ausreichende Strafvorschriften zur Erfassung der genannten Phänomene; in anderen Staaten fehlen hingegen bereits die hierfür erforderlichen verfassungsrechtlichen Voraussetzungen.

Eine strafrechtliche Einigung auf internationaler Ebene erscheint auf lange Sicht jedoch unabdingbare Voraussetzung zur effektiven Verfolgung und Bekämpfung von Rassismus, Rechtsextremismus und Auschwitzleugnung in internationalen Netzwerken.[349] Ein besonderes Interesse sollte hierbei der Einbeziehung solcher Staaten gelten, in denen die Meinungsfreiheit dem Erlaß strafrechtlicher Sanktionen bislang entgegensteht. Deren Nichteinbeziehung hätte nämlich faktisch zur Folge, daß einschlägige Internetseiten auf dort beheimatete Server verlegt würden, wie sich bereits jetzt am Beispiel der USA manifestiert.[350] Der

346 Vgl. den Landesbericht, Teil 2, Abschnitt C III.

347 Dies gilt bislang jedoch nur im Fall der Verbreitung der Auschwitzlüge, vgl. den Landesbericht, Teil 2, Abschnitt C III.

348 Vgl. Teil 3, Abschnitt B V 2.

349 Vgl. hierzu auch *Sieber*, Legal Regulation, Law Enforcement and Self-Regulation: A New Alliance for Preventing Illegal Content on the Internet (im folgenden: A New Alliance), S. 319 ff., S. 366, in: *Machill/Waltermann* (Hrsg.), Protecting our Children on the Internet, Gütersloh 2000.

350 *Stone*, Neo-Nazi Web Sites Flee to the US, Newsbytes vom 21.12.2000, unter: http://www.newsbytes.com/news/00/159663.html (abgerufen am 12.03.2001); Heise News vom 31.03.2001, unter: http://www.heise.de/newsticker/data/jk-31.03.01-004/ (abgerufen am 16.04.2001).

rasante Anstieg an Haßseiten auf amerikanischen Servern zeigt auch, daß die hoch gepriesenen „Selbstreinigungskräfte" der öffentlichen Meinung[351] als Bekämpfungsmechanismus längst versagt haben.

Die „nationalen Alleingänge" einiger Staaten in jüngster Zeit erscheinen für sich gesehen weder sinnvoll noch in ausreichendem Maße erfolgversprechend. Die Vorstöße einzelner Gerichte, ihre Rechtsprechung auf extraterritoriale Sachverhalte auszudehnen,[352] setzen zwar wünschenswerte Signale bei der rechtlichen Bewältigung der Internetkriminalität. In ihrer Umsetzung sind die bereits erläuterten Entscheidungen – neben technischen – vor allem aber mit praktischen Schwierigkeiten verbunden, da die nationalen Strafverfolgungsbehörden bei derartigen Auslandssachverhalten sowohl im Rahmen der Ermittlungstätigkeit als auch bei der Strafvollstreckung schnell an ihre Grenzen gelangen. In ihrer Effektivität ist diese Entwicklung der Rechtsprechung daher als problematisch anzusehen.[353] Auch stößt die Tatsache, daß einzelne Staaten auf diese Weise über das – im Wesentlichen auf internationalem Konsens beruhende – Weltrechtsprinzip hinausgehend Sachverhalte strafrechtlich als national beurteilen, nicht nur von US-amerikanischer Seite auf Befremden und Kritik.[354] Eine klare internationale Regelung auch im Bereich des Strafanwendungsrechts tut daher Not.

Eine echte und umfassende strafrechtliche Harmonisierung ist jedoch in naher Zukunft nicht zu erwarten, weshalb mittelfristig vorrangig außerstrafrechtliche Lösungsansätze in Erwägung zu ziehen sind. Seit langem schon werden die Mechanismen der Selbstregulierung der Internet-Industrie als ein probates Mittel zur wirksamen Verfolgung von Rassenverächtern und Auschwitzleugnern angesehen. Diese Mechanismen sind vielschichtig und werden in den einzelnen Staaten bislang bereits in unterschiedlichem Umfang praktiziert.[355] Als unverzichtbarer Regelungsbestandteil von Computernetzen entwickeln sie sich heute aufgrund immer neuer Initiativen ständig fort. Zwei große Teilbereiche sind

---

351 So *Schröder*, Neonazis und Computernetze, Reinbek bei Hamburg 1995, S. 160; vgl. auch den Landesbericht Vereinigte Staaten, Teil 2, Abschnitt B I 1.

352 Vgl. Teil 3, Abschnitt B V 2.

353 Vgl. *Sieber*, ZRP 2001, 97.

354 Vgl. hierzu z. B. *Krempl*, Wachsende Besorgnis über BGH-Urteil gegen Holocaust-Leugner, Telepolis vom 21.12.2000, unter: http://www.heise.de/tp/deutsch/inhalt/te/4527/1.html (abgerufen am 16.04.2001).

355 Zu den einzelnen Staaten vgl. die rechtsvergleichende Untersuchung von *Sieber*, Kinderpornographie, Jugendschutz und Providerverantwortlichkeit im Internet – Eine strafrechtsvergleichende Untersuchung –, Bonn 1999.

hierbei die durch Selbstkontrollgremien entwickelten *codes of conduct*[356] und die Einrichtung von Hotlines und Meldestellen zur Meldung auffälliger Inhalte durch Internet-Nutzer.[357] Der Schutz speziell von Jugendlichen vor gefährdenden Inhalten wird insbesondere erzielt durch Altersverifikationssysteme in Verbindung mit technischen Sperrtechnologien (Filter- und Ratingsysteme), deren Einsatzmöglichkeit in der Hand verantwortungsvoller Erziehungsberechtigter, aber auch von Providern stehen kann.

Der Schlüssel zur effektiven Bekämpfung von Haßseiten im Internet könnte daher vorläufig in einer sinnvoll aufeinander abgestimmten Kombination verschiedener Aktionsmechanismen liegen, in deren Vordergrund internationale Kooperationsansätze zur Bewältigung „rechtlicher Oasen" wie im Fall der USA stehen müßten.[358] *Sieber* schlägt in diesem Zusammenhang ein „neues Bündnis" zwischen staatlicher Regulierung („hard law"), Strafverfolgung und Selbstregulierung („soft law") vor.[359]

---

356 Unter *codes of conduct* versteht man Verhaltenskodizes, die Regelungen für ihre Mitglieder zur legalen Nutzung des Internet aufstellen. In der Regel werden sie von Selbstkontrollgremien oder von nationalen Interessenverbänden der Internet-Service-Provider (ISPAs) entwickelt. Verstöße gegen Pflichten in *codes of conduct* ziehen regelmäßig Sanktionen nach sich, die bis zum Ausschluß der Mitglieder aus dem Verband gehen können. Vgl. hierzu *Sieber*, Kinderpornographie, Jugendschutz und Providerverantwortlichkeit im Internet, Bonn 1999, S. 56 f.

357 Vgl. hierzu auch die Initiative des am 18.08.2000 gegründeten Vereins *"NAIIN - No Abuse in Internet"*, der es sich zum Ziel gesetzt hat, gemeinsam mit dem Bundesministerium der Justiz die sachlichen und fachlichen Grundlagen zu schaffen, um den Mißbrauch des Internet zurückzudrängen. Beabsichtigt ist die Schaffung eines umfassenden Potentials, welches in der Erarbeitung von Normen und geeigneten Maßnahmen zur Freiwilligen Selbstkontrolle der Internet-Community sowie in der Entwicklung technischer Regulierungsmöglichkeiten besteht. Die Errichtung einer Meldestelle und Aufklärungsarbeit sind ebenfalls vorgesehen, vgl. http://www.naiin.org/Press0111.htm (abgerufen am 13.04.2001); auch immer mehr Landeskriminalämter richten teilweise anonyme Meldestellen ein, vgl. die Zusammenstellung unter Heise News vom 20.12.2000, unter: http://www.heise.de/newsticker/data/hob-20.12.00-000/ (abgerufen am 13.04.2001).

358 Hierzu ausführlich: *Sieber*, A New Alliance, a.a.O., S. 319 ff; *Rosenthal*, Current problems and possible strategies for combating racism on the Internet, Working Paper, unter: http://www.rvo.ch/docs/unracism.pdf (abgerufen am 26.07.00); *ders.*: Neue Wege zur Bekämpfung von Web-Rassismus, NZZ Online vom 03.03.2000, unter: http://www.nzz.ch/online/01_nzz_aktuell/internet/internet2000/nzz000303rosenthal.htm (abgerufen am 27.09.2000).

359 *Sieber*, A New Alliance, a.a.O., S. 326.

Die Selbstregulierung der Internet-Industrie bietet hierbei den Vorteil der größeren technischen Flexibilität und schnelleren Reaktionsmöglichkeiten auf dem sich ständig verändernden Terrain des Internet. Auch hat die Internet-Industrie längst die nationalen Grenzen verlassen und arbeitet auf internationalem Niveau.[360] Eine immer enger werdende Verzahnung von Selbstregulierung und staatlicher Regulierung könnte so Vor- und Nachteile der starren, aber doch rechtlich verbindlichen nationalen Vorschriften weitestgehend nutzen und ausgleichen.

Das genannte „neue Bündnis" ist facettenreich und umfassend. Die vorgetragenen Empfehlungen setzen auf sämtlichen Ebenen an; auch der Gesetzgeber ist gefordert. Im Zusammenhang mit der Frage nach einer künftigen strafrechtlichen Harmonisierung erscheint jedoch besonders der nachfolgende Aspekt von Bedeutung:

Bei der inhaltlichen Ausgestaltung von *codes of conduct* stehen international tätige Online-Dienste und Internet-Provider häufig vor dem Problem, unterschiedlichen Rechtsordnungen gleichzeitig Rechnung tragen zu müssen.[361] *Sieber* regt die Internet-Industrie daher dazu an, zur Vermeidung von Gesetzeskonflikten internationale Mindeststandards vorläufig auf der Ebene der nichtstaatlichen Inhaltsregulierung zu schaffen. Internationale *codes of conduct* könnten sich bei großer Akzeptanz zum Vorläufer für internationale strafrechtliche Mindeststandards entwickeln. Diesen Verhaltenskodizes könnte dadurch zu rechtlicher Durchsetzbarkeit verholfen werden, daß sie fester Bestandteil der Verträge zwischen den Internet-Providern und ihren Kunden sowie von Übereinkommen zwischen Internet-Providern und Selbstkontrolleinrichtungen würden.[362]

Harmonisierungsvorschriften dürfen sich in diesem Zusammenhang weiterhin nicht auf Fragen des materiellen Strafrechts beschränken, sondern müssen sich auch mit der Anwendbarkeit nationalen Strafrechts befassen. Wünschenswert wäre hier die Durchsetzung einer differenzierenden Lösung, wie sie bereits im deutschen Rechtskreis vertreten wird.

Wie die vorliegende Arbeit gezeigt hat, steht die internationale Staatengemeinschaft vor komplexen Fragestellungen, will sie Rassenverächtern und Holocaustleugnern im Internet wirksam begegnen. Angesichts großer nationaler Unterschiede ist die Schaffung eines strafrechtlichen internationalen Mindeststandards zwar schwierig, jedoch langfristig unabdingbare Voraussetzung einer ef-

---

360 *Sieber*, A New Alliance, a.a.O., S. 324 f.

361 *Sieber*, A New Alliance, a.a.O., S. 381, bezeichnet dies als die sogenannte „international trap" (internationale Falle).

362 *Sieber*, A New Alliance, a.a.O., S. 383, 391.

fektiven Bekämpfungsstrategie. Da das Internet heute als Hauptverbreitungsinstrument eingesetzt wird, müßte im Rahmen einer solchen Regelung auch spezifischen Fragen der Verbreitung durch Datennetze und des internationalen Strafrechts Rechnung getragen werden.

Literaturverzeichnis

Altenhain, Karsten: Die strafrechtliche Verantwortung für die Verbreitung mißbilligter Inhalte in Computernetzen, CR 1997, 485 ff.

ders.: Jugendschutz (Teil 20); in: Hoeren/Sieber (Hrsg.), Handbuch Multimedia-Recht; Rechtsfragen des elektronischen Geschäftsverkehrs, München 2000

Altschiller, Donald: Hate Crimes, A Reference Handbook, 1. Auflage, Santa Barbara, California 1999

Asseraf-Olivier, Frédérique/Barbry, Éric: Le droit du multimédia, Paris 1996

Auer, Wolfgang/Loimer, Bernhard: Zur Strafbarkeit der Verbreitung von Kinderpornographie über das Internet, ÖJZ 1997, 613 ff.

Auvret, Patrick : L'application du droit de la presse au réseau Internet, JCP 1999 I 108

Bailer-Galanda, Brigitte: „Revisionismus“ als zentrales Element der internationalen Vernetzung des Rechtsextremismus, S. 106 ff., in: Stiftung Dokumentationsarchiv des Österreichischen Widerstandes (Hrsg.), Das Netz des Hasses. Rassistische, rechtsextreme und neonazistische Propaganda im Internet, Wien 1997

Barker, David L. A./Padfield, Colin F.: Law, 10. Auflage, Oxford 1998

Becker, Walter: 25 Jahre Bundesprüfstelle für jugendgefährdende Schriften; Film und Recht 1980, 469 ff.

Beisel, Daniel: Die Strafbarkeit der Auschwitzlüge, NJW 1995, 997 ff.

Beisel, Daniel/Heinrich, Bernd: Die Zulässigkeit der Indizierung von Internet-Angeboten und ihre strafrechtliche Bedeutung, CR 1997, 360 ff.

dies.: Die Strafbarkeit der Ausstrahlung pornographischer Sendungen in codierter Form durch das Fernsehen, JR 1996, 95 ff.

Bensoussan, Alain: Internet, aspects juridiques, 2. Auflage, Paris 1998

Bernstorff, Christoph Graf von: Einführung in das englische Recht, München 1996

Bertel, Christian/Schwaighofer, Klaus: Österreichisches Strafrecht, 3. Auflage, Wien 1997

Bilger, Philippe/Prévost, Bernard: Le droit de la presse, 3. Auflage, Paris 1995

Blumenwitz, Dieter: Einführung in das anglo-amerikanische Recht, 6. Auflage, München 1998

Bollinger, Lee C.: The tolerant society, Freedom of Speech and Extremist Speech in America, New York, Oxford 1986

Bradley, Valerie Curry: Cyberhate and the First Amendment, Fall 1995, unter: http://wings.buffalo.edu/Complaw/CompLawPapers/bradley.html

Breuer, Barbara: Anwendbarkeit des deutschen Strafrechts auf exterritorial handelnde Internet-Benutzer, MMR 1998, 141 ff.

Bröhl, Georg: Rechtliche Rahmenbedingungen für neue Informations- und Kommunikationsdienste, CR 1997, 73 ff.

Brophy, Peter/Craven, Jenny/Fisher, Shelagh: Extremism and the Internet, February 1999

Bundesamt für Justiz (Hrsg.): Internet; Neues Medium – Neue Fragen ans Recht – , Bericht einer interdepartementalen Arbeitsgruppe zu strafrechtlichen, datenschutzrechtlichen und urheberrechtlichen Fragen rund um Internet, Bern 1996

Bundesministerium des Innern (Hrsg.): Verfassungsschutzbericht 1998, Bonn 1999

Bundesministerium des Innern (Hrsg.): Verfassungsschutzbericht 1999, Bonn 2000

Bustos Ramírez, Juan: Manual de Derecho Penal, Parte general, 4. Auflage, Barcelona 1994

Butler, Deborah: Holocaust Denial in England, Web Journal of Current Legal Issues 1997, Issue 4, unter: http://webjcli.ncl.ac.uk/1997/issue4/butler4.html

Capitanchik, David/Whine, Michael: The Governance of Cyberspace: Racism on the Internet, S. 237 ff., in: Liberty (Ed.), Liberating Cyberspace. Civil Liberties, Human Rights and the Internet, London 1999

Card, Richard: Criminal Law, 14. Auflage, London 1998

ders: Public Order, The New Law, London 1987

Collardin, Marcus: Straftaten im Internet, CR 1995, 618 ff.

Conde-Pumpido Ferreiro, Cándido (Hrsg.): Código Penal, Doctrina y Jurisprudencia, Madrid 1997

Conradi, Ulrich/Schlömer, Uwe: Die Strafbarkeit der Internet-Provider, NStZ 1996, 366 ff., 472 ff.

Conseil d'État: Internet et les réseaux numériques, Étude adoptée par l'Assemblée générale du Conseil d'État le 2 juillet 1998, unter: http://www.internet.gouv.fr/francais/textesref/rapce98/rap4.htm

Cornils, Karin: Der Begehungsort von Äußerungsdelikten im Internet, JZ 1999, 394 ff.

Cousin, Bertrand/Delcros, Bertrand: Le droit de la communication, Presse écrite et audiovisuel, Tome 1, Paris 1990

Darlington, Roger: Extremism on the Net, unter: http://members.tripod.co.uk/rogerdarlington/extremism.html

Demnard-Tellier, Isabelle (Hrsg.): Le multimédia et le droit, Mémento-guide Alain Bensoussan, Paris 1996

Derieux, Emmanuel: La responsabilité des médias – Responsables, coupables, condamnables, punissables?, JCP 1999 I 153

Derksen, Roland: Strafrechtliche Verantwortung für in internationalen Computernetzen verbreitete Daten mit strafbarem Inhalt, NJW 1997, 1878 ff.

Desportes, Frédéric: Provocation de mineurs à commettre des actes illicites ou dangereux, Art. 227-18 à 227-21, Éditions du Juris-Classeur 1996

Donatsch, Andreas: Entwicklungen im Strafrecht und Strafprozessrecht, SJZ 1998, 490 ff.

Doehring, Karl: Allgemeine Staatslehre, 2. Auflage, Heidelberg 2000

Downs, Donald A.: Racial Incitement Law and Policy in the United States: Drawing the Line between Free Speech and Protection against Racism, S. 107 ff., in: Greenspan, Louis/Levitt, Cyril (Hrsg.), Under the Shadow of Weimar: Democracy, Law and Racial Incitement in Six Countries, Westport 1993

Ederer, Brigitte: Medienrecht und telematische Medien, S. 273 ff., in: Stiftung Dokumentationsarchiv des österreichischen Widerstandes (Hrsg.); Das Netz des Hasses. Rassistische, rechtsextreme und neonazistische Propaganda im Internet, Wien 1997

Ellison, Louise/Akdeniz, Yaman: Cyberstalking: The Regulation of Harassment on the Internet, S. 29 ff.; in: Walker, Clive (Hrsg.); Crime, criminal justice and the Internet, London 1998

Elman, Bruce P.: Her Majesty The Queen v. James Keegstra: The Control of Racism in Canada, A Case Study, S. 107 ff.; In: Greenspan, Louis/Levitt, Cyril (Hrsg.), under the Shadow of Weimar: Democracy, Law and Racial Incitement in Six Countries, Westport 1993

Emmins, Christopher J.: A Practical Approach to Criminal Procedure, Third Edition, London 1985

Engel-Flechsig, Stefan/Maennel, Frithjof A. /Tettenborn, Alexander:
Neue gesetzliche Rahmenbedingungen für Multimedia: die Regelungen des IuKDG und des MDStV, Heidelberg 1998

dies.: Das neue Informations- und Kommunikationsdienste-Gesetz, NJW 1997, 2981 ff.

Errera, Roger: French Law and Racial Incitement: On the Necessity and Limits of the Legal Responses, S. 39 ff., in: Greenspan, Louis/Levitt, Cyril (Hrsg.), Under the Shadow of Weimar: Democracy, Law, and Racial Incitement in Six Countries; Westport 1993

Falque-Pierrotin, Isabelle: Mission interministerielle sur l'Internet, 16.03.1996 - 16.06.1996, unter: http://www.telecom.gouv.fr/francais/activ/techno/rapfalq.html

Farnsworth, Allan: An Introduction to the Legal System of the United States, 3. Auflage, New York 1996

Farber, Bernie M. (Hrsg.): From Marches to Modems: A Report on Organized Hate In Metro Toronto; Januar 1997, unter: http://www.cjc.ca/marchestomodems000.htm

Feldman, Jean-Philippe: Le délit de contestation de crimes contre l'humanité et la 17e chambre du Tribunal de grande instance de Paris (sur trois jugements du 27 février 1998), Recueil Dalloz 1999, 1°Cahier, Chronique, S. 8 ff.

Flechsig, Norbert P./Gabel, Detlev:
Strafrechtliche Verantwortlichkeit im Netz durch Einrichten und Vorhalten von Hyperlinks, CR 1998, 351 ff.

Foregger, Egmont/Serini, Eugen: Strafgesetzbuch, Kurzkommentar, 4. Auflage, Wien 1988

Freund, Wolfgang: Die Strafbarkeit von Internetdelikten, Wien 1998

Fuchs, Helmut: Österreichisches Strafrecht, Allgemeiner Teil I, Grundlagen und Lehre von der Straftat, 3. Auflage, Wien 1998

Gall, Gerald L.: The Canadian Legal System, 3. Auflage, Toronto – Calgary – Vancouver 1990

Gounalakis, Georgios: Der Mediendienste-Staatsvertrag der Länder, NJW 1997, 2993 ff.

Greenspan, Louis/Levitt, Cyril: Under the Shadow of Weimar, Westport 1993

Hänni, Fred: Die schweizerische Anti-Rassismus-Strafnorm und die Massenmedien, Bern 1997

Hangartner, Yvo: Grundzüge des schweizerischen Staatsrechts, Band II: Grundrechte, Zürich 1982

Hay, Peter: Einführung in das amerikanische Recht, 3. Auflage, Damstadt 1990

Heller, Ludwig Viktor/Loebenstein, Edwin/Werner, Leopold (Hrsg.): Das Nationalistengesetz. Das Verbotsgesetz 1947, Die damit zusammenhängenden Spezialgesetze, Wien 1948

Hilgendorf, Eric: Überlegungen zur strafrechtlichen Interpretation des Ubiquitätsprinzips im Zeitalter des Internet, NJW 1997, 1873 ff.

Hilty, Reto (Hrsg.): Information Highway: Beiträge zu rechtlichen und tatsächlichen Fragen, Bern 1996

Hirst, Michael: Criminal Law Statutes, London 1990

Hoeren, Thomas/Sieber, Ulrich: Handbuch Multimedia-Recht, Rechtsfragen des elektronischen Geschäftsverkehrs, München 2000

Hübner, Ulrich/Constantinesco, Vlad: Einführung in das französische Recht, 3. Auflage, München 1994

Ibán, Iván C.: Introducción al Derecho Español, Baden-Baden 1995

Ipsen, Knut: Völkerrecht, 4. Auflage, München 1999

Jaburek, Walter J./Wölfl, Norbert: Cyber-Recht, Marktplatz Internet – schrankenlose Geschäfte, Wien 1997

Jähnke/Burkhard/Laufhütte, Heinrich Wilhelm/Odersky, Walter: Leipziger Kommentar, Großkommentar

4. Lieferung: §§ 80-92b, Bearbeiter: Laufhütte, Heinrich Wilhelm, 11. Auflage, Berlin New York 1992

12. Lieferung: §§ 110-122, Bearbeiter: von Bubnoff, Eckhart, 11. Auflage, Berlin New York 1994

20. Lieferung: §§ 125-141, Bearbeiter: von Bubnoff, Eckhart, 11. Auflage, Berlin New York 1996

Jahn, Johannes: Das Verbotsgesetz, Salzburg 1997

Kelly, Robert J. (Hrsg.): Bias Crime: American law enforcement and legal responses, 2. Auflage, Chicago 1993

Kienapfel, Diethelm: Grundriß des österreichischen Strafrechts, Besonderer Teil, Band I: Delikte gegen Personenwerte, 4. Auflage, Wien 1997

Kienle, Michael: Internationales Strafrecht und Straftaten im Internet. Zum Erfordernis der Einschränkung des Ubiquitätsprinzips des § 9 Abs. 1 Var. 3 StGB, 1. Auflage, Konstanz 1998

Kleinknecht, Theodor/Mayer-Goßner, Lutz: Strafprozeßordnung, 43. Auflage, München 1997

Klip, André: Harmonisierung des Strafrechts – eine fixe Idee?, NStZ 2000, 626 ff.

Korman, Charles : Le délit de diffusion d'idées racistes, JCP 1989 I 3404

Kretzmer, David: Freedom of Speech and Racism, 8 Cardozo Law Review 1987, 445 ff.

Kühling Jürgen: Die Kommunikationsfreiheit als europäisches Gemeinschaftsgrundrecht, Berlin 1999

Kuner, Christopher: Internationale Zuständigkeitskonflikte im Internet, CR 1996, 453 ff.

Laga, Gerhard: Internet im rechtsfreien Raum?, Wien 1998, unter: http://www.laga.at/Dissertation/Diss.html

Leukauf, Otto/Steininger, Herbert (Hrsg.): Kommentar zum Strafgesetzbuch, 3. Auflage, Eisenstadt 1992

dies.: Strafrechtliche Nebengesetze, 2. Auflage, Eisenstadt 1986

Loader, Brian (Hrsg.): The Governance of Cyberspace, Politics, technology and global restructuring, London 1997

Loewy, Arnold H.: Criminal law in a nutshell, 2. Auflage, St. Paul, Minnesota 1987

Loundy, David J.: Computer Information Systems Law and System Operator Liability, Seattle University Law Review, Volume 21, Number 4, Summer 1998, unter: http://www.loundy.com/E-LAW/E-Law4-full.html

Machill, Marcel/Waltermann, Jens (Hrsg.): Protecting our Children on the Internet, Gütersloh 2000

Maier-Rabler, Ursula /Mayer-Schönberger, Viktor /Nening-Schönbänker/ Schmölzer, Gabriele (Hrsg.): Netz ohne Eigenschaften. Nationale und internationale Netzkommunikation im Spannungsfeld von Meinungsfreiheit, informationeller Selbstbestimmung und staatlicher Reglementierung. Salzburg 1995

Marschik Nikolaus: Die UN-Rassendiskriminierungskonvention im österreichischen Recht, Wien 1999

Martin, Jörg: Grenzüberschreitende Umweltbeeinträchtigungen im deutschen Strafrecht, ZRP 1992, 41 ff.

Mayaud, Yves: Code Pénal et Nouveau Code Pénal, 24. Auflage, Paris 1993

Mayerhofer, Christoph./Rieder, Sepp (Hrsg.): Das österreichische Strafrecht, Erster Teil: Strafgesetzbuch, 3. Auflage, Wien 1989

Meng, Werner: Regeln über die Jurisdiktion der Staaten im amerikanischen Restatement (Third) of Foreign Relations Law, Archiv des Völkerrechts 1989, 156 ff.

Menthe, Darrel: Jurisdiction in Cyberspace: A Theory of International Spaces, Stand: 23.04.1998, unter: http://www.mttlr.org/volfour/menthe_art.html

Miaja de la Muela, Adolfo: Derecho Internacional Privado, Tomo Segundo, Parte especial, 10. Auflage, Madrid 1987

Moser, Angelika: Der Vergleich zwischen den §§ 3g und 3h Verbotsgesetz, Zur Entscheidung des OGH 11.3.1993, 12 Os 72/92, Innsbruck 1995

Müller, Jörg Paul: Die Grundrechte der schweizerischen Bundesverfassung, 2. Auflage, Bern 1991

Müller-Terpitz, Ralf: Regelungsreichweite des § 5 MDStV, MMR 1998, 478 ff.

Neugebauer, Wolfgang: Vorwort, S. 7 ff., in: Stiftung Dokumentationsarchiv des Österreichischen Widerstandes (Hrsg.), Das Netz des Hasses. Rassistische, rechtsextreme und neonazistische Propaganda im Internet, Wien 1997

Niggli, Marcel Alexander: Rassendiskriminierung, Ein Kommentar zu Art. 261bis StGB und Art. 171c MStG, Zürich 1996

Oberding, Juliet/Norderhang, Terje: A Separate Jurisdiction for Cyberspace?, unter: http://www.ascusc.org/jcmc/vol2/issue1/ juris.html

Pansier, Frédéric-Jérôme/Jez, Emmanuel: Initiation à l'Internet juridique, Paris 1998

Pérez Luño, Antonio Enrique: Internet y el Derecho, S. 721 ff., in: Universidad Nacional de Educación a Distancia, Centro Regional de Extremadura en Mérida (Hrsg.), Marco legal y deontológico de la informática. Informática y Derecho. Revista Iberoamericana de Derecho Informático, Mérida 1998

Perritt, Henry: Law and the Information Superhighway, New York 1996

ders.: The Internet is Changing the Public International Legal System, unter: http://www.kentlaw.edu/cyberlaw/perittnetchg.htm

Pieroth, Bodo/Schlink, Bernhard: Grundrechte, Staatsrecht II, 16 Auflage, Heidelberg 2000

Pilz, Michael: Neue rechtliche Herausforderungen - Ein Überblick, S. 188 ff., in: Mayer-Schönberger, Viktor/Schneider-Manns-Au, Lucas (Hrsg.), Der Jurist am Info-Highway, Über die Zukunft eines Berufsstandes, Wien 1997

Platzgummer, Winfried: Die strafrechtliche Bekämpfung des Neonazismus in Österreich, ÖJZ 1994, 753 ff.

Roxin, Claus: Strafrecht: Allgemeiner Teil, Band 1. Grundlagen, der Aufbau der Verbrechenslehre, 3. Auflage, München 1997

Queralt Jiménez, Joan J.: Derecho Penal Español, Parte especial, 2. Auflage, Barcelona 1992

Quintero Olivares, Gonzalo (Hrsg.): Comentarios al Nuevo Código Penal, Aranzadi Editorial, Pamplona 1996

Racicot, Michel/Hayes, Mark S./Szibbo, Alec R./Trudel, Pierre: The Cyberspace is not a „No Law Land“, Publication Date: 03.02.1997, unter: http://strategis.ic.gc.ca/SSG/it03117e.html

Reindl, Susanne: Strafbarkeit von verbotenen Inhalten im Internet, Analyse der Rechtslage in Österreich am Beispiel kinderpornographischer und neonazistischer Inhalte, unter: http://www.dicle.edu.tr/dictur/suryayin/khuka/suzan.htm

Rehberg, Jörg: StGB, Schweizerisches Strafgesetzbuch, 14. Auflage, Zürich 1997

Rheinstein, Max/Borries, Reimer von: Einführung in die Rechtsvergleichung, 2. Auflage, München 1987

Ribas Alejandro, Javier: Internet: Responsabilidades Legales, S. 111 ff., in: Universidad Nacional de Educación a Distancia, Centro Regional de Extremadura en Mérida (Hrsg.), Marco legal y deontológico de la informática, Informática y Derecho, Revista Iberoamericana de Derecho Informático, Mérida 1998

Riklin, Franz: Information Highway und Strafrecht, S. 559 ff., in: Hilty, Reto (Hrsg.), Information Highway: Beiträge zu rechtlichen und tatsächlichen Fragen, Bern 1996

Ringel, Kurt: Rechtsextremistische Propaganda aus dem Ausland im Internet, CR 1997, 302 ff.

Römer, Nicole: Verbreitungs- und Äußerungsdelikte im Internet: eine Untersuchung zur strafrechtlichen Bewältigung von Normanwendungs- und Normauslegungsproblemen eines neuen Kriminalitätsfeldes, Frankfurt am Main 2000

Rom, Robert: Die Behandlung der Rassendiskriminierung im schweizerischen Strafrecht, Zürich 1995

Rosenthal, David: Projekt Internet, Was Unternehmen über das Internet und Recht wissen müssen, Zürich 1997

Roth, Stephen: The Law of Six Contries: An Analytical Comparison, S. 177 ff., in: Greenspan, Louis/Levitt, Cyril, Under the Shadow of Weimar, Westport 1993

Ruess, Werner: Die Verbotsgesetzesnovelle 1992 und ihre Auswirkungen, Graz 1995

Schmölzer, Gabriele: Rechtliche Situation der Informationsregulierung, S. 97 ff., in: Maier-Rabler, Ursula/Mayer-Schönberger, Viktor/Nening-Schönbänker/Schmölzer, Gabriele, Netz ohne Eigenschaften, Nationale und internationale Netzkommunikation im Spannungsfeld von Meinungsfreiheit, informationeller Selbstbestimmung und staatlicher Reglementierung, Salzburg 1995

dies.: Strafrechtliche Aspeke zum Thema Rassismus, Neonazismus und Rechtsextremismus im Internet, S. 246 ff., in: Stiftung Dokumentationsarchiv des österreichischen Widerstandes (Hrsg.), Das Netz des Hasses. Rassistische, rechtsextreme und neonazistische Propaganda im Internet, Wien 1997

Schönke, Adolf/Schröder, Horst: Strafgesetzbuch, Kommentar, 25. Auflage, München 1997

Schröder, Burkhard: Neonazis und Computernetze, Wie Rechtsradikale neue Kommunikationsformen nutzen, Reinbek bei Hamburg 1995

Schulz, Wolfgang: Jugendschutz bei Tele- und Mediendiensten, MMR 1998, 182 ff.

Shap, Daniel: Hate Crimes in the Electronic Media, Stand: 1994, unter: http://catalaw.com/logic/docs/ds-hate.html

Shiffrin, Steven H./Choper, Jesse H.: The First Amendment, Cases-Comments-Questions, 2. Auflage, St. Paul, Minnesota 1996

Sieber, Ulrich. Legal Regulation, Law Enforcement and Self-Regulation: A New Alliance for Preventing Illegal Content on the Internet, in: Machill, Marcel/Waltermann, Jens (Hrsg.), Protecting our Children on the Internet, Gütersloh 2000

ders.: Strafrecht und Strafprozeßrecht (Teil 19), in: Hoeren/Sieber (Hrsg.), Handbuch Multimedia-Recht, Rechtsfragen des elektronischen Geschäftsverkehrs, München 2000

ders.: Kinderpornographie, Jugenschutz und Providerverantwortlichkeit im Internet, - Eine strafrechtsvergleichende Untersuchung -, Bonn 1999

ders.: Die Bekämpfung von Hass im Internet, ZRP 2001, 97 ff.

ders.: Internationales Strafrecht im Internet, NJW 1999, 2065 ff.

ders.: Kontrollmöglichkeiten zur Verhinderung rechtswidriger Inhalte in Computernetzen, CR 1997, 581 ff., 653 ff.

ders.: Memorandum für ein Europäisches Modellstrafgesetzbuch, JZ 1997, 369 ff.

ders.: Strafrechtliche Verantwortlichkeit für den Datenverkehr in internationalen Computernetzen, JZ 1996, 429 ff, 494 ff.

Smith, A. T. H.: The Offences against Public Order, Including the Public Order Act 1986, London 1987

Smith John/Hogan, Brian: Criminal Law, Eigth Edition, London 1996

Spindler, Gerald: Haftungsrechtliche Grundprobleme der neuen Medien, NJW 1997, 3193 ff.

Stabentheiner Wolfgang: Straf- und zivillegislativer Handlungsbedarf durch Datenhighway und Internet, Ecolex 1996, 748 ff.

Stegbauer, Andreas: Der Straftatbestand gegen die Auschwitzleugnung – eine Zwischenbilanz, NStZ 2000, 281 ff.

Stiftung Dokumentationsarchiv des Österreichischen Widerstandes (Hrsg.): Das Netz des Hasses. Rassistische, rechtsextreme und neonazistische Propaganda im Internet, Wien 1997

Stratenwerth, Günter: Schweizerisches Strafrecht, Allgemeiner Teil I: Die Straftat, 2. Auflage, Bern 1996

dies.: Schweizerisches Strafrecht, Besonderer Teil II: Straftaten gegen Gemeininteressen, 4. Auflage, Bern 1995

Strauss, Roland: Das Verbot der Rassendiskriminierung. Völkerrecht, Internationales Übereinkommen und schweizerische Rechtsordnung, Schweizer Studien zum internationalen Recht, Band 72, Zürich 1997

Stuckey, Kent C.: Internet and Online Law, New York 1998

Thiele, Clemens: Straftaten im Cyberspace, Medien und Recht 1998, 219 ff.

Trechsel, Stefan: Schweizerisches Strafgesetzbuch, Kurzkommentar, 2. Auflage, Zürich 1997

Trechsel, Stefan/Noll, Peter: Schweizerisches Strafrecht, Allgemeiner Teil I, 5. Auflage, Zürich 1998

Tröndle, Herbert/Fischer, Thomas:
Strafgesetzbuch und Nebengesetze, 49. Auflage, München 1999

Universidad Nacional de Educación a Distancia:
Centro Regional de Extremadura en Mérida (Hrsg.), Marco legal y deontológico de la informática, Informática y Derecho, Revista Iberoamericana de Derecho Informático, Mérida 1998

Vives Antón, Tomás S. (Hrsg.) : Comentarios al Código Penal de 1995, Valencia 1996

Waldenberger, Arthur: Teledienste, Mediendienste und die „Verantwortlichkeit" ihrer Anbieter, MMR 1998, 124 ff.

Wallace, Jonathan/Mangan, Mark: Sex, Laws and Cyberspace, 1. Auflage, New York 1996

Walther, OstA: Zur Anwendbarkeit der Vorschriften des strafrechtlichen Jugendmedienschutzes auf im Bildschirmtext verbreitete Mitteilungen, NStZ 1990, 523 ff.

Wasik, Martin: Crime and the Computer, Oxford 1991

Wells, Kenneth M./Weston, Paul B.:
Criminal Law, Santa Monica, California 1978

Wessels, Johannes: Strafrecht, Allgemeiner Teil, 27. Auflage, Heidelberg 1997

Wetzel, Juliane: The Judicial Treatment of Incitement against Ethnic Groups and of the Denial of National Socialist Mass Murder in the Federal Republic of Germany, S. 83 ff., in: Greenspan, Louis/Levitt, Cyril (Hrsg), Under the shadow of Weimar: Democracy, law, and racial incitement in six countries, Westport 1993

Whine, Michael: The Far Right on the Internet (S. 209 ff.), in: Loader, Brian (Hrsg.), The Governance of Cyberspace. Politics, technology and global restructuring, London 1997

Widmer, Ursula: Zensur auf dem Internet, SWITCHjounal 1/96, 30 ff.

Wilske, Stephan/Schiller, Theresa: International Jurisdiction in Cyberspace: Which States May Regulate the Internet?, unter: http://www.law.indiana.edu/fclj/pubs/v50/no1.wilske.html

Zellhofer, Klaus: Österreichs rechtsextreme Internet-Premiere, S. 162 ff., in: Stiftung Dokumentationsarchiv des österreichischen Widerstandes (Hrsg.), Das Netz des Hasses. Rassistische, rechtsextreme und neonazistische Propaganda im Internet, Wien 1997

Zieschang, Frank: Das Sanktionensystem in der Reform des französischen Strafrechts im Vergleich mit dem deutschen Strafrecht, Berlin 1992

Criminalia

Herausgegeben von Klaus Volk

Band 1 Ulrich Schroth: Vorsatz als Aneignung der unrechtskonstituierenden Merkmale. 1994.

Band 2 Torsten Poeck: Wartepflicht und Wartedauer des § 142 Abs. 1 Nr. 2 StGB. Ein Vorschlag zur Bestimmung der Wartelänge anhand rechtsprechungsanalytischer und empirischer Überlegungen. 1994.

Band 3 Tobias Schmid: Die Vergabe von Wirtschaftssubventionen und strafrechtliche Verantwortlichkeit gem. § 264 StGB (Subventionsbetrug). 1994.

Band 4 Erwin Lohner: Der Tatverdacht im Ermittlungsverfahren. Begriff, rechtliche Ausgestaltung, praktische Handhabung und Kontrolle am Beispiel der polizeilichen Verdachtsfeststellung. 1994.

Band 5 Gunther Lehleiter: Der rechtswidrige verbindliche Befehl. Strafrechtsdogmatische Untersuchung, demonstriert am Beispiel des militärischen Befehls. 1995.

Band 6 Dirk Steiner: Das Fairneßprinzip im Strafprozeß. 1995.

Band 7 Isabell Schwegler: Der Subsumtionsirrtum. 1995.

Band 8 Klaus Andreas Fischer: Die strafrechtliche Beurteilung von Werken der Kunst. 1995.

Band 9 Johannes Fredrikus Nijboer: Beweisprobleme und Strafrechtssysteme / Proof and Criminal Justice Systems. Rechtsvergleichende Aufsätze / Comparative Essays. 1995. 2. Auflage 1997.

Band 10 Winfried Hassemer / Karin Matussek: Das Opfer als Verfolger. Ermittlungen des Verletzten im Strafverfahren. 1996.

Band 11 Bettina Grunst: Steuerhinterziehung durch Unterlassen. 1996.

Band 12 Hans-Jörg Schwab: Täterschaft und Teilnahme bei Unterlassungen. 1996.

Band 13 Christos Mylonopoulos: Komparative und Dispositionsbegriffe im Strafrecht. 1998.

Band 14 Christina Erfurth: Verdeckte Ermittlungen. Problemlösung durch das OrgKG? 1997.

Band 15 Stephan Weber: Überstellung in den Heimatstaat. Ein internationales Konzept wider den Strafvollzug in der Fremde. Zugleich ein Beitrag zum Recht der internationalen Vollstreckungshilfe in Strafsachen. 1997.

Band 16 Bert Götting: Gesetzliche Strafrahmen und Strafzumessungspraxis. Eine empirische Untersuchung anhand der Strafverfolgungsstatistik für die Jahre 1987 bis 1991. 1997.

Band 17 Lars Otte: Der durch Menschen ausgelöste Defensivnotstand. 1998.

Band 18 Gregor Rieger: Die mutmaßliche Einwilligung in den Behandlungsabbruch. 1998.

Band 19 Yu-hsiung Lin: Richtervorbehalt und Rechtsschutz gegen strafprozessuale Grundrechtseingriffe. 1998.

Band 20 Sandra Pellkofer: Sockelverteidigung und Strafvereitelung. 1999.

Band 21 Christine Ferschl: Das Problem des unmittelbaren Zusammenhangs beim erfolgsqualifizierten Delikt. 1999.

Band 22 Peter König: Strafbarer Organhandel. 1999.

Band 23 Stefan Stauder: Die allgemeinen defenses des New York Penal Law. Eine rechtsvergleichende Untersuchung. 1999.

Band 24 Malte Merz: „Bewußte Selbstschädigung" und die Betrugsstrafbarkeit nach § 263 StGB. Zugleich ein Beitrag zur Zweckverfehlungslehre. 1999.

Band 25 Marc Tully: Poena sine Culpa? *Strict-Liability*-Sanktionen und Europäisches Gemeinschaftsrecht. 2000.

Band 26 Susanne Götting: Beweisverwertungsverbote in Fällen gesetzlich nicht geregelter Ermittlungstätigkeit. Durch V-Leute, Scheinaufkäufer und Privatleute. 2001.

Band 27 Christiane Hölscher: Der Rechtsschutz und die Mitteilungspflichten bei heimlichen strafprozessualen Zwangsmaßnahmen. 2001.

Band 28 Tobias Windhorst: Der Rechtsbegriff der „schweren Gesundheitsschädigung". Zugleich ein Beitrag zum 6. StrRG. 2001.

Band 29 Andrea Schmucker: Die "Dogmatik" einer strafrechtlichen Produktverantwortung. Das fahrlässige Unterlassen als Institut der Produktkriminalität. 2001.

Band 30 Stephan Beukelmann: Prävention von Computerkriminalität. Sicherheit in der Informationstechnologie. 2001.

Band 31 Markus B. Alder: Die Strafzumessungsrichtlinie der USA in ihrem Kontext mit Plea Bargaining. 2001.

Band 32 Tobias Brandis: Beweisverbote als Belastungsverbote aus Sicht des Beschuldigten? 2001.

Band 33 Britta Wolff: Begünstigung, Strafvereitelung und Hehlerei. Geschichtliche Entwicklung und Abgrenzung zur Beihilfe. 2002.

Band 34 Angelika Laitenberger: Die Strafbarkeit der Verbreitung rassistischer, rechtsextremistischer und neonazistischer Inhalte. Unter besonderer Berücksichtigung der Verbreitung über Netzwerke. Ein Rechtsvergleich. 2003.